九江统计年鉴

JIUJIANG STATISTICAL YEARBOOK

2017

九　江　市　统　计　局
国家统计局九江调查队　编

图书在版编目(CIP)数据

九江统计年鉴. 2017 / 九江市统计局，国家统计局九江调查队编. -- 北京 : 中国统计出版社，2017.8
ISBN 978-7-5037-8160-5

Ⅰ. ①九… Ⅱ. ①九… ②国… Ⅲ. ①统计资料－九江－2017－年鉴 Ⅳ. ①C832.563-54

中国版本图书馆CIP数据核字(2017)第150035号

九江统计年鉴-2017

作　　者/ 九江市统计局　国家统计局九江调查队
责任编辑/ 陈越月　高媛媛　崔　鹏
装帧设计/ 崔　鹏
出版发行/ 中国统计出版社
地　　址/ 北京市丰台区西三环南路甲6号　邮政编码/100073
电　　话/ 邮购 (010) 63376909　书店 (010) 68783171
网　　址/ http://csp.stats.gov.cn
印　　刷/ 三门峡市安瑞印刷厂
经　　销/ 新华书店
开　　本/ 890mm×1240mm　1/16
字　　数/ 578千字
印　　张/ 29.75
版　　别/ 2017年8月第1版
版　　次/ 2017年8月第1次印刷
定　　价/ 280 元

如有印装差错，由本社发行部调换

《九江统计年鉴—2017》编辑委员会

《九江统计年鉴—2017》编辑部

编 者 说 明

一、《九江统计年鉴—2017》(以下简称《年鉴》)是一本统计信息密集，综合性强的资料书。它通过统计数字，向广大读者系统地、全面地介绍九江市情、经济和社会发展情况，为各级领导和有关部门研究经济发展战略、制订规划、管理经济提供数据；为社会各界和海外人士认识九江、了解九江，提供全面翔实的经济信息。

二、本《年鉴》以2016年各项统计资料为主，全书内容由特载、社会经济统计资料、统计工作大事记等部分组成。为便于读者使用本年鉴资料，社会经济统计资料每章节篇末附有主要统计指标解释。

三、本《年鉴》在前几年出版的年鉴基础上充实了相关数据信息量。在编辑结构、内容结构、指标体系等方面按照省年鉴编辑部的要求作了相应调整。

四、本《年鉴》对以往年份的个别指标数据作了一些订正和调整，以前发表过的指标数据，凡与本年鉴有出入的均以本年鉴为准，凡涉及全市性国民经济和社会发展的综合性统计指标，均以本书统计资料篇为准。

五、由于2016年行政区划调整，本《年鉴》中以前年份的濂溪区数据为原庐山区数据，庐山市数据为原星子县数据。

六、本《年鉴》统计表中的符号使用说明：“…”表示数据不足本表最小计量单位数；“空格”表示该项统计数据不详或无该项统计数据；“#”表示其中的主要项。

七、本《年鉴》自问世以来，备受广大读者关心和支持，得到了市党政领导和社会各界的大力支持和帮助，在此谨表诚挚的感谢。由于时间仓促，编辑水平有限，书中难免存在错误和遗漏，敬请广大读者提出宝贵意见。

目 录

特 载

社会经济统计资料

一、综合

二、人口

三、就业人员和职工工资

四、固定资产投资

五、对外经济贸易

六、能源

七、财政

八、价格指数

九、人民生活

十、城市建设和环境保护

十一、农业

十二、工业

十三、建筑业

十四、交通运输和邮电

十五、国内贸易和旅游

十六、金融、保险

十七、房地产开发

十八、科学、教育、文化

十九、卫生、体育及其他

二十、全省各设区市及其它部分城市主要经济指标

I

特 载

TE ZAI

政府工作报告

（2017年2月8日在九江市第十五届人民代表大会第二次会议上）

九江市人民政府市长　林彬杨

各位代表：

现在，我代表市人民政府，向大会报告工作，请予审议，并请各位市政协委员和列席会议的同志提出意见。

一、2016年工作回顾

过去的一年，在省委、省政府和市委的正确领导下，面对错综复杂的国内外经济形势，全市上下团结奋进，攻坚克难，较好完成了年初确定的目标任务，实现了“十三五”良好开局。

过去一年，我们始终坚持发展为先，打出稳增长组合拳，综合实力不断增强。完成生产总值2096.1亿元，同比增长9.4%；财政总收入415.2亿元，同口径增长12%；8个县（市、区）财政收入过20亿元，九江经济技术开发区突破60亿元；固定资产投资2428.6亿元，增长14.6%；社会消费品零售总额656.8亿元，增长13%；城镇居民和农村居民人均可支配收入30011元、12157元，分别增长8.6%、9.1%；实际利用外资18亿美元，增长10.6%；居民消费价格总水平上涨2.1%；金融机构本外币各项存款余额2610亿元，增长19.5%；各项贷款余额1758亿元，增长20.4%。主要经济指标总量、增幅继续位居全省前列。

过去一年，我们始终坚持新工业引领，着力推进转型升级，产业发展不断加快。三次产业比由7.4∶53.3∶39.3调整为7.3∶51.9∶40.8。“新工业十年行动”开局良好，实现规模以上工业企业主营业务收入5487.5亿元，增长9.2%；工业增加值1115.7亿元，增长9.3%，其中五大战略性新兴产业增加值425.7亿元，占比提高2.8个百分点；利税666.4亿元，增长16.5%；规上工业企业净增171户；工业用电量115.3亿千瓦时。完成工业固投1863.2亿元，增长20.7%，集中开工工业项目387个。神华电厂、心连心、兄弟制药、泰盛纸业、日昌升、天瑞丰收、中科鑫星新材料等88个亿元以上项目加快建设。九江石化税收首次突破100亿元，成为全省最大纳税企业。九江钢厂利润实现翻番，税收净增2亿元。6个县（市）工业园完成调区扩区，全市园区面积扩大到146.7平方公里。“两化”融合试点企业超过100户。粮食总产量实现“十三连丰”。市级农村综合产权交易中心建成运行。流转土地面积151.9万亩。新增茶叶种植面积3万亩、油茶7.9万亩，新增新型农业经营主体1878家、农产品“三品一标”47个，创建省级农业示范园区9个。修水获评“全国十大魅力茶乡”和“全国茶产业发展示范县”。市文旅集团组建成立。旅游主要指标居全省前列。庐山西海获批省级旅游度假区，武宁入选首批国家全域旅游示范区。实施亿元以上商贸物流项目72个，新增物流企业187家，总数超过1500家。港口货物吞吐量1.1亿吨，增长9%；集装箱吞吐量27.4万标箱，增长7%。九江-重庆国际集装箱直达航线开通运营。获批国家物流标准化试点城市。引进兴业银行、赣州银行、华融证券、平安养老等金融机构入驻；新增“新三板”挂牌企业5家。完成电子商务交易额385亿元，增长

51%;庐山市获评全国电子商务进农村综合示范县（市）。总部经济、楼宇经济、文化创意、工业设计、中介服务等新兴服务业蓬勃发展，服务业增加值占GDP比重突破40%。

过去一年，我们始终坚持改革开放创新，破解制约发展难题，发展活力不断释放。坚持以供给侧结构性改革为主线，集中抓好“三去一降一补”。提前完成去产能年度任务，商品房去化时间减少10.2个月。制定“1+6+X”政策措施，大力开展降成本、优环境专项行动，出台优惠政策29条，为企业降本增效103.7亿元。发放“财园信贷通”102.6亿元，总量、增幅连续三年全省第一。“营改增”全面推开，“五证合一”“一照一码”登记制度启动实施，新登记注册企业1.4万户，增长35.9%；新增个体工商户3.7万户，增长29%。农村土地“三权分置”、集体产权制度、农业保险、国有林场等改革加快推进。设立庐山市、濂溪区，庐山管理体制改革取得历史性突破。共青城市和永修县部分区域纳入赣江新区。获批国家级产城融合示范区。破解了一批土地出让、城市建设、国企改革等历史遗留难题。组建市储备粮油公司，完成九江长运公司并购重组，清理“僵尸企业”80多家。九江港进口肉类指定口岸获批筹建，进口粮食指定口岸运营良好。出台推动创业创新政策30条。成立九江产业技术研究院。完善政、校、企科技成果对接转化机制，转化科技成果65项。新增博士后创新基地2家、国家级科技企业孵化器1家，恒盛科技（创业）园跻身全国50强。新增高新技术企业26家。新增发明专利申请量416件，增长72.6%。新增中国驰名商标2件。湖口县、共青城市获批省级高新区。

过去一年，我们始终坚持统筹城乡发展，加强基础设施建设，支撑平台不断夯实。全市城镇化率52.2%。完成《九江都市区总体规划》纲要编制和八里湖中央商务区城市设计，启动《九江城市总体规划》修编，出台“智慧九江”总体规划纲要。中心城区实施重点城建项目208个，完成投资88亿元。新区的通岭大道、兴城南大道立交、八里湖环湖绿道、九龙山森林公园等项目建设完成；园艺三期安置小区、中央商务区支路、八赛路等项目加快建设。老城改造深入实施，整治边街小巷55条，改造道路9.4万平方米，修复人行道3万平方米，疏通排水管网26公里；改造公交候车亭96座、农贸市场11家，建立惠民蔬菜直销点10个。城市管理“提升年”活动扎实推进，路面、立面、街面整治力度持续加大，市容环境明显改观。县城功能不断完善，共实施城建项目487个，完成投资190亿元。新增高速公路通车里程123公里，新建改造干线公路141.5公里、农村公路1300公里。修平高速、昌九大道(一期）等建成通车，沙阎路完成路面改造，都九高速路基工程基本完工，昌九高速“四改八”全线开工。武九客专基本建成，九景衢铁路加快推进，合安九高铁开工建设。新建、续建码头3个、泊位6个，红光综合枢纽港项目加快推进。完成电网投资16.2亿元，蔡岭、红光和赛城湖等输变电项目建成使用。“光纤入户”实现行政村全覆盖。完成水利投资30亿元，圩堤加固、水库除险、小农水重点县等一批工程建设完成，修复水毁工程1515座（处），建成高标准农田13.2万亩。

过去一年，我们始终坚持绿色发展，加大环境保护力度，生态优势不断提升。生态文明试验区建设有序推进，成功创建国家森林城市，县（市）创建省级森林城市实现全覆盖，修水县列入国家重点生态功能区。大力实施“清河行动”，开展了采砂管理专项整治，长江江西段和柘林湖水资源保护成效良好，城市集中式饮用水源地水质达标率保持100%。工业绿色发展三年行动计划启动实施，扎实开展“零点”、取缔“十小”等专项行动，淘汰关闭违法违规建设项目237个，完成主要污染物减排任务。造林绿化23.3万亩，新增省级生态乡镇9个、生态村5个。全面推行“河长制”，建立了水资源“三条红线”控制指标体系，开展了领导干部自然资源资产离任审计试点工作。

过去一年，我们始终坚持保障改善民生，加快发展社会事业，民生福祉不断增进。面对1998年以来最为严峻的大洪久汛，全市上下发扬伟大的抗洪精神，万众一心、众志成城，夺取了抗洪抢险救灾的全面胜利，确保了人民群众的生命安全和江河湖库堤坝安全，得到中央领导和省委、省政府充分肯定。全年财政民生支出359.5亿元，占总支出77.2%。脱贫攻坚首战告捷，9.12万人脱贫摘帽，117个贫困村退出。全市完成棚户区改造拆迁2.9万户，其中中心城区1.02万户；改造农村危房1.03万户。新增城镇就业6.5万人，购买公益性岗位7088个。企业退休人员养老金每人每月增加170.8元。在全省率先建立困难老人护理补贴制度，惠及5000多人。建成“放心粮油”供应网点223家。财政教育投入82.9亿元，新建改造校舍面积113万平方米。完成学前教育第二期三年行动计划，新建公办幼儿园53所。9个县（市、区）通过义务教育发展均衡县国家认定。共青科教城两所院校建成开学。发放教育资助金2亿多元，惠及学生近13万人。城乡居民医保参保率95%以上，人均筹资标准提高到570元。低保、五保提标惠及27.3万人，大病医疗救助17.6万人次。积极创建国家公共文化服务体系示范区，寻庐文化惠民工程通过国家验收。举办市第十二届运动会。城市公立医院综合改革全面启动，分级诊疗制度建设稳步推进，“全面两孩”政策稳妥实施。全国第三次农业普查工作顺利开展，“七五”普法全面启动。严格落实包案责任，化解了一批信访积案和信访问题。食品药品安全形势持续好转，安全生产形势保持稳定。严厉打击违法犯罪，“平安九江”“法治九江”“诚信九江”建设扎实推进，社会大局和谐稳定。

审计、气象、水文、盐业、通信、无线电管理、档案、司法、国安、保密、编制、地方志、对台、外事侨务、民族宗教、驻外联络等工作得到新加强；国防动员、民兵预备役、双拥创建、人民防空、防震减灾、消防等工作取得新成绩；妇女儿童、老龄、残疾人、志愿者、红十字和慈善等事业实现新发展。

过去一年，我们始终坚持打造实干政府，着力优化发展环境，自身建设不断加强。扎实开展“两学一做”学习教育，认真落实中央“八项规定”精神和国务院“约法三章”要求，坚持把纪律挺在前面，大力整治“四风”。坚持依法行政，建立了市政府常务会学法、规范性文件合法性审查和重大行政执法行为报备制度。自觉接受人大的法律监督和政协的民主监督，人大代表建议和政协委员提案办结率100%。电子政务和网上办事加快推广。“民声直通车”办理意见、建议、诉求8607件，办结率96.4%。深入推进“放管服”改革，网上审批系统上线运行，精简行政审批事项248项。取消调整行政审批中介服务事项81项，清理规范市本级公共服务事项774项。深入推进“违插”治理长效化，大力开展侵害群众利益专项整治行动。“三公”经费网上监管平台实现全覆盖。

各位代表，回顾一年来的政府工作，我们深切感受到：所有成绩的取得，得益于省委、省政府和市委的坚强领导，得益于市四套班子的共识共为，得益于全市人民的团结奋进。在此，我代表市人民政府，向各位人大代表、政协委员，向各行各业的广大干部群众，向离退休老同志，向各民主党派、工商联、无党派人士、各人民团体，向驻浔人民解放军和武警官兵，向中央和省驻浔单位，向所有关心、支持和参与九江建设的各界朋友们，表示衷心的感谢并致以崇高的敬意！

需向代表说明的是，受经济下行压力较大等因素影响，GDP、固定资产投资、居民收入低于预期目标。我们清醒地看到，当前发展中还存在不少困难和问题，主要表现在：经济总量不大、发展不足，加快发展的任务仍然艰巨；产业结构不优，创新能力不强，转型发展的任务仍然艰巨；人才、资金、土地等要素趋紧，环境承载压力加大，绿色发展的任务仍然艰巨；县域经济实力不强，城镇化水平不高，统筹发展的任务仍然艰巨；部分群众生活还比较困难，影响和谐稳定的因素依然存在，共享发展的任务仍然艰巨；发展环境有待进一步优化，依法行政水平有待进一步提高，干部作风有待进一步加强。对此，我们将高度重视，采取更加有力的措施，努力予以解决。

二、2017 年工作安排

2017 年是党的十九大召开的喜庆之年，是供给侧结构性改革的深化之年，也是全面落实市第十一次党代会决策部署的关键之年。尽管国内外形势错综复杂，经济下行压力持续加大，但随着长江经济带、生态文明试验区、赣江新区等重大国家战略的深入实施，多年来积蓄能量加速释放，独特优势将进一步放大，希望大于困难、机遇大于挑战，九江正处于大有作为的“黄金期”和跨越发展的“窗口期”。我们必须科学应对面临的挑战，抓住用好难得的机遇，坚定信心，顺势而为，乘势而上。

今年政府工作的总体要求是：**以党的十八大、十八届三中、四中、五中、六中全会精神为指导，深入贯彻习近平总书记系列重要讲话精神和治国理政新理念新思想新战略，按照中央经济工作会、省十四次党代会、省经济工作会、市十一次党代会的部署要求，以“新工业十年行动”带动“五化”协同，以聚力创新开放加快绿色发展，着力实施“重大项目落实年”，兴实体经济，扩有效投入，添发展动能，促民生改善，强实干作风，打好脱贫攻坚战，推动经济平稳健康较快发展和社会和谐稳定，奋力迈出九江全面崛起、百姓更加幸福新步伐，以优异成绩迎接党的十九大胜利召开。**

按照市委“在‘稳中求进’的基础上力求‘稳中快进’，在‘稳中快进’的进程中体现‘既新又好’”的总要求，全市经济社会发展主要预期目标是：**生产总值增长 9.5%左右；财政总收入增长 7%左右；固定资产投资增长 15%以上；社会消费品零售总额增长 12.5%左右；外贸出口增长 1%左右；实际利用外资增长 10%以上；规模以上工业增加值增长 9.5%左右；城镇居民和农村居民人均可支配收入分别增长 9.5%左右和 10%左右；价格总水平涨幅控制在 3%左右；完成省政府下达的节能减排任务。**

为实现上述目标，重点抓好十项工作：

（一）聚焦做大总量、提升质量，促进产业集聚集群集约，开辟新工业发展的新天地。坚持把新工业作为振兴实体经济的重中之重，持续推进“众创业、个升企、企入规、规转股、扶上市、育龙头、聚集群”，促进工业发展转型升级、量质齐升。确保实现主营业务收入 5900 亿元、工业固投 2000 亿元。

做大做强主导产业。坚持把“新工业十年行动”作为加快工业发展的主引擎，做大产业规模，促进产业集聚，着力构建九江特色的工业产业体系。健全完善产业推进“六个一”机制，严格落实新工业发展目标考核奖励办法。加快打造五大千亿产业，力争实现主营业务收入4400亿元，其中现代轻纺产业主营业务收入1200亿元，装备制造产业突破1000亿元，石油化工产业820亿元，钢铁有色产业800亿元，电力能源产业500亿元。培育壮大战略性新兴产业，以新材料、新能源、电子电器、生物医药、绿色食品等产业为重点，引进、培育一批产业龙头，加快形成产业集群，力争战略性新兴产业实现增加值450亿元，占比提高2-3个百分点。

大力培植骨干龙头。坚持把骨干企业作为带动产业集聚的主力军，通过兼并重组、股改上市、裂变扩张，形成一批有带动作用的产业新龙头。依托现有骨干企业，推动产业链向两端延伸，带动配套企业发展，打造全链式产业集群。加快推进企业技改扩能，实施重大工业技改项目100个，重点抓好九江石化炼油结构调整、星火有机硅50万吨、赛得利化纤50万吨、巨石玻纤30万吨等扩能项目达产达标；加快企业信息化改造，重点培育“两化”融合试点企业100户。通过靠大联强、扩能升级，推动中小企业做大、优势企业做强。力争新增规模以上企业100户。

推动园区转型升级。坚持把园区作为打造产业集群的主阵地，提高园区产业集聚度和投入产出率，推动园区转型升级、提质发展。力争修水、武宁工业园区主营业务收入过300亿元，瑞昌、永修、德安、共青过400亿元，湖口、濂溪过500亿元，九江经开区过1100亿元。突出主业强园、特色兴园，重点打造石油化工、新材料、装配式建筑、装备制造、化纤、环保石材、木业家居等特色产业园。加快完善园区生产配套、生活服务功能，推进标准化厂房建设，促进产城深度融合，提升园区生态化建设水平，增强园区承载能力。支持共青创建国家级高新区、德安申报省级高新区，支持各地工业园调区扩区。

（二）聚焦项目驱动、投资拉动，狠抓重大项目落实，掀起项目建设的新热潮。着力实施“重大项目落实年”，坚持以项目扩投入、稳增长、调结构、促转型，力争完成固定资产投资2800亿元。

抓好项目谋划。抢抓国家重大战略机遇，谋划一批打基础、管长远的重大项目。依托主导产业、骨干企业，加快延链补链，谋划一批产业配套项目。围绕夯实发展平台，提升承载能力，增强发展后劲，谋划一批基础设施项目。立足补短板、完善公共服务，谋划一批现代服务业和民生项目。发挥民间投资的主力军作用，谋划总投资不少于100亿元的PPP项目。

加快项目建设。重点推进神华电厂、心连心、泰盛纸业、理文盐氟化工、兄弟制药、天瑞丰收、北汽新能源汽车、赛得利二期、日昌升、万润兴业等重大产业项目竣工投产。推进九景衢铁路、合安九高铁、昌九高速“四改八”、都九高速等重大交通项目建设。推进500千伏、220千伏输变电等重大能源项目建设。

健全推进机制。建立项目台帐，明确项目领导、牵头部门、责任单位，层层压实责任。加强项目调度，严格“五环链接”抓落实机制，及时协调解决问题。强化项目督查，建立重大项目“督查长”制，成立专门督查办公室，全程跟踪督查。健全项目考核机制，树立“项目为零，实绩为零”导向，以项目论英雄，以项目评能力，以项目定奖惩。

（三）聚焦功能完善、人气提升，加强规划建设管理，迈出城市建设的新步伐。坚持“新老联建、八赛联接、九沙联体”，加大旧城改造力度，加快完善新区功能，着力打造世界知名的山水文化名城。

优化空间布局。健全城镇规划体系，合理规划都市区、中心城区、卫星城镇，统筹市区与周边县（市）一体化发展。加快《九江城市总体规划》修编，全面完成中心城区各片区控规修编，做好历史文化名城保护等专项规划修编。启动赛城湖组团、高铁新区控规设计。完成九江县撤县设区。

完善城市功能。抢抓棚改政策“窗口期”，按照“多拆少建，分拆整建，只拆不建”的原则，科学规划、综合施策、整体推进，中心城区完成棚改拆迁 2.6 万户。推进庾亮南路等历史文化街区建设。加快实施动高联运、九江火车站站外广场改造、九江高铁枢纽、高速出入口“拆四建二”、庐山机场改造等项目。建成赛城湖大桥，启动寻阳古城、环赛城湖景观工程等项目建设。加快八里湖中央商务区、金融先导区建设，完善周边路网配套和公共服务设施。实施中央商务区综合管廊试点项目，加快给排水等地下管网改造，建设“海绵城市”。

提升城市形象。加快实施城市绿化、亮化、净化、美化和城市“双修”工程。实施甘棠湖、南门湖周边建筑和滨江大道亮化提升工程。加强长江排污口整治，推进白水湖、芳兰湖污水处理厂等项目建设。完善提升数字化城管平台，深入开展城市管理“打违治乱”专项行动，扎实推进“做文明九江人”系列活动，认真实施城区烟花爆竹燃放管理条例，不断提升城市管理水平和文明程度。

打造特色城镇。加快县城建设，老城区以棚户区改造为契机，加大边街小巷、环境卫生、交通秩序等整治力度，进一步改善人居环境；新城区重点完善市政配套和服务功能，加快集聚人气，提升产业承载能力。加快推进重点集镇建设，明确产业定位、完善服务功能、突出建筑特色，打造一批现代制造、商贸物流、休闲旅游、山水田园、历史文化等特色小镇。启动海会云雾小镇建设，加快牯岭艺术小镇建设，抓好艾城国家新型城镇化综合试点工作。

（四）聚焦发展提速、比重提升，繁荣发展第三产业，打造转型发展的新引擎。突出生产与生活并重、现代与传统并举，补齐服务业发展短板，增强经济增长拉动力。

壮大文化旅游。做好旅游招商，推动“环庐山、大庐山、泛庐山”旅游创意项目落地。建成庐山索道，完成庐山南门周边环境提升，加快推进长江风光带、庐山西海体育四大中心、环西海旅游公路等项目建设。支持庐山西海创建国家 5A 级景区，庐山市和庐山西海创建国家级旅游度假区。办好全省旅游产业发展大会。发挥文旅集团作用，引进实力强、善经营的投资主体，提高旅游项目档次。建设一批乡村旅游点，推动乡村旅游提档升级。进一步规范行业管理，整顿旅游市场秩序，提高旅游服务水平。全年接待游客总人数、旅游总收入增长 15%以上。

做强金融产业。加大金融机构和高端人才引进力度，集聚金融要素，完善金融市场体系。加快运作“1+6”产业投资引导基金。按照现代企业制度改造政府性投融资平台，打造全省一流的国有资本运营公司。盘活政府资源资产，把资源变资产，资产变资本，资本变股本。加大信贷投放力度。扩大直接融资规模，全力推动九江银行上市，力争新增 10 家“新三板”挂牌企业。用足国家金融扶贫政策，支持修水县引进、培植一批企业申报上市。

繁荣商贸物流。扎实开展全国物流标准化试点工作，促进电商和物流业协同发展。组建、引进一批物流集团，新建改造一批示范物流园。做大联盛易佳、永修云硅、万其、颐高等电商平台，打造特色品牌。推进电子商务进农村、进社区，加快发展跨境电商，创立跨境电商产业园。支持共青城创建国家电子商务示范基地。

（五）聚焦改革攻坚、扩大开放，打造双向开放高地，拓展经济社会发展的新空间。向改革要动力，向开放要活力，更大力度推进高水平双向开放。

加快改革攻坚。深化供给侧结构性改革，抓好“三去一降一补”任务落实。积极稳妥去产能，严格执行环保、能耗等法律法规和标准，加快传统产业改造升级，坚决完成省下达的去产能任务；因地制宜去库存，提高货币化安置率，加强住房市场监管，促进房地产市场平稳健康发展。持续抓好降成本、优环境政策措施落地，不断降低企业成本。推进农垦企业改革，做好国有企业改革扫尾工作，处理好改革历史遗留问题。深化“放管服”、国资、财税金融等领域改革，抓好九江经开区、庐山西海、八里湖新区等管理体制改革。

全力招大引强。继续把招商引资作为经济工作的“头号工程”。坚持引资、引技、引智并举，围绕重点产业、龙头企业，运用以商招商、产业招商、科技招商、资本招商、环境招商、专业招商等方式，着力引进一批科技含量高、带动能力强的大企业、大集团。精心筹划准备，积极沟通对接，提高“央企入赣”“长江经济带（九江）新工业新经济投洽会”“赣台会”等活动实效。全力推进外贸稳增长调结构，加快发展加工贸易，提升外贸企业内生动力。支持企业“走出去”，拓展国际发展空间。

完善开放平台。深入推进昌九一体化，支持永修、共青积极参与赣江新区建设，发挥新区平台政策优势，在引进产业和项目上取得重大突破。加速进境肉类指定口岸建设，申报原木、整车、水果、冰鲜水产品等指定口岸。加快电子口岸建设，推动九江港开放升级。做好综合保税区申报工作，加快共青城中俄国际商贸城建设。整合岸线资源，推进红光综合枢纽港、赤湖公用码头建设，建成彭泽、瑞昌、湖口作业区疏港通道。大力发展临港经济，把九江打造成为“服务全省、辐射周边”的航运中心。积极参与沿江经济协作区建设，大力承接发达地区先进制造业和先进技术转移。

优化营商环境。加大企业帮扶力度，落实好“领导挂点企业”“百个部门帮百企”等帮扶机制，继续开展政企“茶叙会”，帮助企业破解发展难题。充分发挥企业投诉中心、“工业110”服务功能，健全投诉快速查处机制。积极开展“企业评部门”活动，努力营造亲商、安商、富商的良好环境。

（六）聚焦增效增收、搞活放活，推进农业供给侧改革，构建城乡协调发展的新格局。按照“稳粮、优供、增效”的要求，增加绿色优质农产品供给，改善农村生产生活条件，不断夯实农业农村发展基础。

加快发展现代农业。落实粮食安全责任制，稳定粮食综合生产能力。建设高标准农田8万亩。大力发展“两茶一水”等特色产业，新增虾蟹养殖面积3万亩、茶叶2万亩、油茶4万亩。按照“一县一园”要求，引导资金、科技、人才等向农业园区集聚，高标准建设一批现代农业示范园，支持永修创建国家现代农业示范园区。培育发展村集体经济，开展多种形式的“村庄经营”，实现资源变资产、资金变股金、农民变股东，增强村集体经济发展实力和活力。支持农业龙头企业做大做强，新增龙头企业20家以上。

着力建设美丽乡村。围绕建设富裕美丽新农村，突出村庄整治、环境美化、乡风文明、和谐平安四大重点，加快推进农村基础设施建设，整治一批自然村组，改善农村人居环境。抓好农村生活垃圾和污水处理，全面整治农业面源污染。推进水利工程建设和水毁工程修复，治理水土流失面积 74 平方公里。新建农村公路 1200 公里。强化农民建房管理，防止超高超大、乱搭乱建。树立文明乡风，形成良好社会风尚。

创新农业农村发展体制机制。推进农村土地"三权分置"改革，促进土地有序流转，发展多种形式适度规模经营。完善农村产权交易平台，加强农村集体"三资"网络监管。抓好小型水利工程管理体制改革。创新金融支农方式，积极开展林权抵押贷款业务。

（七）聚焦大众创业、万众创新，夯实创新平台，激发经济发展的新动能。深入实施创新驱动战略，大力发展新经济，加快培育新动能，推动产业迈向中高端。

突出创新引领作用。深入推进创新驱动"5511"工程，加强创新成果同产业对接，创新项目同现实生产力对接，实施一批重大科技专项，以技术突破引领产业升级。突出企业创新主体地位，培育一批创新型引领企业和科技型中小企业。新增高新技术企业 30 家以上。加强知识产权保护和运用，加大专利申请和专利产业化扶持力度，全年专利申请量增长 35%以上。

强化创新要素保障。整合现有创新平台资源，提升一批双创孵化器，培育一批双创示范基地，搭建一批双创服务平台，大力发展新型众创空间。规划启动鄱阳湖生态科技城建设，支持共青城创建全国双创示范基地，推进湖口高新技术产业化基地建设，力争每个县（市、区）都建有一个科技园区。充分发挥科技创新发展基金作用，引导企业和社会资本加大科技投入，促进科技型企业成长壮大。深入实施人才"尊优计划"和"双百双千"工程，鼓励"浔才回家"，充分发挥人才在创新创业中的决定性作用。

营造创新创业氛围。大力推进全民创业，放宽准入门槛，激活民间资本，激发创新活力，增强内生动力。实施高校毕业生就业创业促进计划，支持共青城举办创新创业大赛。完善激励人才、激发创新的体制机制，大力发展新技术、新产业、新业态、新模式、新服务等新经济，让能创新、愿创新的人有机会、有舞台。

（八）聚焦生态优先、绿色发展，全力保护生态环境，提升绿色发展的新优势。扎实推进国家生态文明试验区建设，引环保项目，建生态园区，促绿色发展。

发展绿色产业。推进项目清洁化，严格落实项目节能评估审查、环境影响评价、生产许可等制度，把好项目规划、环评和质量关，杜绝引进落后产能。推进园区循环化，加强园区节能减排和资源综合利用，做好园区"三废"污染治理。推进产业生态化，将"生态+"理念融入产业发展全过程，大力发展绿色生态农业，深入实施绿色制造工程，快速发展生态旅游、健康养老等现代服务业，不断提高经济绿色化水平。

加强环境治理。统筹推进山水林田湖生态保护和修复，加强大气、水、土壤污染防治，持续削减污染物排放量。全力整改中央环保督察组反馈的突出问题。加大环保"零点行动"力度，开展沿长江、环西海环保专项治理，加强修河流域生态保护。加快推进环庐山绿化提升项目，加强林地和湿地生态保护，完成造林绿化 15.2 万亩。

完善生态文明制度。落实生态保护红线制度，完善生态红线管制措施，加强耕地和基本农田保护。积极探索生态补偿机制，争取更多县（市）列入国家重点生态功能区。严格落实"河长制"。推进环保机构垂直管理体制改革，建立重点企业环保驻厂监察员制度。健全生态文明考核和责任追究制度。培育绿色文化，倡导绿色生活。

（九）聚焦生活富裕、精神富有，认真办好民生实事，回应人民群众的新期待。认真落实共享发展理念，持续加大民生投入，不断提高人民群众的幸福感。

坚决打好脱贫攻坚战。把脱贫攻坚作为重大政治任务和首要民生工程，以精准扶贫为核心，大力实施“四个一批”脱贫模式，确保10万人脱贫，104个贫困村退出，非贫困县贫困人口、贫困村全部退出。大力实施“一村一品”产业扶贫，进一步增强贫困群众“造血”能力。扎实推进贫困地区基础设施建设，全面改善发展条件。完成扶贫搬迁1万人。继续推进教育脱贫，大力实施“雨露计划”，让更多贫困群众掌握一技之长。深入推进健康扶贫，为贫困户提供基本医疗、大病保险、医疗救助“三重保障”。对完全丧失劳动能力的特困家庭，实行政府兜底脱贫。

扎实推进民生工程。创新保障房管理运营模式，继续推行“租售并举”，逐步形成保基本、促公平的公租房保障体系。加强职业技能培训，积极开发公益性就业岗位，加大对“4050”就业困难人员和零就业家庭的帮扶力度，登记就业率稳定在96.5%以上。大力实施“十个一百”惠民利民工程，新建改造绿地小游园、文化健身小广场、公共停车场、标准菜市场、免费公厕、标准化幼儿园、边街小巷、公交候车亭、便民放心超市、社区综合服务站各20个以上。

大力发展社会事业。启动实施第三期学前教育行动计划，加大乡镇公办幼儿园建设力度。推动义务教育均衡优质发展，提升特殊教育水平，加快职业教育产教融合，促进高等教育内涵式发展。支持共青科教城三所院校建成招生。大力实施文化惠民工程，力争国家公共文化服务体系示范区创建通过评审。办好纪念周敦颐诞辰1000周年活动。全面推进公立医院综合改革，建立医疗、医保、医药联动机制，健全分级诊疗体系，加强基层卫生服务能力建设，方便群众就医。加强重大传染病防控工作。坚持计划生育基本国策，促进人口均衡发展。推进群众体育、竞技体育和体育产业协调发展。加大食品药品监测力度，保障食品药品安全。推进养老服务体系建设，探索社会化养老新模式。

加强和创新社会治理。抓好信访维稳工作，畅通信访渠道，加快诉访分离，压实信访责任，依法及时解决群众合理诉求。完善社会治安防控体系，加强社会治安综合治理，依法严厉打击违法犯罪。完善应急管理机制，增强应急处置能力。深入推进“法治九江”“平安九江”建设，全力维护社会稳定。

切实抓好安全生产。严格落实安全生产责任制，建立常态化、规范化的风险管控和预警机制，深入推进隐患排查治理。加大监管执法力度，加强危险化学品、煤矿、非煤矿山、建筑施工、道路交通等重点领域整治，严惩安全生产违法违规行为，确保人民群众生命财产安全。

推进军民融合深度发展，加强国防教育、国防动员和后备力量建设，提升双拥工作水平。充分发挥统计、审计、物价、工商、供销、国安、消防、防震减灾、人民防空、盐业、邮政、海事、气象、水文、对台、民族宗教、外事侨务、驻外联络、新闻出版、广播影视、档案、地方志、保密、机构编制、无线电管理、妇女儿童、老龄、残疾人、红十字会、慈善等工作在经济发展和社会建设中的促进作用。

（十）聚焦履职担当、廉洁高效，加快转变政府职能，树立实在实干政府的新

形象。加快转变政府职能，改进工作作风，提升服务水平，切实提高政府的执行力和公信力。

牢固树立法治思维。加快法治政府建设，把政府工作全面纳入法治轨道。强化决策法定程序的刚性约束，健全公众参与、专家论证、风险评估、合法性审查、集体讨论决定制度，确保所有政府行为都于法有据，任何部门都不得法外设权。认真落实民主集中制，主动接受人大的法律监督、政协的民主监督和社会监督。认真办理人大代表议案、建议和政协委员提案，广泛听取民主党派、工商联、老同志和社会各界的意见、建议。

保持真抓实干作风。健全抓落实的机制，强化抓落实的责任，量化细化工作任务，做到责任主体明确、工作措施明确、完成时限明确，确保每一项工作有人抓、有人管、有人落实。坚持多到现场去、到工地去、到企业去，面对面帮助企业和群众解决实际困难和问题。严格督促检查，强化跟踪问效，对重点工作和重大事项逐件逐项抓协调、抓督查、抓执行，确保各项工作落地生根。

切实强化履职担当。加强调查研究，增强分析问题、解决问题能力，不断提高履职担当的本领。加强公务员队伍建设，完善政绩考核评价体系，健全正向激励机制，带动更多的人干事创业。建立容错纠错机制，旗帜鲜明地为担当者担当、给改革创新者撑腰鼓劲，让想干事的有机会、敢干事的有舞台、会干事的有作为。

牢记为民服务宗旨。坚持把群众满意作为政府工作的最终目标和根本追求，时刻牢记全心全意为人民服务的宗旨，把群众的衣食住行、安危冷暖放在心上、抓在手中、落在实处。对于群众普遍关心的养老忧虑、就医苦恼、交通怨言、就学担心、舌尖安全、办事不顺等问题，在充分调研、广泛征求意见的基础上，分轻重缓急，确定一批有针对性的民生实事，认真解决到位。切实兑现向百姓作出的承诺，做不到、做不好的不承诺，承诺的坚决兑现到位。

始终把纪律和规矩挺在前面。认真落实党风廉政建设主体责任，认真履行“一岗双责”，更加严格执行中央“八项规定”精神，驰而不息反对“四风”。强化工程建设、政府采购、资金使用等重点领域的监管，做到有腐必反，有贪必肃，有责必问。坚持量力而行、尽力而为，厉行节约，勤俭办事，严控“三公经费”支出。严守法律、道德和良心底线，始终保持清正廉洁本色。

各位代表，蓝图鼓舞人心，使命催人奋进。让我们更加紧密地团结在以习近平同志为核心的党中央周围，在省委、省政府和市委的坚强领导下，凝心聚力，真抓实干，奋勇拼搏，为实现九江全面崛起、百姓更加幸福而努力奋斗！

中华人民共和国
2016 年国民经济和社会发展统计公报

中华人民共和国国家统计局

（2017 年 2 月 28 日）

2016 年，面对复杂多变的国际环境和国内繁重艰巨的改革发展稳定任务，在以习近平同志为核心的党中央坚强领导下，各地区各部门全面贯彻党的十八大和十八届三中、四中、五中、六中全会精神，认真落实党中央、国务院决策部署，统筹推进“五位一体”总体布局和协调推进“四个全面”战略布局，坚持稳中求进工作总基调，坚持新发展理念，以推进供给侧结构性改革为主线，适度扩大总需求，坚定推进改革，妥善应对风险挑战，引导形成良好社会预期，经济社会保持平稳健康发展，实现了“十三五”良好开局。

一、综合

初步核算，全年国内生产总值[2]744127 亿元，比上年增长 6.7%。其中，第一产业增加值 63671 亿元，增长 3.3%；第二产业增加值 296236 亿元，增长 6.1%；第三产业增加值 384221 亿元，增长 7.8%。第一产业增加值占国内生产总值的比重为 8.6%，第二产业增加值比重为 39.8%，第三产业增加值比重为 51.6%，比上年提高 1.4 个百分点。全年人均国内生产总值 53980 元，比上年增长 6.1%。全年国民总收入[3]742352 亿元，比上年增长 6.9%。

图1 2012-2016年国内生产总值及其增长速度

图2 2012-2016年三次产业增加值占国内生产总值比重

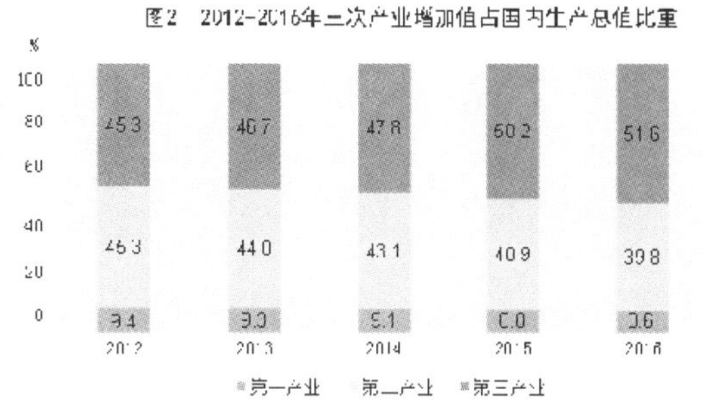

年末全国大陆总人口 138271 万人，比上年末增加 809 万人，其中城镇常住人口 79298 万人，占总人口比重（常住人口城镇化率）为 57.35%，比上年末提高 1.25 个百分点。户籍人口城镇化率为 41.2%，比上年末提高 1.3 个百分点。全年出生人口 1786 万人，出生率为 12.95‰；死亡人口 977 万人，死亡率为 7.09‰；自然增长率为 5.86‰。全国人户分离的人口[4]2.92 亿人，其中流动人口[5]2.45 亿人。

表 1

2016 年年末人口数及其构成

指　标	年末数（万人）	比重（%）
全国总人口	138271	100.0
其中：城镇	79298	57.35
乡村	58973	42.65
其中：男性	70815	51.2
女性	67456	48.8
其中：0-15 岁（含不满 16 周岁）[6]	24438	17.7
16-59 岁（含不满 60 周岁）	90747	65.6
60 周岁及以上	23086	16.7
其中：65 周岁及以上	15003	10.8

年末全国就业人员 77603 万人，其中城镇就业人员 41428 万人。全年城镇新增就业 1314 万人。年末城镇登记失业率为

4.02%。全国农民工[7]总量28171万人，比上年增长1.5%。其中，外出农民工16934万人，增长0.3%；本地农民工11237万人，增长3.4%。

图3　2012-2016年城镇新增就业人数

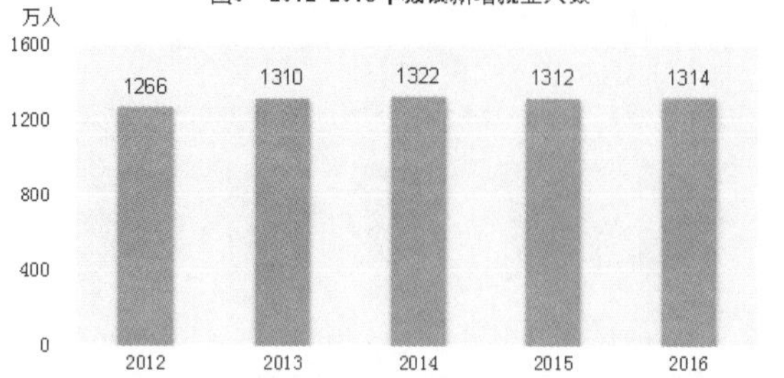

全年全员劳动生产率[8]为94825元/人，比上年提高6.4%。

图4　2012-2016年全员劳动生产率

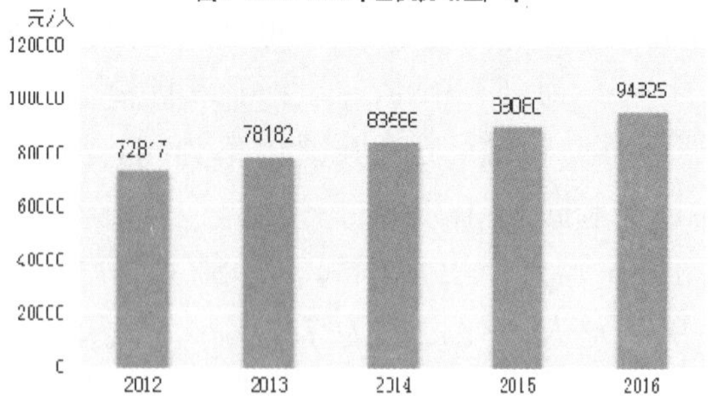

全年居民消费价格比上年上涨2.0%。工业生产者出厂价格下降1.4%。工业生产者购进价格下降2.0%。固定资产投资价格下降0.6%。农产品生产者价格[9]上涨3.4%。

图5　2016年居民消费价格月度涨跌幅度

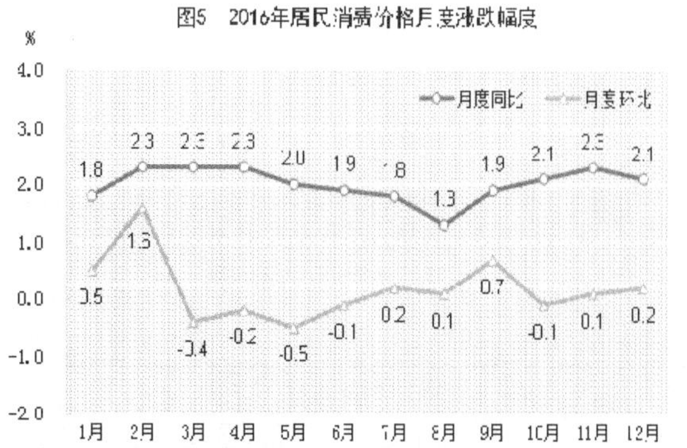

表2

2016年居民消费价格比上年涨跌幅度

单位：%

指　　标	全国	城市	农村
居民消费价格	2.0	2.1	1.9
其中：食品烟酒	3.8	3.7	4.0
衣　着	1.4	1.5	1.3
居　住[10]	1.6	1.9	0.6
生活用品及服务	0.5	0.5	0.2
交通和通信	-1.3	-1.4	-1.1
教育文化和娱乐	1.6	1.5	1.9
医疗保健	3.8	4.4	2.5
其他用品和服务	2.8	2.9	2.2

12月份70个大中城市新建商品住宅销售价格月同比上涨的城市个数为65个，下降的为5个；月环比上涨的城市个数为46个，比年内高点减少19个，持平的为4个，下降的为20个。

图6　2016年新建商品住宅月环比价格上涨、持平、下降城市个数变化情况

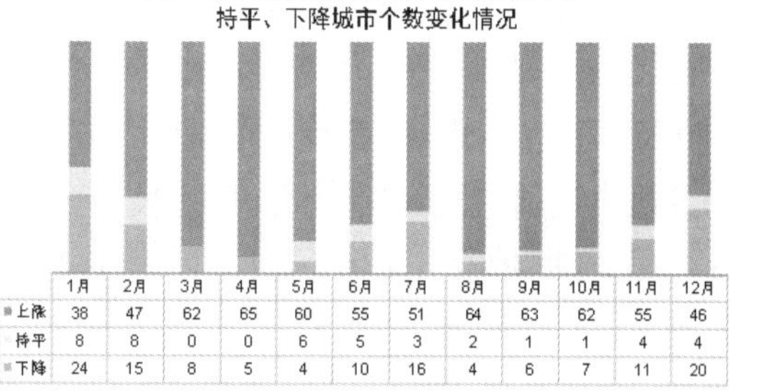

全年全国一般公共预算收入159552亿元，比上年同口径[11]增加6828亿元，增长4.5%，其中税收收入130354亿元，增加5432亿元，增长4.3%。

图7　2012-2016年全国一般公共预算收入

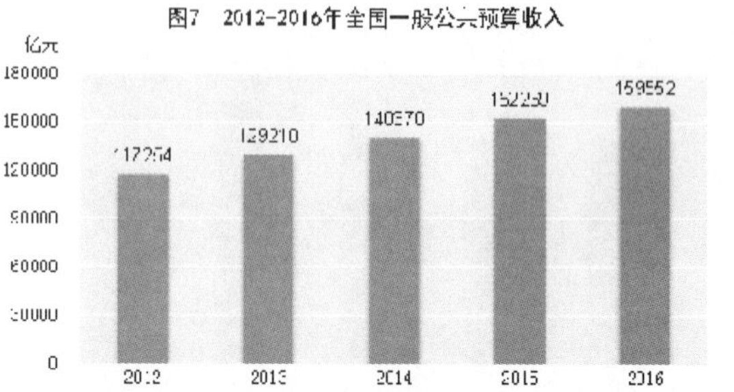

注：图中 2012 年至 2015 年数据为全国一般公共预算收入决算数，2016 年为执行数。

年末国家外汇储备 30105 亿美元，比上年末减少 3198 亿美元。全年人民币平均汇率为 1 美元兑 6.6423 元人民币，比上年贬值 6.2%。

图8 2012-2016年年末国家外汇储备

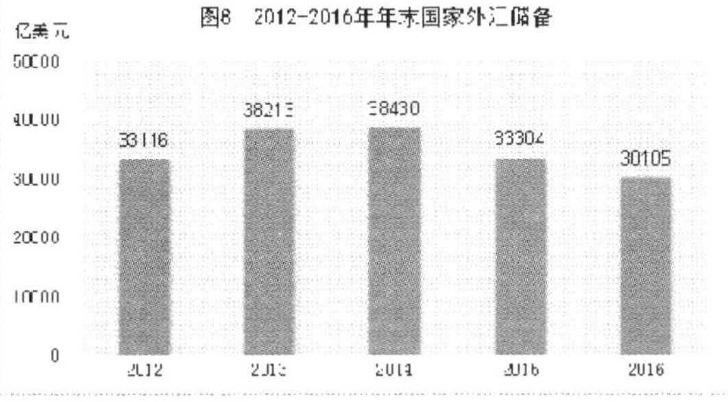

二、农业

全年粮食种植面积 11303 万公顷，比上年减少 31 万公顷。其中，小麦种植面积 2419 万公顷，增加 5 万公顷；稻谷种植面积 3016 万公顷，减少 5 万公顷；玉米种植面积 3676 万公顷，减少 136 万公顷。棉花种植面积 338 万公顷，减少 42 万公顷。油料种植面积 1412 万公顷，增加 8 万公顷。糖料种植面积 168 万公顷，减少 6 万公顷。

全年粮食产量 61624 万吨，比上年减少 520 万吨，减产 0.8%。其中，夏粮产量 13920 万吨，减产 1.2%；早稻产量 3278 万吨，减产 2.7%；秋粮产量 44426 万吨，减产 0.6%。全年谷物产量 56517 万吨，比上年减产 1.2%。其中，稻谷产量 20693 万吨，减产 0.6%；小麦产量 12885 万吨，减产 1.0%；玉米产量 21955 万吨，减产 2.3%。

图9 2012-2015年粮食产量

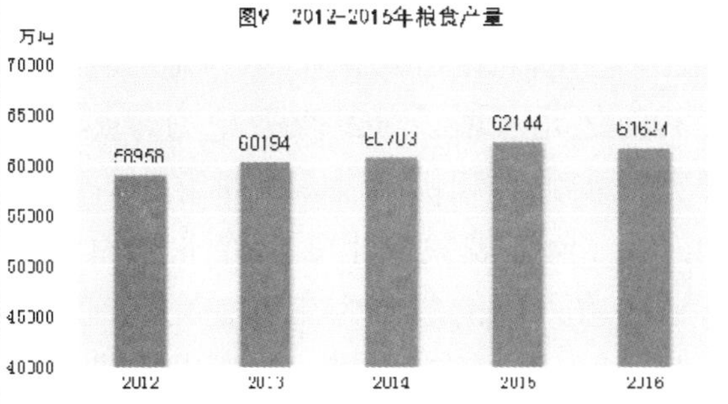

全年棉花产量 534 万吨，比上年减产 4.6%。油料产量 3613 万吨，增产 2.2%。糖料产量 12299 万吨，减产 1.6%。茶叶产量 241 万吨，增产 7.4%。

全年肉类总产量 8540 万吨，比上年下降 1.0%。其中，猪肉产量 5299 万吨，下降 3.4%；牛肉产量 717 万吨，增长 2.4%；羊肉产量 459 万吨，增长 4.2%；禽肉产量 1888 万吨，增长 3.4%。禽蛋产量 3095 万吨，增长 3.2%。牛奶产量 3602 万吨，下降 4.1%。年末生猪存栏 43504 万头，下降 3.6%；生猪出栏 68502 万头，下降 3.3%。

全年水产品产量 6900 万吨，比上年增长 3.0%。其中，养殖水产品产量 5156 万吨，增长 4.4%；捕捞水产品产量 1744 万吨，下降 1.0%。

全年木材产量 6683 万立方米，比上年下降 7.0%。

全年新增耕地灌溉面积 118 万公顷，新增节水灌溉面积 211 万公顷。

三、工业和建筑业

全年全部工业增加值 247860 亿元，比上年增长 6.0%。规模以上工业增加值增长 6.0%。在规模以上工业中，分经济类型看，国有控股企业增长 2.0%；集体企业下降 1.3%，股份制企业增长 6.9%，外商及港澳台商投资企业增长 4.5%；私营企业增长 7.5%。分门类看，采矿业下降 1.0%，制造业增长 6.8%，电力、热力、燃气及水生产和供应业增长 5.5%。

图10 2012-2016年全部工业增加值及其增长速度

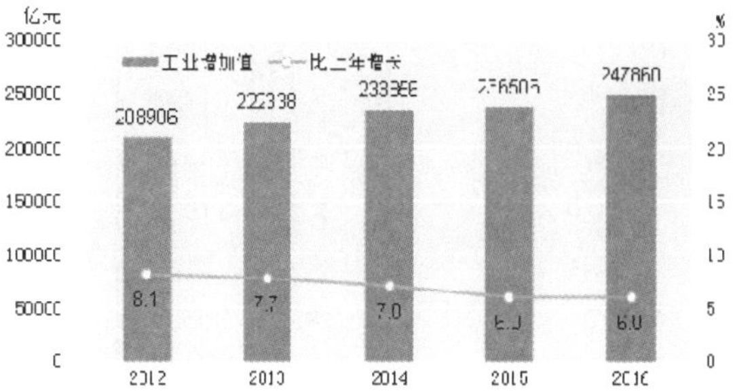

全年规模以上工业中，农副食品加工

业增加值比上年增长 6.1%，纺织业增长 5.5%，化学原料和化学制品制造业增长 7.7%，非金属矿物制品业增长 6.5%，黑色金属冶炼和压延加工业下降 1.7%，通用设备制造业增长 5.9%，专用设备制造业增长 6.7%，汽车制造业增长 15.5%，电气机械和器材制造业增长 8.5%，计算机、通信和其他电子设备制造业增长 10.0%，电力、热力生产和供应业增长 4.8%。工业战略性新兴产业[12]增加值增长 10.5%。高技术制造业[13]增加值增长 10.8%，占规模以上工业增加值的比重为 12.4%。装备制造业[14]增加值增长 9.5%，占规模以上工业增加值的比重为 32.9%。六大高耗能行业[15]增加值增长 5.2%，占规模以上工业增加值的比重为 28.1%。

表 3
2016 年主要工业产品产量及其增长速度

产品名称	单　位	产　量	比上年增长(%)
纱	万吨	3732.6	5.5
布	亿米	906.8	1.6
化学纤维	万吨	4943.7	2.3
成品糖	万吨	1443.3	-2.1
卷　烟	亿支	23825.8	-8.0
彩色电视机	万台	15769.6	8.9
其中：液晶电视机	万台	15713.6	9.2
其中：智能电视	万台	9310.1	11.1
家用电冰箱	万台	8481.6	6.1
房间空气调节器	万台	14342.4	1.0
一次能源生产总量	亿吨标准煤	34.6	-4.2
原　煤	亿吨	34.1	-9.0
原　油	万吨	19968.5	-6.9
天然气	亿立方米	1368.7	1.7
发电量	亿千瓦小时	61424.9	5.6
其中：火电[16]	亿千瓦小时	44370.7	3.6
水电	亿千瓦小时	11933.7	5.6
核电	亿千瓦小时	2132.9	24.9
粗　钢	万吨	80836.6	0.6
钢　材[17]	万吨	113801.2	1.3
十种有色金属	万吨	5310.3	3.0
其中：精炼铜（电解铜）	万吨	843.6	6.0
原铝（电解铝）	万吨	3187.3	1.5
水　泥	亿吨	24.1	2.3
硫　酸（折 100%）	万吨	8889.1	-1.0
烧　碱（折 100%）	万吨	3283.9	8.7
乙　烯	万吨	1781.1	3.9
化　肥（折 100%）	万吨	7128.6	-4.1
发电机组（发电设备）	万千瓦	13218.4	6.3
汽　车	万辆	2811.9	14.8
其中：基本型乘用车(轿车)	万辆	1211.1	4.1
运动型多用途乘用车(SUV)	万辆	914.4	51.8
其中：新能源汽车	万辆	45.9	40.0
大中型拖拉机	万台	63.0	-8.5
集成电路	亿块	1318.0	21.2
程控交换机	万线	1457.7	-22.5
移动通信手持机	万台	205819.3	13.6
其中：智能手机	万台	153764.1	9.9
微型计算机设备	万台	29008.5	-7.7
工业机器人	台(套)	72426.0	30.4

年末全国发电装机容量 164575 万千瓦，比上年末增长 8.2%。其中[18]，火电装机容量 105388 万千瓦，增长 5.3%；水电装机容量 33211 万千瓦，增长 3.9%；核电装机容量 3364 万千瓦，增长 23.8%；并网风电装机容量 14864 万千瓦，增长 13.2%；并网太阳能发电装机容量 7742 万千瓦，增长 81.6%。

全年规模以上工业企业实现利润 68803 亿元，比上年增长 8.5%。分经济类型看，国有控股企业实现利润 11751 亿元，比上年增长 6.7%；集体企业 477 亿元，下降 4.2%，股份制企业 47197 亿元，增长 8.3%，外商及港澳台商投资企业 17352 亿元，增长 12.1%；私营企业 24325 亿元，增长 4.8%。分门类看，采矿业实现利润 1825 亿元，比上年下降 27.5%；制造业 62398 亿元，增长 12.3%；电力、热力、燃气及水生产和供应业 4580 亿元，下降 14.3%。全年规模以上工业企业每百元主营业务收入中的成本为 85.52 元，比上年下降 0.1 元。年末规模以上工业企业资产负债率为 55.8%，比上年末下降 0.4 个百分点。

全年全社会建筑业增加值 49522 亿元，比上年增长 6.6%。全国具有资质等级的总承包和专业承包建筑业企业实现利润 6745 亿元，增长 4.6%。其中，国有控股企业 1879 亿元，增长 6.8%。

图11 2012-2016年建筑业增加值及其增长速度

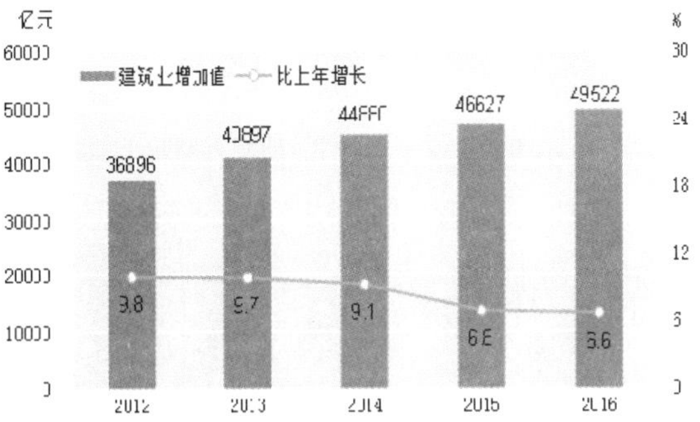

四、固定资产投资

全年全社会固定资产投资 606466 亿元，比上年增长 7.9%，扣除价格因素，实际增长 8.6%。其中，固定资产投资（不含农户）596501 亿元，增长 8.1%。分区域看[19]，东部地区投资 249665 亿元，比上年增长 9.1%；中部地区投资 156762 亿元，增长 12.0%；西部地区投资 154054 亿元，增长 12.2%；东北地区投资 30642 亿元，下降 23.5%。

图12 2012-2016年全社会固定资产投资

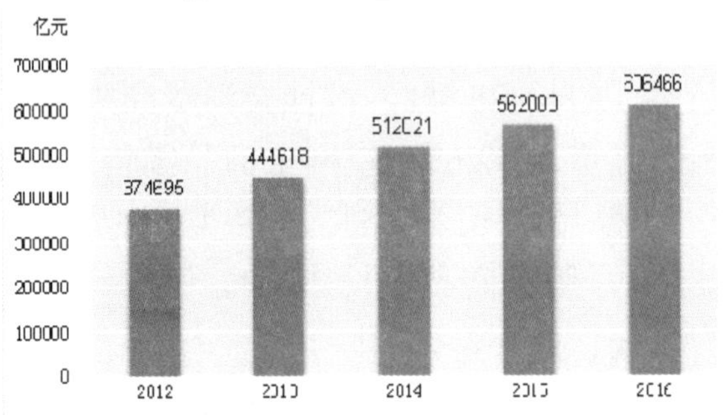

在固定资产投资（不含农户）中，第一产业投资 18838 亿元，比上年增长 21.1%；第二产业投资 231826 亿元，增长 3.5%；第三产业投资 345837 亿元，增长 10.9%。基础设施投资[20]118878 亿元，增长 17.4%，占固定资产投资（不含农户）的比重为 19.9%。民间固定资产投资[21]365219 亿元，增长 3.2%，占固定资产投资（不含农户）的比重为 61.2%。高技术产业投资[22]37747 亿元，增长 15.8%，占固定资产投资（不含农户）的比重为 6.3%。六大高耗能行业投资 66376 亿元，增长 3.1%，占固定资产投资（不含农户）的比重为 11.1%。农林牧渔业、水利、环境保护等短板领域投资快速增长。

图13 2016年按领域分固定资产投资（不含农户）及其占比

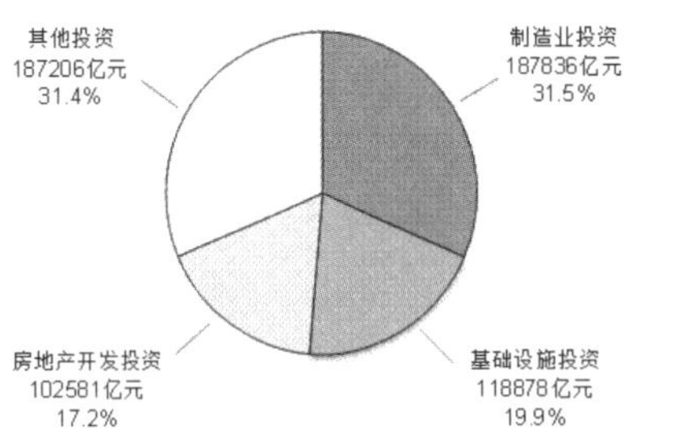

表 4
2016 年分行业固定资产投资（不含农户）及其增长速度

行业	投资额（亿元）	比上年增长（%）
总计	596501	8.1
农、林、牧、渔业	22774	19.5
采矿业	10320	-20.4
制造业	187836	4.2
电力、热力、燃气及水生产和供应业	29736	11.3
建筑业	4577	-6.5
批发和零售业	17939	-4.0
交通运输、仓储和邮政业	53628	9.5
住宿和餐饮业	5947	-8.6
信息传输、软件和信息技术服务业	6319	14.5
金融业	1310	-4.2
房地产业[23]	135284	6.8
租赁和商务服务业	12316	30.5
科学研究和技术服务业	5568	17.2
水利、环境和公共设施管理业	68647	23.3
居民服务、修理和其他服务业	2677	1.8
教育	9324	20.7
卫生和社会工作	6282	21.4
文化、体育和娱乐业	7830	16.4
公共管理、社会保障和社会组织	8188	4.3

表 5

2016 年固定资产投资新增主要生产与运营能力

指　　标	单　位	绝对数
新增 220 千伏及以上变电设备	万千伏安	24336
新建铁路投产里程	公里	3281
其中：高速铁路[24]	公里	1903
增、新建铁路复线投产里程	公里	3612
电气化铁路投产里程	公里	5899
新改建公路里程	公里	324898
其中：高速公路	公里	6745
港口万吨级码头泊位新增吞吐能力	万吨	32436
新增民用运输机场	个	8
新增光缆线路长度	万公里	554

全年房地产开发投资 102581 亿元，比上年增长 6.9%。其中，住宅投资 68704 亿元，增长 6.4%；办公楼投资 6533 亿元，增长 5.2%；商业营业用房投资 15838 亿元，增长 8.4%。年末商品房待售面积 69539 万平方米，比上年末减少 2314 万平方米。年末商品住宅待售面积 40257 万平方米，比上年末减少 4991 万平方米。

全年全国城镇棚户区住房改造开工 606 万套，棚户区改造和公租房基本建成 658 万套。全年全国农村地区建档立卡贫困户危房改造 158 万户[25]。

表 6

2016 年房地产开发和销售主要指标及其增长速度

指　　标	单 位	绝对数	比上年增长(%)
投资额	亿元	102581	6.9
其中：住宅	亿元	68704	6.4
其中：90 平方米及以下	亿元	24772	0.5
房屋施工面积	万平方米	758975	3.2
其中：住宅	万平方米	521310	1.9
房屋新开工面积	万平方米	166928	8.1
其中：住宅	万平方米	115911	8.7
房屋竣工面积	万平方米	106128	6.1
其中：住宅	万平方米	77185	4.6
商品房销售面积	万平方米	157349	22.5
其中：住宅	万平方米	137540	22.4
本年到位资金	亿元	144214	15.2
其中：国内贷款	亿元	21512	6.4
个人按揭贷款	亿元	24403	46.5

五、国内贸易

全年社会消费品零售总额 332316 亿元，比上年增长 10.4%，扣除价格因素，实际增长 9.6%。按经营地统计，城镇消费品零售额 285814 亿元，增长 10.4%；乡村消费品零售额 46503 亿元，增长 10.9%。按消费类型统计，商品零售额 296518 亿元，增长 10.4%；餐饮收入额 35799 亿元，增长 10.8%。

图14　2012-2016年社会消费品零售总额

在限额以上企业商品零售额中，粮油、食品、饮料、烟酒类零售额比上年增长 10.5%，服装、鞋帽、针纺织品类增长 7.0%，化妆品类增长 8.3%，金银珠宝类与上年持平，日用品类增长 11.4%，家用电器和音像器材类增长 8.7%，中西药品类增长 12.0%，文化办公用品类增长 11.2%，家具类增长 12.7%，通讯器材类增长 11.9%，建筑及装潢材料类增长 14.0%，汽车类增长 10.1%，石油及制品类增长 1.2%。

全年网上零售额[26]51556 亿元，比上年增长 26.2%。其中网上商品零售额 41944 亿元，增长 25.6%，占社会消费品零售总额的比重为 12.6%。在网上商品零售额中，吃类商品增长 28.5%，穿类商品增长 18.1%，用类商品增长 28.8%。

六、对外经济[27]

全年货物进出口总额 243386 亿元，比上年下降 0.9%。其中，出口 138455 亿元，下降 1.9%；进口 104932 亿元，增长 0.6%。货物进出口差额（出口减进口）33523 亿元，比上年减少 3308 亿元。对“一带一路”[28]沿线国家进出口总额 62517 亿元，比上年增长 0.5%。其中，出口 38319 亿元，增长

0.5%；进口 24198 亿元，增长 0.4%。

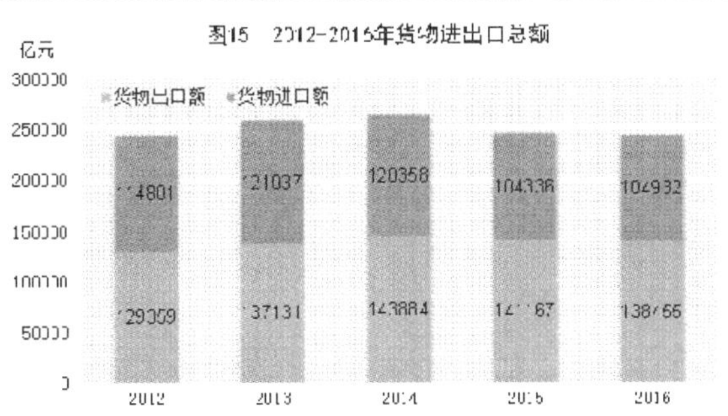

图15 2012-2016年货物进出口总额

表 7

2016 年货物进出口总额及其增长速度

指　　标	金额（亿元）	比上年增长(%)
货物进出口总额	243386	-0.9
货物出口额	138455	-1.9
其中：一般贸易	74601	-1.1
加工贸易	47237	-4.6
其中：机电产品	79820	-1.9
高新技术产品	39876	-2.1
货物进口额	104932	0.6
其中：一般贸易	59398	3.7
加工贸易	26223	-5.5
其中：机电产品	50985	1.9
高新技术产品	34618	1.8
货物进出口差额(出口减进口)	33523	—

表 8

2016 年主要商品出口数量、金额及其增长速度

商品名称	单位	数量	比上年增长(%)	金额（亿元）	比上年增长(%)
煤（包括褐煤）	万吨	879	64.6	46	48.0
钢材	万吨	10849	-3.5	3587	-7.8
纺织纱线、织物及制品	—	—	—	6925	1.9
服装及衣着附件	—	—	—	10413	-3.7
鞋类	万吨	422	-5.6	3113	-6.2
家具及其零件	—	—	—	3151	-3.8
自动数据处理设备及其部件	万台	159257	-7.1	9068	-4.1
手持或车载无线电话	万台	127192	-5.3	7643	-0.9
集装箱	万个	199	-26.7	279	-41.2
液晶显示板	万个	190569	-16.9	1700	-11.6
汽车	万辆	79	9.4	709	1.8

表 9

2016 年主要商品进口数量、金额及其增长速度

商品名称	单位	数量	比上年增长(%)	金额（亿元）	比上年增长(%)
谷物及谷物粉	万吨	2199	-32.8	375	-35.5
大豆	万吨	8391	2.7	2247	4.1
食用植物油	万吨	553	-18.3	276	-11.5
铁矿砂及其精矿	万吨	102412	7.5	3809	7.0
氧化铝	万吨	303	-35.0	58	-43.1
煤（包括褐煤）	万吨	25551	25.2	938	25.1
原油	万吨	38101	13.6	7698	-7.5
成品油	万吨	2784	-6.5	735	-16.6
初级形状的塑料	万吨	2570	-1.5	2731	-2.2
纸浆	万吨	2106	6.2	808	2.1
钢材	万吨	1321	3.4	869	-2.3
未锻轧铜及铜材	万吨	495	2.9	1741	-3.3
汽车	万辆	107	-2.4	2942	6.1

表 10

2016 年对主要国家和地区货物进出口额及其增长速度

国家和地区	出口额（亿元）	比上年增长(%)	占我全部出口比重(%)	进口额（亿元）	比上年增长(%)	占我全部进口比重(%)
欧盟	22369	1.3	16.2	13747	5.9	13.1
美国	25415	0.0	18.4	8887	-3.2	8.5
东盟	16894	-1.9	12.2	12978	7.4	12.4
中国香港	19009	-7.6	13.7	1107	39.2	1.1
日本	8529	1.3	6.2	9626	8.4	9.2
韩国	6185	-1.7	4.5	10496	-3.2	10.0
中国台湾	2665	-4.3	1.9	9203	3.4	8.8
印度	3850	6.6	2.8	777	-6.4	0.7
俄罗斯	2466	14.2	1.8	2128	3.1	2.0

全年服务进出口[29]总额 53484 亿元，比上年增长 14.2%。其中，服务出口 18193 亿元，增长 2.3%；服务进口 35291 亿元，增长 21.5%。服务进出口逆差 17097 亿元。

全年吸收外商直接投资（不含银行、证券、保险）新设立企业 27900 家，比上年增长 5.0%。实际使用外商直接投资金额 8132 亿元（折 1260 亿美元），增长 4.1%。其中“一带一路”沿线国家对华直接投资新设立企业 2905 家，增长 34.1%；对华直接投资金额 458 亿元（折 71 亿美元）。

表 11

2016 年外商直接投资（不含银行、证券、保险）及其增长速度

行业	企业数（家）	比上年增长(%)	实际使用金额（亿元）	比上年增长(%)
总计	27900	5.0	8132.2	4.1
其中：农、林、牧、渔业	558	-8.4	123.2	30.0
制造业	4013	-11.0	2303.0	-6.1
电力、燃气及水生产和供应业	311	18.0	139.8	0.3
交通运输、仓储和邮政业	425	-5.4	329.2	26.7
信息传输、计算机服务和软件业	1463	11.6	540.4	128.0
批发和零售业	9399	2.7	1011.1	36.0
房地产业	378	-2.3	1264.4	-29.4
租赁和商务服务业	4631	3.7	1045.9	67.8
居民服务和其他服务业	245	13.0	33.0	-25.8

全年对外直接投资额（不含银行、证券、保险）11299 亿元，按美元计价为 1701 亿美元，比上年增长 44.1%。其中，对“一带一路”沿线国家直接投资额 145 亿美元。

表 12

2016 年对外直接投资额（不含银行、证券、保险）及其增长速度

行业	对外直接投资金额（亿美元）	比上年增长（%）
总计	1701.1	44.1
其中：农、林、牧、渔业	29.7	45.0
采矿业	86.7	-20.1
制造业	310.6	116.7
电力、热力、燃气及水生产和供应业	25.3	-9.2
建筑业	53.1	18.0
批发和零售业	275.6	72.0
交通运输、仓储和邮政业	36.2	17.1
信息传输、软件和信息技术服务业	203.6	252.2
房地产业	106.4	17.4
租赁和商务服务业	422.7	1.4

全年对外承包工程业务完成营业额 10589 亿元，按美元计价为 1594 亿美元，比上年增长 3.5%。其中，对“一带一路”沿线国家完成营业额 760 亿美元，增长 9.7%，占对外承包工程业务完成营业额比重为 47.7%。对外劳务合作派出各类劳务人员 49 万人，下降 6.8%。

七、交通、邮电和旅游

全年货物运输总量 440 亿吨，比上年增长 5.7%。货物运输周转量 185295 亿吨公里，增长 4.0%。全年规模以上港口完成货物吞吐量 118.3 亿吨，比上年增长 3.2%，其中外贸货物吞吐量 37.6 亿吨，增长 4.1%。规模以上港口集装箱吞吐量 21798 万标准箱，增长 3.6%。

表 13

2016 年各种运输方式完成货物运输量及其增长速度

指标	单位	绝对数	比上年增长(%)
货物运输总量	亿吨	440.4	5.7
铁路	亿吨	33.3	-0.8
公路	亿吨	336.3	6.8
水运	亿吨	63.6	3.7
民航	万吨	666.9	6.0
管道	亿吨	7.0	5.3
货物运输周转量	亿吨公里	185294.9	4.0
铁路	亿吨公里	23792.3	0.2
公路	亿吨公里	61211.0	5.6
水运	亿吨公里	95399.9	4.0
民航	亿吨公里	221.1	6.3
管道	亿吨公里	4670.6	5.7

全年旅客运输总量 192 亿人次，比上年下降 1.2%。旅客运输周转量 31306 亿人公里，增长 4.1%。

表 14

2016 年各种运输方式完成旅客运输量及其增长速度

指标	单位	绝对数	比上年增长(%)
旅客运输总量	亿人次	192.0	-1.2
铁路	亿人次	28.1	11.0
公路	亿人次	156.3	-3.5
水运	亿人次	2.7	0.1
民航	亿人次	4.9	11.8
旅客运输周转量	亿人公里	31305.7	4.1
铁路	亿人公里	12579.3	5.2
公路	亿人公里	10294.8	-4.2
水运	亿人公里	72.0	-1.4
民航	亿人公里	8359.5	14.8

年末全国民用汽车保有量 19440 万辆（包括三轮汽车和低速货车 881 万辆），比

上年末增长 12.8%，其中私人汽车保有量16559 万辆，增长 15.0%。民用轿车保有量 10876 万辆，增长 14.4%，其中私人轿车 10152 万辆，增长 15.5%。

全年完成邮电业务总量[30]43344 亿元，比上年增长 52.7%。其中，邮政行业业务总量 7397 亿元，增长 45.7%；电信业务总量 35948 亿元，增长 54.2%。邮政业全年完成邮政函件业务 36.2 亿件，包裹业务 0.3 亿件，快递业务量 312.8 亿件；快递业务收入 3974 亿元。电信业全年新增移动电话交换机容量[31]7318 万户，达到 218384 万户。年末全国电话用户总数 152856 万户，其中移动电话用户 132193 万户。移动电话普及率上升至 96.2 部/百人。固定互联网宽带接入用户[32]29721 万户，比上年增加 3774 万户，其中固定互联网光纤宽带接入用户[33]22766 万户，比上年增加 7941 万户；移动宽带用户[34]94075 万户，增加 23464 万户。移动互联网接入流量 93.6 亿G，比上年增长 123.7%。互联网上网人数7.31 亿人，增加 4299 万人，其中手机上网人数[35]6.95 亿人，增加 7550 万人。互联网普及率达到 53.2%，其中农村地区互联网普及率达到 33.1%。软件和信息技术服务业[36]完成软件业务收入 48511 亿元，比上年增长 14.9%。

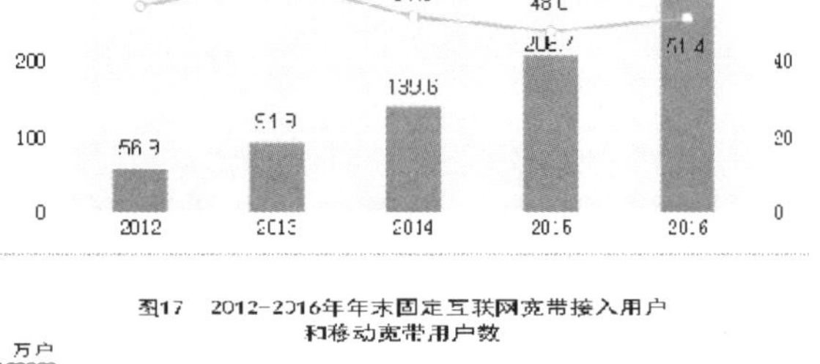

图16　2012-2016年快递业务量及其增长速度

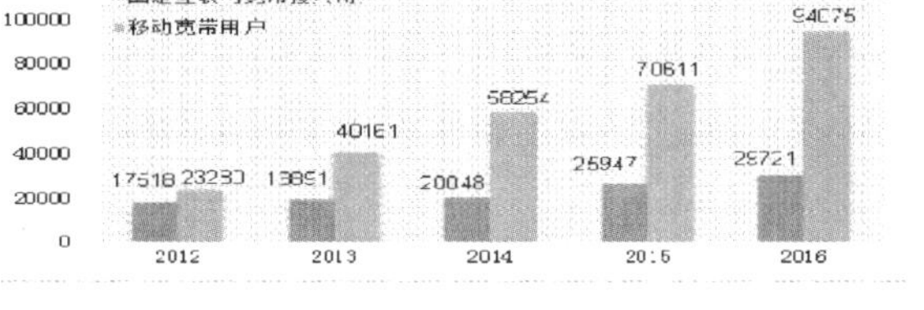

图17　2012-2016年年末固定互联网宽带接入用户和移动宽带用户数

全年国内游客 44 亿人次，比上年增长11.2%，国内旅游收入 39390 亿元，增长15.2%。入境游客 13844 万人次，增长3.5%。其中，外国人 2813 万人次，增长8.3%；香港、澳门和台湾同胞 11031 万人次，增长 2.3%。在入境游客中，过夜游客5927 万人次，增长 4.2%。国际旅游收入1200 亿美元，增长 5.6%。国内居民出境13513 万人次，增长 5.7%。其中因私出境12850 万人次，增长 5.6%；赴港澳台出境8395 万人次，下降 2.2%。

八、金融

年末广义货币供应量（M_2）余额 155.0 万亿元，比上年末增长 11.3%；狭义货币供应量（M_1）余额 48.7 万亿元，增长 21.4%；流通中货币（M_0）余额 6.8 万亿元，增长8.1%。

全年社会融资规模增量[37]17.8 万亿元，比上年多 2.4 万亿元。年末全部金融机构本外币各项存款余额 155.5 万亿元，比年初增加 15.7 万亿元，其中人民币各项存款余额 150.6 万亿元，增加 14.9 万亿元。全部金融机构本外币各项贷款余额 112.1 万亿元，增加 12.7 万亿元，其中人民币各项贷款余额 106.6 万亿元，增加 12.6 万亿元。

表 15　2016 年年末全部金融机构本外币存贷款余额及其增长速度

指　　标	年末数（亿元）	比上年末增长（%）
各项存款	1555247	11.3
其中：境内住户存款	606522	9.9
其中：人民币	597751	9.5
境内非金融企业存款	530895	16.6
各项贷款	1120552	12.8
其中：境内短期贷款	380020	3.6
境内中长期贷款	635052	17.8

年末主要农村金融机构（农村信用社、农村合作银行、农村商业银行）人民币贷

款余额134219亿元，比年初增加13895亿元。金融机构境内住户人民币消费贷款余额250472亿元，增加60998亿元。其中，短期消费贷款余额49313亿元，增加8347亿元；中长期消费贷款余额201159亿元，增加52651亿元。

全年上市公司通过境内市场累计筹资23342亿元，比上年增加5088亿元。其中，首次公开发行A股248只，筹资1634亿元；A股现金再融资（包括公开增发、定向增发[38]、配股、优先股）13387亿元，增加4618亿元；上市公司通过沪深交易所发行公司债、可转债筹资8321亿元，增加414亿元。全年全国中小企业股份转让系统[39]新增挂牌公司5034家，筹资1391亿元，增长14.4%。

全年发行公司信用类债券[40]8.22万亿元，比上年增加1.50万亿元。

全年保险公司原保险保费收入[41]30959亿元，比上年增长27.5%。其中，寿险业务原保险保费收入17442亿元，健康险和意外伤害险业务原保险保费收入4792亿元，财产险业务原保险保费收入8725亿元。支付各类赔款及给付10513亿元。其中，寿险业务给付4603亿元，健康险和意外伤害险赔款及给付1184亿元，财产险业务赔款4726亿元。

九、人民生活和社会保障

全年全国居民人均可支配收入[42]23821元，比上年增长8.4%，扣除价格因素，实际增长6.3%；全国居民人均可支配收入中位数[43]20883元，增长8.3%。按常住地分，城镇居民人均可支配收入33616元，比上年增长7.8%，扣除价格因素，实际增长5.6%；城镇居民人均可支配收入中位数31554元，增长8.3%。农村居民人均可支配收入12363元，比上年增长8.2%，扣除价格因素，实际增长6.2%；农村居民人均可支配收入中位数11149元，增长8.3%。按全国居民五等份收入分组[44]，低收入组人均可支配收入5529元，中等偏下收入组人均可支配收入12899元，中等收入组人均可支配收入20924元，中等偏上收入组人均可支配收入31990元，高收入组人均可支配收入59259元。贫困地区[45]农村居民人均可支配收入8452元，比上年增长10.4%，扣除价格因素，实际增长8.4%。全国农民工人均月收入3275元，比上年增长6.6%。

全国居民人均消费支出17111元，比上年增长8.9%，扣除价格因素，实际增长6.8%。按常住地分，城镇居民人均消费支出23079元，增长7.9%，扣除价格因素，实际增长5.7%；农村居民人均消费支出10130元，增长9.8%，扣除价格因素，实际增长7.8%。恩格尔系数为30.1%，比上年下降0.5个百分点，其中城镇为29.3%，农村为32.2%。

图18 2012-2016年全国居民人均可支配收入及其增长速度

图19 2016年全国居民人均消费支出及其构成

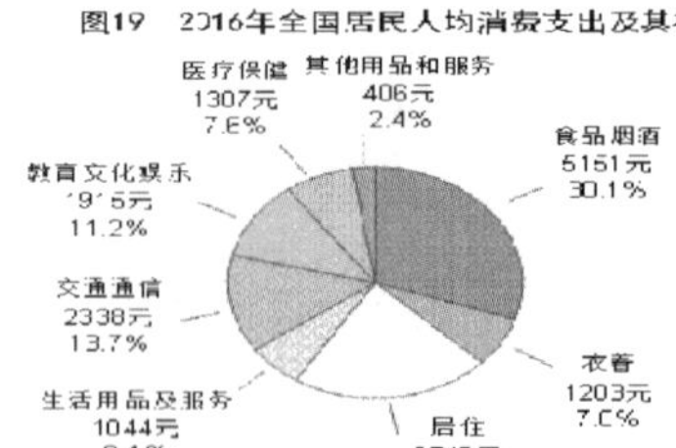

年末全国参加城镇职工基本养老保险人数37862万人，比上年末增加2501万人。参加城乡居民基本养老保险人数50847万人，增加375万人。参加城镇基本医疗保险人数74839万人，增加8257万人。其中，参加职工基本医疗保险人数29524万人，增加631万人；参加城镇居民基本医疗保险人数45315万人，增加7626万人。参加失业保险人数18089万人，增加763万人。年末全国领取失业保险金人数230万人。参加工伤保险人数21887万人，增加455万人，其中参加工伤保险的农民工7510万人，增加21万人。参加生育保险人数18443万人，增加672万人。年末全国共有1479.9万人享受城市居民最低生活保障，4576.5万人享受农村居民最低生活保障，496.9万人享受农村特困人员[46]救助供养。全年资助5620.6万人参加基本医疗保险，医疗救助3099.8万人次。国家抚恤、补助各类优抚对象877.2万人。按照每人每年2300元（2010年不变价）的农村贫困标准计算，2016年农村贫困人口4335万人，比上年减少1240万人[47]。

十、教育、科学技术和文化体育

全年研究生教育招生66.7万人，在学研究生198.1万人，毕业生56.4万人。普通本专科招生748.6万人，在校生2695.8万人，毕业生704.2万人。中等职业教育[48]招生593.3万人，在校生1599.1万人，毕业生533.7万人。普通高中招生802.9万人，在校生2366.6万人，毕业生792.4万人。初中招生1487.2万人，在校生4329.4万人，毕业生1423.9万人。普通小学招生1752.5万人，在校生9913.0万人，毕业生1507.4万人。特殊教育招生9.2万人，在校生49.2万人，毕业生5.9万人。学前教育在园幼儿4413.9万人。九年义务教育巩固率为93.4%，高中阶段毛入学率为87.5%。

图20 2012-2016年普通本专科、中等职业教育及普通高中招生人数

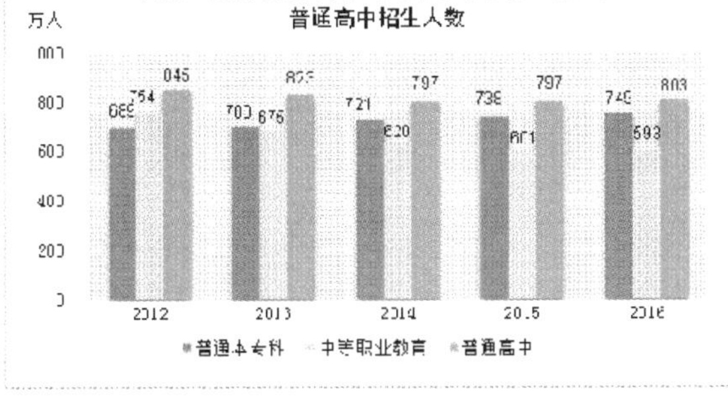

全年研究与试验发展（R&D）经费支出15500亿元，比上年增长9.4%，与国内生产总值之比为2.08%，其中基础研究经费798亿元。全年国家重点研发计划共安排42个重点专项1163个科技项目，国家科技重大专项共安排224个课题，国家自然科学基金共资助41184个项目。截至年底，累计建设国家重点实验室488个，国家工程研究中心131个，国家工程实验室194个，国家企业技术中心1276家。国家科技成果转化引导基金累计设立9支子基金，资金总规模173.5亿元。全年受理境内外专利申请346.5万件，授予专利权175.4万件。截至年底，有效专利628.5万件，其中境内有效发明专利110.3万件，每万人口发明专利拥有量8.0件。全年共签订技术合同32.0万项，技术合同成交金额11407亿元，比上年增长16.0%。

图21 2012-2016年研究与试验发展（R&D）经费支出及其增长速度

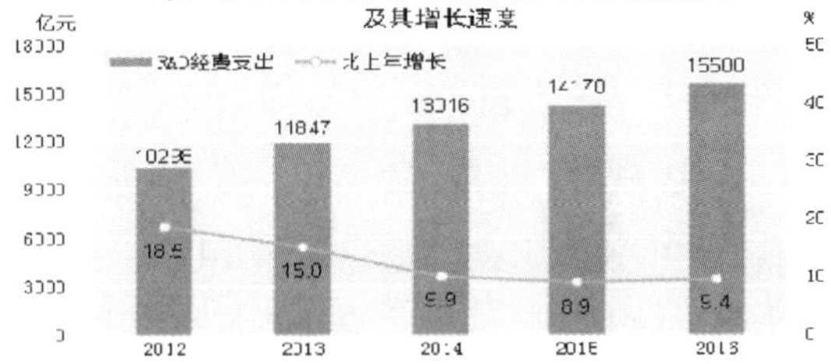

表16

2016年专利申请受理、授权和有效专利情况

指　标	专利数（万件）	比上年增长（%）
专利申请受理数	346.5	23.8
其中：境内专利申请受理	328.1	25.4
其中：发明专利申请受理	133.9	21.5
其中：境内发明专利	119.3	24.7
专利申请授权数	175.4	2.1
其中：境内专利授权	161.2	2.1
其中：发明专利授权	40.4	12.5
其中：境内发明专利	29.5	15.0
年末有效专利数	628.5	14.7
其中：境内有效专利	540.6	15.7
其中：有效发明专利	177.2	20.4
其中：境内有效发明专利	110.3	26.6

全年完成22次宇航发射。长征五号、长征七号新一代运载火箭成功首飞；天宫二号空间实验室、神舟十一号载人飞船成功发射，航天员在轨驻留30天并安全返回；新一代静止轨道气象卫星风云四号、合成孔径雷达卫星高分三号、3颗北斗导航卫星等成功发射。

年末全国共有产品检测实验室34487个，其中国家检测中心681个。全国现有产品质量、体系认证机构312个，已累计完成对152525个企业的产品认证。全国共有法定计量技术机构3933个，全年强制检定计量器具7878万台（件）。全年制定、修订国家标准1763项，其中新制定1255项。

年末全国文化系统共有艺术表演团体2046个，博物馆3060个。全国共有公共图书馆3172个，总流通[49]64781万人次；文化馆3338个。有线电视实际用户2.23亿户，其中有线数字电视实际用户1.97亿户。年末广播节目综合人口覆盖率为98.4%，电视节目综合人口覆盖率为98.9%。全年生产电视剧330部14768集，电视动画片119895分钟。全年生产故事影片772部，科教、纪录、动画和特种影片[50]172部。出版各类报纸394亿份，各类期刊27亿册，图书86亿册（张），人均图书拥有量[51]6.27册（张）。年末全国共有档案馆4193个，已开放各类档案13388万卷（件）。

全年我国运动员在23个运动大项中获得107个世界冠军，共创9项世界纪录。在里约奥运会上，我国运动员共获得26枚金牌，奖牌总数70枚，位列奥运会金牌榜第三位，奖牌榜第二位。全年我国残疾人运动员在17项国际赛事中获得237个世界冠军。在里约残奥会上，我国运动员共获得107枚金牌，蝉联金牌榜和奖牌榜第一位。

十一、卫生和社会服务

年末全国共有医疗卫生机构99.3万个，其中医院2.9万个，在医院中有公立医院1.3万个，民营医院1.6万个；基层医疗卫生机构93.1万个，其中乡镇卫生院3.7万个，社区卫生服务中心（站）3.5万个，门诊部（所）21.7万个，村卫生室64.2万个；专业公共卫生机构2.9万个，其中疾病预防控制中心3484个，卫生监督所（中心）3138个。年末卫生技术人员844万人，其中执业医师和执业助理医师317万人，注册护士350万人。医疗卫生机构床位747万张，其中医院575万张，乡镇卫生院123万张。全年总诊疗人次[52]78.0亿人次，出院人数[53]2.2亿人。

图22 2012-2016年卫生技术人员人数

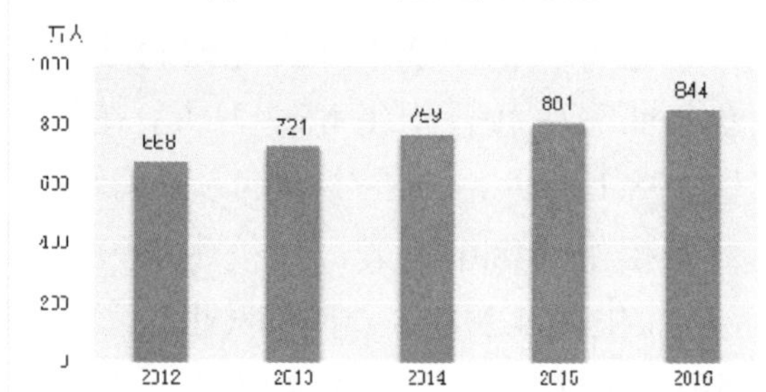

年末全国共有各类提供住宿的社会服务机构3.1万个，其中养老服务机构2.8万个，儿童服务机构713个。社会服务床位[54]716.6万张，其中养老服务床位680.0万张，儿童服务床位10.0万张。年末共有社区服务中心2.4万个，社区服务站13.0万个。

十二、资源、环境和安全生产

全年全国国有建设用地供应总量[55]52万公顷，比上年下降2.9%。其中，工矿仓储用地12万公顷，下降3.2%；房地产用地[56]11万公顷，下降10.3%；基础设施等用地29万公顷，增长0.2%。

全年水资源总量30150亿立方米。全年平均降水量730毫米。年末全国监测的614座大型水库蓄水总量3409亿立方米，比上年末蓄水量略有减少。全年总用水量

6150亿立方米，比上年增长0.8%。其中，生活用水增长2.7%，工业用水减少0.4%，农业用水增长0.7%，生态补水增长1.9%。万元国内生产总值用水量[57]84立方米，比上年下降5.6%。万元工业增加值用水量53立方米，下降6.0%。人均用水量446立方米，比上年增长0.2%。

全年完成造林面积679万公顷，其中人工造林面积381万公顷，占全部造林面积的56.1%。森林抚育面积837万公顷。截至年底，自然保护区达到2750个，其中国家级自然保护区446个。新增水土流失治理面积5.4万平方公里，新增实施水土流失地区封育保护面积1.6万平方公里。

初步核算，全年能源消费总量43.6亿吨标准煤，比上年增长1.4%。煤炭消费量下降4.7%，原油消费量增长5.5%，天然气消费量增长8.0%，电力消费量增长5.0%。煤炭消费量占能源消费总量的62.0%，比上年下降2.0个百分点；水电、风电、核电、天然气等清洁能源消费量占能源消费总量的19.7%，上升1.7个百分点。全国万元国内生产总值能耗下降5.0%。工业企业吨粗铜综合能耗下降9.45%，吨钢综合能耗下降0.08%，单位烧碱综合能耗下降2.08%，吨水泥综合能耗下降1.81%，每千瓦时火力发电标准煤耗下降0.97%。

图23 2012-2016年万元国内生产总值能耗降低率

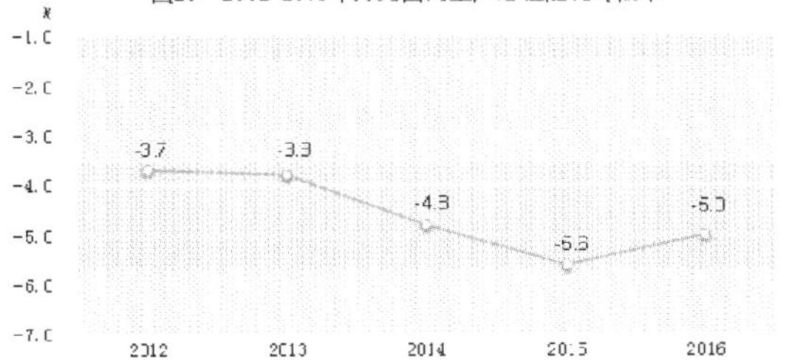

图24 2012-2016年清洁能源消费量占能源消费总量的比重

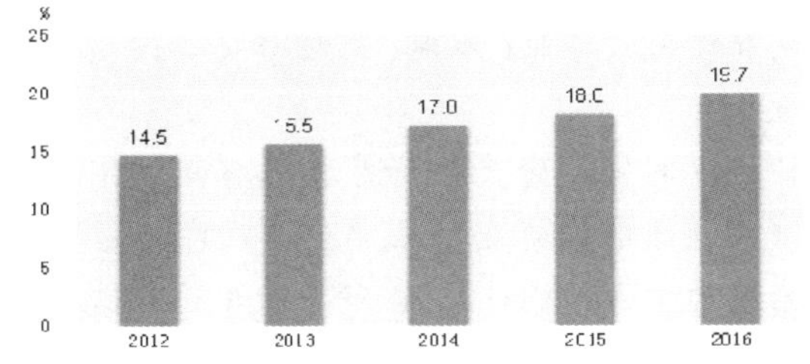

近岸海域417个海水水质监测点中，达到国家一、二类海水水质标准的监测点占73.4%，三类海水占10.3%，四类、劣四类海水占16.3%。

在监测的338个城市中，城市空气质量达标的城市占24.9%，未达标的城市占75.1%。细颗粒物（$PM_{2.5}$）未达标地级及以上城市年平均浓度52微克/立方米，比上年下降8.8%。

在监测的322个城市中，城市区域声环境质量好的城市占5.0%，较好的占68.3%，一般的占26.1%，较差的占0.6%。

全年平均气温为10.49℃，比上年下降0.13℃。共有8个台风登陆。

年末城市污水处理厂日处理能力14823万立方米，比上年末增长5.6%；城市污水处理率为92.4%，提高0.5个百分点。城市生活垃圾无害化处理率为95.0%，提高0.9个百分点。城市集中供热面积70.7亿平方米，增长5.2%。城市建成区绿地面积197.1万公顷，增长3.3%；建成区绿地率为36.44%，提高0.08个百分点；人均公园绿地面积13.45平方米，增加0.10平方米。

全年农作物受灾面积2622万公顷，其中绝收290万公顷。全年因洪涝和地质灾害造成直接经济损失3134亿元，因旱灾造成直接经济损失418亿元，因低温冷冻和雪灾造成直接经济损失179亿元，因海洋灾害造成直接经济损失50亿元。全年大陆地区共发生5.0级以上地震18次，成灾16次，造成直接经济损失67亿元。全年共发生森林火灾2034起，森林火灾受害森林面积0.6万公顷。

全年各类生产安全事故[58]共死亡43062人。亿元国内生产总值生产安全事故死亡人数0.058人，按可比口径比上年下降10.8%；工矿商贸企业就业人员10万人生产安全事故死亡人数1.702人，按可比口径下降2.3%；道路交通事故万车死亡人数2.1人，与上年持平；煤矿百万吨死亡人数0.156人，下降3.7%。

注释：

[1]本公报中数据均为初步统计数。各项统计数据均未包括香港特别行政区、澳门特别行政区和台湾省。部分数据因四舍五入的原因，存在着与分项合计不等的情况。

[2]国内生产总值、各产业增加值和人均国内生产总值绝对数按现价计算，增长速度按不变价格计算。

[3]国民总收入，原称国民生产总值，是指一个国家或地区所有常住单位在一定时期内所获得的初次分配收入总额。它等于国内生产总值加上来自国外的净要素收入。

[4]人户分离的人口是指居住地与户口登记地所在的乡镇街道不一致且离开户口登记地半年及以上的人口。

[5]流动人口是指人户分离人口中扣除市辖区内人户分离的人口。市辖区内人户分离的人口是指一个直辖市或地级市所辖区内和区与区之间，居住地和户口登记地不在同一乡镇街道的人口。

[6]2016年年末，0-14岁（含不满15周岁）人口为23008万人，15-59岁（含不满60周岁）人口为92177万人。

[7]年度农民工数量包括年内在本乡镇以外从业6个月及以上的外出农民工和在本乡镇内从事非农产业6个月及以上的本地农民工两部分。

[8]全员劳动生产率为国内生产总值（以2015年价格计算）与全部就业人员的比率。

[9]农产品生产者价格是指农产品生产者直接出售其产品时的价格。

[10]居住类价格包括租赁房房租、住房保养维修及管理、水电燃料等价格。

[11]为推进财政资金统筹使用，2016年起将政府住房基金等5个项目从政府性基金预算转列一般公共预算，将从国有资本经营预算调入一般公共预算的资金由直接列为一般公共预算收入调整列为财政调入资金。因此，上年基数中考虑了上述因素影响，并以此为基础计算同口径增减额和增减幅。

[12]工业战略性新兴产业包括节能环保产业，新一代信息技术产业，生物产业，高端设备制造产业，新能源产业，新材料产业，新能源汽车产业等七大产业。

[13]高技术制造业包括医药制造业，航空、航天器及设备制造业，电子及通信设备制造业，计算机及办公设备制造业，医疗仪器设备及仪器仪表制造业，信息化学品制造业。

[14]装备制造业包括金属制品业，通用设备制造业，专用设备制造业，汽车制造业，铁路、船舶、航空航天和其他运输设备制造业，电气机械和器材制造业，计算机、通信和其他电子设备制造业，仪器仪表制造业。

[15]六大高耗能行业包括石油加工、炼焦和核燃料加工业，化学原料和化学制品制造业，非金属矿物制品业，黑色金属冶炼和压延加工业，有色金属冶炼和压延加工业，电力、热力生产和供应业。

[16]火电包括燃煤发电量，燃油发电量，燃气发电量，余热、余压、余气发电量，垃圾焚烧发电量，生物质发电量。

[17]钢材产量数据中含企业之间重复加工钢材约35443万吨。

[18]少量发电装机容量（如地热等）公报中未列出。

[19]固定资产投资按东部、中部、西部和东北地区计算的合计数据小于全国数据，是因为有部分跨地区的投资未计算在地区数据中。其中，东部地区是指北京、天津、河北、上海、江苏、浙江、福建、山东、广东和海南10省（市）；中部地区是指山西、安徽、江西、河南、湖北和湖南6省；西部地区是指内蒙古、广西、重庆、四川、贵州、云南、西藏、陕西、甘肃、青海、宁夏和新疆12省（区、市）；东北地区是指辽宁、吉林和黑龙江3省。

[20]基础设施投资是指建造或购置为社会生产和生活提供基础性、大众性服务的工程和设施的支出。公报中的基础设施投资包括交通运输、邮政业，电信、广播电视和卫星传输服务业，互联网和相关服务业，水利、环境和公共设施管理业投资。

[21]民间固定资产投资是指具有集体、私营、个人性质的内资企事业单位以及由其控股（包括绝对控股和相对控股）的企业单位建造或

购置固定资产的投资。

[22]高技术产业投资包括医药制造、航空航天器及设备制造等六大类高技术制造业投资和信息服务、电子商务服务等九大类高技术服务业投资。

[23]房地产业投资除房地产开发投资外，还包括建设单位自建房屋以及物业管理、中介服务和其他房地产投资。

[24]高速铁路是指最高营运速度达到200公里/小时及以上的铁路。

[25]数据来源为各省（区、市）汇总上报截至2016年12月底建档立卡贫困户农村危房改造实际开工数。

[26]网上零售额是指通过公共网络交易平台（包括自建网站和第三方平台）实现的商品和服务零售额。其中，网上零售额包括的服务，以及少部分用于生产经营或被转卖的商品不统计在社会消费品零售总额中。

[27]货物贸易、服务贸易、吸收外资采用人民币计价。对外投资和对外承包工程由于技术原因仍主要沿用美元计价。

[28]“一带一路”是指“丝绸之路经济带”和“21世纪海上丝绸之路”。

[29]服务进出口按照《国际收支手册（第六版）》标准统计，不含政府服务，增速按可比口径计算。

[30]邮电业务总量按2010年价格计算。

[31]移动电话交换机容量是指移动电话交换机根据一定话务模型和交换机处理能力计算出来的最大同时服务用户的数量。

[32]固定互联网宽带接入用户是指报告期末在电信企业登记注册，通过xDSL、FTTx+LAN、FTTH/0以及其他宽带接入方式和普通专线接入公众互联网的用户。

[33]固定互联网光纤宽带接入用户是指报告期末在电信企业登记注册，通过FTTH或FTTO方式接入公众互联网的用户。

[34]移动宽带用户是指报告期末在计费系统拥有使用信息，占用3G或4G网络资源的在网用户。

[35]手机上网人数是指过去半年通过手机接入并使用互联网的6周岁及以上中国居民数量。

[36]软件和信息技术服务业包括软件开发，信息系统集成服务，信息技术咨询服务，数据处理和存储服务，集成电路设计服务和其他信息技术服务等行业。

[37]社会融资规模增量是指一定时期内实体经济从金融体系获得的资金总额。

[38]定向增发不含资产认购部分。

[39]全国中小企业股份转让系统又称“新三板”，是2012年经国务院批准设立的全国性证券交易场所。

[40]公司信用类债券包括非金融企业债务融资工具、企业债券以及公司债、可转债等。

[41]原保险保费收入是指保险企业确认的原保险合同保费收入。

[42]全国居民收入增速快于分城乡居民收入增速的原因是：在城镇化过程中，一部分在农村收入较高的人口进入城镇地区，但在城镇属于较低收入人群，他们的迁移对城乡居民收入均有拉低作用。但无论在城镇还是农村，其收入增长效应都会体现在全体居民收入增长中。

[43]人均收入中位数是指将所有调查户按人均收入水平从低到高（或从高到低）顺序排列，处于最中间位置调查户的人均收入。

[44]全国居民五等份收入分组是指将所有调查户按人均收入水平从低到高顺序排列，平均分为五个等份，处于最高20%的收入群体为高收入组，依此类推依次为中等偏上收入组、中等收入组、中等偏下收入组、低收入组。

[45]贫困地区包括集中连片特困地区和片区外的国家扶贫开发工作重点县，共832个县，其中国家扶贫开发工作重点县共计592个。

[46]农村特困人员是指无劳动能力，无生活来源，无法定赡养、抚养、扶养义务人或者其法定义务人无履行义务能力的农村老年人、残疾人以及未满16周岁的未成年人。

[47]减贫人口等于当年贫困人口减去上年贫困人口，也相当于当年脱贫人口减去当年返贫人口。

[48]中等职业教育包括普通中专、成人中专、职业高中和技工学校。

[49]总流通人次是指本年度内到图书馆场馆接受图书馆服务的总人次，包括借阅书刊、咨询问题以及参加各类读者活动等。

[50]特种影片是指那些采用与常规影院放映在技术、设备、节目方面不同的电影展示方式，

如巨幕电影、立体电影、立体特效（4D）电影、动感电影、球幕电影等。

[51]人均图书拥有量是指在一年内全国平均每人能拥有的当年出版图书册数。

[52]总诊疗人次指所有诊疗工作的总人次数，包括门诊、急诊、出诊、预约诊疗、单项健康检查、健康咨询指导（不含健康讲座）人次。

[53]出院人数指报告期内所有住院后出院的人数，包括医嘱离院、医嘱转其他医疗机构、非医嘱离院、死亡及其他人数，不含家庭病床撤床人数。

[54]社会服务床位数除收养性机构外，还包括救助类机构、社区类机构以及军休所、军供站等机构的床位。

[55]国有建设用地供应总量是指报告期内市、县人民政府根据年度土地供应计划依法以出让、划拨、租赁等方式将土地使用权提供给单位或个人使用的国有建设用地总量。

[56]房地产用地是指商服用地和住宅用地的总和。

[57]万元国内生产总值用水量、万元工业增加值用水量和万元国内生产总值能耗按2015年价格计算。

[58]2016年起，安全监管总局对生产安全事故统计制度进行改革，由于排除了非生产经营领域的事故，事故统计口径发生变化，数据同比按照可比口径计算。

资料来源：

本公报中户籍人口城镇化率、民用汽车、交通事故数据来自公安部；城镇新增就业、登记失业率、社会保障、技工学校数据来自人力资源社会保障部；财政数据来自财政部；外汇储备、汇率、货币金融、公司信用类债券数据来自人民银行；水产品产量数据来自农业部；木材产量、林业、森林火灾数据来自林业局；灌溉面积、水资源数据来自水利部；发电装机容量、新增220千伏及以上变电设备数据来自中电联；新建铁路投产里程、增新建铁路复线投产里程、电气化铁路投产里程、铁路运输数据来自铁路总公司；新改建公路里程、港口万吨级码头泊位新增吞吐能力、公路运输、水运、港口货物吞吐量数据来自交通运输部；新增民用运输机场、民航数据来自民航局；新增光缆线路长度、电话交换机容量、电话用户、宽带用户、移动互联网接入流量、上网人数、互联网普及率、软件业务收入等数据来自工业和信息化部；农村地区互联网普及率数据来自中国互联网络信息中心；棚户区住房改造、农村地区建档立卡贫困户危房改造、城市污水处理、城市垃圾处理、城市集中供热面积、建成区绿地数据来自住房城乡建设部；货物进出口数据来自海关总署；服务进出口、外商直接投资、对外直接投资、对外承包工程、对外劳务合作等数据来自商务部；管道数据来自中石油、中石化、中海油；邮政业务数据来自邮政局；旅游数据来自旅游局、公安部；上市公司数据来自证监会；保险业数据来自保监会；城乡低保、农村特困人员救助供养、社会服务、农作物受灾面积、洪涝地质灾害造成直接经济损失、旱灾造成直接经济损失、低温冷冻和雪灾造成直接经济损失来自民政部；教育数据来自教育部；重点研发计划、科技重大专项、国家重点实验室、科技成果转化引导基金、技术合同等数据来自科技部；自然科学基金项目数据来自自然基金委；国家工程研究中心、企业技术中心等数据来自发展改革委；专利数据来自知识产权局；宇航发射数据来自国防科工局；质量检验、国家标准制定修订等数据来自质检总局；艺术表演团体、博物馆、公共图书馆、文化馆数据来自文化部；广播电视、电影、报纸、期刊、图书数据来自新闻出版广电总局；档案数据来自档案局；体育数据来自体育总局；残疾人运动员数据来自中国残联；卫生数据来自卫生计生委；国有建设用地供应数据来自国土资源部；自然保护区、环境监测数据来自环境保护部；平均气温、登陆台风数据来自气象局；海洋灾害造成直接经济损失数据来自海洋局；地震次数、地震灾害直接经济损失数据来自地震局；安全生产数据来自安全监管总局；其他数据均来自国家统计局。

江西省2016年国民经济和社会发展统计公报

江西省统计局
国家统计局江西调查总队

（2017年3月21日）

2016年，面对复杂多变的外部经济环境，全省上下牢固树立和贯彻落实新发展理念，主动适应经济发展新常态，在统筹推进供给侧结构性改革的同时，全面做好稳增长、促改革、调结构、优生态、惠民生等各项工作，较好完成了年初确定的主要目标任务，实现了“十三五”良好开局。

一、综合

初步核算，全年实现地区生产总值（GDP）18364.4亿元，比上年增长9.0%。其中，第一产业增加值1904.5亿元，增长4.1%；第二产业增加值9032.1亿元，增长8.5%；第三产业增加值7427.8亿元，增长11.0%。三次产业结构由上年的10.6:50.3:39.1调整为10.4:49.2:40.4，三次产业对GDP增长的贡献率分别为4.8%、47.4%和47.8%。人均生产总值40106元，增长8.4%，按年均汇率折算为6038美元。

年末常住人口4592.3万人，比上年末增加26.6万人。其中，城镇人口2438.5万人，占总人口的比重（常住人口城镇化率）为53.1%，比上年末提高1.5个百分点。户籍人口城镇化率为35.7%，比上年末提高3.5个百分点。全年出生人口61.6万人，出生率13.45‰，比上年提高0.25个千分点；死亡人口28.2万人，死亡率6.16‰，下降0.08个千分点；自然增长率7.29‰，提高0.33个千分点。

表1

2016年末常住人口数及其构成

指　　标	年末数（万人）	比重（%）
常住人口	4592.3	100.0
其中：城镇	2438.5	53.1
乡村	2153.8	46.9
其中：男性	2356.0	51.3
女性	2236.2	48.7
其中：0-15岁（含不满16周岁）	985.5	21.5
16-59岁（含不满60周岁）	2951.9	64.3
60周岁及以上	654.9	14.3
其中：65周岁及以上	450.5	9.8

年末全社会就业人数2637.6万人，比上年末增加21.8万人。全年城镇新增就业55.2万人，失业人员再就业24.7万人，城镇登记失业率3.35%，低于4.5%的年度控制目标。农民工总量1181.6万人，增长1.1%。其中，外出农民工813.3万人，下降1.1%；本地农民工368.3万人，增长6.5%。

全年财政总收入3143.0亿元，比上年增长4.0%。其中，一般公共预算收入2151.4亿元，下降0.7%；税收收入2462.6亿元，增长3.8%，占财政总收入的比重为78.4%。县级财政总收入2534.3亿元，增长5.1%，高于全省财政收入增幅1.1个百分点。其中，超20亿元的县（市、区）38个，比上年增加2个；超30亿元的县（市、区）18个，比上年增加1个；超40亿元的县（市、区）11个，比上年增加2个；超50亿元的县（市、区）6个，比上年增加1个，财政总收入最高的南昌县达104.4亿元。全年一般公共预算支出4619.5亿元，比上年增长4.7%。用于教育、社保、医疗等民生方面的支出完成3595.3亿元，增长5.1%，占支出比重达77.8%，比上年提高0.3个百分点。省委、省政府年初确定的50件民生工程实事全面完成。

图2 2012-2016年财政总收入及其增长速度

全年居民消费价格（CPI）比上年上涨2.0%。其中，城市上涨2.0%，农村上涨1.9%。构成CPI的八大类商品服务价格"七涨一降"：食品烟酒类上涨4.4%，医疗保健类上涨2.7%，其他用品和服务类上涨2.6%，教育文化和娱乐类上涨1.5%，居住类上涨1.0%，衣着类上涨0.9%，生活用品及服务类上涨0.1%；交通和通信类下降1.2%。工业生产者出厂价格（PPI）下降1.4%，工业生产者购进价格下降2.3%。

图3 2016年各月居民消费价格指数（上年同期为100）

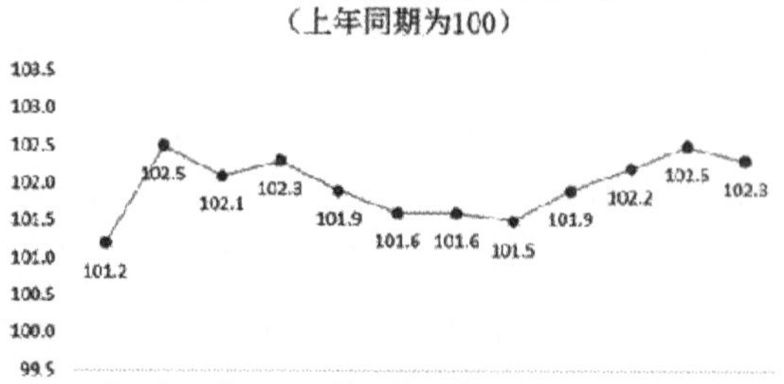

表2

2016年居民消费价格分类别涨跌幅度

类别	比上年上涨（%）
居民消费价格指数	2.0
食品烟酒	4.4
#粮食	0.6
衣着	0.9
居住	1.0
生活用品及服务	0.1
交通和通信	-1.2
教育文化和娱乐	1.5
医疗保健	2.7
其他用品和服务	2.6

二、农业

全年粮食种植面积3686.2千公顷，比上年下降0.5%。其中，谷物种植面积3367.1千公顷，下降0.8%。油料种植面积729.2千公顷，下降1.5%。蔬菜种植面积606.6千公顷，增长3.6%。棉花种植面积49.3千公顷，下降39.2%。糖料种植面积14.5千公顷，增长0.5%。

全年粮食总产量2138.1万吨，比上年下降0.5%，为历史第三高产年份。其中，早稻785.9万吨，下降3.2%；中稻及一季晚稻298.6万吨，增长7.0%；二季晚稻928.1万吨，下降0.9%。

图4 2012-2016年粮食产量及其增长速度

全年油料产量122.0万吨，比上年下降1.6%。其中，油菜籽71.8万吨，下降2.9%。棉花产量7.3万吨，下降36.4%。

烟叶产量6.4万吨，增长17.4%。茶叶产量5.8万吨，增长10.9%。园林水果产量405.4万吨，下降10.0%。蔬菜产量1420.2万吨，增长4.5%。

全年肉类总产量351.6万吨，比上年下降1.0%。其中，猪肉产量258.7万吨，下降3.3%；牛肉产量18.7万吨，增长5.4%；羊肉产量1.7万吨，增长7.9%。禽蛋产量62.5万吨，增长5.0%。牛奶产量10.5万吨，下降8.4%。水产品产量271.6万吨，增长2.8%。年末生猪存栏1814.3万头，下降4.2%；生猪出栏3103.1万头，下降4.3%。

表3

2016年主要农产品产量及其增长速度

产品名称	产量（万吨）	比上年增长(%)
粮食	2138.1	-0.5
其中：谷物	2029.9	-0.7
油料	122.0	-1.6
其中：油菜籽	71.8	-2.9
棉花	7.3	-36.4
烟叶	6.4	17.4
茶叶	5.8	10.9
园林水果	405.4	-10.0
蔬菜	1420.2	4.5
肉类	351.6	-1.0
水产品	271.6	2.8

三、工业和建筑业

全年规模以上工业增加值7803.6亿元，比上年增长9.0%。分轻重工业看，轻工业增加值2964.1亿元，增长7.4%；重工业4839.4亿元，增长10.0%。分经济类型看，国有企业增加值241.6亿元，下降4.7%；集体企业17.9亿元，增长1.6%；股份合作企业20.8亿元，增长0.1%；股份制企业3140.9亿元，增长9.2%；私营企业3207.8亿元，增长10.6%；外商及港澳台商投资企业1167.1亿元，增长10.4%。

规模以上工业38个行业大类中，34个实现增长，占比近九成。其中，电子、汽车、电气机械、农副食品、化工等五大重点行业表现突出，分别增长26.0%、17.0%、13.2%、10.1%和9.3%，占规上工业的三成以上，对规上工业增长的贡献率达47.3%。高新技术产业增加值2346.5亿元，占规上工业的30.1%，比上年提高4.4个百分点，增长10.8%。战略性新兴产业增加值1166.0亿元，占规上工业的14.9%，比上年提高1.9个百分点，增长10.7%。装备制造业增加值1925.6亿元，占规上工业的24.7%，比上年提高1.9个百分点，增长16.3%。六大高耗能行业增加值2812.5亿元，占规上工业的36.0%，比上年下降1.8个百分点，增长6.1%。

重点监测的357种主要工业品中223种实现了不同程度增长，增长面超六成，114种产品保持了两位数以上增长，占比近三分之一。其中，手机比上年增长51.7%，汽车增长27.4%，铜材增长15.3%，家用电冰箱增长14.3%，变压器增长13.1%，化学原料药增长12.5%。工业新产品中，新能源汽车增长2.0倍，智能手机增长1.2倍，太阳能电池（光伏电池）增长29.5%。

表 4

2016 年规模以上工业主要产品产量及其增长速度

产品名称	单 位	产 量	比上年增长(%)
发电量	亿千瓦时	922.9	9.4
白酒(折 65 度，商品量)	万千升	16.0	-12.2
啤酒	万千升	125.5	-3.1
卷烟	亿支	646.1	-4.7
布	万米	134572.4	2.0
服装	万件	143187.7	0.5
农用化学肥料	万吨	148.2	5.2
化学农药	吨	55742.5	9.6
化学原料药	吨	73138.3	12.5
水泥	万吨	9513.0	0.3
瓷质砖	万平方米	129434.8	4.3
粗钢	万吨	2241.5	1.8
钢材	万吨	2585.0	0.3
十种有色金属	万吨	161.1	-4.1
其中：精炼铜（电解铜）	万吨	128.0	-3.1
多晶硅	吨	13667.3	-16.8
单晶硅	吨	1730.9	7.2
铜材	万吨	354.4	15.3
汽车	万辆	53.7	27.4
其中：新能源汽车	万辆	1.8	196.1
彩色电视机	万台	20.1	-14.9
太阳能电池（光伏电池）	万千瓦	726.0	29.5
家用电冰箱	万台	98.1	14.3
移动通信手持机（手机）	万台	7413.9	51.7
其中：智能手机	万台	6398.6	121.7
房间空气调节器	万台	349.5	-6.3

全年规模以上工业企业实现主营业务收入 35518.7 亿元，比上年增长 8.6%；实现利润总额 2399.4 亿元，增长 11.9%。主营业务收入超百亿元的企业 13 户，其中，江西省电力公司首次突破 500 亿元，实现主营业务收入 568.5 亿元；南昌欧菲光科技有限公司和南昌欧菲生物识别技术有限公司首次突破 100 亿元，分别实现主营业务收入 103.8 亿元和 101.2 亿元。

年末工业园区实际开发面积 625.3 平方公里，比上年末增长 1.1%；完成基础设施投入 716.1 亿元，增长 4.4%。园区内投产工业企业 10400 户，比上年增加 755 户；实现工业增加值 6468.4 亿元，比上年增长 9.3%；实现主营业务收入 28302.6 亿元，增长 8.9%；实现出口交货值 2048.5 亿元，增长 0.7%。主营业务收入过百亿工业园区 76 个，比上年增加 3 个。其中，主营业务收入超 500 亿元的园区 18 个，增加 2 个。南昌高新技术产业开发区继续领跑，南昌经济技术开发区、九江经济技术开发区、南昌小蓝经济技术开发区分列二、三、四位。

全年建筑业总产值 5179.0 亿元，比上年增长 12.5%；建筑业增加值 1609.9 亿元，增长 7.5%。资质以上建筑业企业 1957 家，比上年增加 140 家。其中，特级企业和一级企业 215 家，增加 26 家。房屋竣工面积 14835.8 万平方米，增长 4.1%。竣工房屋价值 2094.6 亿元，增长 11.6%。

四、固定资产投资

全年全社会固定资产投资 19694.2 亿元，比上年增长 13.3%。其中，固定资产投资（不含农户）19378.7 亿元，增长 14.0%。

固定资产投资（不含农户）中：分产业看，第一产业投资 436.2 亿元，增长 1.7%；第二产业投资 10322.0 亿元，增长

14.2%，其中，工业投资 10284.9 亿元，增长 15.3%；第三产业投资 8620.5 亿元，增长 14.5%。分投资主体看，国有投资 4147.6 亿元，增长 8.2%；非国有投资 15231.1 亿元，增长 15.7%，其中，民间投资 13830.2 亿元，增长 9.8%。

表 5

2016 年分行业固定资产投资（不含农户）及其增长速度

行 业	投资额（亿元）	比上年增长(%)
总 计	19378.7	14.0
第一产业	436.2	1.7
第二产业	10322.0	14.2
工业	10284.9	15.3
采矿业	302.0	23.0
制造业	9190.7	13.5
化学原料及化学制品制造业	746.4	5.7
非金属矿制品业	1039.5	10.8
黑色金属冶炼和压延加工业	93.7	68.7
有色金属冶炼和压延加工业	404.7	-0.2
电气机械及器材制造业	876.3	37.9
计算机、通信和其他电子设备制造业	575.1	31.3
电力、热力、燃气及水生产和供应业	792.2	38.2
建筑业	46.3	-64.6
第三产业	8620.5	14.5
批发和零售业	940.1	-3.2
交通运输、仓储和邮政业	958.3	17.2
住宿和餐饮业	275.4	-6.0
信息传输、软件和信息技术服务业	171.2	36.5
金融业	48.9	19.0
房地产业	2522.2	20.3
租赁和商务服务业	494.7	49.9
科学研究和技术服务业	153.3	59.7
水利、环境和公共设施管理业	2004.4	18.5
居民服务、修理和其他服务业	120.2	-1.2
教育	218.3	-10.4
卫生和社会工作	145.6	-8.8
文化、体育和娱乐业	176.0	-32.6
公共管理、社会保障和社会组织	327.6	44.4

全年房地产开发投资 1770.9 亿元，比上年增长 16.5%。其中，住宅投资 1247.6 亿元，增长 12.1%；办公楼投资 73.9 亿元，增长 41.8%；商业营业用房投资 315.8 亿元，增长 31.9%。商品房竣工面积 1635.6 万平方米，下降 14.3%；商品房销售面积 4691.8 万平方米，增长 34.9%；商品房销售额 2678.4 亿元，增长 43.7%。年末商品房待售面积 1434.6 万平方米，下降 4.1%。

五、国内贸易

全年社会消费品零售总额 6634.6 亿元，比上年增长 12.0%。按城乡分，城镇市场零售额 5491.8 亿元，增长 11.7%，其中，城区 3536.6 亿元，增长 13.4%；乡村市场零售额 1142.8 亿元，增长 13.1%。按行业分，批发业零售额 987.1 亿元，增长 9.0%；零售业零售额 4826.0 亿元，增长 11.9%；住宿业零售额 78.3 亿元，增长 12.5%；餐饮业零售额 743.2 亿元，增长 16.8%。

图7 2012-2016年社会消费品零售总额及其增长速度

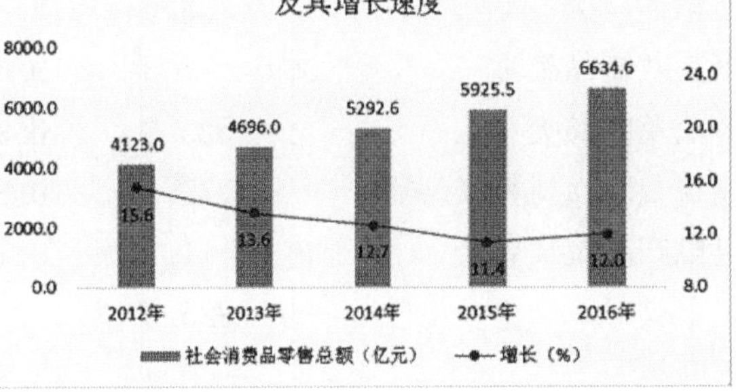

限额以上批发零售业零售额分商品看：日用生活消费品保持较快增长。粮油、食品类实现零售额 228.9 亿元，比上年增长 19.5%；服装、鞋帽、针纺织品类 144.8 亿元，增长 10.0%；日用品类 61.0 亿元，增长 8.1%。汽车销售继续快速增长。汽车类实现零售额 825.5 亿元，增长 17.4%。与消费升级相关商品快速增长。家具类实现零售额 51.8 亿元，增长 17.5%；通讯器材类 33.6 亿元，增长 12.3%；建筑及装潢材料类 39.0 亿元，增长 16.8%。

表 6

2016 年限额以上批发零售业按商品分类零售额及其增长速度

类　别	零售额（亿元）	比上年增长(%)
合计	2569.1	13.2
粮油、食品类	228.9	19.5
饮料类	34.9	14.0
烟酒类	55.0	13.7
服装、鞋帽、针纺织品类	144.8	10.0
化妆品类	19.3	3.0
金银珠宝类	36.5	0.7
日用品类	61.0	8.1
五金、电料类	12.5	20.4
体育、娱乐用品类	5.5	24.6
书报杂志类	38.1	9.4
电子出版物及音像制品类	8.8	7.8
家用电器和音像器材类	160.4	21.0
中西药品类	181.6	23.5
文化办公用品类	27.0	17.4
家具类	51.8	17.5
通讯器材类	33.6	12.3
煤炭及制品类	7.3	19.6
石油及制品类	523.3	0.9
建筑及装潢材料类	39.0	16.8
机电产品及设备类	11.5	18.7
汽车类	825.5	17.4
棉麻类	0.4	3.8
其他类	62.4	21.8

六、对外经济

全年进出口总值 2643.9 亿元，比上年增长 0.6%。其中，出口值 1966.9 亿元，下降4.1%；进口值677.0亿元，增长17.3%。

图8　2012-2016年进出口总值构成

分贸易方式看，一般贸易出口 1687.1 亿元，下降 1.6%；加工贸易出口 270.0 亿元，下降 7.2%。分重点商品看，机电产品出口 815.2 亿元，下降 5.6%；高新技术产品出口 293.4 亿元，下降 8.0%。

表 7

2016 年货物进出口总值及其增长速度

指　　标	金额(亿元)	比上年增长(%)
进出口总值	2643.9	0.6
出口值	1966.9	-4.1
其中：一般贸易	1687.1	-1.6
加工贸易	270.0	-7.2
其中：机电产品	815.2	-5.6
高新技术产品	293.4	-8.0
进口值	677.0	17.3
其中：一般贸易	427.0	29.3
加工贸易	239.5	3.8
其中：机电产品	332.0	20.4
高新技术产品	252.6	25.7

表 8

2016 年主要商品出口数量、金额及其增长速度

商品名称	单位	数量	比上年增长(%)	金额(亿元)	比上年增长(%)
机电产品（包括本目录已具体列名的机电产品）	-			815.2	-5.6
高新技术产品	-			293.4	-8.0
服装及衣着附件	-			226.1	-8.5
文化产品	-			105.7	21.3
鞋类	吨	88923	-2.5	91.9	-3.0
二极管及类似半导体器件	万个	92809	-74.4	76.9	-30.6
纺织纱线、织物及制品	-			71.1	-9.8
太阳能电池	万个	2506	-9.4	61.5	-23.0
家具及其零件	-			60.9	-27.5
灯具、照明装置及零件	-			58.6	-18.5
钢材	吨	1591205	6.4	56.5	1.7
陶瓷产品	吨	428748	5.2	54.1	-19.8

注：“机电产品”和“高新技术产品”有交叉。

表 9

2016 年主要商品进口数量、金额及其增长速度

商品名称	单位	数量	比上年增长(%)	金额(亿元)	比上年增长(%)
机电产品(包括本目录已具体列名的机电产品)	-			332.0	20.4
高新技术产品	-			252.6	25.7
集成电路	万个	256543	20.8	145.3	27.3
铜矿砂及其精矿	吨	1390719	10.9	123.6	8.1
未锻轧铜及铜材	吨	147894	38.3	49.1	20.8
铁矿砂及其精矿	吨	10698264	25.4	37.4	28.7
二极管及类似半导体器件	万个	124379	18.7	24.4	-13.1
纸浆	吨	334469	36.8	19.3	49.6
纺织纱线、织物及制品	-			8.8	7.4
废铜	吨	44324	-21.6	6.1	-34.3

注:“机电产品”和“高新技术产品”有交叉。

表 10

2016 年对主要国家和地区货物进出口额及其增长速度

国别(地区)	进出口总值(亿元)	比上年增长(%)	出口值(亿元)	比上年增长(%)	进口值(亿元)	比上年增长(%)
亚洲	1459.1	0.2	1073.5	-6.6	385.6	25.6
香港	245.2	-14.1	239.1	-14.9	6.0	31.9
日本	114.1	22.0	65.0	3.2	49.1	61.0
韩国	188.4	22.0	112.8	3.2	75.6	67.3
台湾省	168.0	1.8	37.1	15.7	130.9	-1.6
非洲	160.2	-26.0	123.7	-33.6	36.5	21.4
南非	33.5	-10.7	18.2	-28.4	15.3	26.0
欧洲	336.5	1.3	282.6	-0.9	53.9	14.9
英国	55.1	-0.8	53.2	0.2	1.9	-20.7
德国	73.7	11.8	48.9	4.1	24.8	30.9
荷兰	44.7	-4.4	41.5	-5.9	3.2	21.1
拉丁美洲	248.2	-0.7	105.9	-0.6	142.3	-0.7
巴西	48.8	24.7	26.0	43.5	22.9	8.6
智利	107.1	-11.2	16.2	-37.0	90.9	-4.2
北美洲	371.5	19.7	346.3	19.2	25.2	27.6
美国	341.5	19.1	322.1	18.7	19.5	26.6
大洋洲	68.4	7.9	34.9	4.1	33.5	12.2
澳大利亚	61.0	9.2	28.0	6.1	33.0	11.9
东盟	405.9	-5.6	340.7	-10.4	65.2	30.8
欧盟	292.8	0.7	249.9	-0.7	42.9	9.4

全年新批外商投资企业 568 家，实际使用外商直接投资额 104.4 亿美元，比上年增长 10.2%。利用省外项目实际进资 5905.8 亿元，增长 12.9%。截至年底，在赣投资的具有世界 500 强投资背景企业 66 家，国内 500 强 148 家。

全年新签对外承包工程合同项目 198 个，合同金额 28.9 亿美元，完成营业额 39.4 亿美元，增长 12.3%。新增对外承包工程企业 22 家，总数达 135 家；新增境外投资企业 104 家，总数达 653 家。江西国际、江西中煤、中鼎国际等三家“走出去”龙头企业继续入围全球最大国际工程承包商 250 强。

七、交通、邮电和旅游

全年货物运输量 138061.6 万吨，比上年增长 6.0%；货物周转量 3897.6 亿吨公里，增长 3.8%。旅客运输量 62874.0 万人，增长 0.7%；旅客周转量 970.6 亿人公里，增长 1.8%。机场旅客吞吐量 1050.1 万人，增长 6.6%。其中，昌北机场旅客吞吐量 786.4 万人，增长 5.0%。

表 11

2016 年货物、旅客运输量和周转量及其增长速度

指 标	单 位	绝对值	比上年增长(%)
货物运输量	万 吨	138061.6	6.0
铁路	万 吨	4295.8	9.0
公路	万 吨	122877	6.4
水运	万 吨	10888.8	0.0
货物周转量	亿吨公里	3897.6	3.8
铁路	亿吨公里	514.8	3.6
公路	亿吨公里	3147.5	4.1
水运	亿吨公里	235.3	0.7
旅客运输量	万 人	62874.0	0.7
铁路	万 人	9248.7	9.3
公路	万 人	53364	-0.6
水运	万 人	261.3	-4.4
旅客周转量	亿人公里	970.6	1.8
铁路	亿人公里	688.0	2.9
公路	亿人公里	282.3	-0.9
水运	亿人公里	0.3	-1.6

年末公路通车里程161909公里，比上年末增加5284公里。其中，高速公路通车里程5894公里，增加836公里。铁路营运里程3909.3公里，基本持平。年末民用汽车保有量407.4万辆，增长17.4%；民用轿车保有量225.2万辆，增长20.4%，其中，私人轿车212.6万辆，增长23.3%。

全年邮电业务总量984.1亿元，比上年增长61.3%。其中，邮政业务总量100.3亿元，增长43.9%；电信业务总量883.8亿元，增长63.5%。快递业务量3.8亿件，增长63.2%；快递业务收入41.3亿元，增长49.2%。年末固定电话用户517.5万户，下降9.0%。其中，城市电话用户337.4万户，下降7.3%；乡村电话用户180.1万户，下降12.0%。年末移动电话用户3140.7万户，增长2.8%。3G移动电话用户360.0万户，下降56.7%；4G移动电话用户1861.1万户，增长74.1%。

全年接待国内旅游者46913.4万人次，比上年增长22.2%；国内旅游收入4954.5亿元，增长37.6%。接待入境旅游者181.9万人次，增长2.8%；国际旅游外汇收入5.8亿美元，增长3.1%。

八、金融、证券和保险

年末金融机构人民币各项存款余额28893.1亿元，比年初增加4108.0亿元。其中，住户存款余额13981.0亿元，增加1591.2亿元；非金融企业贷款余额8356.6亿元，增加1663.3亿元。年末金融机构人民币各项贷款余额21721.8亿元，比年初增加3373.8亿元。其中，住户贷款余额8310.2亿元，增加1382.1亿元；非金融机构及机关团体贷款余额13408.0亿元，增加1989.2亿元。

年末辖区内上市公司36家，其中，主板公司23家，中小板公司8家，创业板公司5家。辖区内证券公司2家，分公司24家，证券营业部293家，证券交易额5.34万亿元；期货公司1家，期货营业部33家，期货成交金额1.99万亿元。

全年保险公司保费收入608.7亿元，比上年增长19.7%。其中，财产险公司保费收入195.2亿元，增长14.0%；人寿险公司保费收入413.5亿元，增长22.6%。支付各类赔款及给付207.0亿元，增长16.2%。其中，财产险公司赔款101.4亿元，增长18.2%；人寿险公司赔款18.3亿元，增长47.7%；寿险公司给付87.2亿元，增长9.2%。

九、教育和科学技术

全年研究生教育招生1.1万人，在校生3.0万人，毕业生0.9万人。普通高等教育招生32.3万人，在校生103.9万人，毕业生25.6万人。成人高等教育招生4.2万人，在校生16.2万人，毕业生5.7万人。普通高中招生33.0万人，在校生94.3万人，毕业生30.2万人。中等职业教育招生13.6万人，在校生36.2万人，毕业生11.8万人。初中学校招生64.6万人，在校生180.3万人，毕业生57.5万人。普通小学招生68.5万人，在校生422.8万人，毕业生63.3万人。特殊教育在校生2.8万人。幼儿园14071所，在园幼儿159.0万人。各类民办学校11331所，各类民办学校在校学生191.7万人。小学净入学率99.7%，初中毛入学率100.3%。高中阶段教育毛入学率88.5%，普通高考录取率81.3%，高等教育毛入学率39.5%。

表12

2016年各类学校招生、在校生和毕业生人数

单位：万人

指　标	招生数	在校生数	毕业生数
研究生教育	1.1	3.0	0.9
普通高等教育	32.3	103.9	25.6
成人高等教育	4.2	16.2	5.7

中等职业教育	13.6	36.2	11.8
普通高中	33.0	94.3	30.2
初中学校	64.6	180.3	57.5
普通小学	68.5	422.8	63.3

全年研究与试验发展（R&D）经费支出201.1亿元，占GDP的比重为1.1%，比上年提高0.06个百分点。年末共有国家工程（技术）研究中心8个，省工程（技术）研究中心255个；国家级重点实验室4个，省级重点实验室138个。全年获省部级以上科技奖106项，其中，自然科学17项，技术发明16项，科技进步73项。全年受理专利申请60494件，授权专利31472件；签订技术合同1985项，技术市场合同成交金额79.0亿元，其中，技术开发合同成交额34.1亿元，技术转让合同成交额19.5亿元。

年末共有产品质量检测机构67个，其中，国家级检测中心10个。法定计量技术机构248个，全年强制检定计量器具68.7万台（件），开展产品质量监督抽查4911批次。全年获得3C证书的企业780家，获得3C证书5125张，发放自愿性产品认证证书3332张，发放工业产品生产许可证253张。测绘部门为经济社会发展提供各种基本比例尺地形图3532张，大地成果2395点，航摄成果107643平方公里。

十、文化、卫生和体育

年末共有艺术表演团体84个，文化馆118个，公共图书馆113个，博物馆133个。广播电视台86座，中、短波发射台19座，电视台8座；有线广播电视用户655.7万户，其中，数字电视用户579.0万户。年末广播综合人口覆盖率98.0%，电视综合人口覆盖率98.8%。全年出版各种图书、期刊、报纸7980种，出版各类图书19814万册、期刊7112万册、报纸106040万份。

年末共有各类医疗卫生机构38261个（含村卫生室）。其中，医院、卫生院2183个，妇幼保健院（所、站）112个，专科疾病防治院（所、站）109个，疾病预防控制中心147个，卫生监督所（中心）110个。卫生技术人员22.1万人。其中，执业医师和执业助理医师7.9万人，注册护士9.6万人。医院、卫生院床位数19.3万张，其中，乡镇卫生院床位数4.8万张。

年末共有全民健身中心1个，青少年俱乐部119个，城市社区多功能运动场25个，青少年户外活动营地4个；国家级体育传统项目学校15所，省级体育传统项目学校176所，省级单项体育后备人才基地33个。全年新建村级农民体育健身工程246个，乡镇农民体育健身工程35个。在国际和国内的重大比赛中共获得45枚金牌、55枚银牌和44枚铜牌。

十一、人民生活和社会保障

全年居民人均可支配收入20110元，比上年增长9.1%。其中，城镇居民人均可支配收入28673元，增长8.2%；农村居民人均可支配收入12138元，增长9.0%。居民人均生活消费支出13259元，增长6.9%。其中，城镇居民人均生活消费支出17696元，增长5.8%；农村居民人均生活消费支出9128元，增长7.6%。

全年就业困难人员实现就业6.7万人。共发放创业担保贷款122.9亿元，扶持个人创业8.9万人次，带动就业44.7万人次。年末参加城镇职工基本养老保险人数957.3万人，其中，职工672.7万人，离退休人员284.6万人。参加城镇职工基本医疗保险人数591.6万人，其中，职工388.8万人，退休人员202.8万人。参加工伤保险人数502.1万人，参加生育保险人数258.9万人，参加失业保险人数282.6万人。向城市低保户发放低保金33.6亿元，月人均补差320元；向农村低保户发放低保金 40.1 亿元，月人均补差 195 元。城市居民得到政府最低生活保障人数 87.7 万人，农村居民得到政府最低生活保障人数 169.2 万人，农村居民得到政府五保救济人数 21.8 万人。义务教育阶段免费提供教课书的学生数 603.0 万名，得到政府资助的家庭生活困难学生数 2.8 万名。全年开工各类棚户区 17.1 万套（户），保障性安居工程基本建成 20.92 万套（户）。城市棚户区改造货币化安置率 59.2%，比上年提高 27.4 个百分点。公租房分配入住率达到 70%。全面完成了国家下达的 12.78 万户农村危房改造开工任务。

年末共有提供住宿的社会福利机构 1683 个，床位数 16.3 万张，收养人数 13.2 万人，临时救济困难户 13.0 万户次。社区服务机构 3472 个，其中，社区服务中心 384 个。全年销售社会福利彩票 29.6 亿元，筹集福利彩票公益金 8.6 亿元，直接接受社会捐赠 1.7 亿元。

十二、资源、环境与安全生产

年末地表水Ⅰ-Ⅲ水质达标比例为 81.4%，主要河流监测断面水质达标率 88.6%。城市污水、生活垃圾处理率分别达 88%和 95%，11 个设区城市环境空气质量优良率达 86.1%。森林覆盖率稳定在 63.1%，居全国第 2 位；完成造林面积 208 万亩，森林抚育 560 万亩，改造低产低效林 150 万亩，综合治理水土流失面积 1100 平方公里以上。争取赣州列为国家山水林田湖生态保护修复四个试点地区之一，新增 17 个国家重点生态功能区，新确定 16 个省级生态文明示范县、60 个省级生态文明示范基地。截至年底，共建立自然保护区 159 处，其中，国家级 15 处、省级 37 处、市县级 107 处。自然保护区面积 10681 平方公里，占全省国土面积的 6.4%。

年平均降水量 1996.1 毫米，较常年偏多 19.2%，位列历史第 10 位。平均气温 18.9℃，较常年偏高 0.9℃，位列历史第 2 位。平均日照时数 1485.8 小时，较常年偏少 9%，位列历史第 6 位。

全年全社会能源消费总量 8747.2 万吨标准煤，比上年增长 3.6%；万元 GDP 能耗 0.480 吨标准煤，下降 4.9%，超额完成全年下降 2.5%的目标任务。规模以上工业综合能源消费量 5248.2 万吨标准煤，增长 2.3%；万元规模以上工业增加值能耗 0.663 吨标准煤，下降 6.2%，超额完成下降 4%的年度目标任务。

全年安全生产事故 2630 起，其中，道路交通事故 2316 起，工矿商贸事故 216 起，铁路交通事故 60 起，水上交通事故 5 起。安全生产事故死亡人数 1649 人，其中，道路交通事故死亡 1261 人，工矿商贸事故死亡 315 人，铁路交通事故死亡 38 人，水上交通事故死亡 5 人。亿元生产总值安全生产事故死亡人数 0.09 人。

注释：

1.本公报中数据均为初步统计数。部分数据因四舍五入的原因，存在着分项与合计不等的情况。

2.地区生产总值、各产业增加值和人均生产总值绝对数按现价计算，增长速度按不变价格计算。

3.根据《国民经济行业分类》（GB/T4754-2011），第一产业指农林牧渔业（不含农林牧渔服务业），第二产业指工业（不含开采辅助活动，金属制品、机械和设备修理业）和建筑业，第三产业指除第一产业、第二产业以外的其他行业。

4.规模以上工业统计范围为年主营业务收入 2000 万元及以上的企业，固定资产投资（不含农户）统计范围为计划总投资 500 万元及以上项目和房地产。

5.对外贸易数据改用人民币计价。

6.邮电业务总量按2010年不变价格计算。

7.万元生产总值能耗、万元规模以上工业增加值能耗按2015年不变价格计算。

8.常住人口是指实际经常居住在某地区一定时间的人口。按人口普查和抽样调查规定，主要包括：居住在本乡镇街道、户口在本乡镇街道或户口待定的人，居住在本乡镇街道、离开户口所在的乡镇街道半年以上的人，户口在本乡镇街道、外出不满半年或在境外工作学习的人。2016年年末，0–14岁（含不满15周岁）人口为924.0万人，15–59岁（含不满60周岁）人口为3013.5万人。

9.小学适龄儿童入学率指调查范围内已入小学学习的学龄儿童占校内外学龄儿童总数的百分比。

10.高中阶段教育毛入学率主要反映高中阶段教育覆盖面，是指高中阶段在校生总数占15－17岁学龄人口数的百分比。

资料来源：

本公报中财政数据来自省财政厅；物价、城乡居民收入和支出、部分农业数据来自国家统计局江西调查总队；外贸数据来自南昌海关；利用外资和省外资金、对外承包工程数据来自省商务厅；铁路客货运输量、周转量数据来自南昌铁路局；公路、水路客货运输量、周转量数据来自省交通运输厅；机场旅客吞吐量数据来自省机场集团公司；电信业务量、移动电话用户数、固定电话用户数来自省通信管理局；邮政业务量、快递业务量数据来自省邮政管理局；旅游数据来自省旅发委；存贷款数据来自中国人民银行南昌中心支行；证券数据来自中国证券监督管理委员会江西监管局；保险数据来自中国保险监督管理委员江西监管局；教育数据来自省教育厅；科技数据来自省科技厅；专利数据来自省知识产权局；质量检测、行业标准数据来自省质量技术监督局；艺术表演团体、博物馆、公共图书馆、文化馆数据来自省文化厅；广播、电视、报纸、期刊、图书数据来自省新闻出版广电局；测绘数据来自省测绘局；卫生、新农合数据来自省卫生和计划生育委员会；体育数据来自省体育局；城镇新增就业、社会保险数据来自省人力资源和社会保障厅；城乡低保、社会福利、社区服务、社会捐赠数据来省自省民政厅；保障性住房数据来自省住房和城乡建设厅；扶贫数据来自省扶贫办；造林、森林覆盖率数据来自省林业厅；空气和地表水质量、污染物排放、自然保护区数据来自省环境保护厅；降水量、平均气温、日照时数数据来自省气象局；安全生产数据来自省安全生产监督管理局；道路交通事故数据来自省公安厅；其他数据来自省统计局。

九江市2016年国民经济和社会发展统计公报

九江市统计局　　国家统计局九江调查队

（2017年3月28日）

2016年，在市委、市政府的正确领导下，全市上下深入贯彻习近平总书记系列重要讲话精神，特别是对江西工作提出的新希望和“三个着力、四个坚持”总体要求，紧紧围绕建设“五大九江”战略部署，主动适应经济新常态，着力实施新工业十年行动，积极应对困难挑战，扎实做好稳增长、促改革、调结构、惠民生等各项工作，全年全市经济运行总体平稳。

一、综　合

初步核算，2016年全市实现地区生产总值(GDP)2096.13亿元，比上年增长9.4%。其中第一产业增加值152.67亿元，增长4.1%；第二产业增加值1088.9亿元，增长8.6%；第三产业增加值854.56亿元，增长11.5%。经济结构进一步优化，三次产业结构调整为7.3：51.9：40.8，第三产业占比较上年提高1.5个百分点；三次产业对经济增长的贡献率分别为3.3%、48.7%和48%。全市人均生产总值43338元，增长8.9%。

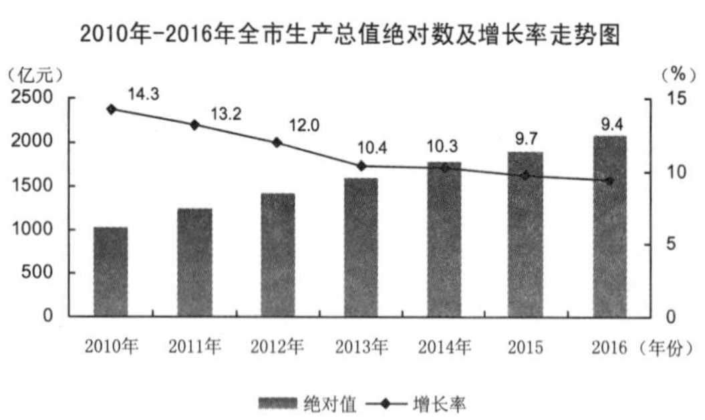

全年新增城镇就业6.49万人，城镇就业率96.19%。城乡私营企业从业人员和个体劳动者95.25万人。年末城镇登记失业率为3.81 %。

财政收支稳定增长。全年实现财政总收入415.23亿元，比上年增长7.7%。其中，一般公共预算收入260.52亿元，增长5.4%。财政总收入占GDP比重达19.8%，比上年降低0.5个百分点。全年税收收入325.5亿元，增长2.5%，占财政总收入比重为78.4%。全年一般公共预算支出465.46亿元，增长5.1%。

居民消费价格上涨2.1%。其中八大类商品“六涨两跌”，医疗保健类上涨5.5%，居住类上涨4.3%，其他用品和服务类上涨3.6%，食品烟酒类上涨2.7%，教育文化和娱乐类上涨1.1%，衣着类上涨0.1%，生活用品及服务类下降0.9%，交通和通讯类下降1.4%。商品零售价格指数下降0.3%，工业生产者出厂价格指数上涨0.1%，工业生产者购进价格指数下降1.3%。

表1

2016年居民消费价格指数

以上年为100

项　　目	指数（%）
居民消费价格总指数	102.1
食品烟酒	102.7
衣着	100.1
居住	104.3
生活用品及服务	99.1
交通和通讯	98.6
教育文化和娱乐	101.1
医疗保健	105.5
其他用品和服务	103.6

二、农　业

全年粮食作物播种面积28.65万公顷，增长3.1%；粮食产量172.59万吨，增长4.1%。油料作物播种面积12.93万公顷，下降 2.4%；油料产量 21.71 万吨，下降 4.6%。棉花播种面积 2.99 万公顷，下降 51.2%；棉花产量 4.47 万吨，下降 48.9%。

表 2

2016 年主要农产品产量

单位：万吨

产品名称	产 量	比上年增长%
粮 食	172.59	4.1
谷 物 类	154.39	2.8
稻 谷	145.05	1.1
小 麦	2.11	25.7
棉 花	4.47	-48.9
油 料	21.71	-4.6
#油 菜	19.60	-5.1
花 生	1.57	-1.3
茶 叶	0.81	27.2
水 果	13.83	-6.2
蔬 菜	105.99	9.8

全年完成人工造林面积 1.55 万公顷，零星植树 408.65 万株；年末实有封山（沙）育林面积 48.48 万公顷，森林抚育面积 3.62 万公顷。

全年肉类总产量 20.52 万吨，比上年下降 3.4%。生猪出栏 205.75 万头，下降 4.3%；生猪存栏 119.91 万头，下降 3.5%。全年水产品产量 46.37 万吨，增长 3.1%，其中特种水产品产量 17.22 万吨，增长 6.2 %。

2016 年，全市规模以上农业企业 546 家，其中国家级龙头企业 5 家，省级龙头企业 84 家，市级龙头企业 299 家。实现销售收入 941.8 亿元，同比增长 11.1%。新增农产品中国驰名商标 1 个，江西著名商标 9 个，有机食品 8 个，绿色食品 8 个，无公害农产品 31 个。农民专业合作社发展到 5507 家，农业产业化带动农户 114 万户（次），农户从事农业产业化经营户均增收 2616 元。

三、工业和建筑业

全年规模以上工业实现增加值 1115.73 亿元，同比增长 9.3%。五大主导产业实现增加值 821.08 亿元，同比增长 9.9%，占全市规模以上工业增加值的比重为 73.6%；五大战略性新兴产业实现增加值 425.68 亿元，同比增长 9.1%，占全市规模以上工业增加值的比重为 38.2%。

表 3

2016 年规模以上工业增加值

单位：亿元

指 标	绝对值	比上年增长%
规模以上工业	1115.73	9.3
#轻工业	470.04	10.8
重工业	645.68	8.3
#国有控股企业	135.83	16.6
集体企业	1.53	51.7
股份制企业	479.78	9.5
外商及港澳台企	136.79	10.2

全年发电量 103.93 亿千瓦时，增长 1.9%；原油加工量 725.01 万吨，增长 30.5%；纱 69.40 万吨，下降 9.8%；服装 4.56 亿件，增长 3.2%；水泥 1641.71 万吨，增长 0.1%；粗钢 538.72 万吨，增长 4.2%。

表 4

2016 年规模以上工业主要工业产品产量

产品名称	单位	绝对数	比上年增长%
发电量	亿千瓦时	103.93	1.9
啤酒	千升	224794	3.2
化学纤维	万吨	35.10	-7.1
布	万米	14879	0.1
纱	万吨	69.40	-9.8
服装	万件	45613	3.2
原油加工量	万吨	725.01	30.5
汽油	万吨	217.99	13.1
烧碱	万吨	5.19	29.2
塑料制品	万吨	12.50	9.2
水泥	万吨	1641.71	0.1
粗钢	万吨	538.72	4.2

全市1430户规模以上工业企业实现主营业务收入5487.49亿元，增长9.2%；实现利税总额666.43亿元，增长16.5%；实现利润414.98亿元，增长18.1%。

年末全市入园投产工业企业1233家，比上年末增加95家；安置从业人数29.77万人；园区完成工业增加值909.55亿元，增长9.4%；主营业务收入4464.42亿元，增长9.3%；实现利税584.58亿元，增长18.8%；实现利润总额357.68亿元，增长20.4%。

全年实现全社会建筑业增加值169.92亿元，增长6.5 %。全年资质内建筑业企业完成总产值398.83亿元，增长12.9%。房屋建筑施工面积1276.07万平方米，比上年减少225.71万平方米；房屋竣工面积800.32万平方米，比上年减少55.3万平方米。

四、固定资产投资

全年固定资产投资2428.58亿元，比上年增长14.6%。分产业看，第一产业投资28.16亿元，增长104.6%；第二产业投资1863.21亿元，增长20.7%；第三产业投资537.21亿元，下降3.8%。非国有投资2141.74亿元，增长14.7%。全市亿元以上重大项目完成投资2202.86亿元，增长24.1%；其中亿元以上新开工项目完成投资855.59亿元，增长12.3%。

全年房地产开发投资123.85亿元，下降6.8%。商品房竣工面积222.97万平方米，同比增长39.0%；商品房销售面积491.92万平方米，增长38.6 %；商品房销售额232.43亿元，同比增长54.1 %。

表5

2016年固定资产投资

单位：亿元

行　　业	投资额	比上年增长%
总　　计	2428.58	14.6
农、林、牧、渔业	28.16	96.7
工业	1863.21	20.7
采矿业	53.38	351.4
制造业	1652.62	15.7
#化学原料及化学制品制造业	205.44	9.3
非金属矿物制品业	167.12	27.21
黑色金属冶炼及压延加工业	19.26	119.8
有色金属冶炼及压延加工业	8.85	-88.8
电气机械及器材制造业	167.72	60.8
通信设备、计算机及其他电子设备制造业	65.14	14.1
电力、燃气及水的生产和供应业	157.21	50.9
交通运输、仓储和邮政业	56.83	42.1
批发和零售业	78.67	-30.6
住宿和餐饮业	15.23	4.4
房地产业	160.21	-7.6
租赁和商务服务业	14.93	19.9
水利、环境和公共设施管理业	94.61	13.6
居民服务和其他服务业	3.25	-66.1
教育	4.02	-72.1
卫生和社会工作	7.02	173.6
文化、体育和娱乐业	23.57	-32.7
公共管理和社会组织	58.47	40.1

五、国内贸易

全年实现社会消费品零售总额656.78亿元，比上年增长 13.0%，其中限额以上消费品零售额303.96亿元，增长16.8%。分城乡看，城镇实现社会消费品零售总额507.69亿元，增长12.8%；乡村实现社会消费品零售总额149.09亿元，增长13.5%。分行业看，住宿餐饮业实现零售额95.89亿元，增长13.9%；批发零售业实现零售额560.89亿元，增长12.8%。

在限额以上批发零售业零售额中，汽车类实现零售额93.65亿元，增长27.1%；家用电器及音像器材类15.15亿元，增长18.0%；粮油、食品类38.49亿元，增长20.7%；石油及制品类57.12亿元，增长0.4%；金银珠宝类4.65亿元，增长11.8%；

服装、鞋帽、针纺织品类16.79亿元，增长6.0%。

六、对外经济

2016年全年进出口总额347.82亿元，比上年下降6.1%。其中出口284.31亿元，下降6.7%。

全年实际利用外资达18.03亿美元，增长10.6 %。实际利用省外5000万元以上项目资金765.65亿元，增长13.3%。

七、交通、邮电和旅游

全年旅客运输量9898万人，比上年下降0.2%，其中，公路旅客运输量8820万人，下降0.6%；铁路旅客运输量1034万人，增长3.9%。货物运输量13355万吨，比上年增长8.3%，其中，公路货物运输量10768万吨，增长6.4%；铁路货物运输量1147万吨，增长48.2%。

表6

2016年交通运输业

指　标	单位	绝对数	比上年增长%
旅客运输量	万人	9898	-0.2
铁路	万人	1034	3.9
公路	万人	8820	-0.6
水运	万人	44	-3.1
旅客周转量	亿人公里	89.67	0.9
铁路	亿人公里	43.01	2.9
公路	亿人公里	46.60	-0.9
水运	亿人公里	0.06	-6.3
货物运输量	万吨	13355	8.3
铁路	万吨	1147	48.2
公路	万吨	10768	6.4
水运	万吨	1129	-6.4
货物周转量	亿吨公里	334.90	8.9
铁路	亿吨公里	45.63	48.9
公路	亿吨公里	236.02	4.1
水运	亿吨公里	53.19	6.3

全年完成邮电业务收入32.07亿元，增长6.6%。年末电话数70.13万户，下降2.8%；其中市内电话34.24万户，下降10.2%；农村电话18.28万户，下降38.1%。年末移动电话用户374.53万户，增长0.2%。互联网用户达95.08万户，增长21.9%。

全年接待旅游总人数12100.48万人次，增长15.2%。其中境外游客38.2万人次，增长4.8%；国内游客12062.28万人次，增长15.3%。全年旅游总收入为1129.85亿元，增长 22.5%；其中外汇收入1.53亿美元，增长4.8 %。

八、金融和保险业

年末全市金融机构人民币存款余额2593.81亿元，比年初增加420.47亿元，其中住户存款余额1324.39亿元，比年初增加131.21亿元；非金融企业存款余额767.25亿元，比年初增加224.4亿元；广义政府存款495.42亿元，比年初增加67.21亿元。金融机构各项贷款余额1754.58亿元，比年初增加302.69亿元，其中住户贷款余额为745.34亿元，比年初增加117.68亿元；非金融企业及机关团体贷款余额为1009.22亿元，比年初增加185.03亿元。

全年保险公司保费收入55.38亿元，增长14.0%。其中财产保险保费收入17.62亿元，增长14.6%；人寿保险保费收入37.76亿元，增长13.7%。赔款支出16.49亿元，增长17.9%。其中财产保险赔款支出8.82亿元，增长23.9%；人寿保险赔款支出7.67亿元，增长11.6%。

九、教育和科学技术

全市共有普通高校7所，当年招生3.01万人，在校生9.24万人。各类中等职业学校25所，在校生2.6万人。普通中学282所，在校生27.02万人，其中高中在校生10.2万人，初中在校生16.82万人。普通小学743所，在校生39.51万人。初中阶段适龄人口入学率为99.94%，小学学龄儿童入学率为

100 %。成人高等专业学校招生 0.36 万人，在校生 1.68 万人。

表 7

2016 年各类学校招生和在校生情况

单位：万人

指　　标	招生数	在校生数	毕业生数
普通高校	3.01	9.24	2.84
成人高校	0.36	1.68	0.09
中等职业学校	0.98	2.6	0.78
普通高中	3.48	10.2	3.41
普通初中	6.17	16.82	5.15
普通小学	6.04	39.51	6.47

全市县以上独立研究开发机构 13 个。全市共组织实施市级以上各类科技计划项目 281 项，其中省级 185 项，市级 96 项，市本级科技三项经费投入 2100 万元，增长 7.4%。全年受理专利申请 5036 件，授权专利 3033 件。全市高新技术产业增加值 299.98 亿元。

十、文化、卫生和体育

年末全市共有艺术表演团体 5 个，文化馆 15 个，公共图书馆 15 个，博物馆（纪念馆）18 个。全市已建成千瓦中波发射台 1 座，千瓦调频发射台 3 座。全市广播电视台 13 个，广播人口覆盖率 97.42%，电视人口综合覆盖率 98.68%。

年末全市共有卫生机构 2720 个（含村卫生室），其中医院、卫生院 259 个，疾病预防控制中心 17 个，妇幼保健院（所、站）14 个。医院、卫生院床位 20631 张。全市专业卫生技术人员 25015 人，其中医院、卫生院 20002 人，疾病预防控制中心 485 人，妇幼保健机构 2147 人。在医院、卫生院专业卫生技术人员中，有医师 6727 人，注册护士 9081 人。

年末共有青少年体育俱乐部 18 个，晨晚锻炼健身活动点 2631 个。新建农民体育健身工程 12 个（其中，乡镇 8 个、行政村 4 个）。

十一、人口、人民生活和社会保障

根据人口变动情况抽样调查统计，年末常住人口 484.76 万人，比上年末增长 4.52‰。全年出生人口 6.41 万人，出生率 13.26‰；死亡人口 2.97 万人，死亡率 6.15‰；自然增长率 7.11‰。

表 8

2016 年人口数及其构成

单位：万人

指　　标	年末数	比重%
总人口	484.76	100.0
#城镇	252.94	52.18
乡村	231.82	47.82
#男性	246.66	50.88
女性	238.10	49.12

全年城镇居民人均可支配收入 30011 元，比上年增长 8.6%；人均消费性支出 18273 元，增长 4.5%。全年农村居民人均可支配收入 12157 元，增长 9.1%；人均消费性支出 9248 元，增长 6.4%。年末城镇居民人均居住面积 41.16 平方米，农村居民平均每人年末住房面积 49.44 平方米。

全市失业人员实现再就业 2.6 万人，其中“4050”人员再就业 0.6 万人。共发放小额担保贷款 16.60 亿元，新增转移农村劳动力就业 6.00 万人。年末，全市参加城镇职工基本养老保险人数 90.43 万人，比上年末增加 1.89 万人。参加城乡居民基本养老保险人数 192.31 万人，增加 3.76 万人。参加基本医疗保险人数 513.65 万人，增加 1.05 万人。其中，参加职工基本医疗保险人数 67.31 万人，增加 3.02 万人，参加城乡居民基本医疗保险人数 446.34 万人（含新农合），减少 1.97 万人。参加失业保险人数 35.15 万人，增加 0.94 万人。参加工伤保险人数 57.8 万人，增加 1.1 万人。参加生育保险人数

24.74万人，增加1.14万人。全市完成省下达棚户区改造开工任务20189户，其中：城市棚户区16412户、国有工矿棚户区124户，国有垦区危旧房3653户。棚户区改造货币化安置11243户，棚改货币化安置率为55.7%。

年末全市有各类社会福利机构床位2.45万张。国内公民办理收养登记80例，港、澳、台中国公民办理收养登记0例。全年销售社会福利彩票2.62亿元, 接收社会捐赠2187.37万元。

十二、资源、环境与安全生产

2016年，全市自产地表水资源量204.71亿立方米，比上年增长11.1%。年平均降水量1792.2毫米，比上年减少3.3%。2座大型水库年末蓄水量48.93亿立方米，比上年末减少2.82亿立方米。

全市市、县级环境监测站16个，环境监察部门16个。城市环境空气质量81天为优，209天为良，64天为轻度污染，7天中度污染，5天重度污染。空气质量优良率为79.2%。全市已批准国家级生态乡镇27个，生态村1个。已建成国家级、省级自然保护区11个，其中国家级3个，省级8个。

全年共发生各类安全生产事故886起，死亡350人。其中，采矿业4起，死亡5人；商贸制造业及其他29起，死亡27人；建筑业16起，死亡15人；交通事故837起，死亡303人。

注：

1、本公报所列各项数据均为初步统计数。

2、部分数据因四舍五入的原因，存在着与分项合计不等的情况。

3、生产总值、各产业增加值绝对数按现价计算，增长速度按不变价格计算。

市情概况

中国魅力城市九江——众水汇集的地方，一江一湖一山，赋予她其他城市无法企及的灵秀。浔阳江头，有春江花月的古雅；鄱阳湖边，有长天秋水的豪迈。地处南北动脉和黄金水道的交叉点，承东启西，引南接北，新时代的九省通衢——九江。

【历史沿革】九江市位于江西省北部。九江，集名山（庐山）、名江（长江）、名湖（鄱阳湖）于一体，是一座具有2200多年历史的江南文化名城和旅游城市。1992年被国务院批准为长江沿岸开放城市。

九江，山拥千嶂，江环九派，“士高气清、富有佳境”。自古以来，就是舟车辐辏、商贾云集的通都大邑。九江地处赣、鄂、湘、皖四省交界处，襟江带湖，背倚庐山，市区处于万里长江和千里京九江铁路的交汇处，区位优势十分明显。

九江之称，最早见于《尚书·禹贡》中“九江孔殷”、“过九江至东陵”等记载。九江称谓的来历有两种，一是“九”为古代中国人认为的最大数字，“九江”的意思是“众水汇集的地方”，“九”是虚指；二是“以为湖汉九水(即赣江水、鄱水、余水、修水、淦水、盱水、蜀水、南水、彭水)入彭蠡泽也”，即九条江河汇集的地方，“九”是实指。长江流经九江水域境内，与鄱阳湖和赣、鄂、皖三省毗连的河流汇集，百川归海，水势浩淼，江面壮阔。

九江开发历史较早。夏、商时期。九江属荆、扬二州之域，春秋时九江属吴之西境，楚之东境，因而有“吴头楚尾”之称。九江作为行政区划最早出现在秦代，秦始皇划天下为三十六郡，就有九江郡。此后九江又有江洲、柴桑、浔阳、汝南、湓城、德化等古称，但主要以九江、柴桑、浔阳、江洲著称于世。

九江全境东西长270公里，南北宽140公里，总面积1.91万平方公里，人口484.76万人，建成区面积107.0平方公里，市区人口71.34万人。辖九江县、武宁县、修水县、永修县、德安县、都昌县、湖口县、彭泽县等八县，瑞昌市、共青城市、庐山市三市，濂溪、浔阳二区，九江经济技术开发区、庐山风景名胜区管理局、庐山西海风景名胜区管委会和八里湖新区管委会。

【地理交通】九江地处东经 113º57′－116º53′，北纬28º47′－30º06′。地势东西高，中部低，南部略高，向北倾斜，平均海拔32米(市区海拔20米)，修水九岭山九岭尖海拔1794米，为九江最高峰，庐山区蛤蟆石附近的鄱阳湖底，海拔-9.37米，为全市最低处。全市山地占总面积的16.4%，丘陵占44.5%，湖泊占18%，耕地22.51万公顷，俗称“六山二水分半田，半分道路和庄园”。

九江“途通五岭、势拒三江”，具有“七省通衢”的战略地位。由于得舟楫之便，加上物产丰富，九江自古就是通都大邑，是人流和物流中心城市，是长江中游重要的物资集散地，曾是中国的“四大米市”、“三大茶市”之一。

长江是中国最大、最长的东西向水上大通道，京九铁路是我国最长、现代化程度最高的南北向陆上运输大通道，两条大动脉在九江市区交汇，九江成为承东启西、引南接北的黄金十字交汇点。

现代水陆空交通网络四通八达。九江港曾是长江流域十大港口之一，年客、货运量分居长江各港口第二位和第四位。铁路有京(北京)九、武(武汉)九、合(合肥)九、铜(铜陵)九四条铁路相交，公路有昌九、九景、大广、武吉四条高速公路以及105、316国道穿境而过。九江机场开通北京、上海、广州、厦门、成都航线。

在全国经济发展格局中，九江是东部沿海开发向中西部推进的过渡地带，是京

九、长江两大经济开发带的交叉点，处于极为重要的位置。从长江流域的格局看，九江是宁、汉两大经济区的结合部，又是赣、鄂、湘、皖四省结合部；从京九沿线看，九江是唯一的水陆交通枢纽，沟通东西南北；从江西省的发展看，九江是唯一通江达海的外贸港口城市，是联结全省与长江开发带和沿海开放带的“北大门”。

【气候】九江地处亚热带向北亚热带的过渡区，气候温和，四季分明，年平均气温 16—17℃。本市雨量充沛，年降雨量为 1300—1600 毫米，雨量分配不均匀，年降水量的 40—50%集中在第二季度。全年日照充足，太阳辐射的年总量均在 102.3—114.1 千卡/平方厘米。年日照时数均在 1650—2100 小时之间。年平均日照百分率为 38—47%。年无霜期为 239—266 天，年平均雾日在 16 天以下，年平均湿度达 75—80%。区域分布明显，垂直差异较大。

【自然资源】矿产资源丰富：已发现的矿种有金属、非金属、能源矿产三大类 80 种，已探明储量的有 44 种，其中金、锑、锡、萤石储量居全省首位，铜居第二，钨居第三，石灰石、石英砂、大理石、花岗石、瓷土等蕴藏丰富，矿产潜在价值无穷。1990 年起跨进全国“万两黄金市”之列，主要生产基地有瑞昌洋鸡山、修水土龙山金矿。

植物资源丰富：森林主要分布在西部九岭、幕阜山脉，面积达 104.33 万公顷，森林覆盖率 50.4%，活立木蓄积量 3188 万立方米，毛竹 6196 万株，列为国家重点保护的珍稀树种 37 种，主要有南方红豆杉、樟木、杜仲、银杏、柳杉等。现有国家级森林公园 6 个，即：天花井森林公园、鄱阳湖口森林公园、马祖山森林公园、三叠泉森林公园、柘林湖森林公园和庐山山南森林公园。省级森林公园 6 个，分别是：龙宫洞森林公园、三尖源森林公园、秦山森林公园、莲花洞森林公园、义门陈森林公园、九岭山森林公园。

动物资源丰富：有候鸟类 115 种，两栖类 11 种，哺乳类 20 种。鄱阳湖候鸟自然保护区有越冬候鸟 126 种，其中白鹤 840 只，天鹅 3000 余只，占世界首位，被列国专家誉为中国的“第二长城”；彭泽县桃红岭现有梅花鹿 400 余只以上。鱼类 109 种，名贵鱼类有中华鲟、鲥鱼、银鱼、虾虎鱼、彭泽鲫等，中华绒螯蟹也是特产之一。

水资源丰富：全年河川年径流深度 1087.8 毫米，地表水资源 204.76 亿立方米，水资源总量 209.28 亿立方米，可开发的水力资源 32.9 万千瓦。长江过境长度 152 公里，年径流量 8900 亿立方米，直入长江的河流流域面积 3904 平方公里，万亩以上湖泊有 10 个，千亩以上 31 个，全省最大水库柘林水库库容达 79.2 亿立方米。鄱阳湖有 53%的水域在九江境内，面积近 20 万公顷。

湿地资源丰富：天然江河湖泊湿地 31.3 万公顷，其中九江境内鄱阳湖湿地面积 23 万公顷，占国际重要湿地鄱阳湖湿地面积的 61.7%。

【名胜古迹】九江名山南峙，风光宜人，各种自然景观与人文景观交相辉映，自古以来就吸引历代文人学士来九江吟诗作对，或设坛讲学，或筑台修楼，留下了丰富的文化遗迹。

自然景观有：

庐山：位于市区东南，是保存国内第四纪冰川遗迹最典型、最集中的一个山体，是全国重点风景名胜区中驰名的避暑胜地，庐山风光，气吞河岳，险峻而幽奇，壮观而秀丽。名刹古寺，飞泉流瀑，摩崖石刻，茂林修竹，奇峰异石，藏奇纳胜。目前全山已开发风景点八十余处。主要景点有花径、锦绣谷、仙人洞、龙首崖、三宝树、含鄱口、五老峰、三叠泉等。庐山为国家首批“5A 级风景名胜区”，“中国旅游胜地 40 佳”之一，1996 年 12 月，联合国教科文组织世界遗产委员会批准庐山以“世界文化景观”列入《世界遗产名录》。2004 年 2 月，庐山又被列入全球首批世界地质公园。

鄱阳湖：位于江西省北部，长江中游南岸，九江与南昌之间。它北萦长江，西屏庐山，周围冈峦起伏。广阔的湖滨平原构成长江中游平原的一部分，海拔 20 多米。江西省在地貌上是一个朝北的凹形大斜面，东、南、西三面都有海拔 1000 米左右的大山环绕，中部凹下，鄱阳湖居于低洼中心，故江西境内全部河流都汇入鄱阳湖。

鄱阳湖湖面范围北起湖口，南达三阳，长达 110 千米，西起吴城，东达波阳，宽约 70 千米。南宽北狭，形似葫芦。葫芦的中狭处以都昌和吴城的松门山为界，川北称北湖，由于它位于整个湖体的西北，又称西鄱湖；川南称南湖，又称东鄱湖。葫芦的长颈是一条狭长的通往长江的港道，它是因沿湖口——星子大断裂带而形成的。港道两岸山丘直立，长约 50 千米，宽 3.5~6.5 千米，每年由此注入长江的水量相当于当地长江水量的 1/5，对长江下游水势有很大影响。

鄱阳湖湖面水位的涨落，随着季节的变化而变化，湖面的伸缩范围在 1000 平方千米左右。湖水最大量在 3--7 月份，这是由于江西境内春夏两季降水最多的缘故。秋冬两季，湖面可缩小 1/7 至 1/6，仅剩几条航道，湖滩出露，绿草繁茂，形成坦荡的湖滨区，成为湖区人民打草沤肥、牧放牲畜、割草为薪的生产基地。

鄱阳湖湖面辽阔，容积量大，赣、修、抚、信、饶五河之水通过它调蓄后注入长江，滞洪期可达一个月之久。

鄱阳湖除调节长江水量的蓄洪功能外，它还是江西省内河出入长江的通道。一年四季，湖上运输至为繁忙，成为长江中下游物资集散的水路交通枢纽。

庐山西海：地处南昌、武汉、长沙、合肥四个省会城市的十字交汇地，位于江西省北部、庐山西麓、昌九工业走廊中段，地跨永修、武宁两县。风景区交通便利，105、316 国道和即将修建的永武高速公路贯穿全境；福银高速、大广高速、京九铁路擦肩而过，九江机场、昌北机场分列两翼。距南昌市区 80 公里、九江市区 86 公里、庐山 88 公里，武汉市区 280 公里、长沙市区 320 公里，合肥市区 430 公里。云居山-柘林湖（庐山西海）是 2005 年 12 月 31 日经国务院批准的国家重点风景名胜区，景区规划总面积 680 平方公里。由莲花城景区、青石湖景区、桃花溪景区、鹿角尖景区、百湾迷宫景区、红岩潭景区这六大景区组成。

庐山西海湖区水域面积248.2平方公里，总容量为 80 亿立方米，平均水深 45 米，能见度11米，大气负氧离子含量15万个/立方厘米，属国家一级水质、一级空气。湖内千岛落珠，山水交融，有 3 亩以上岛屿 1667 个，5 亩以上岛屿 997 个。庐山西海环湖地貌各异，古迹甚多:有千仞壁立的悬崖、直泻入湖的飞瀑、诱人欲浴的温泉、天赐独特的黄荆大瀑布、天葬坟、朝天简、6 亿年前自然形成的重5吨的“人鹤共舞”奇石、6.5亿年前原始类水母化石群、有明朝尚书魏源墓、乾隆游江南留下的石刻、三国吴王文化遗址。

庐山西海有着丰厚的文化底蕴。一代高僧虚云长老历经四朝五帝、挑战生命极限；明朝兵部、礼部、吏部尚书魏源公正清廉、刚正不阿；“武宁采茶戏” 享誉全国，“锄山鼓” 历史悠久；吴王葬母孝传天下，桃花仙女浪漫纯情，诸如此类，举不胜举。

云居山：云居山素有小庐山之称，海拔 1143 米。莲花城中真如禅寺是中国佛教曹洞宗发祥地，被誉为“中国佛教协会领袖的摇篮”。这里历代高僧辈出，新中国佛教协会首任名誉会长虚云长老、第七任会长一诚大师都曾担任过该寺的方丈，第三任会长赵朴初曾是虚云长老的秘书，现任中日佛教协会会长传印大和尚在真如禅寺受虚云老和尚受具足戒。真如禅寺于 1988 年被列为全国三大样板丛林之一，农禅并重，禅风严谨，被中外广大佛教弟子敬奉为世界坐禅中心。被誉为人间仙境的百花谷景区，自然风光秀丽，气候宜人。沿途奇山异石，鲜花吐艳，溪水瀑布，空气清新，植被繁茂，有2000多种天然植物。景区人文景观荟萃，古寺牌楼、僧侣塔林、摩崖石刻等比比皆是。盛夏酷暑时节，山上平均气温仅为22度，是避暑休闲的天堂。

龙宫洞：位于彭泽乌龙山下，是八个大小溶洞相通的洞组，全长2700余米，洞幽深宽广，奇石异境，有地下河、水晶宫、鼓乐厅和东、西二宫，洞中的钟乳、石柱、石笋、石幔、石花千姿百态，地下河可泛舟漫游，尽情观赏。

石钟山：座落在湖口县，它锁湖插江，形势险要。全山分上下二石钟山，尤以下石钟山闻名。山上有“江天一览楼”、“怀苏亭”、“芸芍斋”、“听涛眺雨”等胜景并有石碑石刻200余帧。山下有深洞，洞中水石相搏，声若洪钟，石钟山由此而取名。宋代著名诗人苏东坡写下了流传旷古的《石钟山记》。三国时周瑜，明代朱元璋，清代石达开、曾国藩，近代李烈钧等曾驻兵于此。

吴城候鸟区：属于鄱阳湖候鸟保护区，位于永修县吴城镇。由以吴城为中心的“大湖池”、“中湖池”、“蚌湖池”、“沙湖”、“象湖”等湖汊组成，是世界著名珍禽——天鹅、鹤、丹顶鹤等候鸟越冬的栖息地，人称“天鹅湖”。1983年经省政府批准为候鸟保护区。

此外，还有彭泽桃红岭梅花鹿自然保护区、庐山自然保护区等。

人文景观有：

东林寺：位于市区东南面，为晋代慧远大师创建，系佛教“净土宗”的发源地。寺内有“神运殿”、“三笑堂”、“十八高贤堂”。寺外有“山木池”、“六朝松”。寺前有“虎溪水”、寺后有“聪明泉”。还有“柳公权残碑”、“李北海残碑”、“王阳明游东林寺碑”等石刻。该寺四周群山环抱，被称为中国佛教八大丛林之一。

能仁寺：位于市区庾亮南路，建于南唐梁武帝年间，原名承天院。明弘治二年，改名能仁寺。寺内有“山门殿”、“天山殿”、“大雄宝殿”、“铁佛殿”、“藏经楼”和“大胜塔”等，此外还有双阳桥、铁佛、石船、雨穿石等景物，是全市最大的古建筑群。此寺屡建屡毁，现存建筑除宝塔外，均为清同治年间重建。

真如寺：位于永修县云居山莲花城。始建于唐于唐宪宗元和初年，原名“云居禅院”，后因宋真宗亲书“真如禅院”的匾额，易为今名，属省级文物保护单位，是全国重点对外开放的寺庙之一。

烟水亭：位于市区甘棠湖中，唐代白居易任江州司马时建亭于此，后人名为“浸月亭”。北宋周敦颐又建一亭于甘棠湖中，名“烟水亭”，后两亭俱毁。现亭为晚清古怀和尚募修，是一组亭榭相依，曲径通幽的古建筑群，亭内有船厅、翠照轩、镜波楼、纯阳殿等。相传此亭为三国名将周瑜的点将台，现设周瑜史迹陈列室。

浔阳楼：浔阳楼座落在市区东北滨临长江口，该楼因九江古称浔阳而得名。初为民间酒楼，自施耐庵的《水浒传》描述了宋江在浔阳楼醉题反诗的故事广为流传而享有盛名。浔阳楼始建于年代虽无证可考，但一些史料表明，浔阳楼自唐贞元年（公元785年）于清康熙（公元1662-1722年）尚存，且颇俱规模。1986年，九江市人民政府拨款重建，该楼占地面积2000平方米，主楼面积500平方米，楼高21米，为钢筋混凝土仿木结构。三层三檐、青甍黛瓦、四周迴廊。“浔阳楼”金字匾额为全国政协副主席赵朴初题书，正门有“世间无比酒，天下有名楼”对联，一楼大厅有著名书法家王个簃书写的“逝者如斯”横匾，整座楼挂有楹联14对、大理石瓷板壁画2幅，另有水浒人物画像及名人书画等，是我市新开辟的一个文化旅游景点。

琵琶亭：位于市区江滨。相传为白居易“浔阳江头夜送客”之处，后人在此建造“琵琶亭”，咸丰三年遭兵毁。1988年3月，九江市人民政府在长江大桥引桥东侧重建琵琶亭，该亭面对长江，背倚琵琶湖，占地3300平方米，系仿唐代园林式建筑，亭高20米，双层重檐，悬挂着刘海粟大师题写的“琵琶亭”金字大匾额，亭台前面巨大石碑上，雕该着毛泽东同志手书《琵琶行》长诗，亭院正中矗立着白乐天汉白玉塑像，亭院两侧建有碑廊，镶嵌着历代诗人题咏琵琶亭的56块诗赋碑刻。

白鹿洞书院：位于庐山五老峰南麓的后屏山之南。唐李渤始建“庐山国学”于此，北宋初扩展为书院，名“自鹿洞书院”，与岳麓、睢阳、石鼓并称为“天下四大书院”，后遭兵火。宋代朱熹重修书院，并在此讲学。

浪井：位于市区西园路浪井巷8号，西汉大将灌婴所凿，后湮没。三国孙权重开，取名为“瑞井”，因井与江通，“每遇江涛汹涌，人闻井中有涛声”，故又名浪井，宣统二年有一姓夏的人立碑题“浪井”二字，至今尚存。

【名优特产】九江得天独厚的自然条件产生了品种繁多、风味殊绝的土特名优产品，远销海外，深受欢迎，现略举几种：

宁红茶：“宁红”茶，历史悠史，品质精良，素以条索秀锋颖，金毫显露，香高醇浓，鲜爽而驰名中外，清朝光绪年间曾被列为贡品。新中国成立后，宁红茶多次获奖，1983年获经贸部颁发的“荣誉证书”，1984年荣获国家农牧渔业部“金杯奖”，1988年获首届食品博览会金奖。

庐山云雾茶：庐山云雾茶素以“香馨、味厚、色翠、汤清”为特色，明清两代曾列为贡品，1951年开始进入国际市场。1985年12月获得国家优质产品银质奖，1988年获首届食品博览会金奖。

九江陈年封缸酒：是以优质糯米为原料，采用先进工艺酿制而成。酒呈琥珀色，晶莹透亮，香气浓郁，柔和爽口，独具风格，多次获奖。

庐山“三石”：即庐山石耳、石鱼、石鸡。石耳野生，附着在悬崖绝壁上，形状扁平如人耳，故称“石耳”。石耳烹调佐餐，滑脆可口，鲜美甘香，具有较高的营养价值。石鱼，是一种名贵的水产珍品，因生产在石涧和因瀑布造成的潭穴中，故名“石鱼”。石鸡，并非是“鸡”，属棘蛙类，因肉质细嫩，肥美如鸡而得名。

星子金星砚：金星砚是星子县传统工艺品，迄今有1600余年的历史，据传第一方金星砚是东晋田园诗人陶渊明亲手刻琢而成。南唐中主李碌隐读秀峰，专用此砚，收为珍藏。宋徽宗皇帝酷爱丹青，得此砚大悦，称为“砚中之魁”而闻名天下，故又名金星宋砚。此砚石质坚韧，刚柔兼备，石色清莹，远销日本、东南亚等国家。

鄱阳湖银鱼：鄱阳湖银鱼形体细长光滑，头扁口大，晒干后，似雪白银条，故称“银鱼”。银鱼是淡水鱼类中之珍品，营养丰富，是上等滋补品。

吴城大板瓜子：因产于永修县吴城镇而得名。其粒大、瓣平、壳薄、肉厚、味香。久食不饱不腻，可助消化。畅销国内和东南亚等地。

武宁猕猴桃：“猕猴桃”，又名杨桃、仙桃、藤梨、芝麻桃等。猕猴桃含有丰富的维生素C，比柑桔高三到十倍，比梨和苹果高三十倍左右，同时含有有多种氨基酸和微量元素，是目前世界上唯一没有受到污染的水果。据医学临床试验，猕猴桃具有：滋补强身，清热利尿，生津润燥，祛风活血，散於消肿和健胃，催奶，止血等多种功效。1987年，国家正式将猕猴桃列入《中国药典》。

湖口豆豉：“湖口豆豉”分甜豆豉、汁豆豉、五香豆豉三种，其中五香豆豉最为人们喜爱。它以上等黑豆为原料，并用清澈见底的鄱阳湖水洗去黑豆霉衣，加上传统精湛的制作工艺，使其色、香、味俱佳。它是餐厅、家庭必备的调味品之一。

II

社会经济统计资料

SHEHUIJINGJITONGJIZILIAO

综　　合　1

- 全市面积19078平方公里，常住人口484.76万人。
- 全市辖8县3市、2区和九江开发区管委会、庐山风景区名胜管理局、庐山西海风景名胜区管委会、八里湖新区管委会，辖182个乡镇，14个街道办事处。
- 2016年，全市生产总值2104.05亿元，其中第一产业增加值173.35亿元，第二产业增加值1045.08亿元，第三产业增加值885.62亿元。

1-1 主要年份国民经济主要指标

指　　标	单位	1978年	1980年	1990年	2000年	2010年	2015年	2016年
一、年末总人口	万人	339.93	349.53	405.23	448.83	473.25	482.58	484.76
二、年末社会从业人数	万人	112.25	116.94	189.6	246.31	308.25	310.82	310.96
#职工人数	万人	28.25	31.06	44.24	35.25	30.71	43.38	40.49
三、九江市生产总值	亿元	8.49	11.34	39.75	213.12	1032.06	1909.44	2104.05
四、农业								
1.农林牧渔业产值	亿元	4.88	16.51	25.55	61.99	165.72	246.82	289.48
2.主要农产品产量								
粮　　食	万吨	90.05	98.93	137	107.96	153.47	165.86	172.59
棉　　花	万吨	1.71	2.42	3.77	3.93	9.61	8.74	4.47
油料折油	吨	8355	5500	37219	42048	60714	80407	74182
茶　　叶	吨	1836	2000	3115	2123	5337	6335	8055
水　　果	万吨	0.12	0.37	0.97	1.06	11.2	14.75	13.83
水 产 品	万吨	0.99	1.21	4.63	19.67	36.94	45.00	46.37
猪、牛、羊肉	万吨	3.45	3.52	9.62	13.06	18.97	21.24	20.52
猪年末存栏	万头	123.16	133.41	200.4	137.34	118.48	124.24	119.91
当年出栏肉猪	万头	65.55	70.64	143.71	172.53	198.94	215.1	205.75
五、工业								
1.工业总产值	亿元	7.49	10.18	55.45	227.35	1722.91	5159.49	5623.28
2.规模以上工业主要产品产量								
纱	万吨	1.28	1.93	2.63	4.47	47.47	87.92	69.07
布	万米	4245	6434	7317	3892	28188	2915	14879
机制纸及纸板	万吨	0.92	1.12	2.34	2.09	12.65	48.42	52.53
原油加工量	万吨		10.43	155.1	327.4	468.43	555	725.01
原　　煤	万吨	27.06	19.75	26.9	15.12	88.2	84.00	48.45
发 电 量	亿千瓦小时	6.76	8.88	25.16	38.36	75.27	102.57	103.93

1-1续表1

指　　标	单位	1978年	1980年	1990年	2000年	2010年	2015年	2016年
烧　　碱	万吨	2.04	2.40	2.63	6.74	8.85	4.02	5.19
水　　泥	万吨	19.52	22.58	48.66	154.50	777.20	1602.00	1641.70
3.规模以上工业企业财务指标								
固定资产原价	亿元	8.56	10.92	37.27	194.64	515.91	2223.56	2245.62
固定资产净值	亿元	6.72	8.44	26.52	134.41	365.20	1144.00	1079.35
流动资产年平均余额	亿元			18.11	92.77	355.95	709.49	905.74
利税总额	亿元	0.91	1.05	3.63	7.12	163.85	570.07	666.43
六、运输、邮电								
1.货物运输量	万吨	706	486	1722	1810	9746	12335	13355
铁　　路	万吨	109	50	150	308	871	774	1147
公　　路	万吨	106	101	1185	1256	7678	10117	10768
水　　路	万吨	491	335	378	239	1054	1206	1129
管　　道	万吨			9	7	143	237	311
2.旅客运输量	万人	1051	1099	3584	4184	10521	9916	9898
铁　　路	万人	216	137	194	296	575	995	1034
公　　路	万人	559	794	3081	3718	9897	8873	8820
水　　路	万人	276	168	308	171	41	45	44
3.邮电业务收入	亿元	0.04	0.04	0.34	9.37	23.21	30.08	32.07
七、固定资产投资								
1.完成投资额	亿元	1.36	1.73	4.49	44.77	722.19	2119.92	2428.58
国有单位	亿元	1.35	1.71	4.46	27.41	181.53	213.22	229.85
集体单位及其他	亿元	0.01	0.02	0.03	17.37	540.66	1906.70	2198.73
2.新增固定资产	亿元	0.9	2.04	3.34	28.82	500.36	1436.64	1277.59
3.房地产开发投资	亿元			0.21	1.45	46.06	132.91	123.85

1-1续表2

指　　标	单位	1978年	1980年	1990年	2000年	2010年	2015年	2016年
八、贸　易								
1. 社会消费品零售总额	亿元	3.89	6.31	17.95	63.18	279.14	581.45	656.78
2. 实际利用外资	万美元			24	3031	66535	163019	180313
3. 旅　游								
国际旅游人数	万人次			0.78	3.08	25.05	36.46	38.21
九、财　政								
财政总收入	亿元	0.78	1.16	3.89	20.50	116.70	385.61	415.23
地方公共财政预算收入	亿元	0.78	1.16	3.89	10.50	71.06	247.20	260.52
财政支出	亿元	0.89	1.30	4.40	20.75	166.52	442.87	465.46
十、物价指数(以上年价格为100)								
商品零售价格总指数	%	101.9	103.5	103.5	101.2	102.6	100.8	99.7
居民消费价格总指数	%	101.8	103.4	104.3	104.1	103.2	101.9	102.1
十一、教育、文化、卫生								
高等学校在校学生数	人	938	1277	3363	17075	90524	88784	92430
中等专业学校在校学生数	人	2866	3792	7933	8303	18777	20074	14148
普通中学在校学生数	万人	18.36	17.32	20.61	31.75	29.59	26.15	27.03
小学在校学生数	万人	55.42	57.07	53.12	45.89	43.70	39.90	39.51
图书馆藏书量	万册	58.70	75.00	128.08	133.20	159.40	212.10	224.20
卫生机构数	个	617	675	706	409	791	833	833
卫生技术人员数	人	7822	9435	13227	12108	17241	24046	26303
#医　生	人	3705	3936	6215	5366	6054	8486	9857
病床数	张	9067	10418	13224	12235	16366	23759	24169
十二、人民生活								
在岗职工年平均工资	元	518	689	1633	6236	24744	51065	56331
城镇居民人均可支配收入	元	217	502	1107	5081	15764	27635	30011
农村居民人均可支配收入	元	136	164	642	1851	5588	11143	12157
城乡居民储蓄存款年末余额	亿元	0.41	0.82	12.84	115.15	580.84	1193.18	1324.39

1-2 主要年份国民经济主要指标发展速度

指　　标	2016年为下列各年%					平均每年递增%			
	1978年	1990年	2000年	2010年	2015年	1979年-2016年	1991年-2016年	2001年-2016年	2011年-2016年
一、年末总人口	**142.6**	**119.6**	**108.0**	**102.4**	**100.5**	**0.9**	**0.7**	**0.5**	**0.4**
二、年末社会从业人数	**277.0**	**164.0**	**126.2**	**100.9**	**100.0**	**2.7**	**1.9**	**1.5**	**0.1**
#职工人数	143.3	91.5	114.9	131.8	93.3	1.0	-0.3	0.9	4.7
三、九江市生产总值	**5158.0**	**1965.0**	**664.78**	**185.28**	**109.4**	**10.9**	**12.1**	**12.6**	**10.8**
四、农　　业									
主要产品产量									
粮　　食	191.7	126.0	159.9	112.5	104.1	1.7	0.9	3.0	2.0
棉　　花	261.4	118.6	113.7	46.5	51.1	2.6	0.7	0.8	-12.0
油料折油	887.9	199.3	176.4	122.2	92.3	5.9	2.7	3.6	3.4
茶　　叶	438.7	258.6	379.4	150.9	127.2	4.0	3.7	8.7	7.1
水　　果	11525.0	1425.8	1304.7	123.5	93.8	13.3	10.8	17.4	3.6
水 产 品	4683.8	1001.5	235.7	125.5	103.0	10.7	9.3	5.5	3.9
猪、牛、羊肉	594.8	213.3	157.1	108.2	96.6	4.8	3.0	2.9	1.3
猪年末存栏	97.4	59.8	87.3	101.2	96.5	-0.1	-2.0	-0.8	0.2
当年出栏肉猪	313.9	143.2	119.3	103.4	95.7	3.1	1.4	1.1	0.6
五、工　　业									
主要产品产量									
纱	5396.1	2626.2	1545.2	145.5	78.6	11.1	13.4	18.7	6.4
布	350.5	203.3	382.3	52.8	510.4	3.4	2.8	8.7	-10.1
机制纸及纸板	5709.8	2244.9	2513.4	415.3	108.5	11.2	12.7	22.3	26.8
原油加工量		467.4	221.4	154.8	130.6		6.1	5.1	7.6
原　　煤	179.0	180.1	320.4	54.9	57.7	1.5	2.3	7.5	-9.5
发 电 量	1537.4	413.1	270.9	138.1	101.3	7.5	5.6	6.4	5.5

1-2续表1

指　　标	2016年为下列各年%					平均每年递增%			
	1978年	1990年	2000年	2010年	2015年	1979年-2016年	1991年-2016年	2001年-2016年	2011年-2016年
烧　　碱	254.4	197.3	77.0	58.6	129.1	2.5	1.9	-1.0	-8.5
水　　泥	8410.3	3373.8	1062.6	211.2	102.5	12.4	10.3	9.5	13.3
规模以上工业企业财务指标									
固定资产原价	26233.9	6025.3	1153.7	435.3	101.0	15.8	12.1	9.9	27.8
固定资产净值	16061.8	4069.9	803.0	295.6	94.3	14.3	10.8	8.3	19.8
流动资产年平均余额		5001.3	976.3	254.5	127.7		11.5	9.2	16.8
利税总额	73234.1	18359.0	9360.0	406.7	116.9	19.0	15.6	19.1	26.3
六、运输、邮电									
1. 货物运输量	1891.6	775.6	737.8	137.0	108.3	8.0	5.9	8.0	5.4
铁　　路	1052.3	764.7	372.4	131.7	148.2	6.4	5.8	5.2	4.7
公　　路	10158.5	908.7	857.3	140.2	106.4	12.9	6.3	8.6	5.8
水　　路	229.9	298.7	472.4	107.1	93.6	2.2	3.1	6.2	1.2
管　　道		3455.6	4442.9	217.5	131.2		10.3	15.7	13.8
2. 旅客运输量	941.8	276.2	236.6	94.1	99.8	6.1	2.9	3.4	-1.0
铁　　路	478.7	533.0	349.3	179.8	103.9	4.2	4.8	4.9	10.3
公　　路	1577.8	286.3	237.2	89.1	99.4	7.5	3.0	3.4	-1.9
水　　路	15.9	14.3	25.7	107.3	97.8	-4.7	-5.3	-5.1	1.2
3. 邮电业务总量	80175.0	9432.4	342.3	138.2	106.6	19.2	13.5	4.8	5.5
七、固定资产投资									
1. 完成投资额	178572.1	54088.6	5424.6	336.3	114.6	21.8	19.1	16.6	22.4
国有单位	17025.9	5153.6	838.6	126.6	107.8	14.5	11.6	8.5	4.0
集体单位及其他	21987300.0	7329100.0	12658.2	406.7	115.3	38.2	36.5	20.5	26.3
2. 新增固定资产	141954.4	38251.2	4433.0	255.3	88.9	21.0	18.0	15.7	16.9
3. 房地产开发投资		58976.2	8541.4	268.9	93.2		19.4	18.7	17.9

1-2续表2

指标	2015年为下列各年%					平均每年递增%			
	1978年	1990年	2000年	2010年	2015年	1979年-2016年	1991年-2016年	2001年-2016年	2011年-2016年
八、贸　易									
1.社会消费品零售总额	16883.8	3658.9	1039.5	235.3	113.0	14.5	14.8	15.8	15.3
2.实际利用外资		751304.2	5949.0	271.0	110.6		41.0	29.1	18.1
3.旅游									
国际旅游人数		4898.7	1240.6	152.5	104.8		16.1	17.0	7.3
九、财　政									
财政总收入	53234.6	10674.3	2025.5	355.8	107.7	18.0	19.7	20.7	23.6
地方公共财政预算收入	33400.0	6697.2	2481.1	366.6	105.4	16.5	17.6	22.2	24.2
地方财政支出	52298.9	10578.6	2243.2	279.5	105.1	17.9	19.6	21.5	18.7
十、教育、文化、卫生									
高等学校在校学生数	9853.9	2748.4	541.3	102.1	104.1	12.8	13.6	11.1	0.3
中等专业学校在校学生	493.6	178.3	170.4	75.3	70.5	4.3	2.3	3.4	-4.6
普通中学在校学生	147.2	131.1	85.1	91.3	103.4	1.0	1.0	-1.0	-1.5
小学在校学生数	71.3	74.4	86.1	90.4	99.0	-0.9	-1.1	-0.9	-1.7
图书馆藏书量	381.9	175.0	168.3	140.7	105.7	3.6	2.2	3.3	5.9
卫生机构数	135.0	118.0	203.7	105.3	100.0	0.8	0.6	4.5	0.9
卫生技术人员数	336.3	198.9	217.2	152.6	109.4	3.2	2.7	5.0	7.3
#医　生	266.0	158.6	183.7	162.8	116.2	2.6	1.8	3.9	8.5
病 床 数	266.6	182.8	197.5	147.7	101.7	2.6	2.3	4.3	6.7
十一、人民生活									
在岗职工平均工资	10874.7	3449.5	903.3	227.7	110.3	13.1	14.6	14.7	14.7
城镇居民人均可支配收入	13830.0	2711.0	590.7	190.4	108.6	13.9	13.5	11.7	11.3
农村居民人均可支配收入	8939.0	1893.6	656.8	217.6	109.1	12.6	12.0	12.5	13.8
城乡居民储蓄存款年末余额	323022.0	10314.6	1150.1	228.0	111.0	23.7	19.5	16.5	14.7

1-3 九 江 一 日

指　　标	单位	1978年	1980年	1990年	2000年	2010年	2015年	2016年
一、生产总值	万元	232	330	1089	5839	28276	52313	57645
二、农业总产值	万元	134	182	700	1698	4540	6762	7593
三、工业总产值	万元	205	293	1519	6229	47203	141356	154062
四、地方公共财政预算收入	万元	21	33	107	288	1947	6773	7138
五、主要工业产品产量								
纱	吨	35.0	52.8	72.0	122.3	1300.5	2408.8	1892.3
布	万米	11.6	17.6	20.1	10.7	77.0	8.0	40.8
原油加工量	吨		285	4249	8970	12834	15205	19863
原　煤	吨	741	541	737	415	2416	2301	1327
烧　碱	吨	56	52	72	185	242	110	142
水　泥	吨	535	619	1333	4233	21293	43890	44978
六、主要农产品产量								
粮　食	吨	2467	2710	3780	2958	4205	4544	4728
棉　花	吨	47	66	103	108	263	239	122
油料折油	吨	23	15	102	115	166	220	203
茶　叶	吨	5.0	5.5	8.5	5.8	14.6	17.4	22.1
水　果	吨	3.5	10.2	26.5	28.9	306.8	404.1	378.9
水产品	吨	27.2	33.0	126.8	539.1	1012.1	1232.9	1270.4
猪牛羊肉	吨	94.5	96.4	263.6	357.8	519.7	581.9	562.2
当年出栏肉猪	头	1796	1935	3937	4727	5450	5893	5637

1-3续表

指　　标	单位	1978年	1980年	1990年	2000年	2010年	2015年	2016年
七、消费品零售额	**万元**	**109**	**173**	**492**	**1731**	**7783**	**15930**	**17994**
八、主要能源物资消费量								
原　煤	吨	1739	2115	5078	6869	15790	21052	22040
柴　油	吨	2	54	29	24	245	86	75
汽　油	吨	10	23	60	8	13	9.5	7.2
电　力	万千瓦小时			268	512	1888	3029	3119
九、其他经济活动								
货物运输量	吨	17778	13315	46942	49479	267014	337945	365890
#铁　路	吨	2995	1370	4125	8438	23863	21205	31425
公　路	吨	2904	2767	32461	34411	210356	277178	295014
水　路	吨	13458	9178	10356	6438	28877	33041	30932
旅客运输量	人次	28797	30110	98185	114630	288247	271671	271178
#铁　路	人次	5902	3753	5336	8110	15753	27260	28329
公　路	人次	15323	21753	84411	101863	271151	243096	241644
水　路	人次	7572	4603	8438	4685	1123	1233	1205
固定资产投资	万元	37	47	117	1227	23479	58080	66536
房地产开发房屋竣工面积	平方米	252	398	366	3548	5888	4395	6109
十、人口变动与婚姻								
出　生	人	237	169	196	163	231	191	195
死　亡	人	69	63	65	67	93	38	41
结　婚	对			74	98	138	115	104
离　婚	对			3	4	20	31	34

注：出生、死亡人数1995年后为抽样调查数。

1-4 主要年份主要指标每人年平均水平

指标	单位	1978年	1980年	1990年	2000年	2010年	2015年	2016年
一、生产总值(当年价格)	元	252	330	989	4771	21808	39645	43502
二、农林牧渔业总产值	元	145	182	363	1385	3502	5125	5730
三、工业总产值	元	222	293	1379	5079	36406	107126	116263
四、地方公共财政预算收入	元	23	33	97	235	1502	5133	5386
五、主要农产品产量								
粮　　食	千克	264.47	284.93	343.24	241.20	324.29	344.40	356.80
棉　　花	千克	5.07	6.97	9.38	8.78	20.31	18.10	9.24
油料折油	千克	2.48	1.58	9.26	9.39	12.83	16.69	15.34
茶　　叶	千克	0.55	0.58	0.78	0.47	1.13	1.32	1.67
水　　果	千克	0.38	1.07	2.41	2.36	23.67	30.63	28.59
水 产 品	千克	2.95	3.47	11.51	43.97	78.06	93.44	95.87
猪牛羊肉	千克	10.25	10.13	23.92	29.18	40.08	44.10	42.43
六、主要工业产品产量								
纱	千克	3.80	5.56	6.54	9.98	100.31	182.55	142.80
布	米	12.61	18.53	18.20	8.70	59.56	6.05	30.76
原油加工量	千克		30.35	385.90	729.45	989.82	1152.34	1498.98
原　　煤	千克	80.37	56.89	66.93	33.80	186.37	174.41	100.17
烧　　碱	千克	6.06	6.93	6.54	15.06	18.70	8.35	10.73
水　　泥	千克	57.98	65.03	121.07	345.18	1642.26	3326.20	3394.26
七、商　　业								
社会消费品零售额	元	94	128	432	1412	6003	12073	13579
八、人民生活								
职工年平均工资	元	518	689	1633	6236	24744	51065	56331
城市居民人均年可支配收入	元	217	502	1106	5081	15764	27635	30011
农村住户人均年纯收入	元	136	164	642	1851	5588	11143	12157
城乡居民储蓄存款年末余额	元	12	24	319	2573	12273	24725	27321

1-5 主要年份生产总值

（按当年价格计算） 单位:万元

年份	生产总值	第一产业	第二产业	第三产业	人均生产总值（元/人）
1978	84901	34906	32816	17179	252
1979	106783	50228	37073	19482	312
1980	113445	52142	41809	19494	330
1981	121320	56018	42919	22383	345
1982	145263	75386	44922	24955	408
1983	153762	68936	58629	26197	426
1984	174643	82106	62513	30025	478
1985	207716	91792	82818	33106	561
1986	236488	103200	87821	45467	631
1987	264441	104641	104230	55570	695
1988	328216	100975	147157	80084	846
1989	350346	129211	131448	89687	886
1990	397467	172265	133954	91248	989
1991	502507	176871	186325	139311	1233
1992	609409	194352	231792	183265	1481
1993	787720	239385	317247	231088	1897
1994	1107116	409026	410698	287392	2639
1995	1430763	443598	582093	405072	3372
1996	1700533	479624	699657	521252	3934
1997	1929646	534028	773801	621817	4351
1998	1701469	322683	757963	620823	3797
1999	1919469	390819	839550	689100	4241
2000	2131237	430901	959387	740949	4717
2001	2322018	464690	1063220	794108	5158
2002	2632728	499962	1222279	910487	5814
2003	3076242	598255	1466032	1011955	6760
2004	3602200	624500	1789100	1188600	7874
2005	4289161	720579	2148325	1420257	9325
2006	5062201	781853	2628587	1651761	10952
2007	5925614	811200	3155211	1959203	12754
2008	7248728	838574	3813682	2596472	15514
2009	8313636	920000	4410953	2982683	17699
2010	10320647	980356	5797054	3543237	21862
2011	12564149	1076917	7359410	4127822	26464
2012	14201046	1182912	8088391	4929743	29785
2013	16139600	1254618	9005644	5879338	33756
2014	17799599	1313805	9849505	6636289	37097
2015	19094412	1407502	10203488	7483422	39645
2016	21040523	1733518	10450833	8856172	43502

注：①2013年GDP为经济普查后的调整数,2013年一产服务业调整到三产。
②2015、2016年GDP为加研发支出后的调整数。

1-6 历年生产总值构成

（以生产总值为100）

年　　份	第一产业	第二产业	工业	建筑业	第三产业	#交通运输仓储和邮政业	批发零售住宿餐饮	金融保险业
1978	41.1	38.7			20.2			
1979	47.0	34.7			18.3			
1980	46.0	36.9						
1981	46.2	35.4			18.4			
1982	51.9	30.9			17.2			
1983	44.8	38.1			17.1			
1984	47.0	35.8			17.2			
1985	44.2	39.9			15.9			
1986	43.6	39.6	33.3	6.3	19.2	3.3	5.9	2.2
1987	39.6	39.4	32.6	6.8	21.0	3.5	6.2	3.7
1988	30.8	44.8	38.1	6.7	24.4	3.9	6.1	3.4
1989	36.9	37.5	33.4	4.1	25.6	3.7	7.1	2.7
1990	43.3	33.7	29.3	4.4	23.0	3.4	6.1	2.8
1991	35.2	37.1	30.2	6.9	27.7	4.8	5.7	3.7
1992	31.9	38.0	30.6	7.4	30.1	5.3	6.0	4.4
1993	30.4	40.3	32.6	7.7	29.3	5.8	6.0	4.3
1994	36.9	37.2	30.7	6.5	25.9	4.5	4.9	4.2
1995	31.0	40.7	34.2	6.5	28.3	4.9	6.5	4.3
1996	28.2	41.1	31.8	9.3	30.7	5.2	6.6	4.3
1997	27.7	40.1	30.8	9.3	32.2	6.0	7.0	4.3
1998	19.0	44.5	34.1	10.4	36.5	7.2	11.2	5.0
1999	20.4	43.7	31.9	11.8	35.9	7.3	10.4	4.7
2000	20.2	45.0	32.4	12.6	34.8	7.3	10.0	4.1
2001	20.0	45.8	32.4	13.4	34.2	7.7	10.0	2.6
2002	19.0	46.4	33.0	13.4	34.6	8.1	10.0	2.2
2003	19.4	47.7	32.5	15.2	32.9	7.4	9.6	1.6
2004	17.3	49.7	34.8	14.9	33.0	8.0	9.6	1.1
2005	16.8	50.1	35.3	14.8	33.1	8.0	9.5	1.0
2006	15.4	51.9	37.8	14.1	32.7	8.6	9.2	1.0
2007	13.7	53.2	41.2	12.0	33.1	8.8	9.3	0.9
2008	11.6	52.6	41.1	11.5	35.8	7.2	10.1	0.7
2009	11.0	53.1	42.3	10.8	35.9	7.0	10.4	0.8
2010	9.5	56.2	46.4	9.8	34.3	6.6	10.1	0.7
2011	8.6	58.6	49.2	9.4	32.8	5.5	9.5	0.7
2012	8.3	57.0	47.9	9.1	34.7	5.8	10.7	1.1
2013	7.8	55.8	46.9	8.9	36.4	5.6	11.0	1.9
2014	7.4	55.3	46.7	8.6	37.3	5.3	11.0	2.0
2015	7.4	53.4	45.0	8.4	39.2	5.1	11.1	2.8
2016	8.2	49.7	41.6	8.1	42.1	4.9	10.8	4.3

1-7 生 产 总 值

指 标	绝对值(万元)		构成(%)	
	2015年	2016年	2015年	2016年
全市生产总值	**19094412**	**21040523**	100.0	100.0
第一产业	**1407502**	**1733518**	7.4	8.2
第二产业	**10203488**	**10450833**	53.4	49.7
工业	8600441	8750532	45.0	41.6
建筑业	1603047	1700301	8.4	8.1
第三产业	**7483422**	**8856172**	39.2	42.1
交通运输仓储和邮政业	966794	1023088	5.1	4.9
信息业	540923	694771	2.8	3.3
批发和零售业	1505522	1605439	7.9	7.6
住宿和餐饮业	619233	677013	3.2	3.2
金融保险业	531941	899366	2.8	4.3
房地产业	672413	775900	3.5	3.7
其他服务业	2588421	3100247	13.6	14.7
农、林、牧、渔服务业	58175	80348	0.3	0.4

1-8 生产总值生产、分配及使用情况

(2016年)

单位:万元

指 标	实 际	指 标	实 际
1.总产出	66428482	1.总消费	10219184
2.中间投入	45387959	居民消费	7972678
3.固定资产折旧	3334335	政府消费	2246506
4.劳动者报酬	8129382	2.总投资	10685090
5.生产税净额	2755299	固定资本形成	9444454
6.营业盈余	6821507	存货增加	1240636
		3.货物和服务净流出	136249
生产总值	**21040523**	**生产总值的使用**	**21040523**

1-9 生产总值指数

年份	以1978年为100				以上年为100			
	生产总值	第一产业	第二产业	第三产业	生产总值	第一产业	第二产业	第三产业
1978	100.0	100.0	100.0	100.0	112.0	98.2	130.8	113.3
1979	105.1	106.9	102.6	103.4	105.1	106.9	102.6	103.4
1980	113.9	99.4	121.3	119.2	108.4	93.0	118.2	115.3
1981	121.8	106.5	124.1	131.4	106.9	107.1	102.3	110.2
1982	141.9	127.9	133.2	149.9	116.5	120.1	107.4	114.1
1983	149.5	115.5	146.6	165.3	105.4	90.3	110.0	110.3
1984	164.8	134.2	156.5	179.4	110.2	116.2	106.8	108.5
1985	188.2	144.6	170.5	216.4	114.2	107.8	108.9	120.6
1986	198.7	150.1	187.9	253.8	105.6	103.8	110.2	117.3
1987	206.1	152.7	220.4	273.1	103.7	101.7	117.3	107.6
1988	231.0	137.4	254.7	323.3	112.1	90.0	115.6	118.4
1989	246.5	145.9	227.5	367.0	106.7	106.2	89.3	113.5
1990	262.5	153.8	246.4	402.2	106.5	105.4	108.3	109.6
1991	292.2	165.1	298.3	460.5	111.3	107.3	121.1	114.5
1992	337.8	174.5	371.1	535.6	115.6	105.7	124.4	116.3
1993	397.9	183.2	486.2	605.2	117.8	105.0	131.0	113.0
1994	471.9	194.5	624.7	722.6	118.6	106.2	128.5	119.4
1995	543.2	193.0	767.8	865.7	115.1	99.2	122.9	119.8
1996	616.5	202.8	874.5	1039.7	113.5	105.1	113.9	120.1
1997	690.5	221.1	970.7	1201.9	112.0	109.0	111.0	115.6
1998	616.6	134.4	939.7	1188.7	89.3	60.8	96.8	98.9
1999	705.4	168.2	1062.7	1326.6	114.4	125.1	113.1	111.6
2000	775.9	173.7	1193.5	1459.2	110.0	103.3	112.3	110.0
2001	848.1	183.6	1292.5	1654.7	109.3	105.7	108.3	113.4
2002	959.2	195.9	1483.8	1901.3	113.1	106.7	114.8	114.9
2003	1103.1	208.5	1783.5	2146.6	115.0	106.4	120.2	112.9
2004	1270.8	223.5	2115.3	2466.4	115.2	107.2	118.6	114.9
2005	1466.5	237.5	2487.6	2883.2	115.4	106.3	117.6	116.9
2006	1667.4	253.9	2880.6	3289.8	113.7	106.9	115.8	114.1
2007	1902.5	266.6	3364.6	3763.5	114.1	105.0	116.8	114.4
2008	2140.3	275.2	3886.1	4200.0	112.5	103.2	115.5	111.6
2009	2435.6	293.9	4488.4	4783.9	113.8	106.8	115.5	113.9
2010	2783.9	305.1	5251.4	5453.6	114.3	103.8	117.0	114.0
2011	3151.4	317.9	6065.4	6091.7	113.2	104.2	115.5	111.7
2012	3529.6	331.3	6860.0	6834.9	112.0	104.2	113.1	112.2
2013	3896.6	344.5	7683.2	7450.0	110.4	104.0	112.0	109.0
2014	4297.9	362.4	8528.4	8209.9	110.3	105.2	111.0	110.2
2015	4714.9	376.9	9321.5	9154.0	109.7	104.0	109.3	111.5
2016	5158.0	392.4	10123.1	10206.7	109.4	104.1	108.6	111.5

1-10 各县（市、区）生产总值及构成

（2016年）

地区	生产总值	第一产业	第二产业	#工业	第三产业	#交通运输仓储和邮政业	批发零售业	住宿餐饮业	金融保险业	人均生产总值(元/人)	增速(%)
一、绝对数(万元)											
全市	21040523	1733518	10450833	8750532	8856172	1023088	1605439	677013	899366	43502	9.4
濂溪区	2234708	48365	1195265	925229	991078	182366	202671	143525	106667	88757	9.3
浔阳区	3420121	3573	587390	275259	2829158	367845	707374	169770	158401	107920	8.5
开发区	2279719	18711	1471149	1291918	789859	36131	127753	57046	84501	159701	9.7
九江县	1094026	158360	579878	495965	355788	38617	47984	11641	24011	36450	9.5
武宁县	1080497	172005	512265	439304	396227	58077	68323	75197	31636	29358	9.1
修水县	1459573	195192	696403	572578	567978	77818	98165	49289	41038	19330	9.2
永修县	1368819	192807	843164	764745	332848	50638	60392	20487	46008	37101	9.4
德安县	974302	70214	643073	575547	261015	53539	33597	14526	11337	61488	9.8
都昌县	1155060	256744	512191	413283	386125	34397	36985	8929	36215	15800	9.0
湖口县	1211863	129892	830755	755269	251216	29750	29361	12330	27222	42928	9.4
彭泽县	1069253	199180	584603	510973	285470	45894	43442	12949	23226	29649	9.5
瑞昌市	1650073	163903	1083280	970052	402890	44567	40613	24368	40326	38559	9.7
共青城市	982955	45075	649294	538229	288586	9754	42459	47327	51119	75811	9.6
庐山市	1059555	79497	308682	268739	671376	105329	239840	116609	22433	43598	9.4
二、构成(%)											
全市	100.0	8.2	49.7	41.6	42.1	4.9	7.6	3.2	4.3		
濂溪区	100.0	2.2	53.5	41.4	44.3	8.2	9.1	6.4	4.8		
浔阳区	100.0	0.1	17.2	8.0	82.7	10.8	20.7	5.0	4.6		
开发区	100.0	0.8	64.5	56.7	34.6	1.6	5.6	2.5	3.7		
九江县	100.0	14.5	53.0	45.3	32.5	3.5	4.4	1.1	2.2		
武宁县	100.0	15.9	47.4	40.7	36.7	5.4	6.3	7.0	2.9		
修水县	100.0	13.4	47.7	39.2	38.9	5.3	6.7	3.4	2.8		
永修县	100.0	14.1	61.6	55.9	24.3	3.7	4.4	1.5	3.4		
德安县	100.0	7.2	66.0	59.1	26.8	5.5	3.4	1.5	1.2		
都昌县	100.0	22.2	44.3	35.8	33.4	3.0	3.2	0.8	3.1		
湖口县	100.0	10.7	68.6	62.3	20.7	2.5	2.4	1.0	2.2		
彭泽县	100.0	18.6	54.7	47.8	26.7	4.3	4.1	1.2	2.2		
瑞昌市	100.0	9.9	65.7	58.8	24.4	2.7	2.5	1.5	2.4		
共青城市	100.0	4.6	66.1	54.8	29.4	1.0	4.3	4.8	5.2		
庐山市	100.0	7.5	29.1	25.4	63.4	9.9	22.6	11.0	2.1		

注：本表按当年价格计算。九江石化由浔阳区调整到开发区。

主要统计指标解释

地区生产总值（GDP） 指一个国家（或地区）所有常住单位在一定时期内生产活动的最终成果。它不仅能够反映物质生产的发展情况，而且能够反映各种劳务的增长情况，能够全面反映国民经济和社会发展的规模和水平。从生产角度来说，是国民经济各部门的增加值之和；从分配角度来说，是这些部门劳动者报酬、生产税净额、营业盈余和固定资产折旧四个项目之和；从使用角度来说，是最终使用于消费、资本形成以及净出口的产品和劳务之和。在实际核算中，国内生产总值有三种计算方法，即生产法、收入法和支出法。三种方法分别从不同的方面反映国内生产总值及其构成。

劳动者报酬 指劳动者从事生产活动所获得的全部报酬。包括劳动者获得的各种形式的工资、奖金和津贴，既包括货币形式的，也包括实物形式的；还包括劳动者所享受的公费医疗和医药卫生费、上下班交通补贴和单位支付的社会保险费等。对于个体经济来说，其所有者所获得的劳动报酬和经营利润不易区分，这两部分统一作为劳动者报酬处理。

生产税净额 指生产税减生产补贴后的余额。生产税指政府对生产单位生产、销售和从事经营活动以及因从事生产活动使用某些生产要素(如固定资产、土地、劳动力)所征收的各种税、附加费和规费。生产补贴与生产税相反，指政府对生产单位的单方面收入转移，因此视为负生产税，包括政策亏损补贴、粮食系统价格补贴、外贸企业出口退税收入等。

固定资产折旧 指一定时期内为弥补固定资产损耗按照核定的固定资产折旧率提取的固定资产折旧，或按国民经济核算统一规定的折旧率虚拟计算的固定资产折旧。它反映了固定资产在当期生产中的转移价值。各类企业和企业化管理的事业单位的固定资产折旧是指实际计提并计入成本费用中的折旧费；不计提折旧的政府机关、非企业化管理的事业单位和居民住房的固定资产折旧是按照统一规定的折旧率和固定资产原值计算的虚拟折旧。原则上，固定资产折旧应按固定资产的重置价值计算，但是目前我国尚不具备对全社会固定资产进行重估价的基础，所以暂时只能采用上述办法。

营业盈余 指常住单位创造的增加值扣除劳动者报酬、生产税净额和固定资产折旧后的余额。它相当于企业的营业利润加上生产补贴，但要扣除从利润中开支的工资和福利等。

最终消费 指常住单位在一定时期内对于货物和服务的全部最终消费支出，也就是常住单位为满足物质、文化和精神生活的需要，从本国经济领土和国外购买的货物和服务的支出。不包括非常住单位在本国经济领土内的消费支出。最终消费分为居民消费和政府消费。

居民消费 指常住住户对货物和服务的全部最终消费支出。居民消费按市场价格计算，即按居民支付的购买者价格计算。购买者价格是购买者取得货物所支付的价格，包括购买者支付的运输和商业费用。居民消费除了直接以货币形式购买货物和服务的消费之外，还包括以其他方式获得的货物和服务的消费支出，即所谓的虚拟消费支出。居民虚拟消费支出包括以下几种类型：单位以实物报酬及实物转移的形式提供给劳动者的货物和服务；住户生产并由本住户消费了的货物和服务，其中的服务仅指住户的自有住房服务；金融机构提供的金融媒介服务；保险公司提供的保险服务。

政府消费 指政府部门为全社会提供公共服务的消费支出和免费或以较低价格向住户提供的货物和服务的净支出。前者等于政府服务的产出价格减去政府单位所获得的经营收入的价格，政府服务的产出价值等于它的经常性业务支出加上固定资产折旧；后者等于政府部门免费或以较低价格向住户提供的货物和服务的市场价值减去向住户收取的价值。

资本形成总额 指常住单位在一定时期内获得的减去处置的固定资产加存货的变动，包括固定资本形成总额和存货增加。

固定资本形成总额 指常住单位在一定时期内购置、转入和自产自用的固定资产，扣除固定资产的销售和转出后的价值，可分为有形固定资本形成总额和无形固定资本形成总额。有形固定资本形成总额包括一定时期内完成的建筑工程、安装工程和设备工器具购置(减处置)价值，以及土地改良、新增役、种、奶、毛、娱乐用牲畜和新增经济林木价值。无形固定资本形成总额包括矿藏的勘探、计算机软件、娱乐和文学艺术品原件等获得减处置。

存货增加 指常住单位在一定时期内存货实物量变动的市场价值，即期末价值减期初价值的差额。存货增加可以是正值，也可以是负值；正值表示存货上升，负值表示存货下降。它包括生产单位购进的原材料、燃料和储备物资等存货，以及生产单位生产的产成品、在制品和半成品等存货。

货物和服务净出口 指货物和服务出口减货物和服务进口的差额。出口包括常住单位向非常住单位出售和无偿转让的各种货物和服务的价值；进口包括常住单位从非常住单位购买或无偿得到的各种货物和服务的价值。由于服务活动的提供与使用同时发生，因此服务的进出口业务并不发生出入境现象，一般把常住单位从国外得到的服务作为进口，非常住单位从本国得到的服务作为出口。货物的出口和进口都按离岸价格计算。在计算地区货物和服务净出口时，还包括地区间货物和服务的流入流出。用公式表示：

货物和服务净出口(净流出)=货物和服务出口(流出)—进口(流入)

三次产业 是根据社会生产活动历史发展的顺序对产业结构的划分，产品直接取自自然界的部门称为第一产业，对初级产品进行再加工的部门称为第二产业，为生产和消费提供各种服务的部门称为第三产业。它是世界上较为通用的产业结构分类，但各国的划分不尽一致。

我国的三次产业划分是：

第一产业：农业(包括农业、林业、牧业和渔业，不含农、林、牧、渔服务业)。

第二产业：工业(包括采掘业，制造业，电力、煤气及水的生产和供应业)和建筑业。

第三产业：除第一、第二产业以外的其他各业。

现行价格(或称当年价格) 指报告期的实际价格，如工业品的出厂价格，农副产品的收购价格，商业的零售价格等。它反映当年的实际情况，使国民经济各项指标互相衔接，便于对生产、流通、分配、消费之间进行综合平衡。

可比价格 指计算各种总量指标所采用的扣除了价格变动因素的价格，可进行不同时期总量指标的对比。按可比价格计算总量指标有两种方法：一种是直接用产品产量乘某一年的不变价格计算；另一种是用价格指数进行缩减。

平均增长速度 我国计算平均增长速度有两种方法：一种是习惯上经常使用的“水平法”，又称几何平均法，是以间隔期最后一年的水平同基期水平对比来计算平均每年增长(或下降)速度；另一种是“累计法”，又称代数平均法或方程法，是以间隔期内各年水平的总和同基期水平对比来计算平均每年增长(或下降)速度。在一般正常情况下，两种方法计算的平均每年增长速度比较接近；但在经济发展不平衡、出现大起大落时，两种方法计算的结果差别较大。

平均增长速度，除固定资产投资用“累计法”计算外，其余均用“水平法”计算。从某年到某年平均增长速度的年份，均不包括基期年在内。

人　　口　2

- 2016年末，根据1%人口抽样调查统计，全市常住总人口484.76万人，人口密度254人/平方公里。

2-1 主要年份户数和人口数

指　标	单 位	1980年	1985年	1990年	1995年	2000年	2003年	2005年	2008年
年末总户数	万户	71.76	79.69	94.74	107.22	114.54	123.88	133.36	150.08
年末总人口数	万人	349.53	372.20	405.23	426.91	446.83	460.82	466.20	484.67
#男	万人	180.80	192.85	209.96	219.04	231.38	238.88	242.67	252.09
女	万人	168.73	179.35	195.27	207.87	215.38	211.93	223.53	232.58
#城镇人口	万人	53.44	62.35	71.19	82.51	96.09	109.83	122.83	133.10
乡村人口	万人	296.09	309.85	334.04	344.40	350.74	358.99	343.37	351.57
年平均人口	万人	347.50	369.95	401.93	424.30	447.59	457.96	465.51	482.13
人口出生率	‰	18.37	14.27	17.69	10.86	13.29	11.39	19.04	15.01
人口死亡率	‰	6.73	5.77	5.85	4.34	5.47	2.99	6.31	3.46
人口自然增长率	‰	11.64	8.50	11.84	6.52	7.82	8.40	12.73	11.55
人口密度	人/平方公里	186	198	215	227	237	245	248	257

指　标	单 位	2009年	2010年	2011年	2012年	2013年	2014年	2015年	2016年
年末总户数	万户	153.54	156.85	162.36	164.47	165.91	168.01	164.25	162.32
年末总人口数	万人	491.04	497.91	502.43	508.61	508.09	513.13	516.59	520.36
#男	万人	255.38	259.15	261.02	264.17	264.49	267.01	268.90	270.66
女	万人	235.66	238.76	241.42	244.44	243.60	246.12	247.69	249.70
#城镇人口	万人	133.61	135.57	137.14	138.68	139.17	139.50	195.40	165.13
乡村人口	万人	357.43	362.34	365.29	369.93	368.92	373.63	321.19	355.22
年平均人口	万人	487.86	494.48	500.17	505.52	508.35	510.61	514.86	518.47
人口出生率	‰	13.93	17.06	15.76	17.36	16.73	24.60	13.53	13.71
人口死亡率	‰	3.42	6.89	3.12	4.20	10.13	4.71	2.66	2.86
人口自然增长率	‰	10.51	10.17	12.64	13.16	6.60	19.89	10.87	10.86
人口密度	人/平方公里	260	264	266	269	270	269	271	273

注：本表为公安年报数。2014年及以前年份城镇人口为非农业人口、乡村人口为农业人口。

2-2 人口自然变动情况

指 标	单 位	1980年	1985年	1990年	1995年	2000年	2003年	2005年	2008年
年末人口	万人	349.53	372.20	405.23	436.69	448.83	456.14	461.14	468.50
年平均人口	万人	347.50	369.95	401.93	434.26	446.69	455.08	459.96	467.23
人口出生率	‰	18.37	14.27	17.69	18.41	15.54	14.10	13.84	13.68
人口死亡率	‰	6.73	5.77	5.85	7.20	6.03	6.01	6.27	6.01
人口自然增长率	‰	11.64	8.50	11.84	11.21	9.51	8.09	7.57	7.67
人口密度	人/平方公里	186	198	215	232	238	242	245	249

指 标	单 位	2009年	2010年	2011年	2012年	2013年	2014年	2015年	2016年
年末人口	万人	470.90	473.25	476.27	477.31	478.94	480.69	482.58	484.76
年平均人口	万人	469.70	472.07	474.76	476.79	478.13	479.82	481.63	483.67
人口出生率	‰	13.64	13.51	13.49	13.23	13.12	13.16	13.10	13.26
人口死亡率	‰	5.97	6.06	5.98	6.09	6.18	6.14	6.17	6.15
人口自然增长率	‰	7.67	7.45	7.51	7.14	6.94	7.02	6.93	7.11
人口密度	人/平方公里	250	251	253	254	254	252	253	254

2-3 各县（市、区）户数和人口数

（2016年末）

地区	总户数（万户）	总人口（万人）	按性别分		按城乡分		平均每户人口数（人）	人口密度（人/平方公里）
			男	女	城镇人口	乡村人口		
全市合计	**162.32**	**520.36**	**270.66**	**249.70**	**165.13**	**355.22**	**3.21**	**273**
市区	23.66	65.96	33.12	32.85	53.25	12.71	2.79	1197
#濂溪区	8.26	23.18	11.87	11.31	14.32	8.86	2.81	462
浔阳区	10.51	29.02	14.37	14.64	29.02		2.76	5922
九江开发区	4.89	13.77	6.87	6.90	9.92	3.85	2.82	
九江县	11.44	33.42	17.66	15.77	9.02	24.40	2.92	365
武宁县	11.96	40.70	21.01	19.69	8.81	31.89	3.40	116
修水县	23.78	88.00	45.82	42.18	10.75	77.25	3.70	195
永修县	14	39.86	20.88	18.98	12.80	27.06	2.85	205
德安县	5.68	17.61	9.11	8.50	5.83	11.79	3.10	205
都昌县	25.03	82.09	43.28	38.81	16.39	65.70	3.28	369
湖口县	8.76	30.12	15.72	14.40	7.79	22.33	3.44	447
彭泽县	12.15	38.40	19.82	18.58	9.21	29.20	3.16	251
瑞昌市	14.47	46.38	24.42	21.97	13.89	32.49	3.21	327
共青城市	2.74	7.26	3.74	3.52	4.19	3.07	2.65	239
庐山市	8.63	30.54	16.08	14.46	13.21	17.33	3.54	476

2-4 各县（市、区）人口自然变动情况

（2016年）

地区	年平均人口（万人）	出生		死亡		自然变动	
		人数（人）	率（‰）	人数（人）	率（‰）	人数（人）	率（‰）
全市合计	**518.47**	**71103**	**13.71**	**14804**	**2.86**	**56299**	**10.86**
市区	66.46	7545	11.35	2587	3.89	4958	7.46
#濂溪区	23.02	2833	12.31	918	3.99	1915	8.32
浔阳区	28.98	2796	9.65	1222	4.22	1574	5.43
九江开发区	13.54	1916	14.16	447	3.30	1469	10.85
九江县	33.40	3738	11.19	793	2.37	2945	8.82
武宁县	40.55	5877	14.50	1467	3.62	4410	10.88
修水县	87.54	13113	14.98	2703	3.09	10410	11.89
永修县	39.75	4786	12.04	1041	2.62	3745	9.42
德安县	17.55	2432	13.86	591	3.37	1841	10.49
都昌县	81.97	11017	13.44	2013	2.46	9004	10.98
湖口县	30.11	4496	14.93	700	2.32	3796	12.61
彭泽县	38.36	4147	10.81	1161	3.03	2986	7.79
瑞昌市	46.22	6088	13.17	998	2.16	5090	11.01
共青城市	7.26	943	13.00	141	1.94	802	11.05
庐山市	30.26	6921	22.87	609	2.01	6312	20.86

注：本页表中数据为公安年报数据，濂溪区、共青城市、庐山市人口未按行政区划进行调整。

2-5 各县（市、区）人口数

（2016年末）

地区	总人口（万人）	按性别分		城镇化率（%）	6岁及以上人口平均受教育年限(年)
		男	女		
全市合计	484.76	246.67	238.10	52.18	9.31
#濂溪区	25.24	12.84	12.41	78.78	10.41
浔阳区	31.75	15.96	15.80	99.63	10.82
九江开发区	14.34	7.26	7.08	77.54	9.37
九江县	30.08	15.28	14.80	47.71	9.38
武宁县	36.88	18.80	18.08	47.38	9.33
修水县	75.65	38.46	37.20	41.68	8.77
永修县	36.97	18.89	18.09	52.01	9.02
德安县	15.90	8.13	7.78	53.89	9.06
都昌县	73.24	37.14	36.10	35.64	8.57
湖口县	28.29	14.48	13.81	46.20	9.43
彭泽县	36.13	18.38	17.75	47.70	8.78
瑞昌市	42.89	21.94	20.95	49.37	9.32
共青城市	13.02	6.66	6.36	63.63	9.25
庐山市	24.36	12.46	11.90	54.52	8.91

2-6 各县（市、区）人口自然变动情况

（2016年）

地区	年平均人口（万人）	出生率（‰）	死亡率（‰）	自然变动率（‰）
全市合计	483.67	13.26	6.15	7.11
#濂溪区	25.18	11.82	6.13	5.69
浔阳区	31.69	10.42	6.11	4.31
九江开发区	14.27	12.52	5.85	6.67
九江县	30.01	13.67	6.18	7.49
武宁县	36.80	13.79	6.18	7.62
修水县	75.51	13.54	6.17	7.37
永修县	36.89	13.48	6.15	7.33
德安县	15.85	13.56	6.13	7.43
都昌县	73.10	13.55	6.18	7.38
湖口县	28.23	13.50	6.16	7.34
彭泽县	36.06	13.78	6.16	7.63
瑞昌市	42.79	13.66	6.17	7.49
共青城市	12.97	13.07	6.14	6.93
庐山市	24.30	13.60	6.14	7.46

注：本页数据为人口变动抽样调查数据。

2-7 育龄妇女节育情况

（2016年）

地　　区	已婚育龄妇女人数（人）	采取节育措施育龄妇女人数（人）	节育率（%）
全市合计	**1062407**	**864715**	**81.39**
庐山区	44923	34220	76.17
浔阳区	54523	47681	87.45
九江开发区	27326	23100	84.53
庐山管理局	3508	2934	83.64
九江县	66635	54956	82.47
武宁县	82231	62756	76.32
修水县	183856	148031	80.51
永修县	78770	63539	80.66
德安县	37581	30383	80.85
星子县	48107	40229	83.62
都昌县	171083	141505	82.71
湖口县	62777	51815	82.54
彭泽县	77210	61804	80.05
瑞昌市	97418	79562	81.67
共青城市	26459	22200	83.90

2-8 计划生育情况

（2016年）

地　　区	现有一孩育龄妇女人数（人）	领取独生子女证人数（人）	独生子女领证率（%）
全市合计	**398400**	**130427**	**32.74**
庐山区	25115	6863	27.33
浔阳区	40301	28765	71.38
九江开发区	15537	7354	47.33
庐山管理局	2472	1024	41.42
九江县	24867	6358	25.57
武宁县	32469	9683	29.82
修水县	57412	13750	23.95
永修县	27069	8138	30.06
德安县	15737	5182	32.93
星子县	12085	2893	23.94
都昌县	44944	6210	13.82
湖口县	23066	6419	27.83
彭泽县	31905	13003	40.76
瑞昌市	36327	12394	34.12
共青城市	9094	2391	26.29

注：2-7、2-8数据取自计生年报，调查时间2015年10月1日至2016年9月30日，按旧的行政区划进行统计。

主要统计指标解释

常住人口　指实际经常居住在某地域一定时间的人口。

主要包括：

①户籍在本市且现居住本市的人；

②户籍在外市现在本市居住且离开户籍登记地半年以上的人；

③调查时居住在本市，但在任何地方都没有登记常住户口，如手续户口、迁移证、出生证、退伍证、劳改劳教释证等尚未办理常住户口登记的人，即所谓的“口袋户口”的人口；

④户籍在本市现在国外工作、学习和居住的人员。

户籍人口　指公民依照《中华人民共和国户口登记条例》已在其经常居住地的公安户籍管理机关登记了常住户口的人。这类人口不管其是否外出，也不管外出时间长短，只要在某地注册有常住户口，则为该地区的户籍人口。

人口密度　指一定时点一定地区的人口数与该地区的土地面积之比，通常以每平方公里的居民人数来表示。

人口出生率　指在一定时期内（通常为一年）一定地区的出生人数与同期平均人数（或期中人数）之比，一般用千分率表示。

计算公式：人口出生率=（年出生人数/年平均人数）×1000‰

人口死亡率　指一定时期内(通常为一年)，一定地区的死亡人数与同期平均人数(或期中人数)之比；一般用千分率表示。

计算公式为：人口死亡率=(年死亡人数/年平均人数)×1000‰

人口自然增长率　指在一定时期内(通常为一年）人口自然增加数（出生人数减死亡人数）与该时期内平均人数（或期中人数）之比，一般用千分率表示。

计算公式：人口自然增长率=〔(本年出生人数－本年死亡人数) / 年平均人数〕×1000‰

人口自然增长率=人口出生率－人口死亡率。

就业人员和职工工资 3

- 2016年末，全市社会从业人员310.96万人，其中城镇从业人员127.97万人，乡村从业人员182.99万人。
- 2016年末，全市在岗职工人数40.49万人，在岗职工工资总额226.73亿元，在岗职工年平均工资56331元。

3-1 主要年份劳动力资源总数

（年 末 数） 单位：万人

年 份	劳动力资源总数	社会从业人员	职工人数	#国有单位	城镇集体单位	其他单位	劳动力资源总数占人口数(%)	劳动力资源利用率(%)
1978	159.22	112.25	28.25	24.01	4.24		46.8	70.5
1980	161.74	116.94	30.06	26.08	4.98		46.3	72.3
1985	209.59	181.88	40.10	32.01	8.09		56.3	86.8
1990	236.21	189.60	44.24	36.18	8.01	0.05	58.3	80.3
1991	240.92	194.86	45.85	37.60	8.19	0.06	57.9	80.8
1992	248.24	198.56	46.75	38.37	8.21	0.17	60.1	80.0
1993	250.27	201.97	47.41	39.55	7.45	0.41	60.0	80.7
1994	252.19	211.07	47.45	39.98	7.45	0.54	60.1	83.7
1995	257.02	222.61	49.56	41.31	7.34	0.91	58.9	86.6
1996	262.50	226.39	48.75	41.28	6.90	0.57	59.5	86.2
1997	268.36	231.34	49.31	41.31	7.48	0.52	61.3	86.2
1998	273.10	236.51	38.45	29.08	4.54	4.82	61.6	86.6
1999	280.24	242.43	35.93	27.75	4.19	3.99	62.5	86.6
2000	287.50	246.81	35.25	26.90	4.20	4.15	64.3	85.8
2001	293.61	251.01	34.23	26.09	3.85	4.29	65.3	85.5
2002	301.50	257.80	32.47	25.78	2.98	3.71	67.1	85.5
2003	312.87	271.17	31.15	22.83	2.21	6.10	67.7	86.7
2004	323.73	279.61	31.69	22.69	1.95	7.05	69.9	86.4
2005	334.75	289.83	33.26	23.48	2.36	7.42	71.8	86.6
2006	343.25	295.05	34.65	23.71	2.44	8.50	73.1	86.0
2007	339.71	302.72	31.76	21.89	1.88	7.98	71.9	89.1
2008	344.20	307.26	29.57	18.75	1.93	8.89	72.4	89.3
2009	346.76	307.87	29.79	18.58	1.87	9.35	72.4	88.8
2010	348.95	308.25	30.71	18.93	1.99	9.78	73.8	88.3
2011	342.10	308.80	34.71	19.54	2.62	12.55	72.1	90.3
2012	341.95	309.15	38.19	19.80	2.94	15.45	71.6	90.4
2013	338.50	309.53	39.13	18.13	2.72	18.28	70.7	91.4
2014	339.78	310.02	42.27	18.36	2.92	20.99	70.7	91.2
2015	340.07	310.82	43.38	18.63	2.43	22.32	70.5	91.4
2016	340.41	310.96	40.49	16.85	1.95	21.69	70.2	91.3

3-2 主要年份按三次产业划分的社会从业人员和构成

（年 末 数）

年 份	合 计	第一产业	第二产业	第三产业
一、绝对数（万人）				
1978	112.25	86.66	14.59	11.00
1980	116.94	90.86	14.38	11.70
1985	181.88	118.80	29.62	33.46
1990	189.60	123.26	31.86	38.48
1995	222.61	124.63	43.09	54.89
2000	246.81	114.74	42.08	89.99
2005	289.83	131.53	64.42	93.88
2006	295.05	121.86	72.52	100.67
2007	302.72	122.14	77.19	103.39
2008	307.26	123.62	75.90	107.74
2009	307.87	120.65	77.75	109.47
2010	308.25	113.23	88.57	106.45
2011	308.80	106.19	96.22	106.38
2012	309.15	98.16	102.99	108.00
2013	309.53	95.54	107.99	106.00
2014	310.02	94.71	107.95	107.36
2015	310.82	94.29	108.15	108.38
2016	310.96	93.14	108.27	109.55
二、构成（%）				
1978	100	74.10	15.40	10.50
1980	100	73.00	15.50	11.50
1985	100	66.50	16.90	16.60
1990	100	65.00	16.80	18.20
1995	100	56.00	19.30	24.70
2000	100	46.50	17.00	36.50
2005	100	45.40	22.20	32.40
2006	100	41.30	24.60	34.10
2007	100	40.30	25.50	34.20
2008	100	40.23	24.70	35.07
2009	100	39.20	25.20	35.60
2010	100	36.70	28.70	34.60
2011	100	34.39	31.16	34.45
2012	100	31.75	33.31	34.93
2013	100	30.87	34.89	34.24
2014	100	30.55	34.82	34.63
2015	100	30.33	34.80	34.87
2016	100	29.95	34.82	35.23

3-3 社会从业人员

（2016年末）　　单位：万人

行　业	合　计	城　镇	乡　村
总　　计	**310.96**	**127.97**	**182.99**
农、林、牧、渔业	93.14	1.47	89.53
采 矿 业	1.32	0.67	0.54
制 造 业	74.13	43.06	30.57
电力、热力、燃气及水生产和供应业	1.79	1.61	0.16
建筑业	31.03	12.23	17.81
批发和零售业	39.39	24.22	10.17
交通运输、仓储和邮政业	14.41	3.37	11.16
住宿和餐饮业	9.91	5.58	4.29
信息传输、软件和信息技术服务业	2.34	1.64	1.42
金融业	1.37	1.36	0.01
房地产业	4.22	3.13	2.96
租赁和商务服务业	7.38	4.57	5.84
科学研究、技术服务业	1.64	1.24	0.57
水利、环境和公共设施管理业	1.11	0.87	0.25
居民服务、修理和其他服务业	11.65	6.92	7.31
教育	5.90	5.88	0.02
卫生和社会工作	3.04	3.02	0.02
文化、体育和娱乐业	1.03	0.79	0.36
公共管理、社会保障和社会组织	6.16	6.16	

3-4 私营企业从业人员情况

（2016年末）　　单位：人

行　　业	合　计	#城　镇
合　　计	**567189**	**354227**
农、林、牧、渔业	43935	12922
采 矿 业	4095	544
制 造 业	173640	83655
电力、燃气及水的生产和供应业	6043	1086
建 筑 业	36190	29369
批发和零售业	140416	100298
交通运输、仓储和邮政业	12965	7193
住宿和餐饮业	10395	8180
信息传输、计算机服务和软件业	8326	6123
金 融 业	7274	5918
房 地 产 业	37316	32604
租赁和商务服务业	55707	43133
科学研究、技术服务和地质勘查业	8221	6496
水利、环境和公共设施管理业	2177	1498
居民服务和其他服务业	13567	10397
教育	1540	1031
卫生、社会保障和社会福利业	650	589
文化、体育和娱乐业	4720	3179
其他	12	12

3-5 个体工商业从业人员情况

（2016年末）　　单位：人

行　　业	合　计	#城　镇
合　　计	**385340**	**257602**
农、林、牧、渔业	21209	6640
采 矿 业	986	249
制 造 业	41465	23736
电力、燃气及水的生产和供应业	358	74
建 筑 业	1223	605
批发和零售业	216211	142381
交通运输、仓储和邮政业	3074	2181
住宿和餐饮业	50711	43441
信息传输、计算机服务和软件业	2884	1362
金融业	1	1
房 地 产 业	217	204
租赁和商务服务业	4892	2714
科学研究、技术服务和地质勘查业	722	437
水利、环境和公共设施管理业	29	15
居民服务和其他服务业	38089	30697
教育	171	162
卫生、社会保障和社会福利业	735	646
文化、体育和娱乐业	2361	2057
其 他 行 业	2	

3-6 在岗职工年末人数

单位：人

分　　类	2015年	2016年	2016年比2015年增长%
总　　计	**433811**	**404933**	**-6.7**
一、按经济类型分组			
国有单位	186275	168524	-9.5
城镇集体单位	24286	19492	-19.7
其他单位	223250	216917	-2.8
二、按企业、事业、机关分组			
企　　业	284562	267559	-6.0
事　　业	101091	83533	-17.4
机　　关	47375	53382	12.7
民间非盈利组织	15	9	-40.0
其　　他	768	450	-41.4
三、按国民经济行业分组			
农、从、牧、渔业	6567	5991	-8.8
采矿业	3860	2787	-27.8
制造业	148398	140013	-5.7
电力、燃气及水的生产和供应业	10663	4357	-59.1
建筑业	55209	52526	-4.9
批发和零售业	13126	10962	-16.5
交通运输、仓储和邮政业	15547	13785	-11.3
住宿和餐饮业	5356	5006	-6.5
信息传输、计算机服务和软件业	4608	3660	-20.6
金融业	10820	9650	-10.8
房地产业	6529	5997	-8.1
租赁和商务服务业	7826	8242	5.3
科学研究、技术服务和地质勘查业	6494	9939	53.0
水利、环境和公共设施管理业	4701	4262	-9.3
居民服务和其他服务业	1096	461	-57.9
教育	53459	43069	-19.4
卫生、社会保障和社会福利业	23995	23255	-3.1
文化、体育和娱乐业	3059	2843	-7.1
公共管理和社会组织	52498	58128	10.7
四、按地区分组			
市　　区	130667	119745	-8.4
#市　　直	55909	54407	-2.7
濂 溪 区	19409	19875	2.4
浔 阳 区	21950	17741	-19.2
九江开发区	28702	27722	-3.4
九 江 县	25497	27971	9.7
武 宁 县	12671	11784	-7.0
修 水 县	33020	29091	-11.9
永 修 县	44382	31597	-28.8
德 安 县	19830	17501	-11.7
都 昌 县	32046	28202	-12.0
湖 口 县	26706	23902	-10.5
彭 泽 县	24001	23742	-1.1
瑞 昌 市	35698	37055	3.8
共 青 城 市	27064	31013	14.6
庐 山 市	22229	23330	5.0

3-7 各种分组的在岗职工人数

（2016年末）　　　　单位:人

分　类	合　计	国　有	城镇集体	其　他
总　计	**404933**	**168524**	**19492**	**216917**
一、按企业、事业、机关分组				
企　业	267559	32570	18511	216478
事　业	83533	82314	859	360
机　关	53382	53260	122	
民间非盈利组织	9	5		4
其　他	450	375		75
二、按国民经济行业分组				
农、林、牧、渔业	5991	5991		
# 农　业	5258	5258		
林　业	339	339		
畜 牧 业				
渔　业	377	377		
农、林、牧、渔服务业	17	17		
采 矿 业	2787	345		2442
# 煤炭开采与洗选业	427	345		82
黑色金属矿采选业	322			322
有色金属矿采选业	1298			1298
非金属矿采选业	740			740
其他采矿业				
制 造 业	140013	1970	334	137709
# 农副食品加工业	4408	69		4339
食品制造业	1320	29		1291
酒、饮料和精制茶制造业	1350			1350
纺织业	12455			12455
纺织服装、服饰业	23679		146	23533
皮革、毛皮、羽毛及其制品和制鞋业	3194	5	24	3165
木材加工及木竹、藤、棕、草制品业	1177			1177
家具制造业	539	16		523
造纸及纸制品业	1644			1644
印刷业和记录媒介的复制	1117	117	35	965
文教、工美、体育和娱乐用品制造业	7859			7859
石油加工、炼焦及核燃料加工业	3419			3419
化学原料及化学制品制造业	9653		52	9601
医药制造业	3888			3888

3-7续表1

分　　类	合　计	国　有	城镇集体	其　他
化学纤维制造业	2893			2893
橡胶和塑料制品业	3249			3249
非金属矿物制品业	11585			11585
黑色金属冶炼和压延加工业	6631			6631
有色金属冶炼和压延加工业	4577			4577
金属制品业	2483	45		2438
通用设备制造业	3510		77	3433
专用设备制造业	3128	786		2342
汽车制造业	2621			2621
铁路、船舶、航空航天和其他运输设备制造业	4559	348		4211
电气机械和器材制造业	8546			8546
计算机、通信和其他电子设备制造业	7022			7022
仪器仪表制造业	2022	510		1512
其他制造业	1287	45		1242
废弃资源综合利用业	198			198
电力、热力、燃气及水生产和供应业	4357	2111		2246
# 电力、热力生产和供应业	2173	1719		454
燃气生产和供应业	460	18		442
水的生产和供应业	1724	374		1350
建　筑　业	52526	3224	15438	33864
# 房屋建筑业	38637	2444	13837	22356
土木工程建筑业	12783	712	1601	10470
建筑安装业	567	48		519
建筑装饰和其他建筑业	539	20		519
批发和零售业	10962	1719	269	8974
# 批发业	3834	1440	107	2287
零售业	7128	279	162	6687
交通运输、仓储和邮政业	13785	5591	823	7371
# 铁路运输业	61	23	38	
道路运输业	7961	3761	295	3905
水上运输业	3218		395	2823
装卸搬运和其他运输服务业	682	57	80	545
仓储业	375	262	15	98
邮政业	1488	1488		

3-7续表2

分　　类	合　计	国　有	城镇集体	其　他
住宿和餐饮业	5006	982	27	3997
# 住宿业	3512	751		2761
餐饮业	1494	231	27	1236
信息传输、软件和信息技术服务业	3660	280		3380
# 电信、广播电视和卫星传输服务	3131	271		2860
互联网和相关服务				520
软件和信息技术服务业	529	9		2941
金 融 业	9650	5156	1553	1903
# 货币金融服务	8142	4686	1553	1038
资本市场服务				
保险业	1481	443		1038
其他金融业	27	27		
房地产业	5997	202	26	5769
# 房地产开发经营	4765	92		4673
物业管理	1109	13		1096
租赁和商务服务业	8242	3405	105	4732
# 租赁业	553	28		525
商务服务业	7689	3377	105	4207
科学研究和技术服务业	9939	8852	38	1049
# 研究和试验发展	1229	1165		64
专业技术服务业	7094	6096	38	960
科技推广和应用服务	1616	1591		25
水利、环境和公共设施管理业	4262	3530	92	640
# 水利管理业	452	452		
生态保护和环境治理业	386	273		113
公共设施管理业	3424	2805	92	527
居民服务、修理和其他服务业	461	210	20	231
# 居民服务业	153	85	11	57
机动车、电子产品和日用产品修理业	284	110		174
其他服务业	24	15	9	

3-7续表3

分　类	合计	国有	城镇集体	其他
教　育	43069	42090	372	607
# 初等教育	15739	15689		50
中等教育	16629	15847	364	418
高等教育	3527	3527		
卫生和社会工作	23255	22512	372	371
# 卫生	22959	22230	372	357
社会工作	296	282		14
文化、体育和娱乐业	2843	2234	17	592
# 新闻和出版业	304	209		95
广播、电视、电影和影视录音制作业	1240	1116		124
文化艺术业	948	890	17	41
体育	266	6		260
娱乐业	85	13		72
公共管理、社会保障和社会组织	58128	58120	6	2
# 中国共产党机关	1977	1977		
国家机构	52108	52108		
人民政协和民主党派	1959	1959		
社会保障	970	970		
群众社团、社会团体和其他成员组织	1114	1106	6	2
三、按地区分组				
市　区	119745	54736	7179	57830
# 市　直	54407	35712	2841	15854
濂 溪 区	19875	7047	4036	8792
浔 阳 区	17741	7154	169	10418
九江开发区	27722	4823	133	22766
九 江 县	27971	11019	2122	14830
武 宁 县	11784	8456	239	3089
修 水 县	29091	12852	33	16206
永 修 县	31597	17932		13665
德 安 县	17501	5491	2398	9612
都 昌 县	28202	13556	559	14087
湖 口 县	23902	6984	3896	13022
彭 泽 县	23742	9552	2014	12176
瑞 昌 市	37055	11956	216	24883
共青城市	31013	5693	34	25286
庐 山 市	23330	10297	802	12231

3-8 在岗职工工资总额

单位：万元

分　类	2015年	2016年	2016年比2015年增长%
总　　计	**2188089**	**2267309**	**3.6**
一、按经济类型分组			
国有单位	1034224	1100427	6.4
城镇集体单位	104302	95499	-8.4
其他单位	1049563	1071383	2.1
二、按企业、事业、机关分组			
企　业	1348968	1343195	-0.4
事　业	568672	569379	0.1
机　关	267702	350747	31.0
民间非盈利组织	81	52	-35.8
其　他	2667	3936	47.6
三、按国民经济行业分组			
农、林、牧、渔业	26690	29084	9.0
采 矿 业	17818	12838	-28.0
制 造 业	663795	672004	1.2
电力、燃气及水的生产和供应业	74541	30096	-59.6
建 筑 业	258380	266686	3.2
批发和零售业	60767	51435	-15.4
交通运输、仓储和邮政业	70089	70409	0.5
住宿和餐饮业	18666	18925	1.4
信息传输、计算机服务和软件业	27028	22742	-15.9
金 融 业	87740	83557	-4.8
房地产业	31091	29986	-3.6
租赁和商务服务业	31366	37010	18.0
科学研究、技术服务和地质勘查业	37723	60803	61.2
水利、环境和公共设施管理业	20026	19725	-1.5
居民服务和其他服务业	4587	1957	-57.4
教　育	302418	288234	-4.7
卫生、社会保障和社会福利业	145832	162073	11.1
文化、体育和娱乐业	15238	16679	9.5
公共管理和社会组织	294295	393068	33.6
四、按地区分组			
市　区	788736	820473	4.0
#市　直	405793	461552	13.7
濂 溪 区	95943	100785	5.0
浔 阳 区	119089	100777	-15.4
九江开发区	141699	157359	11.1
九 江 县	113831	139062	22.2
武 宁 县	70192	71241	1.5
修 水 县	145381	141847	-2.4
永 修 县	202376	154361	-23.7
德 安 县	103687	95259	-8.1
都 昌 县	131510	127107	-3.3
湖 口 县	135736	139481	2.8
彭 泽 县	99659	106612	7.0
瑞 昌 市	175918	192598	9.5
共 青 城 市	127773	164402	28.7
庐 山 市	93291	114866	23.1

3-9 各种分组的在岗职工工资总额

(2016年)　　单位:万元

分　　类	合 计	国 有	城镇集体	其 他
总　　计	**2267309**	**1100427**	**95499**	**1071383**
一、按企业、事业、机关分组				
企　　业	1343195	184981	89625	1068589
事　　业	569379	561631	5359	2390
机　　关	350747	350232	515	
民间非营利组织	52	31		21
其　　他	3936	3553		383
二、按国民经济行业分组				
农、林、牧、渔业	29084	29084		
# 农　　业	25890	25890		
林　　业	1885	1885		
畜 牧 业				
渔　　业	1192	1192		
农、林、牧、渔服务业	117	117		
采 矿 业	12838	1609		11229
# 煤炭开采与洗选业	1903	1609		294
黑色金属矿采选业	1275			1275
有色金属矿采业	6961			6961
非金属矿采选业	2699			2699
其他采矿业				
制 造 业	672004	10948	1122	659935
# 农副食品加工业	15815	226		15588
食品制造业	8613	105		8508
酒、饮料和精制茶制造业	4506			4506
纺 织 业	52851			52851
纺织服装、服饰业	108143			107563
皮革、毛皮、羽毛及其制品和制鞋业	12793	35	580	12707
木材加工及木、竹、藤、棕、草制品业	4675		52	4675
家具制造业	2790	32		2758
造纸及纸制品业	10286			10286
印刷和记录媒介复制业	4000	348	113	3540
文教、工美、体育和娱乐用品制造业	33343			33343
石油加工、炼焦及核燃料加工业	27000			27000
化学原料及化学制品造业	49841		173	49668
医药制造业	20023			20023

3-9续表1

分　类	合 计	国 有	城镇集体	其 他
化学纤维制造业	15513			15513
塑料制品业	13877			13877
非金属矿物制品业	54782			54782
黑色金属冶炼及压延加工业	42072			42072
有色金属冶炼及压延加工业	20444			20444
金属制品业	13860	217		13643
通用设备制造业	19925		205	19720
专用设备制造业	15533	4139		11394
汽车制造业	11631			11631
铁路、船舶、航空航天和其他运输设备	23145	1553		21592
电气机械及器材制造业	37173			37173
通信设备、计算机及其他电子设备制造业	31253			31253
仪器仪表制造业	12038	3979		8059
其他制造业	5471	315		5156
废弃资源和废旧材料回收加工业	610			610
电力、燃气及水的生产和供应业	30096	16910		13186
# 电力、热力的生产和供应业	19050	15514		3536
燃气生产和供应业	1891	175		1716
水的生产和供应业	9156	1221		7934
建　筑　业	266686	13780	70936	181970
# 房屋建筑业	180932	10874	66597	103461
土木工程建筑业	80850	2779	4338	73733
建筑安装业	1757	67		1690
建筑装饰业	3147	60		3087
批发和零售业	51435	15394	999	35042
# 批　发　业	25236	14099	383	10754
零　售　业	26199	1294	616	24289
交通运输、仓储和邮政业	70409	32642	3423	34344
# 铁路运输业	256	161	95	
道路运输业	38035	21703	1180	15152
水上运输业	18002		1771	16231
装卸搬运和其他运输服务业	3097	521	217	2360
仓　储　业	1935	1173	161	601
邮　政　业	9084	9084		

3-9续表2

分　类	合计	国有	城镇集体	其他
住宿和餐饮业	18925	4674	74	14176
# 住　宿　业	14664	3954		10711
餐　饮　业	4260	721	74	3466
信息传输、计算机服务和软件业	22742	1006		21737
# 电信、广播电视和卫星传输服务	20477	980		19497
互联网和相关服务				
软件和信息技术服务业	2265	26		2240
金　融　业	83557	42354	12144	29058
# 货币金融服务业	71887	39270	12144	20473
资本市场服务				
保　险　业	11476	2890		8586
其他金融活动	194	194		
房地产业	29986	1097	120	28768
# 房地产开发经营	24722	450		24272
物业管理	4573	77		4497
租赁和商务服务业	37010	12482	578	23950
# 租赁业	1929	188		1741
商务服务业	35081	12295	578	22209
科学研究、技术服务业	60803	53727	602	6474
# 研究与试验发展	6783	6530		253
专业技术服务	41352	34677	602	6074
科技推广和应用服务业	12668	12520		148
水利、环境和公共设施管理业	19725	16890	442	2393
# 水利管理业	3341	3341		
生态保护和环境治理业	2575	2085		490
公共设施管理业	13809	11464	442	1903
居民服务和其他服务业	1957	1085	40	832
# 居民服务业	692	548	15	129
机动车、电子产品和日用产品修理业	1167	465		703
其他服务业	97	72	25	
教育	288234	282082	2808	3345

3-9续表3

分　类	合计	国有	城镇集体	其他
# 初等教育	98102	98065		38
中等教育	110220	104676	2766	2778
高等教育	39978	39978		
卫生和社会工作	162073	158285	2068	1720
# 卫生	160327	156683	2068	1576
社会工作	1746	1601		144
文化、体育和娱乐业	16679	13350	116	3213
# 新闻和出版业	2240	1653		587
广播、电视、电影和影视录音制作业	6372	5972		400
文化艺术业	5971	5562	116	292
体育	1755	37		1718
娱乐业	341	126		216
公共管理和社会组织	393068	393029	28	11
# 中国共产党机关	14834	14834		
国家机构	354674	354674		
人民政协和民主党派	11269	11269		
社会保障	4293	4293		
群众社团、社会团体和其他成员组织	7999	7960	28	11
三、按地区分组				
市　区	820473	439436	39959	341078
# 市　直	461552	314022	16753	130775
濂溪区	100785	41654	21717	37414
浔阳区	100777	49181	945	50652
九江开发区	157359	34579	544	122237
九江县	139062	64894	11485	62683
武宁县	71241	57399	1440	12403
修水县	141847	76400	132	65315
永修县	154361	93223		61138
德安县	95259	35764	6844	52652
都昌县	127107	70138	1981	54987
湖口县	139481	39234	20666	79580
彭泽县	106612	55571	7175	43866
瑞昌市	192598	77796	1685	113117
共青城市	164402	30560	157	133685
庐山市	114866	60012	3975	50879

3-10 在岗职工平均工资

单位:元

分 类	2015年	2016年	2016年比2015年增长%
总 计	**51065**	**56331**	**10.3**
一、按经济类型分组			
国有单位	56331	65517	16.3
城镇集体单位	45047	49163	9.1
其他单位	47334	49805	5.2
二、按企业、企业、机关分组			
企 业	47834	50529	5.6
事 业	57744	68478	18.6
机 关	56700	66093	16.6
民间非盈利组织	53667	57444	7.0
其 他	34728	88060	153.6
三、按国民经济行业分组			
农、林、牧、渔业	41144	48594	18.1
采 矿 业	47338	47128	-0.4
制 造 业	45180	48445	7.2
电力、燃气及水的生产和供应业	69554	67999	-2.2
建 筑 业	47188	50796	7.6
批发和零售业	46769	47310	1.2
交通运输、仓储和邮政业	44731	50523	12.9
住宿和餐饮业	34695	37415	7.8
信息传输、计算机服务和软件业	58884	61799	5.0
金 融 业	81596	86929	6.5
房地产业	48878	50143	2.6
租赁和商务服务业	40218	45506	13.1
科学研究、技术服务和地质勘查业	58358	61145	4.8
水利、环境和公共设施管理业	42635	46467	9.0
居民服务和其他服务业	43318	43095	-0.5
教育	57727	67596	17.1
卫生、社会保障和社会福利业	64895	70712	9.0
文化、体育和娱乐	49717	58543	17.8
公共管理和社会组织	56431	67976	20.5
四、按地区分组			
市 区	60781	68789	13.2
#市 直	74257	84830	14.2
濂 溪 区	48940	50674	3.5
浔 阳 区	54279	57709	6.3
九江开发区	49357	57195	15.9
九 江 县	44156	50125	13.5
武 宁 县	55863	60636	8.5
修 水 县	47966	49194	2.6
永 修 县	45933	49028	6.7
德 安 县	52764	55252	4.7
都 昌 县	41454	45663	10.2
湖 口 县	50657	58620	15.7
彭 泽 县	42004	45762	8.9
瑞 昌 市	50178	52423	4.5
共 青 城 市	47288	52900	11.9
庐 山 市	42320	49025	15.8

3-11 各种分组的在岗职工平均工资

（2016年）　　单位：元

分　　类	合 计	国 有	城镇集体	其 他
总　　计	**56331**	**65517**	**49163**	**49805**
一、按企业、事业、机关分组				
企　　业	50529	56573	48585	49776
事　　业	68478	68549	62534	66375
机　　关	66093	66146	42521	
民间非盈利组织	57444	61000		53000
其　　他	88060	93992		55565
二、按国民经济行业分组				
农、林、牧、渔业	48594	48594		
# 农　业	49238	49238		
林　业	55123	55123		
畜牧业				
渔　业	32380	32380		
农、林、牧、渔服务业	69000	69000		
采　矿　业	47128	51232		46594
# 煤炭开采与洗选业	48170	51232		36296
黑色金属矿采选业	39856			39856
有色金属矿采选业	54001			54001
非金属矿采选业	37486			37486
其他采矿业				
制　造　业	48445	57020	34100	48359
# 农副食品加工业	35934	33776		35967
食品制造业	64710	38815		65246
酒、饮料和精制茶制造业	32722			32722
纺织业	43091			43091
纺织服装、服饰业	45858		40278	45893
皮革、毛皮、羽毛及其制品和制鞋业	40678	69200	21667	40779
木材加工和木、竹、藤、棕、草制品业	40480			40480
家具制造业	44289	20125		44919
造纸和纸制品业	66532			66532
印刷和记录媒介复制业	36799	30217	35188	37660
文教、工美、体育和娱乐用品制造业	42610			42610
石油加工、炼焦和核燃料加工业	77186			77186
化学原料和化学制品制造业	52798		33192	52906
医药制造业	56979			56979

3-11续表1

分　　类	合 计	国 有	城镇集体	其 他
化学纤维制造业	52588			52588
塑料制品业	43653			43653
非金属矿物制品业	47455			47455
黑色金属冶炼及压延加工业	62570			62570
有色金属冶炼及压延加工业	45349			45349
金属制品业	56502	48133		56658
通用设备制造业	58005		26584	58726
专用设备制造业	51078	56625		49323
汽车制造业	45186			45186
铁路、船舶、航空航天和其他运输设备	49518	43983		49970
电气机械及器材制造业	43795			43795
计算机、通信和其他电子设备制造业	45479			45479
仪器仪表制造业	59951	77112		54016
其他制造业	42839	70000		41847
废弃资源综合利用业	31942			31942
电力、燃气及水的生产和供应业	67999	78323		58167
# 电力、热力的生产和供应业	85967	87898		78408
燃气生产和供应业	41463	97000		39180
水的生产和供应业	52198	32484		57577
建筑业	50796	40222	46107	54013
# 房屋建筑业	46637	41902	47950	46370
土木工程建筑业	64233	36425	29000	71391
建筑安装业	31103	13979		32692
建筑装饰和其他建筑业	56901	30000		57910
批发和零售业	47310	88776	37015	39515
# 批发业	66064	96903	35832	47624
零售业	37151	46394	37791	36745
交通运输、仓储和邮政业	50523	56581	41293	46803
铁路运输业	42016	70130	25000	
道路运输业	46623	54805	40000	38822
水上运输业	55751		44160	57394
装卸搬运和运输代理业	48170	93018	27100	46540
仓储业	51449	44939	107067	60100
邮政业	61837	61837		

3-11续表2

分　　类	合 计	国 有	城镇集体	其 他
住宿和餐饮业	37415	43644	27444	35798
住宿业	40231	46678		38279
餐饮业	30151	32174	27444	29824
信息传输、计算机服务和软件业	61799	35914		63931
电信、广播电视和卫星传输服务	64698	36166		67370
互联网和相关服务				
软件和信息技术服务业	43986	28333		44265
金融业	86929	82050	78805	99891
货币金融服务业	88552	83660	78805	108724
资本市场服务				
保险业	78278	65682		83679
其他金融活动	69429	69429		
房地产业	50143	54587	46154	50006
#房地产开发经营	51365	50551		51380
物业管理	43888	58923		43698
租赁和商务服务业	45506	36973	56117	51461
#租赁业	34873	66964		33162
商务服务业	46282	36722	56117	53787
科学研究和技术服务	61145	60476	158421	63342
#研究与试验发展	54967	55815		39469
专业技术服务	58531	56903	158421	65096
科技交流和推广服务业	77007	77285		59000
水利、环境和公共设施管理业	46467	47983	48000	37810
#水利管理	73751	73751		
生态保护和环境治理业	67240	75815		45407
公共设施管理业	40507	41061	48000	36248
居民服务和其他服务业	43095	52406	19750	36661
#居民服务业	45507	65214	13182	22702
机动车、电子产品和日用产品修理业	41993	43019		41341
其他服务业	40583	48267	27778	
教育	67596	67649	75473	58574

3-11续表3

分　　类	合 计	国 有	城镇集体	其 他
# 初等教育	63357	63415		18750
中等教育	66784	66579	76000	66450
高等教育	113735	113735		
卫生和社会工作	70712	71287	55889	49714
# 卫生	70860	71467	55889	47464
社会工作	59374	57189		103071
文化、体育和娱乐业	58543	59785	68118	53638
# 新闻和出版业	73446	78729		61768
广播、电视、电影和影视录音制作业	51056	53658		29607
文化艺术业	62915	62429	68118	71317
体育	66473	61000		66601
娱乐业	41133	96692		30814
公共管理、社会保障和社会组织	67976	67978	47167	54000
# 中国共产党机关	75377	75377		
国家机构	68035	68035		
人民政协和民主党派	57525	57525		
社会保障	65735	65735		
群众社团、社会团体和其他成员组织	71805	71971	47167	54000
三、按地区分组				
市　　区	68789	80904	55584	59075
# 市　　直	84830	87966	59198	82518
濂 溪 区	50674	59227	53465	42545
浔 阳 区	57709	71515	55911	48624
九江开发区	57195	73447	42477	53902
九 江 县	50125	60288	48750	42866
武 宁 县	60636	68413	60251	39753
修 水 县	49194	59441	40030	40955
永 修 县	49028	52004		45094
德 安 县	55252	65073	29923	55669
都 昌 县	45663	51912	35826	39927
湖 口 县	58620	56493	55346	60679
彭 泽 县	45762	57996	35747	37467
瑞 昌 市	52423	65053	78023	46050
共 青 城 市	52900	52168	46029	53079
庐 山 市	49025	57439	49499	41776

3-12 工业分行业在岗职工人数和在岗职工平均工资

(2016年) 单位:人、万元、元

分类	在岗职工人数	在岗职工工资总额	在岗职工平均工资
总计	**147157**	**714939**	**49014**
一、按行业分组			
采矿业	2787	128378	47128
# 煤炭开采与洗选业	427	19027	48170
黑色金属矿采选业	322	12754	39856
有色金属矿采选业	1298	69607	54001
非金属矿采选业	740	26990	37486
其他采矿业			
制造业	140013	6720043	48445
# 农副食品加工业	4408	158145	35934
食品制造业	1320	86129	64710
酒、饮料和精制茶制造业	1350	45058	32722
纺织业	12455	528511	43091
纺织服装、服饰业	23679	1081430	45858
皮革、毛皮、羽毛（绒）及其制品业	3194	127932	40678
木材加工及木、竹、藤、棕、草制品业	1177	46754	40480
家具制造业	539	27902	44289
造纸及纸制品业	1644	102858	66532
印刷业和记录媒介的复制	1117	40001	36799
文教教育用品制造业	7859	333425	42610
石油加工、炼焦及核燃料加工业	3419	269998	77186
化学原料及化学制品制造业	9653	498409	52798
医药制造业	3888	200225	56979
化学纤维制造业	2893	155134	52588
橡胶和塑料制品业	3249	138773	43653
非金属矿物制造业	11585	547823	47455
黑色金属冶炼及压延加工业	6631	420721	62570
有色金属冶炼及压延加工业	4577	204435	45349
金属制品业	2483	138599	56502

3-12续表

分　　类	在岗职工人数	在岗职工工资总额	在岗职工平均工资
通用设备制造业	3510	199248	58005
专用设备制造业	3128	155328	51078
汽车制造业	2621	116308	45186
铁路、船舶、航空航天和其他运输设备	4559	231448	49518
电气机械及器材制造业	8546	371730	43795
通信设备、计算机及其他电子设备制造业	7022	312531	45479
仪器仪表制造业	2022	120382	59951
其他制造业	1287	54705	42839
废弃资源和废旧材料回收加工业	198	6101	31942
电力、燃气及水的生产和供应业	4357	300964	67999
# 电力、热力的生产和供应业	2173	190502	85967
燃气生产和供应业	460	18907	41463
水的生产和供应业	1724	91555	52198

3-13 单位从业人员年末人数

单位:人

分类	2015年	2016年	2016年比2015年增长%
总计	**468092**	**435243**	**-7.0**
一、按经济类型分组			
国有单位	206676	186454	-9.8
城镇集体单位	27792	22671	-18.4
其他单位	233624	226118	-3.2
二、按企业、事业、机关分组			
企业	303059	283109	-6.6
事业	112714	93683	-16.9
机关	51535	57992	12.5
民间非盈利组织	15	9	-40.0
其他	769	450	-41.5
三、按国民经济行业分组			
农、林、牧、渔业	6670	6068	-9.0
采矿业	3877	2799	-27.8
制造业	150910	142141	-5.8
电力、燃气及水的生产和供应业	11279	4416	-60.8
建筑业	65092	62353	-4.2
批发和零售业	13403	11217	-16.3
交通运输、仓储和邮政业	16908	14960	-11.5
住宿和餐饮业	5466	5116	-6.4
信息传输、计算机服务和软件业	4899	3849	-21.4
金融业	12223	9754	-20.2
房地产业	6724	6202	-7.8
租赁和商务服务业	9500	9507	0.1
科学研究、技术服务和地质勘查业	7088	10222	44.2
水利、环境和公共设施管理业	7225	6867	-5.0
居民服务和其他服务业	1190	480	-59.7
教育	57147	47552	-16.8
卫生、社会保障和社会福利业	27750	27081	-2.4
文化、教育和娱乐业	3374	3013	-10.7
公共管理、社会保障和社会组织	57367	61646	7.5
四、按地区分组			
市区	140993	127714	-9.4
#市直	59616	57109	-4.2
濂溪区	21600	21720	0.6
浔阳区	24531	19689	-19.7
九江开发区	30337	29196	-3.8
九江县	26177	28493	8.8
武宁县	15485	14171	-8.5
修水县	37089	35503	-4.3
永修县	45439	31925	-29.7
德安县	21060	18189	-13.6
都昌县	37132	33312	-10.3
湖口县	29943	26644	-11.0
彭泽县	26956	25478	-5.5
瑞昌市	37604	38340	2.0
共青城市	27349	31307	14.5
庐山市	22865	24167	5.7

3-14 各种分组的单位从业人员人数

（2016年末）　　单位:人

分　类	合 计	国 有	城镇集体	其 他
总　计	**435243**	**186454**	**22671**	**226118**
一、按企业、事业、机关分组				
企　业	283109	36017	21413	225679
事　业	93683	92187	1136	360
机　关	57992	57870	122	
民间非盈利组织	9	5		4
其　他	450	375		75
二、按国民经济行业分组				
农、林、牧、渔业	6068	6068		
采 矿 业	2799	345		2454
制 造 业	142141	2076	344	139721
电力、燃气及水的生产和供应业	4416	2170		2246
建筑业	62353	5128	18123	39102
批发和零售业	11217	1894	269	9054
交通运输、仓储和邮政业	14960	6314	936	7710
住宿和餐饮业	5116	991	27	4098
信息传输、计算机服务和软件业	3849	283		3566
金融业	9754	5204	1597	2953
房地产业	6202	213	27	5962
租赁和商务服务业	9507	3831	121	5555
科学研究、技术服务和地质勘查业	10222	9027	52	1143
水利、环境和公共设施管理业	6867	5864	337	666
居民服务和其他服务业	480	216	20	244
教育	47552	46535	372	645
卫生、社会保障和社会福利业	27081	26282	423	376
文化、体育和娱乐业	3013	2375	17	621
公共管理、社会保障和社会组织	61646	61638	6	2
三、按地区分组				
市　区	127714	58823	7729	61162
#市　直	57109	37057	3179	16873
濂 溪 区	21720	8465	4178	9077
浔 阳 区	19689	8410	223	11056
九江开发区	29196	4891	149	24156
九 江 县	28493	11019	2122	15352
武 宁 县	14171	9869	239	4063
修 水 县	35503	18206	33	17264
永 修 县	31925	17932		13993
德 安 县	18189	5958	2398	9833
都 昌 县	33312	16095	2075	15142
湖 口 县	26644	8968	4497	13179
彭 泽 县	25478	10689	2453	12336
瑞 昌 市	38340	12522	216	25602
共青城市	31307	5694	34	25579
庐 山 市	24167	10679	875	12613

3-15 各种分组的单位从业人员女性人数

(2016年末)　　单位:人

分　　类	合 计	国 有	城镇集体	其 他
总　　计	**172442**	**75658**	**3782**	**93002**
一、按企业、事业、机关分组				
企　　业	110000	14024	3115	92861
事　　业	43137	42397	623	117
机　　关	19189	19145	44	
民间非盈利组织	2	2		
其　　他	114	90		24
二、按行业分组				
农、林、牧、渔业	2561	2561		
采 矿 业	519	24		495
制 造 业	67810	539	199	67072
电力、燃气及水的生产和供应业	1339	695		644
建 筑 业	9680	1715	1635	6330
批发和零售业	5592	500	99	4993
交通运输、仓储和邮政业	4474	2273	427	1774
住宿和餐饮业	3151	535	13	2603
信息传输、计算机服务和软件业	1733	104		1629
金 融 业	4806	2523	714	1569
房地产业	2485	88	7	2390
租赁和商务服务业	3092	1009	29	2054
科学研究、技术服务和地质勘查业	3857	3530	16	311
水利、环境和公共设施管理业	3164	2647	219	298
居民服务和其他服务业	177	60	6	111
教育	21464	21140	128	196
卫生、社会保障和社会福利业	17206	16693	281	232
文化、体育和娱乐业	1217	910	6	301
公共管理和社会组织	18115	18112	3	
三、按地区分组				
市　　区	47701	24465	924	22312
#市　　直	22018	15618	455	5945
濂 溪 区	7146	3389	343	3414
浔 阳 区	7179	3315	69	3795
九江开发区	11358	2143	57	9158
九 江 县	11232	4043	168	7021
武 宁 县	5117	3803	135	1179
修 水 县	15871	8517	10	7344
永 修 县	12806	8711		4095
德 安 县	7393	2445	68	4880
都 昌 县	11780	5724	462	5594
湖 口 县	8461	3441	1037	3983
彭 泽 县	9441	3464	507	5470
瑞 昌 市	15221	4283	59	10879
共青城市	17175	2534	15	14626
庐 山 市	10244	4228	397	5619

3-16 单位从业人员工资总额

单位：万元

分　　类	2015年	2016年	2016年比2015年增长%
总　　计	**2291705**	**2374554**	**3.6**
一、按经济类型分组			
国有单位	1087041	1155096	6.3
城镇集体单位	115237	107511	-6.7
其他单位	1089427	1111947	2.1
二、按企业、企业、机关分组			
企　业	1413266	1406610	-0.5
事　业	598237	594988	-0.5
机　关	277450	368969	33.0
民间非盈利组织	81	52	-35.8
其　他	2671	3936	47.4
三、按国民经济行业分组			
农、林、牧、渔业	26861	29208	8.7
采矿业	17883	12932	-27.7
制造业	674049	682755	1.3
电力、燃气及水的生产和供应业	77683	30303	-61.0
建筑业	290139	306176	5.5
批发和零售业	61457	52198	-15.1
交通运输、仓储和邮政业	74730	74878	0.2
住宿和餐饮业	19058	19337	1.5
信息传输、计算机服务和软件业	27688	23156	-16.4
金融业	91726	84157	-8.3
房地产业	32168	30787	-4.3
租赁和商务服务业	38488	41584	8.0
科学研究、技术服务和地质勘查业	39230	62153	58.4
水利、环境和公共设施管理业	25490	25011	-1.9
居民服务和其他服务业	5018	2008	-60.0
教育	311193	304152	-2.3
卫生、社会保障和社会福利业	156937	173574	10.6
文化、体育和娱乐业	16193	17166	6.0
公共管理、社会保障和社会组织	305716	403021	31.8
四、按地区分组			
市　　区	821235	847338	3.2
#市　　直	416651	468387	12.4
濂　溪　区	103695	108309	4.4
浔　阳　区	126001	107274	-14.9
九江开发区	147989	163368	10.4
九　江　县	116874	141540	21.1
武　宁　县	76873	77790	1.2
修　水　县	155519	168857	8.6
永　修　县	205815	155613	-24.4
德　安　县	107129	97618	-8.9
都　昌　县	146908	143886	-2.1
湖　口　县	144324	147948	2.5
彭　泽　县	109572	111276	1.6
瑞　昌　市	182523	197013	7.9
共青城市	130108	168769	29.7
庐　山　市	94862	116906	23.2

3-17 单位从业人员平均工资

单位:元

分　　类	2015年	2016年	2016年比2015年增长%
总　　计	**49560**	**54880**	**10.7**
一、按经济类型分组			
国有单位	53404	62041	16.2
城镇集体单位	43481	47802	9.9
其他单位	46887	49640	5.9
二、按企业、事业、机关分组			
企　业	47077	50043	6.3
事　业	54352	63856	17.5
机　关	54029	63651	17.8
民间非盈利组织	53667	57444	7.0
其　他	34737	88060	153.5
三、按国民经济行业分组			
农、林、牧、渔业	40928	48175	17.7
采矿业	47271	47178	-0.2
制造业	45112	48481	7.5
电力、燃气及水的生产和供应业	68618	67505	-1.6
建筑业	44785	49180	9.8
批发和零售业	46264	46856	1.3
交通运输、仓储和邮政业	44650	49585	11.1
住宿和餐饮业	34582	37302	7.9
信息传输、计算机服务和软件业	56727	59850	5.5
金融业	76077	86706	14.0
房地产业	48540	49544	2.1
租赁和商务服务业	41274	45561	10.4
科学研究、技术服务和地质勘查业	55732	60702	8.9
水利、环境和公共设施管理业	35521	36840	3.7
居民服务和其他服务业	43523	42450	-2.5
教育	55500	64565	16.3
卫生、社会保障和社会福利业	59916	65024	8.5
文化、体育和娱乐业	47922	56765	18.5
公共管理、社会保障和社会组织	53536	65393	22.1
四、按地区分组			
市　　区	58700	66529	13.3
#市　　直	71209	82193	15.4
濂　溪　区	48505	49905	2.9
浔　阳　区	51312	54399	6.0
九江开发区	48753	56421	15.7
九　江　县	44093	50065	13.5
武　宁　县	50050	55116	10.1
修　水　县	45255	48016	6.1
永　修　县	45700	48924	7.1
德　安　县	51411	54474	6.0
都　昌　县	39885	43702	9.6
湖　口　县	48183	55846	15.9
彭　泽　县	41250	44450	7.8
瑞　昌　市	49316	52136	5.7
共青城市	47519	53537	12.7
庐　山　市	41848	48163	15.1

3-18 城镇就业和再就业主要指标

指　　标	单 位	2015年	2016年
新增就业人数	万人	6.34	6.49
下岗失业人员再就业	万人	2.74	2.60
"4050"再就业	万人	0.57	0.60
城镇登记失业率	%	3.50	3.81

3-19 社 会 保 障 主 要 指 标

指　　标	单 位	2015年	2016年
养老保险			
参保职工人数	万人	88.54	90.43
征缴基金	万元	310960	300110
失业保险			
参保职工人数	万人	34.00	35.15
征缴基金	万元	10007	8701
医疗保险			
参保职工人数	万人	64.29	67.98
征缴基金	万元	119223	152507

主要统计指标解释

劳动力资源 指全部人口中可能或已经参加社会劳动的人口，即一定劳动年龄以上有劳动能力的人。

社会从业人员 指在劳动年龄内，有劳动能力，参加社会劳动并取得劳动报酬或经营收入的人员。

单位从业人员 指在各级国家机关、政党机关、社会团体及企业、事业单位中工作，取得工资或其他形式的劳动报酬的全部人员。包括在岗职工和其他从业人员。不包括离开本单位仍保留劳动关系的职工。各单位的从业人员反映了各单位实际参加生产或工作的全部劳动力。

城镇私营和个体从业人员 城镇私营从业人员指在工商管理部门注册登记，其经营地址设在县城关镇(含城关镇)以上的私营企业从业人员；包括私营企业投资者和雇工。城镇个体从业人员指在工商管理部门注册登记，并持有城镇户口或在城镇长期居住，经批准从事个体工商经营的从业人员；包括个体经营者和在个体工商户劳动的家庭帮工和雇工。

在岗职工 在本单位工作并由单位支付工资的人员，包括有工作岗位但由于学习、参军、出国援外、派出外单位以及按国家规定休病、伤、产假、哺乳假暂未工作仍由单位支付工资的人员，还包括派往多种经营单位工作但仍由原单位支付工资的人员。不包括反聘的离退休人员、民办教师和在各单位工作的外方人员和港澳台人员。

单位其他从业人员 指按劳动统计规定不作为在岗职工统计，但实际参加本单位生产或工作并取得劳动报酬的人员。包括再就业的离退休人员、民办教师以及在各单位工作的外方人员和港澳台人员、兼职人员、借用的外单位人员和从事第二职业人员。

单位从业人员工资总额 指各单位在报告期内直接支付给本单位全部从业人员的劳动报酬总额。

在岗职工工资总额 指各单位在报告期内直接支付给本单位在岗职工的全部劳动报酬总额。

在岗职工平均工资 指在企业、事业、机关单位的在岗职工在一定时期内平均每人所得的货币工资额。

$$\text{在岗职工平均工资}=\frac{\text{报告期实际支付的全部在岗职工工资总额}}{\text{报告期全部在岗职工平均人数}}$$

4 固定资产投资

- 2016年，全市固定资产投资2428.58亿元，其中工业投资1863.21亿元。
- 2016年，全市新增固定资产1277.59亿元，固定资产交付使用率52.6%。
- 2016年，全市固定资产投资建设项目888个，其中全部建成投产项目421个，建成项目投产率47.4%。

4-1 固定资产投资

指　　标	单位	2015年	2016年	2016年比2015年增长%
一、固定资产投资完成额	**万元**	**21199205**	**24285809**	**14.6**
# 工业	万元	15438999	18632138	20.7
# 住宅	万元	993408	1010735	1.7
1、按登记注册类型分				
内资企业	万元	20623995	22606658	9.6
国有企业	万元	2132208	2298470	7.8
集体企业	万元	31954	76576	139.6
股份合作企业	万元	57589	7500	-87
联营企业	万元	22721		-100
有限责任公司	万元	7558799	13851152	83.2
股份有限公司	万元	124728	283444	127.2
私营企业	万元	10296941	5888562	-42.8
其他企业	万元	399055	200954	-49.6
港、澳、台商投资企业	万元	450538	894972	98.6
外商投资企业	万元	91157	749855	722.6
个体经营		33515	29474	-12.1
2、按建设性质分	万元			
# 新建	万元	19909194	21538212	8.2
扩建	万元	581176	992938	70.8
改建和技术改造		652835	1507851	131
3、按投资构成分	万元			
建筑工程	万元	15061418	17025136	13
安装工程	万元	784520	2095031	167
设备工器具购置	万元	4158937	4433067	6.6
其他费用		1194330	732575	-38.7
5、按产业分	万元			
第一产业	万元	137627	281567	104.6
第二产业	万元	15475735	18632138	20.7
第三产业	万元	5585843	5372104	-3.8

4-1续表

指　　标	单位	2015年	2016年	2016年比2015年增长%
二、其他主要指标				
本年资金来源合计	万元	22115903	25948629	17.3
1、上年末结余资金	万元	607884	1453875	139.2
2、本年资金来源小计	万元	21508019	24494754	13.9
(1)国家预算内资金	万元	608607	685883	12.7
(2)国内贷款	万元	320436	3138751	879.5
(3)债券	万元		13000	
(4)利用外资	万元		73352	
(5)自筹资金	万元	19635189	18966630	-3.4
(6)其他资金来源	万元	943787	1617138	71.3
本年新增固定资产	平方米	14366356	12775914	-11.1
本年施工房屋面积	平方米	17770694	21238912	19.5
# 住宅	平方米	10306048	11399588	10.6
本年竣工房屋面积	平方米	4077710	5157626	26.5
# 住宅	平方米	1600353	2066081	29.1

4-2 分行业固定资产投资

指　　标	2015年	2016年	2016年比2015年增长%
一、计划投资			
1、计划总投资	46501785	57366210	23.4
其中：本年新开工项目	37979802	43316036	14.1
2、自开始建设至本年底累计完成投资	34841794	35679751	2.4
二、本年完成投资	**21199205**	**24285809**	**14.6**
其中：国有经济控股	2734464	3941096	44.1
其中：住宅	993408	1010735	1.7
其中：本月完成投资	2304568	2537045	10.1
1、按登记注册类型分			
内资企业	20623995	22606658	9.6
国有企业	2132208	2298470	7.8
集体企业	31954	76576	139.6
股份合作企业	57589	7500	-87.0
联营企业	22721		-100.0
国有联营企业	22721		-100.0
有限责任公司	7558799	13851152	83.2
国有独资公司	379307	569897	50.2
其他有限责任公司	7179492	13281255	85.0
股份有限公司	124728	283444	127.2
私营企业	10296941	5888562	-42.8
其他企业	399055	200954	-49.6
港、澳、台商投资企业	450538	894972	98.6
外商投资企业	91157	749855	722.6
个体经营	33515	29474	-12.1
2、按建设性质分			
其中：新建	19909194	21538212	8.2
扩建	581176	992938	70.8
改建和技术改造	652835	1507851	131.0
3、按投资构成分			
建筑工程	15061418	17025136	13.0
安装工程	784520	2095031	167.0
设备工器具购置	4158937	4433067	6.6
其中：用于更新的设备	451748		-100
其他费用	1194330	732575	-38.7

4-2续

指　　标	2015年	2016年	2016年比2015年增长%
4、按国民经济行业分			
（一）农、林、牧、渔业	143127	281567	96.7
（二）采矿业	118261	533848	351.4
（三）制造业	14278767	16526190	15.7
（四）电力、热力、燃气及水生产和供应业	1041971	1572100	50.9
（五）建筑业	36736		-100.0
（六）批发和零售业	1134124	786659	-30.6
（七）交通运输、仓储和邮政业	400046	568325	42.1
（八）住宿和餐饮业	145826	152291	4.4
（九）信息传输、软件和信息技术服务业	162200	80800	-50.2
（十）金融业	9495		-100.0
（十一）房地产业	1733935	1602124	-7.6
（十二）租赁和商务服务业	124487	149285	19.9
（十三）科学研究和技术服务业	4000	123110	2977.8
（十四）水利、环境和公共设施管理业	832899	946121	13.6
（十五）居民服务、修理和其他服务业	95783	32492	-66.1
（十六）教育	144140	40207	-72.1
（十七）卫生和社会工作	25673	70229	173.6
（十八）文化、体育和娱乐业	350335	235723	-32.7
（十九）公共管理、社会保障和社会组织	417400	584738	40.1
三、本年新增固定资产	**14366356**	**12775914**	**-11.1**
四、项目个数			
（1）施工项目个数	975	888	-8.9
其中：本年新开工	514	461	-10.3
（2）本年投产项目个数	670	421	-37.2
五、房屋建筑面积			
（1）本年施工房屋面积	17770694	21238912	19.5
（2）本年竣工房屋面积	4077710	5157626	26.5
六、本年资金来源及应付款			
（一）本年资金来源合计	22115903	25948629	17.3
1、上年末结余资金	607884	1453875	139.2
2、本年资金来源小计	21508019	24494754	13.9
国家预算资金	608607	685883	12.7
国内贷款	320436	3138751	879.5
自筹资金	19635189	18966630	-3.4
其中：企、事业单位自有资金	5393316	8148263	51.1
其他资金来源	943787	1617138	71.3
（二）各项应付款	1597087	1756474	10
其中：工程款	947331	870964	-8.1

4-3 按各行业登记注册类型分固定资产投资(一)

(2016年)　　单位:万元

行　　业	本年合计	内资企业	国有企业	集体企业	有限责任公司	股份有限公司
本年完成投资	**24285809**	**22606658**	**2298470**	**76576**	**13851152**	**283444**
(一)农、林、牧、渔业	281567	278567	38428		140341	
农业	185299	185299	37958		90041	
林业	38470	38470	470		32000	
畜牧业	40630	37630			3000	
渔业	12068	12068			10200	
农、林、牧、渔服务业	5100	5100			5100	
(二)采矿业	533848	422595			220930	
非金属矿采选业	386205	386205			200540	
(三)制造业	16526190	14975428	355312	73046	9871853	83535
农副食品加工业	551974	484407			420044	
食品制造业	38513	38513			33813	
酒、饮料和精制茶制造业	140438	140438			51538	
纺织业	803450	688791			291084	
纺织服装、服饰业	1207610	1178848			641402	
皮革、毛皮、羽毛及其制品和制鞋业	589788	589788			464924	
木材加工及木、竹、藤、棕、草制品业	292419	292419			279923	
家具制造业	179178	179178			168678	
造纸和纸制品业	1028452	965183			725652	
印刷业和记录媒介的复制	159183	159183			72973	
文教、美工、体育和娱乐用品制造业	388107	196804			183804	
石油加工、炼焦和核燃料加工业	46861	46861				46861
化学原料和化学制品制造业	2054422	1869495		52000	1184183	
医药制造业	521187	521187			347556	1898
化学纤维制造业	874730	833500			782700	
橡胶和塑料制品业	600751	567480			340942	
非金属矿制品业	1671214	1551625			1224175	
黑色金属冶炼和压延加工业	192566	192566	10200		91306	2776
有色金属冶炼和压延加工业	88462	88462			36528	32000
金属制品业	582403	552403	4900		293338	
通用设备制造业	557504	557504			333274	
专用设备制造业	449722	449722		21046	383143	
汽车制造业	555143	440436	89322		284414	
电气机械及器材制造业	1677197	1319067	250890		480660	
计算机、通信和其他电子设备制造业	651444	448096			338001	
仪器仪表制造业	147160	147160			41706	
其他制造业	261370	261370			233032	
废弃资源综合利用业	40560	40560			40560	
金属制品、机械和设备修理业	8000	8000				

4-3续表

行　　业	本年合计	内资企业	国有企业	集体企业	有限责任公司	股份有限公司
（四）电力、热力、燃气及水生产和供应业	1572100	1572100	10297		1421693	
电力、热力的生产和供应业	1520340	1520340	4000		1380230	
燃气生产和供应业	24364	24364			24364	
水的生产和供应业	27396	27396	6297		17099	
（六）批发和零售业	786659	786655	244930		425764	44065
批发业	550254	550250	238500		195789	44065
零售业	236405	236405	6430		229975	
（七）交通运输、仓储和邮政业	568325	568325	108824		257700	148000
铁路运输业	148000	148000				148000
道路运输业	241122	241122	82406		130716	
仓储业	56319	56319	26418		4100	
邮政业						
（八）住宿和餐饮业	152291	152291	3438		75641	
住宿业	152291	152291	3438		75641	
（九）信息传输、软件和信息技术服务业	80800	80800			80800	
软件和信息技术服务业	80800	80800			80800	
（十一）房地产业	1602124	1591342	341469		720268	7844
房地产开发投资	1238501	1229719	580		715584	7844
房地产业	363623	361623	340889		4684	
（十二）租赁和商务服务业	149285	149285			138785	
商务服务业	149285	149285			138785	
（十三）科学研究和技术服务业	123110	123110			123110	
专业技术服务业	18426	18426			18426	
科技交流和推广服务业	104684	104684			104684	
（十四）水利、环境和公共设施管理业	946121	942771	544895		238623	
水利管理业	8032	5182	5182			
生态保护和环境治理业	15039	15039			14239	
公共设施管理业	923050	922550	539713		224384	
（十五）居民服务、修理和其他服务业	32492	32492			27500	
机动车、电子产品和日用产品修理业	24277	24277			24000	
其他服务业	8215	8215			3500	
（十六）教育	40207	40207	37600		2607	
（十七）卫生和社会工作	70229	70229	32069			
（十八）文化、体育和娱乐业	235723	235723			105537	
娱乐业	206223	206223			84337	
（十九）公共管理、社会保障和社会组织	584738	584738	581208	3530		
国家机构	573585	573585	572055	1530		

4-4 按各行业登记注册类型分固定资产投资(二)

（2016年）　　　　单位:万元

行　　业			港、澳、台商投资企业	外商投资企业	个体经营
	私营企业	其他企业			
本年完成投资	**5888562**	**200954**	**894972**	**749855**	**29474**
（一）农、林、牧、渔业	66998	32800			3000
农业	57300				
林业	6000				
畜牧业	1830	32800			3000
渔业	1868				
农、林、牧、渔服务业					
（二）采矿业	201665		111253		
非金属矿采选业	185665				
（三）制造业	4467361	116821	774937	749351	26474
农副食品加工业	64363		4547	63020	
食品制造业	4700				
酒、饮料和精制茶制造业	88900				
纺织业	397707		83554	31105	
纺织服装、服饰业	537446		19300		9462
皮革、毛皮、羽毛及其制品和制鞋业	124864				
木材加工及木、竹、藤、棕、草制品业	12496				
家具制造业	10500				
造纸和纸制品业	239531		63269		
印刷业和记录媒介的复制	86210				
文教、美工、体育和娱乐用品制造业	13000		87618	103685	
石油加工、炼焦和核燃料加工业					
化学原料和化学制品制造业	633312		126966	57961	
医药制造业	171733				
化学纤维制造业	50800		41230		
橡胶和塑料制品业	226538		33271		
非金属矿制品业	327450		102577		17012
黑色金属冶炼和压延加工业	88284				
有色金属冶炼和压延加工业	19934				
金属制品业	254165		30000		
通用设备制造业	224230				
专用设备制造业	45533				
汽车制造业	66700		51485	63222	
电气机械及器材制造业	470696	116821		358130	
计算机、通信和其他电子设备制造业	102595		131120	72228	
仪器仪表制造业	105454				
其他制造业	28338				
废弃资源综合利用业					
金属制品、机械和设备修理业	8000				

4-4续表

行业			港、澳、台商投资企业	外商投资企业	个体经营
	私营企业	其他企业			
（四）电力、热力、燃气及水生产和供应业	140110				
电力、热力的生产和供应业	136110				
燃气生产和供应业					
水的生产和供应业	4000				
（六）批发和零售业	71896			4	
批发业	71896			4	
零售业					
（七）交通运输、仓储和邮政业	53801				
铁路运输业					
道路运输业	28000				
仓储业	25801				
邮政业					
（八）住宿和餐饮业	73212				
住宿业	73212				
（九）信息传输、软件和信息技术服务业					
软件和信息技术服务业					
（十一）房地产业	521761		8782		
房地产开发投资	505711		8782		
房地产业	16050				
（十二）租赁和商务服务业	10500				
商务服务业	10500				
（十三）科学研究和技术服务业					
专业技术服务业					
科技交流和推广服务业					
（十四）水利、环境和公共设施管理业	159253			500	
水利管理业					
生态保护和环境治理业	800				
公共设施管理业	158453			500	
（十五）居民服务、修理和其他服务业	4992				
机动车、电子产品和日用产品修理业	277				
其他服务业	4715				
（十六）教育					
（十七）卫生和社会工作	23000	15160			
（十八）文化、体育和娱乐业	94013	36173			
娱乐业	85713	36173			
（十九）公共管理、社会保障和社会组织					
国家机构					

4-5 各县(市、区）固定资产投资

单位：万元

指标名称	2015年	2016年	2016年比2015年增长%
总　　计	**21199205**	**24285809**	**14.6**
濂 溪 区	2549144	2450298	-3.9
浔 阳 区	249211	132585	-46.8
开 发 区	2472047	2904055	17.5
九 江 县	1198319	1400835	16.9
武 宁 县	1323617	1544661	16.7
修 水 县	1587496	1850033	16.5
永 修 县	2092272	2420759	15.7
德 安 县	993751	1171632	17.9
都 昌 县	889723	1038307	16.7
湖 口 县	1994894	2308092	15.7
彭 泽 县	1316150	1546476	17.5
瑞 昌 市	2273485	2681742	18.0
共青城市	1541861	1787017	15.9
庐 山 市	717235	841317	17.3

4-6 分行业资金来源情况

（2016年） 单位:万元

指标名称	本年资金来源合计	1.上年末结余资金	2.本年资金来源小计	国家预算内资金	国内贷款	自筹资金	其中:企、事业单位自有资金	其他资金来源
合　计	**25948629**	**1453875**	**24494754**	**685883**	**3138751**	**18966630**	**8148263**	**1617138**
按国民经济行业分								
（一）农、林、牧、渔业	265993	368	265625	11000	12480	230145	113625	12000
（二）采矿业	541781	4215	537566		45800	461064	169269	30702
（三）制造业	16523203	367743	16155460	18410	2116522	13568162	6439883	406014
（四）电力、燃气及水的生产和供应业	1529520	5200	1524320		235535	1142351	552432	146434
（五）建筑业								
（六）批发零售业	784555	9660	774895	40000	11020	713875	31732	10000
（七）交通运输	1012994	442108	570886	23510	269000	273176	169659	5200
（八）住宿餐营业	152955	2200	150755		10500	121725		18530
（九）信息传输软件业	81000		81000			81000		
（十）金融业								
（十一）房地产业	2830856	563698	2267158	131247	294299	869148	335761	972464
（十二）租赁和商务服务业	188978	18650	170328	31878	14000	122450	20000	2000
（十三）科学研究、技术服务和地质勘查业	130000		130000			130000		
（十四）水利、环境和公共设施管理业	839751	23473	816278	202803	93800	486578	187871	3097
（十五）居民服务和其他服务业	32495	700	31795		300	31495		
（十六）教育	40214		40214	13725		21312		5177
（十七）卫生、社会保障和社会福利业	67261	500	66761	3725		63036	20375	
（十八）文化、体育和娱乐业	318024	7960	310064		22195	285049	59423	2820
（十九）公共管理和社会组织	609049	7400	601649	209585	13300	366064	48233	2700

4-7 各县（市、区）按建设性质分固定资产投资

（2016年） 单位:万元

指标名称	本年合计	新建	扩建	改建和技术改　造
总　　计	**24285809**	**21538212**	**992938**	**1507851**
市 辖 区	148000	148000		
濂 溪 区	2634588	2499256	74535	42892
浔 阳 区	1004987	656057	335564	
九江开发区	1442550	1429051	999	12500
九 江 县	1842648	1787317	55331	
武 宁 县	1544661	1437932	33000	43729
修 水 县	1850033	1645240	204793	
永 修 县	2420759	1417287		1003472
德 安 县	1171632	1161932		9700
都 昌 县	1038307	950980	69327	18000
湖 口 县	2308092	2018531	105098	184463
彭 泽 县	1546476	1261156	75400	193095
瑞 昌 市	2681742	2574242	500	
共 青 城 市	1787017	1787017		
庐 山 市	804317	704214	38391	

4-8 各县(市、区)工业投资

(2016年) 单位:万元

地区	工业投资	采矿业	制造业	电力、燃气及水的生产和供应业
总计	**18632138**	**533848**	**16526190**	**1572100**
濂溪区	1670270		1658970	11300
浔阳区	623635		623035	600
九江开发区	1304797		1304797	
九江县	1615928	111253	1378044	126631
武宁县	1026007	75000	950877	130
修水县	1441445		1046946	394499
永修县	2243908		2153908	90000
德安县	994060		877660	116400
都昌县	780730		746345	34385
湖口县	1767793		1254577	513216
彭泽县	1400756	124100	1208020	68636
瑞昌市	1885953	214495	1484764	186694
共青城市	1240267	9000	1231267	
庐山市	636589		606980	29609

主要统计指标解释

固定资产投资额 是以货币表现的建造和购置固定资产的工作量，它是反映固定资产投资规模、速度、比例关系和使用方向的综合指标。

固定资产投资分为全社会固定资产投资和固定资产投资两个口径。全社会固定资产投资的统计范围包括国有经济单位投资、城乡集体所有制单位投资、其他所有制单位投资和城乡个人投资。固定资产投资的统计范围包括国有经济单位投资、城镇集体所有制单位投资和其他所有制单位投资。按照管理渠道，全社会固定资产投资总额为基本建设、更新改造、房地产开发投资和其他固定资产四个部分。

固定资产投资按构成分组：

建筑工程 指各种房屋建筑物的建造工程，又称建筑工程量。这部分投资额必须兴工动料，通过施工才能实现。建筑工程包括各种房屋的建造，设备基础及各种窑炉的砌筑和金属结构工程，为施工而进行的建筑场地布置、地质勘探、平整场地、施工用水、电、气、路和清理绿化等。矿井的开凿、铁路、公路、桥梁、水利及防空、地下建筑等特殊工程。

安装工程 指各种设备、装置的安装工程，又称安装工作量。在安装工程投资额中，不包括被安装设备本身的价值。安装工程包括生产、动力、起重、运输、传动和医疗试验等各种需安装设备的装配与设备相连的工作台、梯子栏杆以及管线敷设、保温、油漆、防腐和单机试运系统联动无负簧试运(不包括投料试运)。

设备、工具、器具购置 指购置和自制达到固定资产标准的设备、工具、器具的价值。但新建单位、扩建单位的新建车间，按照设计和计划要求购置或自制的全部设备、工具、器具，不论是否达到固定资产标准均计入“设备、工具、器具购置”中。

其他费用 是指在固定资产建造和购置过程中发生的，除上述几项内容以外的各种应分摊计入固定资产的费用。其中土地购置费是指建设项目通过划拨方式或出让方式取得土地使用权而支付的各项费用。包括通过划拨方式取得土地使用权所支付的土地补偿费、附着物和青苗补偿费、安置补偿费及土地征收管理费等（计入新增固定资产）；以及通过出让方式取得土地使用权所支付的出让金（不计入新增固定资产）。有些项目中的土地购置费，在做预算时费用比较高，而在实际建设过程中，政府给予了特殊政策，以优惠价出让土地，在统计中应按实际发生额进行统计。**旧建筑物购置费**是指购置已使用过的各种旧房屋及其他建筑物的费用（单纯购置房屋建筑物不纳入固定资产投资统计）。

固定资产投资按建设性质分组 是反映固定资产投资使用方向，研究各类性质的比重和对比分析投资效果。

具体包括：

新建 指从无到有“平地起家”开始建设的项目。现有企业、事业、行政单位投资的项目一般不属于新建。但如有的单位原有基础很小，经过建设后新增的固定资产价值超过该企业、事业、行政单位原有固定资产价值（原值）三倍以上的，也应作为新建。

扩建 指为扩大原有产品的生产能力（或效益）或增加新的产品生产能力，而增建的生产车间（或主要工程）、分厂、独立的生产线等项目。行政、事业单位在原单位增建业务性用房（如学校增建教学用房、医院增建门诊部、病房等）也作为扩建。

现有调查单位为扩大原有主要产品生产能力或增加新的产品生产能力，增建一个或几个主要生产车间（或主要工程）、分厂，同时进行一些更新改造工程的，也应作为扩建。

改建和技术改造 指对原有设施进行技术改造或更新（包括相应配套的辅助性生产、生活福利设施）的建设项目。改建项目包括调查单位为适应市场变化的需要，而改变的主要产品种类（如军工企业转民用产品等）的建设项目；原有产品生产作业线由于各工序（车间）之间能力不平衡，为填平补齐充分发挥原有生产能力而增建但不增加主要产品生产能力的建设项目。技术改造是指调查单位在现有基础上用先进的技术代替落后的技术，用先进的工艺和装备代替落后的工艺和装备，以改变企业落后的技术经济面貌，实现以内涵为主的扩大再生产，达到提高产品质量、促进产品更新换代、节约能源、降低消耗、扩大生产规模、全面提高社会经效益的目的。

技术改造具体包括以下内容：机器设备和工具的更新改造；生产工艺改革、节约能源和原材料的改造；厂房建筑和公共设施的改造；保护环境进行的“三废”治理改造；劳动条件和生产环境的改造等。

新增固定资产 指报告期内交付使用的固定资产价值，包括建成投入生产或交付使用的工程投资和达到固定资产标准的设备、工具器具的投资以及有关的摊入费用和属于增加固定资产价值的其他建设费用。

对外经济贸易 5

- 2016年，全市外贸出口商品总额432480万美元。
- 2016年，全市批准外资项目75个，实际利用外资180313万美元。

5-1 主要商品直接进出口额

（2016年，按类别分） 单位：万美元

指标	进口额
机电产品（包括本目录已具体列名的机电产品）	40292.5
纸浆	27039.19
高新技术产品	6830.9
农产品	3482.82
废纸	2918.84
集成电路	1202.99
初级形状的塑料	876.56
纺织纱线、织物及制品	629.73
非泡沫塑料的板、片、膜、箔	522.92
二极管及类似半导体器件	262.46
天然橡胶(包括胶乳)	235.21
合成橡胶(包括胶乳)	134.03
未锻轧铜及铜材	112.64
牛皮革及马皮革	43.65
塑料制品	39.48
铜矿砂及其精矿	13.92
废塑料	4.13

指标	出口额
机电产品（包括本目录已具体列名的机电产品）	189694.63
高新技术产品	41773.99
服装及衣着附件	34266.68
纺织纱线、织物及制品	23252.65
灯具、照明装置及零件	19028.54
塑料制品	14167.21
鞋类	11851.3
家具及其零件	11641.75
箱包及类似容器	9651.58
数字式相机	8194.81
足球、篮球、排球	4935.9
纸及纸板(未切成形的)	3516.69
农产品	3202.71
玻璃制品	2553.42
床垫、寝具及类似品	1468.49
医药品	1352.13
船舶	1280
二极管及类似半导体器件	511.16
手持或车载无线电话机	472.74
未锻轧铜及铜材	334.01
太阳能电池	124.47
家用或装饰用木制品	73.33

注：本表部分指标数据有重叠。

5-2 进出口商品直接进出口额

（2016年，按国别及地区分） 单位：万美元

国别及地区	出口额	进口额	国别及地区	出口额	进口额
阿尔巴尼亚	26.79		俄罗斯联邦	2539.69	23.63
阿尔及利亚	1001.4		厄瓜多尔	196.75	
阿富汗	104.7		法国	3125.51	142.38
阿根廷	544.71		法属波利尼西亚	2.84	
阿拉伯联合酋长国	10332.59	0.01	菲律宾	6798.32	573.04
阿鲁巴岛	28.59		斐济	177.95	
阿曼	1208.18	123.89	芬兰	548.65	115.77
阿塞拜疆	18.21		佛得角	0.88	
埃及	4065.32		冈比亚	149.22	
埃塞俄比亚	66.93	138.43	刚果（布）	314.71	
爱尔兰	195.84	42.85	刚果（金）	200.53	526.28
爱沙尼亚	160.53		哥伦比亚	1381.68	
安哥拉	659.36		哥斯达黎加	80.07	
奥地利	113.64	369.2	格林纳达	0.21	
澳大利亚	6616.6	1180.75	格鲁吉亚	275.46	
澳门	385.93		古巴	15.93	
巴布亚新几内亚	191.29		瓜德罗普岛	0.58	
巴基斯坦	4957.77		圭亚那	15.22	
巴拉圭	43.3		哈萨克斯坦	190.97	
巴勒斯坦	10.43		海地	34.23	
巴林	482.56		韩国	18462.7	7900.74
巴拿马	3063.87		荷兰	9968.48	648.9
巴西	2466.1	16778.31	黑山	12.84	
白俄罗斯	26.54		洪都拉斯	68.99	
保加利亚	97.13	0.15	吉布提	878.46	
贝宁	382.24		吉尔吉斯斯坦	139.09	
比利时	3171.2	56.15	几内亚	245.63	
冰岛	0.55		几内亚（比绍）	1.2	
波多黎各	61.39		加拿大	6948.86	1028.48
波黑	0.02		加纳	1944.79	
波兰	1889.04	0.43	加蓬	104.23	
玻利维亚	1.89		柬埔寨	716.73	0.04
伯利兹	73.63		捷克	85.5	9.04
博茨瓦那	74.64		津巴布韦	54.4	
不丹	29.06		喀麦隆	366.19	
布基纳法索	46.66		卡塔尔	387.85	62.17
布隆迪	1.59	58.51	开曼群岛	1.77	
朝鲜	1353.1	50.07	科摩罗	104.55	
赤道几内亚	14.97		科特迪瓦共和国	331.01	
大洋洲其他国家(地区)	0.27		科威特	627.12	
丹麦	828.43	0.12	克罗地亚	187.49	
德国	14688.51	880.83	肯尼亚	1421.35	
东帝汶	60.45		拉脱维亚	135	
多哥	622.69		莱索托	0.76	
多米尼加	27.5		老挝	27.68	
多米尼加共和国	285.87		黎巴嫩	679.06	

5-2 续表

国别及地区	出口额	进口额	国别及地区	出口额	进口额
立陶宛	525.97		圣马丁岛	4.25	
利比里亚	214.52		圣马力诺	0.11	
利比亚	281.45		圣其茨--尼维斯	0.42	
留尼汪	1.28		斯里兰卡	642.84	0.17
卢森堡	0.16		斯洛伐克	186.08	
卢旺达	755.42	865.78	斯洛文尼亚	214.08	
罗马尼亚	715.75	3.11	苏丹	635.92	0.12
马达加斯加	360.54		苏里南	35.72	
马尔代夫	160.75		所罗门群岛	193.12	
马耳他	408.72		索马里	104.76	
马拉维	15.52		塔吉克斯坦	3.37	
马来西亚	25851.3	393.64	台湾省	12924.56	6465.99
马里	48.98		泰国	8524.89	126.91
马绍尔群岛共和国	6.38		坦桑尼亚	1191.98	
马提尼克岛	0.18		汤加	24.31	
马约特岛	57.17		特立尼达和多巴哥	72.55	0.37
毛里求斯	158.85	0.06	突尼斯	120.02	
毛里塔尼亚	300.93		土耳其	3265.96	0.22
美国	66169.17	5205.82	土库曼斯坦	26.03	
蒙古	14.84	11.3	瓦努阿图	0.97	
孟加拉国	6921.19	25.82	危地马拉	251.15	
秘鲁	1078.42		委内瑞拉	418.45	138.86
缅甸	1444.5		文莱	453.92	
摩尔多瓦	24.63		乌干达	132.25	8.68
摩洛哥	707	0.03	乌克兰	440	
莫桑比克	798.33	220.19	乌拉圭	339.71	
墨西哥	2582.13	2.97	乌兹别克斯坦	475.52	
纳米比亚	64.43		西班牙	4410.32	180.93
南非	1678.14	110.98	希腊	851.21	0.16
南苏丹共和国	91.59		香港	30204.65	179.77
尼泊尔	55.74		新加坡	44976.4	27092.18
尼加拉瓜	37.49		新喀里多尼亚	5	
尼日尔	6.84		新西兰	956.2	296.61
尼日利亚	3639.34	1427.24	匈牙利	269.86	3.48
挪威	391.63	181.59	叙利亚	410.32	
帕劳共和国	16.89		牙买加	172.79	
葡萄牙	668.26		亚美尼亚	33.53	
前南马其顿	22.99		也门共和国	516.78	
日本	14453.11	3829.9	伊拉克	1580.86	
瑞典	932.39	114.24	伊朗	3433.13	
瑞士	615.94	4986.33	以色列	2170.16	32.25
萨尔瓦多	39.13		意大利	4008.24	101.53
萨摩亚	56.18		印度	15447.05	1127.32
塞卜泰（休达）	12.78		印度尼西亚	6519.9	8159.37
塞尔维亚	37.8		英国	14068.65	145.64
塞拉利昂	63.24	168.35	英属维尔京群岛	2.43	
塞内加尔	477.54		约旦	922.67	
塞浦路斯	76.17		越南	7754.64	342.64
塞舌尔	14.58		赞比亚	126.5	
沙特阿拉伯	7366.15	246.78	智利	2007.78	11.66
圣卢西亚	19.04		中非	4.69	

5-3 主要年份外贸进出口商品总值

年份	按人民币计算(万元)				按美元计算(万美元)			
	进出口总额	出口总额	进口总额	差额出超(+)入超(-)	进出口总额	出口总额	进口总额	差额出超(+)入超(-)
1992	22699	10967	11732	-765	4127	1994	2133	-139
1993	93594	18554	75040	-56486	16420	3255	13165	-9910
1994	120927	43120	77807	-34687	14210	5067	9145	-4076
1995	191719	41899	149820	-107921	23057	5039	18018	-12979
1996	71455	41160	32095	10865	8609	4959	3650	1309
1997	74376	48372	26004	22368	8961	5828	3133	2695
1998	42330	24053	18277	5777	5100	2898	2202	696
1999	53859	18111	35748	-17637	6489	2182	4307	-2125
2000	64773	31448	33325	-1877	7804	3789	4015	-226
2001	94071	28692	65379	-36687	11334	3457	7877	-4420
2002	147682	35026	112656	-77630	17793	4220	13573	-9353
2003	200192	41392	158800	-117408	24185	5000	19185	-14185
2004	152296	71823	80473	-8650	18401	8678	9723	-1045
2005	155912	94674	61239	33435	19380	11768	7612	4156
2006	188900	117577	71323	46254	23691	14746	8945	5801
2008	332141	182619	149522	33097	47928	26352	21576	4776
2009	484657	315737	168926	146811	70960	46228	24733	21495
2010	1201563	802589	398974	403615	181505	121237	60268	60969
2011	2385413	1654657	730756	923901	378637	262644	115993	146651
2012	2803150	2186052	617098	1568953	452121	352589	99532	253057
2013	2909591	2475724	433867	2041857	474060	403370	70690	332680
2014	3532480	2844000	688480	2155520	577297	464781	112516	352265
2015	3704395	3046672	657724	2388948	599545	493406	106139	387267
2016	3478224	2843058	635165	2207893	528697	432480	96217	336263

5-4 主要年份利用外资情况

单位：万美元

年份	协议(合同)外资		实际利用外资
	项目(个)	金额	
1990	8	2011	24
1992	88	8761	2544
1993	144	14147	3064
1994	74	7101	3903
1995	60	6253	4208
1997	42	13904	7000
1998	24	1371	7002
1999	19	2216	3728
2000	39	3083	3031
2005	111	54555	32292
2006	146	54182	34143
2007	130	66785	41342
2008	88	55774	43649
2009	172	59012	52072
2010	173	102966	66535
2011	141	108034	77258
2012	119	136785	98826
2013	140	173098	123107
2014	144	224297	145006
2015	79	125721	163019
2016	75	90479	180313

5-5 分县(市、区)利用外资情况

（2016年） 单位：万美元

地　　区	批准外资项目（个）	合同外资金额	实际利用外资
全　　市	**75**	**90479**	**180313**
濂溪区	3	2727	14693
浔阳区	4	8218	8689
九江开发区	7	7568	23811
九江县			11909
武宁县	4	4842	9513
修水县	11	10796	9681
永修县	11	12471	11879
德安县	12	12091	11850
都昌县	8	6797	9110
湖口县	2	3039	13742
彭泽县	2	2940	12769
瑞昌市		4739	21760
共青城市	3	2770	14292
庐山市	7	11220	9115

注：该表未统计庐山西海项目，故分县区汇总不等于全市总数。

5-6 分县(市、区)外贸出口额

单位：万美元

地　区	2015年	2016年	2016年比2015年增长%
全　　市	493406	432480	-12.3
濂 溪 区	33890	18701	-44.8
浔 阳 区	21528	13658	-36.6
九江开发区	123365	121476	-1.5
九 江 县	21457	25078	16.9
武 宁 县	20782	16592	-20.2
修 水 县	44005	13608	-69.1
永 修 县	28374	29757	4.9
德 安 县	22514	18442	-18.1
都 昌 县	24026	11108	-53.8
湖 口 县	22312	38410	72.1
彭 泽 县	27274	28537	4.6
瑞 昌 市	37942	33116	-12.7
共 青 城 市	41654	40564	-2.6
庐 山 市	24282	23435	-3.5

主要统计指标解释

利用外资 包括三部分，一是对外借款；二是客商直接投资；三是客商其他投资。外资包括现金、实物、工业产权或专有技术等。对外借款指由我国政府、部门、企业(不含外资企业)和中国银行等单位向境外借入的外资，借款按不同渠道划分为：①外国政府贷款；②国际金融组织贷款；③外国银行商业贷款；④买方信贷；⑤其他：包括对外发行债券、股票等。

客商直接投资 指外国企业和经济组织或个人(包括华侨、港澳台同胞)以及我国在境外注册的企业，按我国有关政策、法规，用现汇、实物、技术等在我国境内开办独资企业、合资企业、合作经营企业或合作开发资源的投资。

客商其他投资 凡不属上述两类方式吸收的外资，均列入本类。主要有：①补偿贸易；②加工装配客商作价提供设备；③国际租赁；④其他。凡是本年内实际投资，不论是执行本年签订的或是执行过去几年签订的协议均应计算在内。

外商直接投资协议(合同)外资额 指按直接投资项目协议(合同)规定，外方认缴的出资额，包括外方直接注入资金、提供设备和外方承诺的企业对外借款金额。

实际利用外资 指根据投资协议(合同)实际执行的投资额。贷款按实际提取或拨交的使用数；客商直接投资项目(合同)的实际投资额；外商其他投资按到货数计算。

口岸进出口总额 指实际进出我国国境的货物总金额。进出口货物的贸易方式以海关监管方式为基础，分为：一般贸易；国家间、国际组织无偿援助和增资；华侨、港澳台同胞、外藉华人捐赠的物资；补偿贸易；来料加工装配贸易；进料加工贸易；寄售、代销贸易；边境小额贸易；来料加工装配进口的设备；对外承包工程出口货物；租赁贸易商投资企业作为投资进口的设备、物品；来料加工贸易；易货贸易；免税外汇商品；保税区进出境货物；保税仓库进出境货物以及其它。

能　　源　6

- 2016年，全市规模以上工业能源生产总量1094.83万吨标准煤。
- 2016年，规模以上工业增加值综合能耗0.8100吨标准煤/万元。
- 2016年，万元GDP能耗0.6020吨标准煤/万元。

6-1 主要年份能源生产量

指　　标	单　位	1995年	2000年	2005年	2010年	2013年	2014年	2015年	2016年
生产总量	**万吨标准煤**	**259.80**	**369.78**	**543.15**	**866.31**	**747.30**	**748.40**	**881.34**	**1094.83**
原　煤	万吨	48.91	15.13	13.60	88.20	58.17	76.92	84.10	48.45
燃料油	万吨	43.27	54.27	40.00	20.89	5.38	1.40	0.20	
汽　油	万吨	64.56	82.51	86.00	108.59	159.33	162.02	192.76	217.99
煤　油	万吨	2.12	4.44	5.00		2.19	24.35	34.17	54.95
柴　油	万吨	83.17	127.09	133.00	190.85	204.73	179.61	211.92	307.32
液化石油气	万吨	6.94	16.92	27.00	24.27	31.45	26.51	32.18	42.02
电　力	亿千瓦小时	43.18	38.36	83.25	75.27	89.61	91.80	102.57	103.93

6-2 工业企业能源购进、消费与库存情况

（2016年）

能源名称	计量单位	年初库存量	购进量实物量	消费量			年末库存量
				合计	工业生产消费	非工业生产消费	
原煤	吨	447116	8150302	8044476	8044370	107	551603
煤制品	吨	1254	17159	17717	17717		696
焦炭	吨	40296	1978737	1984513	1984513		34520
高炉煤气	万立方米		49304	757918	757918		
转炉煤气	万立方米		3	70081	70081		
发生炉煤气	万立方米		16559	16559	16559		
天然气（气态）	万立方米	1967	19971	22502	22497	6	6
液化天然气（液态）	吨		681	679	679		
原油	吨	150420	7249470	7256160	7256160		143729
汽油	吨	20	2530	2642	1395	1247	70
煤油	吨		15	13	13		
柴油	吨	476	34619	27299	25312	1986	396
燃料油	吨						
液化石油气	吨		3869	4200	3899	301	
炼厂干气	吨		2777	249683	249683		
润滑油	吨	6	55	57	57		4
石蜡	吨						
溶剂油	吨	22	126	118	118		30
石油焦	吨	766	18436	37198	37198		1551
其它石油制品	吨		806885	1207116	1207116		482
热力	百万千焦		2372636	12650816	12650816		
电力	万千瓦时		855561	1138511	1120668	17843	
煤矸石用于燃料	吨						
生物质废料用于燃料	吨		1636	1636	1636		
余热余压	百万千焦		4483378	6889978	6889978		
其他燃料	吨标准煤		806	974	921	53	

6-3 规模以上工业主要能源分行业消费量

（2016年）

指标	原煤（吨）	焦炭（吨）	原油（吨）	汽油（吨）	柴油（吨）	电力（万千瓦小时）
总计	**8044476**	**1984513**	**7256160**	**2642**	**27299**	**1138511**
煤炭开采和洗选业						304
黑色金属矿采选业	3596			5	5	789
有色金属矿采选业	13442			8	24	11127
非金属矿采选业	69689			23	12862	5879
农副食品加工业	30756			31	167	8297
食品制造业	11792			55	7	2485
酒、饮料和精制茶制造业	18304			18	480	4558
纺织业	33351			112	92	87360
纺织服装、服饰业	1164			150	96	19355
皮革、毛皮、羽毛及其制品和制鞋业	1865			5	6	4037
木材加工和木、竹、藤、棕、草制品业				23	99	12578
家具制造业	160			2	3	5370
造纸和纸制品业	221457			8	8	26237
印刷和记录媒介复制业	7152			95	212	3121
文教、工美、体育和娱乐用品制造业	601			47	43	12605
石油加工、炼焦和核燃料加工业	894356		7256160	111	203	86067
化学原料和化学制品制造业	606355			67	130	173729
医药制造业	26803			457	572	9160
化学纤维制造业	610320			17	165	51437
橡胶和塑料制品业	8267			114	9	12561
非金属矿物制品业	2033021	5071		232	9166	221756
黑色金属冶炼和压延加工业	817225	1972482			234	138137
有色金属冶炼和压延加工业	125168	790		305	229	93168
金属制品业				6	2	11630
通用设备制造业				55	193	8645
专用设备制造业				2	788	5250
汽车制造业				24	9	6109
铁路、船舶、航空航天和其他运输设备制	8			77	277	4383
电气机械和器材制造业	15361			90	88	50948
计算机、通信和其他电子设备制造业	290			35	13	6702
仪器仪表制造业				10		2477
其他制造业						2378
废弃资源综合利用业		6170				749
电力、热力生产和供应业	2493975			82	1047	34864
燃气生产和供应业				83		434
水的生产和供应业				295	70	13825

6-4 规模以上工业能源分行业消费量

（2016年）　　单位：吨标准煤

指　　标	合　　计	工业生产消费	非工业生产消费
总　　计	**9167543**	**9140157**	**27386**
煤炭开采和洗选业	374	374	
黑色金属矿采选业	3554	3554	
有色金属矿采选业	22783	22242	541
非金属矿采选业	85403	85050	352
农副食品加工业	34370	34197	173
食品制造业	12447	12436	12
饮料制造业	21113	21045	69
纺织业	132705	131958	747
纺织服装、鞋、帽制造业	24647	24137	510
皮革、毛皮、羽毛(绒)等	6252	6194	58
木材加工及木、竹、藤等	23523	23453	70
家具制造业	6657	6594	64
造纸及纸制品业	151382	151382	
印刷业和记录媒介的复制	10057	9890	167
文教体育用品制造业	15806	15559	247
石油加工炼焦及核燃料	1654148	1653632	516
化学原料及化学制品制造	600095	599681	414
医药制造业	30572	29159	1413
化学纤维制造业	422786	411064	11722
橡胶和塑料制品业	21271	21018	253
非金属矿物制品业	1791083	1788575	2508
黑色金属冶炼及压延	2510798	2510798	
有色金属冶炼及压延	227833	227595	237
金属制品业	51879	51647	232
通用设备制造业	11407	10940	467
专用设备制造业	6876	6150	726
汽车制造业	7555	7240	315
交通运输设备制造业	5612	5263	349
电气机械及器材制造业	81341	80687	654
通信设备、计算机及其他	8296	7983	313
仪器仪表及文化、办公用	3034	3010	24
工艺品及其他制造业	2917	2911	6
废弃资源和废旧材料回收	6913	6911	1
电力、热力的生产和供应	1155226	1152358	2868
燃气生产和供应业	301	-53	354
水的生产和供应业	16525	15522	1002

6-5 规模以上工业分县(市、区)综合能源产值能耗变动情况

指标	2015年			2016年			产值能耗变动幅度(+-%)
	综合能源消费量(吨标准煤)	工业总产值(万元)	产值能耗(吨标准煤/万元)	综合能源消费量(吨标准煤)	工业总产值(万元)	产值能耗(吨标准煤/万元)	
全市合计	8600080	48751142	0.18	9167543	53282677	0.17	-5.56
濂溪区	322250	4307767	0.07	284627	4731037	0.06	-14.29
浔阳区	2300823	3214514	0.72	1116718	439366	2.54	252.78
九江开发区	308265	4960023	0.06	1976757	8579939	0.23	283.33
九江县	228015	2552002	0.09	228401	2819818	0.08	-11.11
武宁县	61244	3025339	0.02	66709	3397392	0.02	
修水县	190674	3109440	0.06	188180	3651940	0.05	-16.67
永修县	222651	4618647	0.05	246404	4812965	0.05	
德安县	180207	4099286	0.04	160348	4433487	0.04	
都昌县	23222	1879219	0.01	24748	1954978	0.01	
湖口县	3020732	3473190	0.87	3029744	3922544	0.77	-11.49
彭泽县	225449	2741370	0.08	166237	3064135	0.05	-37.50
瑞昌市	1467927	4464239	0.33	1633652	4959844	0.33	
共青城市	34672	4296322	0.01	30667	4405677	0.01	
庐山市	13950	2009785	0.01	14351	2109556	0.01	

6-6 各县(市、区)规模以上工业主要能源消费量

指标	原煤(吨)	焦炭(吨)	原油(吨)	汽油(吨)	柴油(吨)	液化石油气(吨)	炼厂干气(吨)	其他石油制品(吨)	热力(百万千焦)	电力(万千瓦时)
全市合计	8044476	1984513	7256160	2642	27299	4200	249683	1207116	12650816	1138511
濂溪区	139631			216	1712				2111598	62469
浔阳区	2493975			169	1239		2777		23896	45673
九江开发区	1195856		7256160	137	334	3492	246906	1207116	5775222	178384
九江县	249711	6		256	312					38585
武宁县	1141	790		469	758					52656
修水县	191392			449	590	18				39446
永修县	157714			48	12076				2022903	60350
德安县	130012			344	2183					52670
都昌县										20556
湖口县	1178047	1981851		130	1494	30			22737	285734
彭泽县	127415			36	589					44690
瑞昌市	2164422	1866		46	5576	660			2694460	231140
共青城市	15152			332	343					15426
庐山市	8			10	94					10731

6-7 各县（市、区）规模以上工业增加值能耗

（2016年）　　单位：吨标准煤/万元

地　　区	2015年	2016年	2016年比2015年增长%
全市合计	**0.8100**	**0.8100**	**-2.27**
濂溪区	0.3478	1.9840	-0.12
浔阳区	3.4817	1.1057	-1.54
九江开发区	0.3023	0.9955	-0.89
九江县	0.4315	0.4096	-2.24
武宁县	0.0967	0.0920	-2.09
修水县	0.2839	0.2468	-2.62
永修县	0.2289	0.2386	-1.19
德安县	0.2280	0.1710	-4.06
都昌县	0.0557	0.0619	-0.89
湖口县	4.5721	3.9024	-3.04
彭泽县	0.3935	0.2649	-4.52
瑞昌市	1.5018	1.5682	-1.03
共青城市	0.0441	0.0361	-3.65
庐山市	0.0329	0.0310	-2.31

6-8 各县（市、区）万元GDP能耗

单位：吨标准煤/万元

地　　区	2015年	2016年	2016年比2015年增长%
全市合计	**0.6751**	**0.6020**	**-1.57**
濂溪区	0.1978	0.1894	-0.32
浔阳区	1.1961	0.8710	0.52
九江开发区	0.2580	0.9837	1.03
九江县	0.5707	0.4045	-1.65
武宁县	0.2672	0.2334	-1.43
修水县	0.3721	0.2929	-1.77
永修县	0.6821	0.5946	0.37
德安县	0.5188	0.3969	-1.86
都昌县	0.3523	0.2855	1.57
湖口县	2.4283	2.7012	0.56
彭泽县	0.6943	0.5081	-1.98
瑞昌市	0.9989	1.4899	0.98
共青城市	0.1040	0.0796	-0.11
庐山市	0.2005	0.1670	-1.22

主要统计指标解释

能源生产总量 指一定时期内地区一次能源生产量的总和，是观察地区能源生产水平、规模、构成和发展速度的总量指标。一次能源生产量包括原煤、原油、天然气、水电及其他动力能（如风能、地热能等）发电量。不包括低热值燃料生产量、生物质能、太阳能等的利用和由一次能源加工转换而成的二次能源产量。

能源消费总量 指一定时期内地区物质生产部门、非物质生产部门和生活消费的各种能源的总和。是观察能源消费水平、构成和增长速度的总量指标。能源消费总量包括原煤和原油及其制品、天然气、电力。不包括低热值燃料、生物质和太阳能等的利用。能源消费总量分为三部分，即终端能源消费量、能源加工转换损失量和损失量。

（一）终端能源消费量 指一定时期内地区物质生产部门，非物质生产部门和生活消费的各种能源在扣除了用于加工转换二次能源消费量和损失量以后的数量。

（二）能源加工转换损失量 指一定时期内地区投入加工转换的各种能源数量之和与产出各种能源产品之和的差额。它是观察能源在加工转换过程中损失量变化的指标。

（三）能源损失量 指一定时期内能源在输送、分配、储存过程中发生的损失和由于客观原因造成的各种损失量。不包括各种气体能源放空、放散量。

能源生产弹性系数 是研究能源生产量的增长与国民经济增长之间关系的指标。计算公式：

$$能源生产弹性系数=\frac{能源生产总量年平均增长速度}{国民经济年平均增长速度}$$

电力生产弹性系数 是研究电力生产量的增长与国民经济增长之间关系的指标。一般来说，电力的发展应快于国民经济的发展，也就是说电力应超前发展。其计算公式为：

$$电力生产弹性系数=\frac{电力生产量年平均增长速度}{国民经济年平均增长速度}$$

能源消费弹性系数 是反映能源消费增长速度与国民经济增长速度之间比例关系的指标。其计算公式为：

$$能源消费弹性系数=\frac{能源消费量年平均增长速度}{国民经济年平均增长速度}$$

电力消费弹性系数 是反映电力消费增长速度与国民经济增长速度之间比例关系的指标。其计算公式为：

$$电力消费弹性系数\ \frac{电力消费量年平均增长速度}{国民经济年平均增长速度}$$

财　政　7

● 2016年，全市财政总收入415.23亿元，比上年增长7.7%，其中地方公共财政预算收入260.52亿元，比上年增长5.4%；全市财政支出465.46亿元，比上年增长5.1%。

7-1 主要年份地方公共财政预算收入及财政支出

单位：万元

年份	地方公共财政预算收入	财政支出
1978	7778	8884
1980	11595	13018
1981	13015	12999
1982	12671	14110
1983	12112	15463
1984	15403	16596
1985	19704	22657
1986	22941	30016
1987	26544	32442
1988	30075	36149
1989	35599	43960
1990	38889	44051
1991	40846	48830
1992	44147	54686
1993	53050	61750
1994	50530	73024
1995	63715	96706
1996	77516	116257
1997	89111	128504
1998	85058	145880
1999	98492	228771
2000	105040	207506
2001	107964	252977
2002	126283	318483
2003	152926	310578
2004	188059	384650
2005	224542	521068
2006	260377	579964
2007	320749	780938
2008	384210	1044200
2009	524566	1346264
2010	710634	1665230
2011	1010299	2252232
2012	1418709	2980139
2013	1761519	3382022
2014	2136612	3835284
2015	2472022	4428680
2016	2605192	4654633

7-2 财　政　收　入

单位：万元

指　　标	2015年	2016年	2016年比2015年增长%
财政总收入	**3856058**	**4152276**	**7.7**
# 上划中央四税	1115301	1271592	14.0
入库中央所得税	230066	233187	1.4
地方公共财政预算收入	**2472022**	**2605192**	**5.4**
# **税收收入**	**1830693**	**1750228**	**-4.4**
国内增值税	267297	415828	55.6
营业税	583308	339788	-41.7
企业所得税	117615	117010	-0.5
个人所得税	35762	38448	7.5
资源税	96915	142574	47.1
城市维护建设税	78844	89069	13.0
房产税	64860	52066	-19.7
印花税	15688	22053	40.6
城镇土地使用税	63360	57359	-9.5
土地增值税	175085	143861	-17.8
车船税	10234	11009	7.6
耕地占用税	136271	178252	30.8
契税	185404	142774	-23.0
# **非税收入**	**641329**	**854964**	**33.3**
专项收入	89345	69286	-22.5
行政事业性收费收入	203028	164669	-18.9
罚没收入	148113	114579	-22.6
国有资本经营收入	9292	19848	113.6
国有资源（资产）有偿使用收入	174972	441132	152.1
其他收入	16579	45450	174.1

7-3 财　政　支　出

单位：万元

指　　标	2015年	2016年	2016年比2015年增长%
公共财政预算支出	**4428680**	**4654633**	**5.1**
#一般公共服务	472414	505981	7.1
国防	9518	7232	-24.0
公共安全	179544	195764	9.0
教育	823120	829246	0.7
科学技术	51819	58853	13.6
文化体育与传媒	52991	58155	9.7
社会保障和就业	580940	671816	15.6
医疗卫生与计划生育	438745	456053	3.9
节能环保	82474	82528	0.1
城乡社区事务	405951	392092	-3.4
农林水事务	607516	611027	0.6
交通运输	136594	97531	-28.6
资源勘探电力信息等事务	131669	88404	-32.9
商业服务业等事务	25783	29435	14.2
金融支出	4693	2413	-48.6
国土海洋气象等事务	27624	32850	18.9
住房保障支出	271035	253590	-6.4
粮油物资储备管理事务	10554	12236	15.9
其他支出	115696	165197	42.8

7-4 各县(市、区)地方公共财政预算收入

单位：万元

地 区	2015年	2016年	2016年比2015年增长%
全市合计	**2472022**	**2605192**	**5.4**
市本级	382756	561651	46.7
濂溪区	163638	132075	-19.3
浔阳区	135467	100181	-26.0
九江开发区	114012	139962	22.8
庐山管理局	41956	38216	-8.9
九江县	144295	142421	-1.3
武宁县	135921	141441	4.1
修水县	183331	170302	-7.1
永修县	171571	170753	-0.5
德安县	128135	129859	1.3
都昌县	116762	117416	0.6
湖口县	155285	163777	5.5
彭泽县	136244	153990	13.0
瑞昌市	217309	205203	-5.6
共青城市	129882	119356	-8.1
庐山市	115458	118589	2.7

7-5 各县(市、区)财政支出

单位：万元

地 区	2015年	2016年	2016年比2015年增长%
全市合计	**4428680**	**4654633**	**5.1**
市本级	726172	802959	10.6
濂溪区	170853	193512	13.3
浔阳区	167108	122140	-26.9
九江开发区	181889	220055	21.0
庐山管理局	62189	81054	30.3
九江县	232141	272857	17.5
武宁县	291775	308411	5.7
修水县	455412	464000	1.9
永修县	330942	329147	-0.5
德安县	215184	213547	-0.8
都昌县	336270	357482	6.3
湖口县	245646	247747	0.9
彭泽县	264213	288366	9.1
瑞昌市	345679	348213	0.7
共青城市	198034	202816	2.4
庐山市	205173	202327	-1.4

7-6 主要年份各县(市、区)财政总收入

单位：万元

地区	2000年	2004年	2005年	2006年	2007年	2008年	2009年
全市合计	**205150**	**350802**	**398130**	**458538**	**575185**	**661678**	**861926**
濂溪区	6520	13011	16331	20016	26099	34166	52399
浔阳区	12706	26198	33052	38650	42035	45040	70848
九江开发区	2652	10533	10665	13221	20170	28071	50021
庐山管理局	3323	8689	10001	12503	14845	17224	21589
九江县	6136	12266	15610	20088	26218	32188	38188
武宁县	8013	16427	20038	22048	26612	31408	40033
修水县	11213	22690	30695	37016	50059	52016	55016
永修县	9268	19163	26167	32877	40069	45115	57208
德安县	4604	11449	14382	16706	20149	23378	31593
都昌县	7357	14546	17503	20168	21617	25017	32338
湖口县	5745	10483	13416	16166	23002	38036	60166
彭泽县	5341	10464	12607	15601	17500	21500	31506
瑞昌市	10424	23565	28770	34008	38245	48282	63537
共青城市	1480	4114	6042	7490	10019	14031	20219
庐山市	3988	9034	11422	13474	16540	20010	26048

地区	2010年	2011年	2012年	2013年	2014年	2015年	2016年
全市合计	**1167006**	**1618036**	**2208576**	**2802013**	**3285327**	**3856058**	**4152277**
濂溪区	72399	111008	151088	202000	233905	266080	282681
浔阳区	100260	134465	161602	206252	222791	337011	323200
九江开发区	75900	156847	200199	210815	260568	502475	606773
庐山管理局	27011	37310	50367	59525	76435	43148	40483
九江县	50169	71841	100388	125100	148492	170826	165741
武宁县	54371	75319	100103	126022	144552	173659	173925
修水县	75046	106236	140068	184819	210398	231566	217866
永修县	67216	90777	120780	151049	185266	215166	214623
德安县	45979	67069	86564	110758	133008	157139	165262
都昌县	46490	63061	81241	102128	124568	148508	147033
湖口县	100518	140898	165313	200303	227183	240866	247139
彭泽县	46056	64497	90016	117171	152326	183212	200126
瑞昌市	93630	126600	168169	206968	237669	268069	256068
共青城市	35022	54470	81488	109719	131806	151921	163608
庐山市	41743	50188	70336	104268	114977	144608	146187

主要统计指标解释

财政收入 指国家可直接支配的财力，主要包括税收收入和其他收入两大类。1994年我国统一实行分税制财政体制，按税种分为上划中央收入和地方财政收入。上划中央收入包括：增值税的75%和消费税的100%等；地方财政收入包括：增值税的25%、营业税(不含银行总行、铁道、保险总公司的营业税)、地方企业交纳的企业所得税、外商投资企业和外国企业所得税、个人所得税、土地使用税、固定资产投资方向调节税、城市维护建设税(不含银行总行、铁道、保险总公司集中交纳的部分)、资源税(不包括海洋石油资源税)、房产税、车船使用税、印花税、屠宰税、农牧业税、耕地占用税、契税、遗产和赠与税、土地增值税、国有土地有偿使用收入以及基金收入等。地方财政收入加上划中央收入为全市财政收入。需要指出的是，1994年以后地方财政收入与以前实行的总额分成财政体制下的地方财政收入在内容和范围上有一定差别，从2002年1月1日起，我国所得税收入分配方式又有重大改革，2002年所得税收人中央分享50%，地方分享50%。因此，历年数据不完全可比。

一般预算财政收入 是通过一定的形式和程序，由各级财政部门组织并纳入预算管理的各项收入，也就是会计制度改革以前所称的“预算收入”。

基金预算收入 是按规定收取，转入或通过当年财政安排，由财政管理并具有指定用途的政府性基金预算收入等。一般预算财政支出是各级财政部门对集中的一般预算收入有计划地分配和使用而安排的支出。

财政支出 国家财政将筹集起来的资金进行分配使用，以满足经济建设和各项事业的需要，主要包括一般公共服务、外交、国防、教育、公共安全、科学技术、文化体育与传媒、社会保障和就业、医疗卫生、环境保护、城乡社区事务、农林水事务、交通运输、工业商业金融等事务和其他支出等科目。

基金预算支出 是各级财政部门用基金预算收入安排的支出。

价 格 指 数 8

- 2016年，居民消费价格上涨2.1%；商品零售价格下降0.3%。
- 2016年，工业生产者出厂价格上涨0.1%；工业生产者购进价格下降1.3%。

8-1 主要年份市区居民消费价格类指数

（以上年价格为100） 单位:%

类　　别	1978年	1980年	1985年	1990年	1995年	2000年	2005年
居民消费价格总指数	**101.8**	**103.4**	**109.4**	**104.3**	**117.7**	**104.1**	**102.6**
一、食品	103.7	106.3	112.9	101.9	123.1	101.4	104.4
肉禽及其制品	100.0	126.8	126.0	98.0	123.1	104.2	101.3
蛋					118.4	4.0	108.3
水产品	100.0	140.6	136.0	97.1	115.1	101.5	106.8
鲜菜	163.0	92.7	123.2	111.8	155.6	125.1	117.0
二、烟酒及用品							101.3
三、衣着	100.0	99.3	103.6	111.1	114.0	102.8	94.5
四、家庭设备用品及维修服务	100.0	101.1	103.9	104.4	105.1	98.6	98.7
五、医疗保健和个人用品	100.0	101.1	115.0	108.9	113.7	98.4	102.5
六、交通和通讯					101.0	91.5	97.8
七、娱乐教育文化用品及服务	100.0	100.0	100.8	97.5	108.8	102.1	100.5
八、居住				105.5	104.5	105.4	108.5

类　　别	2010年	2011年	2012年	2013年	2014年	2015年	2016年
居民消费价格总指数	**103.2**	**105.1**	**102.8**	**102.5**	**102.1**	**101.9**	**102.1**
一、食品烟酒	107.2	112.1	105.6	105.0	103.8	102.8	102.7
肉禽及其制品	101.9	123.0	103.4	104.6	99.9	107.6	102.2
蛋	110.5	116.1	96.7	108.9	108.9	103.3	92.6
水产品	106.9	109.0	110.4	105.2	101.0	100.8	101.8
鲜菜	124.4	99.1	118.1	106.4	95.9	105.9	110.5
二、生活用品和服务	100.3	102.1	104.0	100.6	99.1	102.4	99.1
三、衣着	98.7	101.0	101.1	104.0	103.8	104.1	100.1
四、其它用品和服务	97.9	101.2	98.1	99.4	98.2	103.5	103.6
五、医疗保健	103.0	105.2	103.7	99.1	101.0	102.6	105.5
六、交通和通讯	92.7	99.8	99.8	98.7	99.3	100.1	98.6
七、教育文化和娱乐	101.6	101.5	100.4	99.1	99.2	102.5	101.1
八、居住	107.0	102.0	102.3	104.4	103.2	98.3	104.3

8-2 市区商品零售物价类指数

（2016年） 单位:%

类　　别	以1995年价格为100	以2000年价格为100	以2010年价格为100
商品零售价格总指数	**142.2**	**126.4**	**107.8**
一、食品类	261.6	212.2	131.7
二、饮料、烟酒	133.7	127.5	114.4
三、服装、鞋帽类	93.4	83.6	113.1
四、纺织品类	110.4	99.8	126.2
五、家用电器及音像器材	59.9	58.7	65.5
六、文化办公用品			86.1
七、日用品	121.3	112.0	106.1
八、体育娱乐用品			86.0
九、交通、通讯用品			84.8
十、家具			97.5
十一、化妆品类	104.2	98.6	97.5
十二、金银珠宝类	159.6	149.9	88.4
十三、中西药品及医疗保健用品类	118.7	102.0	114.0
十四、书报杂志及电子出版物类	118.2	100.6	95.9
十五、燃料类	180.4	208.6	87.1
十六、建筑材料及五金电料类	126.6	126.2	111.1

8-3 市区居民消费价格类指数

（2016年） 单位:%

类　　别	以1995年价格为100	以2000年价格为100	以2010年价格为100
居民消费价格总指数	**164.3**	**138.5**	**114.6**
一、食品	258.0	211.0	131.7
肉禽及其制品	295.6	250.9	144.7
水产品	265.6	186.2	126.6
鲜菜	353.5	264.4	127.2
二、烟酒		109.4	110.2
三、衣着	98.7	83.7	113.5
四、家庭设备用品及维修服务	109.7	97.2	100.1
五、医疗保健和个人用品	138.2	110.4	112.2
六、交通和通讯	79.8	74.1	96.3
七、娱乐教育文化用品及服务	114.4	105.3	101.9
八、居住	151.1	150.2	110.0

8-4 主要年份市区居民消费价格及商品零售价格总指数

(以上年价格为100)　　单位:%

年份	居民消费价格总指数	商品零售价格总指数	年份	居民消费价格总指数	商品零售价格总指数
1978	101.8	101.9	2005	102.6	101.2
1979	99.1	99.0	2007	104.2	103.1
1980	103.4	103.5	2008	105.7	105.7
1983	101.6	101.6	2009	100.0	99.7
1985	109.4	109.9	2010	103.2	102.6
1988	125.1	126.6	2011	105.1	104.3
1990	104.3	103.5	2012	102.8	101.8
1995	117.7	113.8	2013	102.5	100.9
1997	103.4	100.0	2014	102.1	100.9
2000	104.1	101.2	2015	101.9	100.8
2002	98.9	98.5	2016	102.1	99.7

8-5 不同基期年份的消费及零售价格指数

单位:%

年　　份	居民消费价格总指数	商品零售价格总指数
以1978年价格为100	674.1	474.6
以1980年价格为100	658.7	462.9
以1985年价格为100	586.3	413.1
以1990年价格为100	329.2	230.0
以1995年价格为100	164.3	142.2
以2000年价格为100	139.8	126.4
以2005年价格为100	139.4	125.5
以2008年价格为100	118.9	111.5
以2009年价格为100	118.9	111.8
以2010年价格为100	115.8	108.6
以2011年价格为100	109.7	104.5
以2012年价格为100	106.6	102.6
以2013年价格为100	104.0	101.7
以2014年价格为100	101.9	100.8
以2015年价格为100	102.1	99.7

8-6 市区居民消费价格类指数

(2016年,以上年价格为100)　　单位:%

类　别	指　数	类　别	指　数
居民消费价格总指数	**102.1**	水、电、燃料	98.2
非食品价格指数	**101.8**	自有住房	107.6
服务项目价格指数	**104.8**	**四、生活用品及服务**	**99.1**
工业品价格指数	**100.1**	家具及室内装饰品	97.0
扣除鲜菜鲜果总指数	**101.9**	家用器具	96.7
消费品价格指数	**100.7**	家用纺织品	92.4
一、食品烟酒	**102.7**	家庭日用杂品	100.4
粮食	99.3	个人护理用品	100.9
薯类	111.9	家政服务	113.2
豆类	101.4	**五、交通和通信**	**98.6**
食用油	102.3	交通	99.4
禽肉类	97.3	# 交通工具	99.9
蛋类	92.6	交通工具用燃料	95.5
菜	109.4	交通工具使用及维修	100.9
# 鲜菜	110.5	交通费	103.3
畜肉类	108.8	通信	97.3
# 猪肉	114.0	# 通信工具	84.5
水产品	101.8	通信服务	101.3
# 淡水鱼	101.9	邮递服务	100.0
奶类	99.4	**六、教育文化和娱乐**	**101.1**
干鲜瓜果	98.4	教育	101.0
糖果糕点	99.7	# 教育用品	95.7
调味品	106.4	教育服务	101.2
其它食品	98.6	文化娱乐	101.3
茶及饮料	105.8	# 文娱耐用消费品	96.8
# 茶叶	108.0	其他文娱用品	100.2
烟酒	101.6	文化娱乐服务	104.2
烟草	102.3	旅游	102.5
酒	100.1	**七、医疗保健**	**105.5**
在外餐饮	101.2	药品及医疗器具	101.2
二、衣着	**100.1**	# 中药	98.9
服装	102.7	西药	102.7
# 男式服装	104.2	滋补保健品	100.0
女式服装	100.7	医疗卫生器具	100.0
儿童服装	106.7	保健器具	101.7
服装材料	102.8	医疗服务	108.1
其他衣着及配件	99.8	# 综合医疗	119.9
# 袜子	98.0	诊断	98.8
帽子	103.2	治疗	110.2
衣着加工服务费	104.0	康复	111.6
鞋类	90.7	中医医疗服务	106.8
# 鞋	90.4	其他医疗服务	110.0
鞋类加工服务费	101.3	**八、其他用品和服务**	**103.6**
三、居住	**104.3**	其他用品	105.8
租赁房房租	110.3	其他服务	101.5
住房保养维修及管理	101.9		

8-7 市区商品零售价格类指数

(2016年,以上年价格为100)　　单位:%

类　别	指　数	类　别	指　数
商品零售价格总指数	**99.7**	**五、家用电器及音像器材**	**96.7**
一、食品类	**102.7**	家庭设备	96.9
粮食	99.4	文娱用耐用消费品	95.7
薯类	111.9	音像器材类	100.2
豆类	101.5	**六、文化办公用品**	**99.5**
食用油	102.3	**七、日用品**	**99.8**
菜	109.2	日用百货	100.2
# 鲜菜	110.5	厨具餐具茶具	100.3
畜肉类	108.6	清洗用品	100.9
禽肉类	97.4	其他日用品	97.9
水产品	101.8	**八、体育娱乐用品**	**98.6**
蛋类	92.7	体育户外用品	96.8
奶类	99.2	娱乐用品	99.3
干鲜瓜果	98.4	**九、交通、通信用品**	**96.4**
糖果糕点	99.7	交通运输机械	99.9
调味品	106.4	通信器材类	87.8
其它食品	98.4	**十、家具**	**97.5**
在外餐饮	101.1	**十一、化妆品类**	**102.0**
二、饮料、烟酒	**102.2**	**十二、金银珠宝类**	**110.6**
茶及饮料	105.3	**十三、中西药品及医疗保健用品类**	**101.4**
烟草	102.3	医疗卫生器具	100.0
酒	100.1	中药	98.9
三、服装、鞋帽类	**99.9**	西药	102.8
服装	102.6	保健器具及用品	100.5
# 男式服装	104.2	**十四、书报杂志及电子出版物类**	**97.7**
女式服装	100.7	教材及参考书	94.4
儿童服装	106.4	书报杂志	101.5
鞋袜帽	91.8	计算机办公软件	96.9
# 鞋	90.6	**十五、燃料类**	**95.5**
袜子	98.0	煤炭及制品类	103.0
帽子	103.2	石油及制品类	94.3
四、纺织品类	**92.9**	**十六、建筑材料及五金电料类**	**101.9**
衣着材料	102.8	建筑装潢材料	102.1
床上用品	90.6	五金水暖	101.3

8-8 工业生产者出厂价格指数

（以上年价格为100）

单位：%

类　　别	2015年	2016年
全部工业品（总指数）	**92.9**	**100.1**
按轻重工业分		
轻工业	97.8	99.4
以农产品为原料	96.7	99.9
以非农产品为原料	101.1	97.7
重工业	90.9	100.5
采　掘	88.0	97.2
原　料	87.2	95.9
加　工	97.0	105.1
按生产生活资料		
生产资料	91.1	100.4
采　掘	88.0	97.2
原　料	88.1	95.7
加　工	95.4	103.7
生活资料	100.2	99.3
食　品	99.4	102.5
衣　着	101.2	97.8
一般日用品	99.6	97.8
耐用消费品	99.0	98.7

8-9 工业生产者出厂价格指数

（按工业部门分组，以上年价格为100）

单位：%

按工业部门分组	2015年	2016年
冶金工业	90.9	110.5
电力工业	98.2	97.6
煤炭及炼焦工业	98.5	98.7
石油工业	76.7	95.1
化学工业	97.7	96.6
机械工业	99.3	98.3
建筑材料工业	95.0	99.5
森林工业	102.2	101.7
食品工业	98.3	102.2
纺织工业	89.9	100.4
缝纫工业	101.3	97.6
皮革工业	98.7	101.6
造纸工业	99.1	101.7
文教艺术用品工业	100.0	97.6
其它工业	100.0	98.2

8-10 工业生产者购进价格指数

（以上年价格为100）

单位：%

分　组　名　称	2015年	2016年
全部原材料（总指数）	90.3	98.7
（一）燃料、动力类	83.1	89.6
（二）黑色金属材料类	90.0	119.8
其中：钢　材	89.8	101.7
其　它	94.1	139.9
（三）有色金属材料和电线类	92.0	100.9
（四）化工原料类	98.7	98.8
（五）木材及纸浆类	102.8	102.8
（六）建筑材料及非金属矿类	97.1	98.4
（七）其它工业原材料及半成品类	101.6	97.9
（八）农副产品类	94.5	102.4
（九）纺织原料类	97.4	98.8

8-11 工业生产者出厂价格指数

（按新行业分组，以上年价格为100）　　单位：%

按新行业分组	2015年	2016年
煤炭开采和洗选业	98.5	98.7
有色金属矿采选业	76.4	94.5
非金属矿采选业	99.4	100.5
农副食品加工业	95.1	103.0
食品制造业	100.3	101.0
酒、饮料和精制茶制造业	100.0	100.7
纺织业	90.9	100.4
纺织服装、服饰业	101.9	97.6
皮革、毛皮、羽毛(绒)及其制品业	99.0	101.6
木材加工及木、竹、藤、棕、草制品业	103.7	102.5
家具制造业	100.0	100.5
造纸及纸制品业	99.1	101.7
印刷业和记录媒介的复制	100.0	94.6
文教体育用品制造业	100.0	99.0
石油加工、炼焦及核燃料加工业	76.5	95.4
化学原料及化学制品制造业	96.0	96.1
医药制造业	99.4	98.1
化学纤维制造业	104.3	97.0
橡胶制品业	87.8	96.3
塑料制品业	97.5	96.4
非金属矿物制品业	94.2	99.3
黑色金属冶炼及压延加工业	96.9	120.5
有色金属冶炼及压延加工业	92.4	100.4
金属制品业	97.1	98.6
通用设备制造业	99.8	102.3
专用设备制造业	100.0	100.0
汽车制造业	99.1	94.0
铁路、船舶、航空航天和其他运输设备制造业		101.1
电气机械及器材制造业	100.0	101.2
计算机、通信和其他电子设备制造业	97.7	93.5
仪器仪表制造业	100.0	100.0
其他制造业	98.3	100.5
废弃资源综合利用业		74.4
电力、热力的生产和供应业	98.2	97.6
燃气生产和供应业	98.5	88.5
水的生产和供应业	103.0	100.5

8-12 市区住宅销售价格类指数

(2016年，以上年同期价格为100)　　单位:%

类　别	1月	2月	3月	4月	5月	6月
新建住宅销售价格同比指数	**98.8**	**99.5**	**100.3**	**101.5**	**102.1**	**103.0**
一、保障性住房						
二、新建商品住宅	98.8	99.5	100.3	101.6	102.1	103.0
（一）90平方米以下	98.1	98.5	99.6	101.1	101.6	102.8
（二）90-144平方米	98.8	99.6	100.3	101.5	102.1	102.9
（三）144平方米以上	99.1	99.9	101.0	102.3	102.7	103.3
二手住宅	**101.9**	**101.9**	**102.4**	**103.0**	**102.5**	**103.6**
一、90平方米以下	103.4	103.4	104.1	104.7	104.6	105.8
二、90-144平方米	101.3	101.2	101.5	102.1	101.3	102.2
三、144平方米以上	97.8	97.6	98.3	99.4	98.7	99.7

类　别	7月	8月	9月	10月	11月	12月
新建住宅销售价格同比指数	**103.9**	**105.3**	**107.4**	**109.8**	**110.7**	**111.2**
一、保障性住房						
二、新建商品住宅	104.0	105.3	107.4	109.9	110.8	111.3
（一）90平方米以下	104.2	106.2	108.3	110.4	111.3	112.0
（二）90-144平方米	103.9	105.0	107.4	109.8	111.0	111.5
（三）144平方米以上	104.2	106.2	106.8	110.1	109.9	110.2
二手住宅	**104.3**	**105.4**	**105.9**	**106.7**	**106.5**	**107.9**
一、90平方米以下	106.5	107.7	107.4	108.4	108.1	109.8
二、90-144平方米	102.9	103.8	104.9	105.5	105.0	106.2
三、144平方米以上	100.9	101.9	103.5	104.6	105.9	107.1

主要统计指标解释

城市商品零售价格指数　是反映本市市场零售物价水平变运趋势和程度的相对数。按现行分类有食品、饮料烟酒、服装鞋帽、纺织品、家用电器及音像器材、文化办公用品、日用品、体育娱乐用品、交通通信用品、家具、化妆品、金银珠宝、中西药品及医疗保健用品、书报杂志及电子出版物、燃料、建筑材料及五金电料十六个大类。以实际调查的综合平均价格，按加权算术平均公式计算。权数是社会商品零售额中各类商品零售额的构成比重。

城市居民消费价格指数　是反映城市居民购买生活消费品和支付服务收费的价格变动趋势和变动程度的相对数。调查范围和内容是居民用于日常生活消费品的全部商品和服务项目价格。包括食品烟酒、衣着、居住、生活用品及服务、交通和通讯、教育文化和娱乐、医疗保健、其他用品和服务等八大类商品及服务项目价格。既包括居民从商店、工厂、集市所购买商品的价格，也包括从餐饮行业购买商品的价格。该指数以实际调查的综合平均单价和根据住户调查有关资料确定的权数，按加权算术平均公式计算。

工业生产者出厂价格指数　是反映全部工业产品出厂价格总水平的变动趋势和程度的相对数。它是反映某一时期生产领域价格变动情况的重要经济指标，也是制定有关经济政策和国民经济核算的重要依据。

工业生产者购进价格指数　是工业企业通过各种形式购进的主要原材料、燃料、动力价格水平变动趋势和程度的相对数。工业生产者购进价格是反映工业企业作为生产投入，而从物资交易市场和能源、原材料生产企业购买原材料、燃料和动力产品时，所支付的价格水平变动趋势和程度的统计指标，是扣除工业企业物质消耗成本中的价格变动影响的重要依据。

房屋销售价格指数　是以翔实的数据资料反映本市房地产市场的价格变化趋势，服务于各级党政决策，服务于国民经济核算，服务于企业和社会公众的信息需求，引导和促进房地产业持续、健康发展；同时满足国民经济宏观调控及预警和完善我国价格统计指标体系的需要。按房屋类型分，房屋销售包括新建房销售和二手房销售两大类。其中，新建房大类包括住宅、非住宅两个中类。二手房大类包括住宅、非住宅两个中类。

人　民　生　活　9

- 2016年，城镇居民人均可支配收入30011元，农村居民人均可支配收入12157元。
- 2016年，城镇居民人均居住面积41.16平方米，农村居民人均住房面积48.94平方米。

9-1 主要年份人民物质文化生活情况

类　　别	单位	1978年	1990年	1995年	2000年	2005年	2010年	2015年	2016年
一、城乡居民每人年收入									
在岗职工年平均工资	元	518	1633	3767	6236	12223	24744	51065	56331
城市居民可支配收入	元	217	1106	3513	5081	8713	15764	27635	30011
农村居民纯收入	元	136	642	1493	1851	3269	5588	11143	12157
二、居民平均消费水平	**元**	**145**	**601**	**1588**	**2331**	**3619**	**7743**	**14747**	**16484**
城市居民	元	292	1139	2565	4161	5830	12404	19592	21210
农村居民	元	120	481	1215	1840	2326	4295	9934	11491
三、社会消费品零售总额	**亿元**		**17.95**	**45.98**	**63.18**	**121.25**	**284.08**	**581.45**	**656.78**
四、平均每人居住面积									
城市居民	平方米		9.77	11.57	13.2	20.93	32.12	41.84	41.16
农村居民	平方米	7.82	19.9	22.57	27.31	35.89	40.84	46.57	49.44
五、交通									
城市居民每百户拥有摩托车	辆			4	3	7	16	47	39
农村居民每百户拥有摩托车	辆		0.1	1.9	15.7	38	60	77	71
六、通讯电信									
每万人拥有移动电话	部				381	2055	5615	7750	7736
每万人拥有固定电话	部	39.9	71.7	291	999	2160	1820	1495	1447
城市居民每百户拥有家用电脑	台				4	23	67	65	70
七、文化									
城市居民每百户拥有彩色电视机	台		42	79	110	132	151	135	136
农村居民每百户拥有电视机	台		47	89	113	122	121	128	125
八、教育									
每万人拥有大学生	人	2.8	8.4	15.8	38.1	168	173	184	191
九、卫生									
每万人拥有医院床位	张	22.6	25.8	30.6	16.9	22.5	18.1	33.1	33.2
每万人拥有医生	人	11	15.1	15.4	12	10.2	12.8	17.6	20.3
十、就业									
城市每一就业者赡养人数	人		1.70	1.77	2.02	1.81	1.69	1.63	1.67
农村每一就业者赡养人数	人	2.50	1.82	1.7	1.52	1.41	1.35	1.56	1.56
十一、储蓄									
平均每人储蓄存款余额	元	12	319	1428	2573	5359	12273	24725	27321

9-2 主要年份城镇居民家庭基本情况

指　　标	单 位	1978年	1980年	1985年	1990年	1995年
调查户数	户		50	100	100	100
户均家庭人口	人		4.62	4.08	3.54	2.87
户均就业人口	人		2.10	2.33	2.08	1.62
就业面	%		45.45	57.05	58.78	56.57
每一就业者赡养人数（含本人）	人		2.20	1.75	1.70	1.77
人均实际收入	元		510	655	1197	3887
人均可支配收入	元	217	502	601	1106	3513
人均实际支出	元	292	450	605	1038	3367
人均生活消费支出	元		418	557	946	3044
人均居住面积	平方米			8.68	9.77	11.57

指　　标	单 位	2000年	2005年	2010年	2015年	2016年
调查户数	户	100	100	100	437	437
户均家庭人口	人	3.02	2.86	2.62	2.97	3.03
户均就业人口	人	1.51	1.58	1.55	1.82	2.22
就业面	%	49.53	55.24	59.16	61.28	73.30
每一就业者赡养人数（含本人）	人	2.02	1.81	1.69	1.63	1.36
人均实际收入	元	5102	9268	16722	29765	32133
人均可支配收入	元	5081	8713	15764	27635	30011
人均实际支出	元	4911	7259	14670	22223	23299
人均生活消费支出	元	3975	5810	10823	17483	18273
人均居住面积	平方米	13.20	20.93	32.12	41.84	41.16

9-3 全省各设区市城镇居民人均可支配收入

单位:元

地区	2015年	2016年	2016年比2015年	
			增加额	增长（%）
全省	**26500**	**28673**	**2173**	**8.2**
南昌市	31942	34619	2677	8.4
景德镇市	29101	31418	2317	8.0
萍乡市	28335	30630	2295	8.1
九江市	27635	30011	2376	8.6
新余市	29836	32163	2327	7.8
鹰潭市	26952	29116	2164	8.0
赣州市	24999	27086	2087	8.3
吉安市	27078	29307	2229	8.2
宜春市	25381	27452	2071	8.2
抚州市	25065	27195	2130	8.5
上饶市	26924	29153	2229	8.3

9-4 各县（市、区）城镇居民人均可支配收入

单位:元

地区	2015年	2016年	2016年比2015年	
			增加额	增长（%）
全市	**27635**	**30011**	**2376**	**8.6**
濂溪区	29987	32446	2459	8.2
浔阳区	30914	33356	2442	7.9
开发区	31003	33514	2511	8.1
九江县	26303	28573	2270	8.6
武宁县	25582	27859	2277	8.9
修水县	22224	24171	1947	8.8
永修县	26299	28587	2288	8.7
德安县	26621	28990	2369	8.9
都昌县	20882	22657	1775	8.5
湖口县	26882	29274	2392	8.9
彭泽县	25192	27333	2141	8.5
瑞昌市	25933	28189	2256	8.7
共青城市	27400	29729	2329	8.5
庐山市	25683	27840	2157	8.4

9-5 城镇居民人均可支配收入及构成

单位：元

指　　标	2015年	2016年	2016年比 2015年增长%
可支配收入	27634.86	30011.45	8.6
（一）工资性收入	19030.03	19796.37	4.0
1、工资	17671.20	18241.96	3.2
2、实物福利	40.31	43.76	8.6
3、其他	1318.51	1510.65	14.6
（二）经营净收入	3264.25	4187.73	28.3
1、第一产业经营净收入	673.51	657.08	-2.4
2、第二产业经营净收入	275.60	375.61	36.3
3、第二产业经营净收入	2315.14	3155.05	36.3
（三）财产净收入	2406.52	2131.28	-11.4
1、利息净收入	317.33	216.48	-31.8
2、红利收入	557.22	207.33	-62.8
3、储蓄性保险净收益	3.52	1.84	-47.7
4、出租房屋财产性收入	166.63	174.56	4.8
5、其他财产净收入	84.82	289.67	241.5
6、房屋虚拟租金	1256.92	1240.03	-1.3
（四）转移净收入	2934.06	3896.07	32.8
1、养老金或离退休金	2732.27	2732.27	0.0
2、社会救济和补助	33.38	54.79	64.1
3、政策性生活补助	22.07	18.14	-17.8
4、报销医药费	135.11	96.15	-28.8
5、家庭外出从业人员寄回带回收入	774.90	1265.65	63.3
6、赡养收入	175.77	143.28	-18.5
7、经常性捐赠收入	6.92	12.51	80.8
8、现金政策性惠农补助	32.51	31.30	-3.7

9-6 城镇居民人均生活消费支出及构成

单位：元

指　　标	2015年	2016年	2016年比2015年增长%
生活消费支出	**17483.44**	**18272.83**	**4.5**
（一）食品烟酒	5609.61	5927.09	5.7
1、食品	4056.48	4214.70	3.9
2、烟酒	589.36	624.51	6.0
3、饮食服务	887.95	988.18	11.3
（二）衣着	1743.34	1815.49	4.1
1、衣类	1385.84	1427.84	3.0
2、鞋类	357.51	387.64	8.4
（三）居住	3505.78	3962.19	13.0
1、租赁房房租	58.08	127.70	119.9
2、住房维修及管理	368.04	647.62	76.0
3、水电燃料及其他	861.11	912.66	6.0
（四）生活用品及服务	1098.40	1128.13	2.7
1、家具及室内装饰品	84.29	78.67	-6.7
2、家用器具	287.83	235.07	-18.3
3、家用纺织品	117.93	160.39	36.0
4、个人用品	138.52	169.85	22.6
5、家庭服务	31.93	27.90	-12.6
（五）交通通信	2454.03	2299.13	-6.3
1、交通	1635.94	1544.23	-5.6
2、通信	818.09	754.89	-7.7
（六）教育文化娱乐	1830.87	1978.75	8.1
1、教育	1044.18	1215.17	16.4
2、.文化娱乐	786.69	763.58	-2.9
（七）医疗保健	727.32	714.06	-1.8
1、医疗器具及药品	217.18	189.26	-12.9
2、.医疗服务	510.14	524.80	2.9
（八）其他用品和服务	514.10	448.00	-12.9
1、其他用品	229.71	199.62	-13.1
2、其他服务	284.39	248.38	-12.7

9-7 城镇居民人均食品消费支出

单位：元

指　　标	2015年	2016年	2016年比2015年增长%
食品烟酒消费	5609.61	5927.09	5.7
（一）食品	4056.48	4214.70	3.9
1、谷　　物	566.46	577.95	2.0
2、薯　　类	36.21	23.36	-35.5
3、豆　　类	61.97	68.72	10.9
4、食 用 油	212.41	195.76	-7.8
5、蔬菜和食用菌	755.16	766.98	1.6
6、肉　　类	817.64	887.02	8.5
7、禽　　类	187.22	205.08	9.5
8、水 产 品 类	316.94	339.75	7.2
9、蛋　　类	114.26	113.89	-0.3
10、奶　　类	213.03	269.45	26.5
11、干鲜瓜果类	401.39	399.18	-0.6
12、糖果糕点类	157.37	144.35	-8.3
（二）烟酒	589.36	624.51	6.0
1、烟　　草	398.56	434.29	9.0
2、酒　　类	190.80	190.22	-0.3
（三）饮食服务	887.95	988.18	11.3
1、食堂用餐	63.65	58.17	-8.6
2、其他在外饮食	818.75	927.18	13.2
3、食品加工服务费	5.56	2.83	-49.1

9-8 百户城镇居民年末耐用消费品拥有量

指　　标	单　位	2015年	2016年
家用汽车	辆	21	27
摩托车	辆	47	39
助力车	辆	39	36
洗衣机	台	83	85
电冰箱	台	93	91
彩色电视机	台	135	136
家用电脑	台	65	70
组合音响	套	9	9
摄像机	台	4	3
照相机	台	22	21
洗碗机	台	1	
中高档乐器	架	3	3
空调器	台	122	130
淋浴热水器	台	90	88
微波炉	台	57	64
消毒碗柜	台	9	6
健身器材	台	5	6
移动电话	部	229	224

9-9 全省各设区市农村居民人均可支配收入

单位:元

地　　区	2015年	2016年	2016年比2015年	
			增加额	增长（%）
全　省	**11139**	**12138**	**999**	**9.0**
南昌市	13693	14952	1259	9.2
景德镇市	12736	13878	1142	9.0
萍乡市	14046	15274	1228	8.7
九江市	11143	12157	1014	9.1
新余市	13986	15203	1217	8.7
鹰潭市	12383	13534	1151	9.3
赣州市	7786	8729	943	12.1
吉安市	10355	11380	1025	9.9
宜春市	11621	12643	1022	8.8
抚州市	11441	12447	1006	8.8
上饶市	10112	11103	991	9.8

9-10 各县（市、区）农村居民人均可支配收入

单位:元

地　　区	2015年	2016年	2016年比2015年	
			增加额	增长（%）
全　市	**11143**	**12157**	**1014**	**9.1**
濂溪区	14200	15407	1207	8.5
浔阳区	16233	17564	1331	8.2
开发区	15801	17097	1296	8.2
九江县	12030	13118	1088	9.0
武宁县	11810	12987	1177	10.0
修水县	7599	8465	866	11.4
永修县	12662	13814	1152	9.1
德安县	12713	13851	1138	9.0
都昌县	6253	7066	813	13.0
湖口县	12271	13363	1092	8.9
彭泽县	11830	12907	1077	9.1
瑞昌市	12144	13237	1093	9.0
共青城市	12735	13843	1108	8.7
庐山市	11916	12988	1072	9.0

9-11 农村居民人均可支配收入及构成

单位：元

指　　标	2015年	2016年	2016年比2015年增长%
可支配收入	11142.76	12156.75	9.1
（一）工资性收入	5268.33	6347.65	20.5
1、工资	3945.17	5354.81	35.7
2、实物福利	0.33	1.47	345.5
3、其他	1322.83	991.36	-25.1
（二）经营净收入	3381.26	3123.19	-7.6
1、第一产业经营净收入	1980.85	1867.36	-5.7
2、第二产业经营净收入	654.61	391.60	-40.2
3、第二产业经营净收入	745.81	864.24	15.9
（三）财产净收入	222.53	195.23	-12.3
1、利息净收入	27.43	7.97	-70.9
2、红利收入	80.43	79.65	-1.0
3、储蓄性保险净收益	0.07	0.00	-100.0
4、出租房屋财产性收入	5.91	12.10	104.7
5、其他财产净收入	97.55	78.13	-19.9
（四）转移净收入	2270.64	2490.66	9.7
1、养老金或离退休金	329.75	425.11	28.9
2、社会救济和补助	75.10	96.62	28.7
3、政策性生活补助	15.67	19.05	21.6
4、报销医药费	151.58	127.09	-16.2
5、家庭外出从业人员寄回带回收入	1499.54	1552.35	3.5
6、赡养收入	184.92	314.85	70.3
7、经常性捐赠收入	0.15	2.10	1300.0
8、现金政策性惠农补助	136.79	64.26	-53.0

9-12 农村居民人均生活消费支出及构成

单位：元

指标	2015年	2016年	2016年比2015年增长%
生活消费支出	**8687.78**	**9248.12**	**6.4**
（一）食品烟酒	3157.99	3226.43	2.2
1、食品	2297.98	2434.03	5.9
2、烟酒	503.73	523.08	3.8
3、饮食服务	302.03	211.55	-30.0
（二）衣着	471.19	515.52	9.4
1、衣类	357.31	392.00	9.7
2、鞋类	113.88	123.52	8.5
（三）居住	2010.61	2324.32	15.6
1、租赁房房租	2.65	3.85	45.3
2、住房维修及管理	251.67	234.57	-6.8
3、水电燃料及其他	470.16	485.28	3.2
（四）生活用品及服务	542.35	542.39	0.0
1、家具及室内装饰品	92.56	68.65	-25.8
2、家用器具	139.11	140.46	1.0
3、家用纺织品	52.67	55.44	5.3
4、个人用品	28.76	42.27	47.0
5、家庭服务	12.43	13.40	7.8
（五）交通通信	911.52	937.21	2.8
1、交通	566.33	557.45	-1.6
2、通信	345.18	379.75	10.0
（六）教育文化娱乐	857.79	904.84	5.5
1、教育	616.10	656.57	6.6
2、文化娱乐	241.69	248.27	2.7
（七）医疗保健	566.54	629.06	11.0
1、医疗器具及药品	153.80	166.15	8.0
2、医疗服务	412.73	462.91	12.2
（八）其他用品和服务	169.81	168.35	-0.9
1、其他用品	125.10	114.63	-8.4
2、其他服务	44.70	53.72	20.2

9-13 农村居民人均食品消费支出

单位：元

指　　标	2015年	2016年	2016年比2015年增长%
食品烟酒消费	3157.99	3226.43	2.2
（一）食品	2297.98	2434.03	5.9
1、谷　　物	393.66	407.03	3.4
2、薯　　类	110.49	65.50	-40.7
3、豆　　类	31.71	39.67	25.1
4、食　用　油	162.31	171.77	5.8
5、蔬菜和食用菌	351.32	383.21	9.1
6、肉　　类	461.30	545.05	18.2
7、禽　　类	71.94	92.61	28.7
8、水 产 品 类	124.05	138.74	11.8
9、蛋　　类	82.12	84.70	3.1
10、奶　　类	132.17	157.86	19.4
11、干鲜瓜果类	138.71	169.98	22.5
12、糖果糕点类	58.10	61.89	6.5
（二）烟酒	503.73	523.08	3.8
1、烟　　草	338.97	354.65	4.6
2、酒　　类	164.76	168.43	2.2
（三）饮食服务	302.03	211.55	-30.0
1、食堂用餐	4.93	4.54	-7.9
2、其他在外饮食	287.71	198.50	-31.0
3、食品加工服务费	9.39	8.51	-9.4

9-14 百户农村居民年末耐用消费品拥有量

单位：元

指　　标	单　位	2015年	2016年
家 用 汽 车	辆	14	17
摩 托 车	辆	77	71
助 力 车	辆	43	44
洗 衣 机	台	55	61
电 冰 箱	台	86	84
彩 色 电 视 机	台	128	125
家 用 电 脑	台	25	20
组 合 音 响	套	6	3
摄 像 机	台	1	
照 相 机	台	7	3
洗 碗 机	台	1	
中 高 档 乐 器	架	1	
空 调 器	台	73	64
淋 浴 热 水 器	台	72	71
微 波 炉	台	25	24
消 毒 碗 柜	台	3	3
健 身 器 材	台	1	
移 动 电 话	部	228	226

主要统计指标解释

可支配收入 指调查户在调查期内获得的、可用于最终消费支出和储蓄的总和，即调查户可以用来自由支配的收入。它包含工资性收入、经营净收入、财产净收入、转移净收入和自有住房折算净租金。

计算公式为：可支配收入=工资性收入+经营净收入+财产净收入+转移净收入+自有住房折算净租金

工资性收入 指就业人员通过各种途径获得的全部劳动报酬和各种福利。

经营净收入 指住户或住户成员从事生产经营活动所获得的净收入。

财产净收入 指住户或住户成员将其所拥有的金融资产和自然资源交由其他机构单位、住户或个人支配而获得的回报并扣除相关的费用之后得到的净收入。

转移性收入 指国家、单位、社会团体对住户的各种经常性转移支付和住户之间的经常性收入转移。

自有住房折算净租金 指现有住房产权为自有住房的住户为自身消费提供住房服务的折算价值扣除缴纳的各种税费后得到的净租金。

消费支出 指住户用于满足家庭日常生活消费需要的全部支出，包括食品烟酒、衣着、居住、生活用品及服务、交通通信、教育文化娱乐、医疗保健、其他用品及服务八大类。

城市建设和环境保护 10

- 2016年，市区水厂日综合生产能力44万吨，全年供水总量8728万吨，生活用水人口4020万人。
- 2016年末，市区公交营运车辆982辆，公共汽车载客数13462万人次，年末共有出租汽车2732辆。
- 2016年，工业废水排放总量8561万吨，工业废气排放总量2563亿标立方米，工业烟（粉）尘排放量31706吨，工业固体废物产生量1088万吨。
- 2016年末，全市有国家级自然保护区3个，省级自然保护区6个。

10-1 城市公用事业基本情况

指　　标	单　位	2015年	2016年	2016年比2015年增长%
水厂综合生产能力	万吨/日	34	44	29.4
全年供水总量	万吨	8403	8728	3.9
# 生活用水	万吨	3713	4020	8.3
生活用水人口	万人	66.1	67.8	2.6
液化石油气供气总量	吨	15000	12378	-17.5
# 家庭用量	吨	10000	10000	0.0
天然气供气总量	万立方米	8079.17	8919.75	10.4
用天然气人口	万人	30.22	39.00	29.5
年末实有公共汽车营运车辆	辆	1033	982	-4.9
全年公共汽车客运人数	万人次	16765	13462	-19.7
年末实有出租汽车数	辆	2717	2732	0.6
年末实有铺装道路面积	万平方米	1546	1548	0.2
城市排水管道总长度	公里	1161	1179	1.5
建成区园林绿地面积	公顷	5053	5099	0.9
城市建成区土地面积	平方公里	105.63	107.00	1.1
生活垃圾粪便清运量	万吨	21.60	22.22	2.9

注：由于建成区面积扩大，以上指标数据为中心城区.

10-2 环境保护情况

指　　标	单　位	2015年	2016年	2016年比2015年增长%
一、工业废水				
工业废水排放总量	万吨	16786	8561	-49.00
其中：直接排入环境	万吨	15709	7600	-51.62
工业废水处理量	万吨	16264	9716	-40.26
二、工业废气				
工业废气排放总量	万标立方米	35182475	25632294	-27.14
二氧化硫排放量	吨	79995	29042	-63.70
氮氧化物排放量	吨	52753	30034	-43.07
烟（粉）尘排放量	吨	50987	31706	-37.81
三、工业固体废物				
工业固体废物产生量	万吨	1215	1088	-10.46
工业固体废物综合利用量	万吨	740	697	-5.88

10-3 污染治理项目建设情况

(2016年)

指　　标	单位	2016年	指　　标	单位	2016年
一、汇总工业企业数	**个**	**17**	**四、施工项目本年投资来源合计**	**万元**	**22736.63**
			# 企业自筹	万元	22736.63
二、本年施工项目总数	**个**	**39**	**五、本年竣工项目数**	**个**	**31**
# 废水治理项目	个	15	# 废水治理项目	个	10
废气治理项目	个	18	废气治理项目	个	16
三、施工项目本年完成投资额	**万元**	**22736.63**	**六、本年竣工项目新增设计处理能力**		
# 废水治理项目	万元	9648.00	# 治理废水	吨/日	23720
废气治理项目	万元	9033.63	治理废气	万标立方米/时	2895328

10-4 生活及其他污染情况

指　　标	单　位	2016年
一、基本情况		
城镇人口总数	万人	252.94
污水处理厂数	座	15
煤炭消费总量	万吨	909.97
# 工业煤炭消费量	万吨	906.01
生活及其他煤炭消费量	万吨	3.96
生活及其他煤炭含硫量	%	2.00
生活及其他煤炭灰份	%	20.00
二、污染排放情况		
城镇生活污水中化学需氧量产生量	吨	62779.71
城镇生活污水中化学需氧量排放量	吨	51150.13
城镇生活污水中氨氮产生量	吨	7385.85
城镇生活污水中氨氮排放量	吨	6228.75
生活及其他二氧化硫排放量	吨	1346.40
生活及其他烟尘排放量	吨	2276.46

10-5 各县（市、区）工业污染排放及处理利用情况

(2016年)

地 区	汇总工业企业数(个)	工业废水排放量(万吨)	工业废气排放量(亿标立方米)	二氧化硫排放量(吨)	烟尘排放量(吨)	工业固体废物产生量(万吨)	工业固体废物综合利用量(万吨)
全市合计	**743**	**8561.10**	**2563.23**	**29041.90**	**31706.29**	**1087.95**	**696.51**
#濂溪区	79	2308.86	237.47	2356.28	1350.90	29.13	22.29
浔阳区	18	534.68	347.26	2955.39	813.10	85.71	85.35
九江县	71	356.17	25.26	696.19	597.38	276.95	13.11
武宁县	69	387.89	6.64	1054.56	166.24	4.69	0.97
修水县	46	255.91	19.64	795.12	372.38	44.81	30.31
永修县	68	621.22	90.40	2613.29	880.48	10.91	9.77
德安县	46	154.62	26.10	780.98	848.26	32.22	4.03
都昌县	40	110.68	17.29	721.34	381.83	121.76	105.39
湖口县	55	1871.24	1128.59	11747.25	13590.51	278.79	277.64
彭泽县	95	348.39	75.75	1559.54	7793.00	5.00	2.84
瑞昌市	94	1438.01	586.77	3502.51	4706.42	196.51	143.59
共青城市	25	60.96	0.65	106.41	30.59	1.04	1.03
庐山市	37	112.49	1.42	153.04	175.22	0.43	0.18

10-6 国家级、省级自然保护区

(2016年)

名　　称	地点	面积(公顷)	批准机关	主要保护内容	级别	建区时间	主管部门
江西省桃红岭梅花鹿国家级自然保护区	彭泽县中部	12500	国务院	野生梅花鹿南方亚种	国家级	2001.6	林业部门
江西省鄱阳湖国家级自然保护区	永修吴城	22400	国务院	候鸟与湿地	国家级	1988	林业部门
江西省庐山国家级自然保护区	庐　山	20120	国务院	森林植被、野生动植物、第四纪冰川遗迹、自然历史文化遗迹	国家级	1981.8	林业部门
江西省都昌候鸟自然保护区	都昌所属鄱阳湖湖区	41100	省政府	白鹤等候鸟	省级	2004.1	其他部门
江西省云居山自然保护区	永修县	2480	省政府	中亚热带常绿阔叶林森林生态系统	省级	1997.10	林业部门
江西省修河源五梅山自然保护区	修水县	14485	省政府	珍稀动植物	省级	2010	林业部门
江西省江豚自然保护区	都昌县	6800	省政府	动物	省级	2004	其他部门
江西省武宁伊山自然保护区	武宁县	11340	省政府	森林	省级	2011	林业部门
江西省瑞昌南方红豆杉自然保护区	瑞昌市	2500	省政府	植物	省级	2011	林业部门

主要统计指标解释

工业废水排放量 指经过企业厂区所有排放口排到企业外部的工业废水量。包括生产废水、外排的直接冷却水、超标排放的矿井地下水和与工业废水混排的厂区生活污水，不包括外排的间接冷却水(清污不分流的间接冷却水应计算在内)。

工业废水排放达标量 指报告期内废水中各项污染物指标都达到国家或地方排放标准的外排工业废水量，包括未经处理外排达标的，经废水处理设施处理后达标排放的，以及经污水处理厂处理后达标排放的。

工业废水排放达标率 指工业废水排放达标量占工业废水排放量的百分率，计算公式为：

工业废水排放达标率=工业废水排放达标量/工业废水排放量×100%

化学需氧量(COD) 测量有机和无机物质化学所消耗氧的质量浓度的水污染指数。

工业废气排放量 指报告期内企业厂区内燃料燃烧和生产工艺过程中产生的各种排入大气的含有污染物的气体的总量，以标准状态(273K，101325Pa)计算。测算公式为：

工业废气排放量=燃料燃烧过程中废气排放量+生产工艺过程中废气排放量

工业 S02 排放量 指报告期内企业在燃料燃烧和生产工艺过程中排入大气的 S02 总量。

工业烟尘排放量 指企业厂区内燃料燃烧过程中产生的烟气中夹带的颗粒物排放量。

工业粉尘排放量 指企业在生产工艺过程中排放的能在空气中悬浮一定时间的固体颗粒物排放量。如钢铁企业的耐火材料粉尘、焦化企业的筛焦系统粉尘、烧结机的粉尘、石灰窑的粉尘、建材企业的水泥粉尘等。不包括电厂排入大气的烟尘。

工业固体废物产生量 指报告期内企业在生产过程中产生的固体状、半固体状和高浓度液体状废弃物的总量，包括危险废物、冶炼废渣、粉煤灰、炉渣、煤矸石、尾矿、放射性废物和其他废物等；不包括矿山开采的剥离废石和掘进废石（煤矸石和呈酸性或碱性的废石除外）。酸性或碱性废石指采掘的废石其流经水、雨淋水的 PH 值小于 4 或 PH 值大于 10.5 者。

工业固体废物综合利用量 指报告期内企业通过回收、加工、循环、交换等方式，从固体废物中提取或者使其转化为可以利用的资源、能源和其他原材料的固体废物量（包括当年利用往年的工业固体废物贮存量），如用作农业肥料、生产建筑材料、筑路等。综合利用量由原产生固体废物的单位统计。

工业固体废物综合利用率 指工业固体废物综合利用量占工业固体废物产生量（包括综合利用往年贮存量）的百分率。计算公式为：

工业固体废物综合利用率=工业固体废物综合利用量/工业固体废物产生量+综合利用往年贮存量×100%

工业固体废物排放量 指报告期内企业将所产生的固体废物排到固体废物污染防治设施、场所以外的数量，不包括矿山开采的剥离废石和掘进废石（煤矸石和呈酸性或碱性的废石除外）。

“三废”综合利用产品产值 指报告期内利用“三废”作为主要原料生产的产品价值（现行价）；已经销售或准备销售的应计算产品价值，留作生产自用的不应计算产品价值。

自然保护区 指对有代表性的自然生态系统、珍稀濒危野生动植物物种的天然分布区、水源涵养区、有特殊意义的自然历史遗迹等保护对象所在陆地、陆地水体或海域，依法划出一定面积进行特殊保护和管理的区域。以县及县以上各级人民政府正式批准建立的自然保护区为准(包括“六五”以前由部门或“革委会”批准且现仍存在的自然保护区)。风景名胜区、文物保护区不计在内。

生态示范区 指省级以上环境保护行政主管部门批准，以省、地、县政府为主按批准的生态示范区建设规划实施的行政区域。包括已经过国家或省级环境保护行政主管部门验收的和正在开展试点工作的。

农　业　11

- 2016年，全市182个乡镇，乡镇总户数94.36万户，总人口383.69万人，其中乡镇从业人员189.35万人。
- 2016年，全市农业总产值289.48亿元，其中种植业产值129.87亿元。
- 2016年，全市农业商品产值187.62亿元，农业商品率 64.81%。
- 2016年，全市粮食总产量172.59万吨，棉花产量4.47万吨，油料产量21.71万吨，肉类总产量20.52万吨，水产品总产量46.37万吨。

11-1 农村乡（镇）组织情况

指　　标	单　　位	2015年	2016年
一、乡（镇）政府	个	181	182
# 镇政府	个	102	102
二、村民委员会	个	1746	1747
三、村民小组	个	23765	23920
四、乡村总户数	万户	94.06	94.36
五、乡村总人口	万人	381.50	383.69
六、乡村从业从员	万人	189.64	189.35
# 女劳动力	万人	88.07	87.68

11-2 各县（市、区）乡（镇）组织情况

（2016年末）

地　　区	乡（镇）政府个数（个）		村民委员会（个）	村民小组（个）	乡镇总户数（户）	乡镇总人口（人）
		#镇政府				
全市合计	182	102	1747	23920	943581	3836863
濂溪区	7	5	55	616	28693	105581
浔阳区			9	51	3251	12192
九江开发区	1		19	180	8387	45731
九江县	11	7	100	1698	71570	276273
武宁县	19	8	183	1985	85321	331827
修水县	36	19	361	5795	172536	751712
永修县	15	11	147	1605	77598	304686
德安县	13	5	83	990	29867	121035
都昌县	24	12	259	4352	177976	706358
湖口县	12	6	122	1653	56112	223508
彭泽县	13	10	150	1910	76860	318145
瑞昌市	16	8	157	1990	85006	340675
共青城市	5	2	39	410	21168	88905
庐山市	10	9	63	685	49236	210235

11-3 各县（市、区）乡（镇）劳动力

（2016年末）

单位：人

地　　区	乡村从业人员合计	#男	#女	农　业	外出(离乡)的从业人员
全市合计	**1893547**	**1016760**	**876787**	**875991**	**895096**
濂溪区	47526	24205	23321	18866	6058
浔阳区	6705	3756	2949	1191	531
九江开发区	25152	13406	11746	8450	10244
九江县	134142	71763	62379	49042	75044
武宁县	162106	83996	78110	101947	65873
修水县	371861	203447	168414	193859	171690
永修县	153405	80140	73265	89334	79899
德安县	62366	33671	28695	27648	27143
都昌县	343059	185997	157062	150288	174850
湖口县	112489	58498	53991	51821	59619
彭泽县	167316	89856	77460	72703	90528
瑞昌市	164287	89428	74859	60768	87923
共青城市	48121	25110	23011	14642	8126
庐山市	95012	53487	41525	35432	37568

11-4 主要年份农业总产值和商品产值

单位:万元

指　　标	1978年	1985年	1990年	1995年	2000年	2010年	2015年	2016年
农业总产值	42836	117954	255474	662700	619902	1657157	2468243	2894764
种植业产值	31457	74028	153458	343837	315437	768921	1109491	1298730
林业产值	2649	6849	21522	32159	31697	91010	153370	229879
牧业产值	5556	23394	64320	185186	142742	351509	468726	460171
副业产值	2491	9408						
渔业产值	683	4275	16174	101518	130026	402088	661837	756516
农林牧渔服务业产值						43629	74819	149468
农业商品产值	9450	58217	139423	418125	365177	1159469	1680330	1876170
农业商品率（%）	22.10	49.40	54.60	63.10	58.90	70.00	68.07	64.81

11-5 历年农业总产值指数

（以上年为100）

年 份	农业总产值	种植业产值	林业产值	牧业产值	副业产值	渔业产值	农林牧渔服务业产值
1978	99.7	95.4	139.8	104.1	125.6	100.7	
1980	93.1	84.9	89.5	109.9	145.6	152.9	
1981	107.3	113.3	120.1	96.8	70.6	105.3	
1982	121.1	120.4	88.0	124.5	149.7	120.9	
1983	90.5	81.6	112.9	97.8	147.7	133.9	
1984	123.3	131.5	137.3	112.3	92.5	97.4	
1985	109.4	104.5	115.7	131.9	110.2	105.4	
1986	104.0	101.2	100.1	111.1	105.6	132.6	
1987	103.9	105.9	89.4	101.6	98.9	112.5	
1988	90.5	81.6	96.5	106.1	115.1	112.9	
1989	114.9	117.9	115.8	109.3	102.9	120.8	
1990	106.5	106.8	107.5	103.8	109.0	108.2	
1991	108.7	107.8	105.6	105.7		130.4	
1992	106.9	100.4	109.7	106.7		149.9	
1993	105.1	99.5	85.0	108.1		142.8	
1994	114.6	112.5	105.7	118.3		120.9	
1995	99.7	87.8	97.9	108.9		124.5	
1996	106.7	109.9	101.2	96.0		114.3	
1997	109.2	107.7	90.6	113.4		113.8	
1998	68.0	64.4	102.9	61.6		73.2	
1999	115.7	119.6	76.4	114.0		123.5	
2000	103.4	110.0	94.8	98.8		97.8	
2001	106.4	107.0	110.9	100.0		109.4	
2002	107.4	96.9	114.0	102.6		128.7	
2003	106.0	100.4	115.7	95.3		113.2	105.3
2004	110.5	109.6	96.3	111.4		113.0	122.2
2005	114.1	108.8	117.4	110.8		121.1	107.1
2006	103.8	108.5	98.1	97.9		103.6	89.4
2007	108.7	104.7	110.1	111.8		113.2	101.7
2008	109.2	119.8	108.6	104.0		109.0	107.5
2010	106.7	108.1	103.7	105.6		105.8	107.7
2011	104.2	103.4	103.3	109.6		101.6	102.2
2013	104.0	104.7	105.3	103.2		103.0	105.8
2014	104.6	103.5	108.9	104.9		104.3	108.8
2015	104.1	106.4	107.9	95.1		106.4	105.8
2016	104.2	104.9	107.7	102.3		106.4	105.8

11-6 历年农业总产值指数

（以1952年为100）

年份	农业总产值	种植业产值	林业产值	牧业产值	副业产值	渔业产值
1978	180.2	206.4	354.2	253.7	46.5	229.4
1980	200.5	217.3	270.0	339.2	75.4	476.9
1981	215.1	246.1	324.1	328.3	53.2	502.2
1982	260.5	296.4	285.2	408.8	79.7	607.4
1983	235.9	241.0	322.1	400.0	117.7	813.5
1984	290.7	317.0	442.3	449.1	108.9	792.0
1985	318.2	331.3	511.8	592.3	119.9	834.6
1986	331.0	335.3	512.4	658.3	126.7	1107.0
1987	365.4	355.0	458.3	668.7	125.4	1245.8
1988	311.2	289.8	442.4	709.3	144.3	1406.1
1989	357.6	341.8	512.3	775.0	148.5	1699.0
1990	380.8	366.8	550.6	804.3	161.8	1838.5
1991	413.9	395.4	581.4	850.1	165.4	2397.8
1992	442.4	397.0	637.8	907.1	161.6	3594.3
1993	456.0	395.0	542.1	980.6		5132.7
1994	532.9	444.4	573.0	1160.0		6205.4
1995	531.3	390.2	561.0	1263.2		7725.7
1996	566.9	428.8	567.7	1212.7		8830.5
1997	619.1	461.8	514.3	1375.2		10049.1
1998	421.0	297.4	529.2	847.1		735.6
1999	487.1	355.7	404.3	965.7		908.5
2000	503.7	391.3	383.3	954.1		888.5
2001	535.9	418.6	425.3	954.7		972.0
2002	575.6	405.6	484.8	979.5		1251.0
2003	610.1	407.2	560.9	933.5		1416.3
2004	674.2	446.3	540.1	1039.9		1600.4
2005	768.6	485.6	634.1	1152.2		1938.1
2006	797.8	526.9	622.1	1128.0		2007.9
2007	867.2	551.7	698.1	1261.1		2272.9
2008	947.0	660.9	758.1	1311.5		2477.5
2010	1111.5	777.3	990.5	1623.2		2665.8
2011	1158.2	803.7	1023.2	1779.0		2708.4
2012	1208.0	829.5	1071.3	1859.0		2879.0
2013	1256.3	868.5	1128.1	1918.5		2965.4
2014	1314.1	898.9	1228.5	2012.5		3092.9
2015	1368.0	956.4	1325.6	1913.9		3290.8
2016	1425.5	1003.3	1427.7	1957.9		3501.4

11-7 农业分项产值

(2016年)

指标	按当年价格计算	
	绝对数(万元)	构成(%)
农、林、牧、渔业总产值	**2894764**	**100.0**
一、农业产值	**1298730**	**44.9**
1.谷物及其他作物	869617	30.0
谷物	536296	18.5
#小麦	5314	0.2
稻谷	395647	13.7
玉米	15937	0.6
薯类	33430	1.2
油料	111327	3.8
#花生	11616	0.4
油菜籽	95073	3.3
豆类	14607	0.5
#大豆	8916	0.3
棉花	110692	3.8
麻类	907	
糖类	3150	0.1
其他农作物	59208	2.0
#饲料作物	4121	0.1
2、蔬菜及园艺作物	278164	9.6
蔬菜(含菜用瓜)	272736	9.4
食用菌	4237	0.1
花卉	734	
其他园艺作物	457	
3、水果、坚果、饮料和香料作物	126908	4.4
水果、坚果(含果用瓜)	62115	2.1
#梨	9820	0.3
柑桔	16432	0.6
坚果	620	
茶及其他饮料	64173	2.2
#茶	64173	2.2
4、中药材	24041	0.8
二、林业产值	**229879**	**7.9**
1.林木的培育和种植	115675	4.0
育种育苗	25510	0.9

11-7续表

指　　　　标	按当年价格计算	
	绝对数(万元)	构成(%)
造　　林	38598	1.3
抚育和管理	51567	1.8
2.竹木采运	40287	1.4
村及村以下	18867	0.7
3.林产品	73917	2.6
三、牧业产值	**460171**	**15.9**
(一)牲畜饲养	22495	0.8
1.牛的饲养	11381	0.4
2.羊的饲养	11044	0.4
3.其他牲畜饲养	21	
4.奶产品		
5.其他牲畜副产品	49	
(二)猪的饲养	330658	11.4
(三)家禽的饲养	86768	3.0
1.肉禽	40436	1.4
2.禽蛋	46332	1.6
(四)其他畜牧业	20250	0.7
#:蚕茧	8050	0.3
兔	1313	
四、渔业产值	**756516**	**26.1**
#:养殖	645334	22.3
(一)鱼　类	538299	18.6
(二)虾蟹类	166887	5.8
(三)贝　类	16467	0.6
(四)其　他	34863	1.2
五、农林牧渔服务业产值	**149468**	**5.2**

11-8 各县(市、区)农林牧渔业产值

(2016年)

单位：万元

地　　区	农林牧渔业总产值	农业产值	林业产值	牧业产值	渔业产值	农林牧渔服务业产值
全市合计	**2894764**	**1298730**	**229879**	**460171**	**756516**	**149468**
濂溪区	81228	25424	17394	19936	15413	3061
浔阳区	9758	168	0	302	4837	4451
九江开发区	44024	17114	79	3010	6533	17288
九江县	264214	86975	25759	36073	104796	10611
武宁县	279296	108002	43913	51923	63145	12313
修水县	308690	150254	35791	76114	25701	20830
永修县	317911	160748	20219	29672	95319	11953
德安县	116408	54234	9066	38184	10636	4288
庐山市	134535	38786	16112	25334	49935	4368
都昌县	419304	234697	8407	45761	118916	11523
湖口县	217955	91819	5515	27015	86221	7385
彭泽县	350488	179802	24368	35599	91033	19686
瑞昌市	275927	123005	21473	52238	59858	19353
共青城市	75026	27702	1783	19010	24173	2358

11-9 各县（市、区）粮食作物和多种经营产值

(2016年)

地　　区	绝对数（万元）			构成（%）		
	农业总产值	粮食作物产值	多种经营产值	农业总产值	粮食作物产值	多种经营产值
全市合计	**2894764**	**584333**	**2310431**	**100**	**20.2**	**79.8**
濂溪区	81228	5594	75634	100	6.9	93.1
九江开发区	44024	1333	42691	100	3.0	97.0
九江县	264214	23695	240519	100	9.0	91.0
武宁县	279296	46119	233177	100	16.5	83.5
修水县	308690	78061	230629	100	25.3	74.7
永修县	317911	63088	254823	100	19.8	80.2
德安县	116408	19238	97170	100	16.5	83.5
庐山市	134535	22343	112192	100	16.6	83.4
都昌县	419304	176971	242333	100	42.2	57.8
湖口县	217955	30393	187562	100	13.9	86.1
彭泽县	350488	69491	280997	100	19.8	80.2
瑞昌市	275927	34174	241753	100	12.4	87.6
共青城市	75026	13833	61193	100	18.4	81.6

11-10 农林牧渔业商品产值和商品率

(2016年)

指标	农林牧渔业商品产值(万元)	农林牧渔业商品率(%)
总计	**1876170**	**64.8**
按经济分		
# 粮食作物	291186	49.8
多种经营	1584984	72.5
按行业分		
农业	738998	64.8
林业	87730	56.9
牧业	425649	38.2
渔业	576392	76.2
农林牧渔服务业	47401	

11-11 各县(市、区)农林牧渔业商品产值和商品率

(2016年)

地区	农林牧渔业商品产值(万元)						商品率(%)
		农业商品产值	林业商品产值	牧业商品产值	渔业商品产值	农林牧渔服务业商品产值	
全市合计	**1876170**	**738998**	**87730**	**425649**	**576392**	**47401**	**64.8**
濂溪区	55138	18791	8235	15401	11211	1500	67.9
浔阳区	6542	115		204	3241	2982	67.0
九江开发区	42059	14665	67	2559	5553	19215	95.5
九江县	209354	56461	11856	41738	98798	501	79.2
武宁县	160081	67172	13197	42942	35354	1416	57.3
修水县	163633	75882	11740	61342	14669		53.0
永修县	217372	104936	10238	24963	68629	8606	68.4
德安县	69975	22678	1766	34259	8221	3051	60.1
庐山市	81010	28420	3215	17757	31618		60.2
都昌县	245982	111415	1542	51641	80633	751	58.7
湖口县	150085	42965	1236	23656	82228		68.9
彭泽县	236329	107602	18137	36069	65361	9160	67.4
瑞昌市	191408	73087	5408	58853	54060		69.4
共青城市	47202	14809	1093	14265	16816	219	62.9

11-12 主要年份主要农产品产量

年份	粮食(万吨)	棉花(吨)	油料折油(含油茶籽)(吨)	油料合计(吨)			
					油菜籽(万吨)	花生(吨)	芝麻(吨)
1978	90.04	17069	8355	20073	1.58	1975	2340
1980	98.93	24197	5492	14892	1.07	2485	1690
1985	133.89	40443	19956	56721	4.11	9964	5679
1990	137.96	37695	37219	111862	9.57	12525	3598
1995	95.93	69516	47313	145609	13.01	11659	3769
2000	107.96	39291	42048	128337	10.72	16855	3979
2005	126.78	58738	35968	108156	9.20	13311	2824
2006	134.72	66919	36254	111457	9.28	15114	3452
2007	137.17	71356	37600	117499	9.94	14307	3565
2008	144.98	82058	43421	135352	11.61	15387	3495
2009	153.48	91173	55714	175895	15.52	16304	4057
2010	153.47	96130	60714	191381	17.04	16660	4289
2013	160.80	91442	74040	217008	19.50	17147	4812
2014	165.20	94988	77056	228073	20.64	16266	5442
2015	165.86	87358	80407	227492	20.66	15896	5009
2016	172.59	44666	74182	217089	19.60	15688	5427

年份	茶叶(吨)	水果(吨)	蚕茧(吨)	出栏肉猪(万头)	肉类总产量(吨)	水产品总产量(吨)
1978	1836	1268	6	65.55	34500	9920
1980	2018.00	3724	16	70.64	35165	12051
1985	2507	4641	253	101.23	57141	20811
1990	3115	9675	574	143.71	96152	46268
1995	2475	8450	2573	234.03	163080	181697
2000	2123	10555	3508	172.53	130604	196790
2005	2416	44279	4498	160.51	135936	287336
2006	2468	78484	4499	158.72	131346	297755
2007	2844	90036	4711	159.62	138151	330773
2008	2970	106707	3488	171.64	145518	347059
2009	4079	116604	4122	189.59	179165	349139
2010	5337	112045	4380	198.94	189705	369373
2013	5780	129829	4352	215.72	211989	405679
2014	6001	137245	4355	221.64	217645	423079
2015	6335	147528	4445	215.10	212432	450016
2016	8055	138320	4464	205.75	205180	463730

11-13 农作物播种面积和产量

单位：公顷、吨

品　名	播种面积			单位播种面积产量（千克/公顷）		总产量		
	2015年	2016年	增长%	2015年	2016年	2015年	2016年	增长%
一、粮食作物	**277842**	**286525**	**3.1**	**5969**	**6024**	**1658551**	**1725939**	**4.1**
（一）谷　物	243361	249813	2.7	6171	6180	1501795	1543896	2.8
稻　谷	222368	224183	0.8	6454	6470	1435142	1450528	1.1
#早　稻	66442	65186	-1.9	5721	5617	380142	366182	-3.7
中稻及一季晚	88211	94559	7.2	7008	7093	618224	670708	8.5
二季晚稻	67715	64438	-4.8	6450	6419	436776	413638	-5.3
小　麦	7247	8746	20.7	2321	2418	16822	21144	25.7
玉　米	13001	15941	22.6	3728	4316	48464	68798	42.0
（二）豆　类	13755	14173	3.0	1898	2102	26107	29788	14.1
大　豆	8388	9092	8.4	2040	2258	17113	20528	20.0
绿　豆	1298	1358	4.6	1706	1834	2214	2491	12.5
（三）薯类（折粮计算）	20726	22539	8.7	6304	6755	130649	152255	16.5
二、油料合计	**132546**	**129313**	**-2.4**	**1716**	**1679**	**227492**	**217089**	**-4.6**
花　生	7462	7387	-1.0	2130	2124	15896	15688	-1.3
油菜籽	121471	118108	-2.8	1701	1659	206587	195973	-5.1
芝　麻	3613	3818	5.7	1386	1421	5009	5427	8.3
三、棉　花	**61400**	**29944**	**-51.2**	**1423**	**1492**	**87358**	**44666**	**-48.9**
四、麻类合计	**516**	**431**	**-16.5**	**2514**	**2462**	**1297**	**1061**	**-18.2**
#苎　麻	516	431	-16.5	2514	2462	1297	1061	-18.2
五、甘　蔗	**559**	**664**	**18.8**	**26669**	**25676**	**14908**	**17049**	**14.4**
六、药材类合计	**3259**	**3516**	**7.9**	**3091**	**4308**	**10072**	**15148**	**50.4**
七、蔬菜（含菜用瓜）	**48199**	**55087**	**14.3**	**20031**	**19241**	**965455**	**1059921**	**9.8**
八、瓜果类	**5601**	**5497**	**-1.9**	**22254**	**20626**	**124646**	**113380**	**-9.0**
#西　瓜	4780	4509	-5.7	22902	21419	109470	96577	-11.8
甜　瓜	524	478	-8.8	16550	13776	8672	6585	-24.1
草　莓	187	212	13.4	11556	13401	2161	2841	31.5
九、其他农作物	**12355**	**29637**	**139.9**	**6408**	**5016**	**79168**	**148667**	**87.8**
#莲　子	435	492	13.1	2761	4427	1201	2178	81.3
青饲料	6148	6396	4.0	10276	10194	63176	65200	3.2

11-14 各县（市、区）农作物播种面积

（2016年） 单位：公顷

指标	全市合计	濂溪区	浔阳区	九江开发区	九江县	武宁县	修水县
一、粮食作物	**286525**	**4594**		**216**	**15342**	**28585**	**52354**
（一）谷物	249813	3811		198	12514	21046	45250
稻谷	224183	3661		196	6975	18192	39592
#早稻	65186	560		61	625	2182	10158
中稻及一季晚	94559	2235		82	5820	14185	19598
二季晚稻	64438	866		53	530	1825	9836
小麦	8746	101			2627	687	1789
玉米	15941	49		2	2895	2040	3506
（二）豆类	14173	333		5	1584	2954	3821
大豆	9092	207		2	1235	1836	2683
绿豆	1358	46			56	228	423
（三）薯类（折粮计算）	22539	450		13	1244	4585	3283
#红薯	19597	422			708	4168	3038
二、油料合计	**129313**	**2773**	**10**	**889**	**10000**	**9775**	**9976**
花生	7387	225			321	963	2195
油菜籽	118108	2460	10	889	9300	8715	7535
芝麻	3818	88			379	97	246
三、棉花	**29944**	**725**		**720**	**3510**	**140**	**565**
四、麻类合计	**431**				**15**	**24**	
#苎麻	431				15	24	
五、甘蔗	**664**				**111**	**49**	**38**
六、药材类合计	**3516**				**337**	**849**	**1557**
七、蔬菜（含菜用瓜）	**55087**	**2273**	**53**	**250**	**11563**	**4118**	**6787**
八、瓜果类	**5497**	**121**		**23**	**784**	**510**	**915**
#西瓜	4509	91		12	659	472	727
甜瓜	478	10		2	97	16	78
草莓	212	20		9	28	22	35
九、其他农作物	**29637**	**378**		**1**	**577**	**420**	**5408**
#莲子	492					25	380
青饲料	6396				120	381	3921

11-14续表

指　　标	永修县	德安县	都昌县	湖口县	彭泽县	瑞昌市	共青城市	庐山市
一、粮食作物	**35252**	**9781**	**69486**	**18671**	**18197**	**18634**	**6298**	**9115**
(一) 谷　物	33777	9026	57860	18181	17267	17017	5741	8125
稻　谷	33429	7778	56363	16791	15766	12271	5706	7463
# 早　稻	7096	504	25409	7563	5056	3376	493	2103
中稻及一季晚	19449	6770	5689	2387	5050	5153	4733	3408
二季晚稻	6884	504	25265	6841	5660	3742	480	1952
小　麦	215	115	1297	65	485	1050	14	301
玉　米	133	872	183	1317	870	3692	21	361
(二) 豆　类	652	270	2397	260	610	912	108	267
大　豆	145	107	1634	85	381	592	34	151
绿　豆	27	23	268	49	41	120	28	49
(三) 薯类（折粮计算）	823	485	9229	230	320	705	449	723
# 红　薯	753	347	8800	165	174	600	241	181
二、油料合计	**12735**	**4798**	**25984**	**13879**	**18710**	**14292**	**2028**	**3464**
花　生	607	140	1909	244	120	302	59	302
油菜籽	11932	4559	22647	13201	18300	13525	1955	3080
芝　麻	196	99	1428	434	290	465	14	82
三、棉　花	**2695**	**452**	**4636**	**3577**	**8610**	**1991**	**408**	**1915**
四、麻类合计						**392**		
# 苎　麻						392		
五、甘　蔗	**73**	**20**	**278**	**51**	**23**	**1**	**13**	**7**
六、药材类合计	**9**	**23**	**60**	**447**	**87**	**42**		**105**
七、蔬菜（含菜用瓜）	**5484**	**3240**	**7499**	**2009**	**3642**	**5989**	**1201**	**979**
八、瓜果类	**830**	**233**	**765**	**245**	**193**	**443**	**270**	**165**
# 西　瓜	701	167	602	178	163	352	248	137
甜　瓜	22	20	55	63	25	68	7	15
草　莓	27	7	8	4	5	23	11	13
九、其他农作物	**4757**	**3641**	**800**	**2813**	**9831**	**425**	**50**	**536**
# 莲　子	1	26				60		
青饲料	403	15	800	78	12	136	50	480

11-15 各县(市、区)主要农作物单位播种面积产量

(2016年)　　单位：公斤/公顷

指　　标	全市合计	濂溪区	浔阳区	九江开发区	九江县	武宁县	修水县
一、粮食作物	**6024**	**5410**		**5370**	**6217**	**5374**	**5186**
(一) 谷　物	6180	5796		5000	6077	5962	5579
稻　谷	6470	5952		4985	7240	6377	5987
#早　稻	5617	4230		7508	6624	5581	5180
中稻及一季晚	7093	6549		6610	7322	6503	6698
二季晚稻	6419	5527		7302	7062	6353	5407
小　麦	2418	1396			2615	1742	2586
玉　米	4316	3163		6500	6420	3816	2873
(二) 豆　类	2102	1940		7600	3869	1957	1762
大　豆	2258	2140		4000	3840	2154	1840
绿　豆	1834	2304			5946	1811	1757
(三) 薯类（折粮计算）	6755	4713		10154	10617	4877	3761
#红　薯	6767	4711			11993	4926	3674
二、油料合计	**1679**	**1933**	**1600**	**2210**	**2069**	**1503**	**1661**
花　生	2124	2418			1137	2313	1864
油菜籽	1659	1913	1600	2209	2124	1412	1624
芝　麻	1421	1250			1491	1608	976
三、棉　花	**1492**	**1590**		**2333**	**1633**	**1521**	**1039**
四、麻类合计	**2462**				**22000**	**667**	
#苎　麻	2462				22000	667	
五、甘　蔗	**25676**				**24126**	**23612**	**19237**
六、药材类合计	**4308**				**10825**	**6152**	**2744**
七、蔬菜（含菜用瓜）	**19241**	**16444**	**19377**	**37552**	**20000**	**21454**	**12802**
八、瓜果类	**20626**	**23760**		**12217**	**23778**	**19429**	**14687**
#西　瓜	21419	26165		11417	25489	19015	14651
甜　瓜	13776	23400		8000	8918	31875	11077
草　莓	13401	12950		14222	15107	19273	8400
九、其他农作物	**5016**	**2511**		**5000**	**10367**	**13117**	**9188**
#莲　子	3427					3200	2495
青饲料	10194				12150	13556	9110

11-15续表

指　　标	永修县	德安县	都昌县	湖口县	彭泽县	瑞昌市	共青城市	庐山市
一、粮食作物	7072	6414	6185	5939	6231	5530	8489	6238
(一) 谷　物	7152	6607	6046	6019	6369	5631	8596	6308
稻　谷	7182	7027	6159	6035	6721	6345	8610	6436
#早　稻	5993	4266	5566	5340	6718	5639	6819	5498
中稻及一季晚	7861	7199	7023	6615	5850	7190	8865	7011
二季晚稻	6486	7482	6561	6600	7500	5818	7933	6443
小　麦	3153	3287	1656	2569	2891	2504	4286	2821
玉　米	6211	3256	2437	6000	2674	4148	7619	6571
(二) 豆　类	2087	2059	1504	1873	1721	2505	3611	2738
大　豆	2517	2458	1714	1765	1407	2850	4000	3126
绿　豆	1889	1522	884	1531	1829	2167	3107	1551
(三) 薯类（折粮计算）	7745	5241	8270	4174	7344	7007	8294	6739
#红　薯	7996	4037	8193	4630	6713	7437	8307	8602
二、油料合计	1415	1674	1126	1899	2074	1764	2910	1803
花　生	2521	3064	1699	4500	2483	2321	3712	3116
油菜籽	1361	1637	1089	1842	2069	1746	2891	1680
芝　麻	1255	1434	933	2145	2228	1925	2214	1610
三、棉　花	1174	1409	1272	1350	1440	2031	2029	1829
四、麻类合计						1824		
#苎　麻						1824		
五、甘　蔗	49370	22250	20457	22451	33826	1000	43615	36571
七、药材类合计	1667	4348	950	3000	4241	2024		352
八、蔬菜（含菜用瓜）	29875	15991	13184	35669	16398	21969	19454	17709
九、瓜果类	25483	31755	14884	19853	34674	22540	11907	21467
#西　瓜	28562	20389	15877	19371	38448	25276	11980	22394
甜　瓜	23682	13300	4473	21921	14760	13529	11714	20733
草　莓	18074	33571	4375	8750	5400	7304	14727	12538
十、其他农作物		918	17570	11996	2811	2412	8020	11802
#莲　子	1000	3707				3083		
青饲料		8333	17570	15256	31667	6485	8020	12131

11-16 各县(市、区)主要农作物产量

(2016年) 单位：吨

指标	全市合计	濂溪区	浔阳区	九江开发区	九江县	武宁县	修水县
一、粮食作物	**1725939**	**24854**		**1160**	**95383**	**153610**	**271526**
(一) 谷物	1543896	22087		990	76047	125470	252448
稻谷	1450528	21791		977	50496	116017	237056
#早稻	366182	2369		458	4140	12178	52617
中稻及一季晚	670708	14636		132	42613	92244	131258
二季晚稻	413638	4786		387	3743	11595	53181
小麦	21144	141			6869	1197	4626
玉米	68798	155		13	18587	7785	10071
(二) 豆类	29788	646		38	6128	5781	6731
大豆	20528	443		8	4743	3954	4936
绿豆	2491	106			333	413	743
(三) 薯类（折粮计算）	152255	2121		132	13208	22359	12347
#红薯	132613	1988			8491	20533	11162
二、油料合计	**217089**	**5359**	**16**	**1965**	**20686**	**14690**	**16571**
花生	15688	544		1	365	2227	4091
油菜籽	195973	4705	16	1964	19755	12307	12240
芝麻	5427	110			565	156	240
三、棉花	**44666**	**1153**		**1680**	**5733**	**213**	**587**
四、麻类合计	**1061**				**330**	**16**	
#苎麻	1061				330	16	
五、甘蔗	**17049**				**2678**	**1157**	**731**
六、药材类合计	**15148**				**3648**	**5223**	**4273**
七、蔬菜（含菜用瓜）	**1059921**	**37377**	**497**	**9388**	**231260**	**88349**	**86890**
八、瓜果类	**113380**	**2875**		**281**	**18642**	**9909**	**13439**
#西瓜	96577	2381		137	16797	8975	10651
甜瓜	6585	234		16	865	510	864
草莓	2841	259		128	423	424	294
九、其他农作物	**148667**	**949**		**5**	**5982**	**5509**	**49689**
#莲子	2178					80	948
青饲料	65200				1458	5165	35720

11-16续表

指标	永修县	德安县	都昌县	湖口县	彭泽县	瑞昌市	共青城市	庐山市
一、粮食作物	**249311**	**62732**	**429737**	**110885**	**113377**	**103045**	**53463**	**56856**
(一) 谷物	241576	59634	349807	109438	109977	95820	49349	51253
稻谷	240072	54657	347154	101329	105959	77859	49129	48032
#早稻	42523	2150	141433	40386	33967	19037	3362	11562
中稻及一季晚	152897	48736	39956	15790	29542	37051	41959	23894
二季晚稻	44652	3771	165765	45153	42450	21771	3808	12576
小麦	678	378	2148	167	1402	2629	60	849
玉米	826	2839	446	7902	2326	15316	160	2372
(二) 豆类	1361	556	3604	487	1050	2285	390	731
大豆	365	263	2801	150	536	1687	170	472
绿豆	51	35	237	75	75	260	87	76
(三) 薯类（折粮计算）	6374	2542	76326	960	2350	4940	3724	4872
#红薯	6021	1401	72100	764	1168	4462	2966	1557
二、油料合计	**18015**	**8032**	**29249**	**26350**	**38802**	**25206**	**5902**	**6246**
花生	1530	429	3244	1098	298	701	219	941
油菜籽	16239	7461	24672	24321	37858	23610	5652	5173
芝麻	246	142	1333	931	646	895	31	132
三、棉花	**3165**	**637**	**5896**	**4830**	**12398**	**4044**	**828**	**3502**
四、麻类合计						**715**		
#苎麻						715		
五、甘蔗	**3604**	**445**	**5687**	**1145**	**778**	**1**	**567**	**256**
六、药材类合计	**15**	**100**	**57**	**1341**	**369**	**85**		**37**
七、蔬菜（含菜用瓜）	**163834**	**51811**	**98868**	**71660**	**59723**	**131573**	**11354**	**17337**
八、瓜果类	**21151**	**7399**	**11386**	**4864**	**6692**	**9985**	**3215**	**3542**
#西瓜	20022	3405	9558	3448	6267	8897	2971	3068
甜瓜	521	266	246	1381	369	920	82	311
草莓	488	235	35	35	27	168	162	163
九、其他农作物	**1**	**3343**	**14056**	**33746**	**27635**	**1025**	**401**	**6326**
#莲子	1	964				185		
青饲料		125	14056	1190	380	882	401	5823

11-17 茶叶、水果生产情况

指标	单位	2015年	2016年	2016年比2015年增长%
一、茶叶总产量	**吨**	**6335**	**8055**	**27.2**
绿茶	吨	3654	5297	45.0
红茶	吨	1668	1639	-1.7
其它茶	吨	737	1119	51.8
二、园林水果总产量	**吨**	**147528**	**138320**	**-6.2**
柑桔类	吨	77308	79470	2.8
#柑	吨	18254	16819	-7.9
桔	吨	57141	61623	7.8
橙	吨	1420	587	-58.7
柚	吨	493	441	-10.5
梨	吨	33200	27699	-16.6
#雪花梨	吨	8466	4327	-48.9
鸭梨	吨	3223	3637	12.8
其他水果	吨	37020	31151	-15.9
#桃	吨	16553	14722	-11.1
三、年末实有茶园面积	**公顷**	**10085**	**12057**	**19.6**
#当年采摘面积	公顷	6943	7816	12.6
当年新增面积	公顷	1049	1004	-4.3
四、年末实有果园面积	**公顷**	**20111**	**18524**	**-7.9**
柑桔园	公顷	8638	8581	-0.7
梨园	公顷	5306	3437	-35.2
桃园	公顷	2502	2516	0.6
猕猴桃园	公顷	160	149	-6.9
葡萄园	公顷	785	1074	36.8
其他果园	公顷	2720	2767	1.7

11-18 各县（市、区）茶叶、水果产量

（2016年） 单位：吨

地区	茶叶总产量	#绿茶	红茶	其他茶	水果总产量	#柑桔类	梨	其他水果
全市合计	8055	5297	1639	1119	138320	79470	27699	31151
濂溪区	206	206			6164	1683	315	4166
开发区					310	295		15
九江县	89	35	2	52	14742	6433	3028	5281
武宁县	1642	487	919	236	7324	4942	1356	1026
修水县	3703	2242	716	745	4019	942	1097	1980
永修县	268	261	2	5	70109	52227	8634	9248
德安县	107	91		16	752	167	216	369
都昌县	91	31		60	2343	950	923	470
湖口县	153	153			6551	3603	2200	748
彭泽县	89	89			1478	291	517	670
瑞昌市	16	13		3	17588	4199	8361	5028
共青城市	1639	1639			3389	1926	90	1373
庐山市	52	50		2	3551	1812	962	777

11-19 各县(市、区)茶园、果园面积

（2016年） 单位：公顷

地区	年末实有茶园面积	当年新增面积	年末实有果园面积	当年新增面积
全市合计	12057	1004	18524	412
濂溪区	522		700	
开发区	221		973	
九江县	341		1247	
武宁县	418	30	2136	40
修水县	5749	229	2268	93
永修县	738	14	5153	99
德安县	43		461	
都昌县	919	110	1257	23
湖口县	996	188	1629	
彭泽县	807	15	372	30
瑞昌市	1007	414	1595	112
共青城市	109		362	
庐山市	187	4	371	15

11-20 林业生产情况

指标	单位	2015年	2016年	2016年比2015年增长%
一、营造林面积	**公顷**	**63606**	**77323**	**21.6**
1.人工造林面积	公顷	15849	15527	-2.0
其中：新造混交林面积	公顷	2761	2511	-9.1
其中：非林业用地造林面积	公顷	1437	1734	20.7
其中：新造灌木林面积	公顷	2379	1556	-34.6
2.当年新封山（沙）育林面积	公顷	5574	14545	160.9
①无林地和疏林地新封山育林面	公顷	5574	11212	101.1
②有林地和灌木林地新封山育林	公顷		3333	
3.退化林修复面积	公顷	786	11051	1306.0
4.森林抚育面积	公顷	41097	36200	-11.9
二、年末实有封山（沙）育林面积	**公顷**	**461106**	**484796**	**5.1**
三、四旁（零星）植树	**株**	**5255200**	**4086500**	**-22.2**
四、林木种苗				
1.林木种子采集量	吨	67	5	-92.5
2.当年苗木产量	万株	23551	24032	2.0
3.育苗面积	公顷	9585	8451	-11.8
其中：国有育苗面积	公顷	124	127	2.4

11-21 牧业生产情况

指标	单位	2015年	2016年	2016年比2015年增长%
一、当年出栏肉猪	头	2150902	2057464	-4.3
当年出售和自宰的肉用牛	头	21625	19564	-9.5
当年出售和自宰的肉用羊	只	182315	190289	4.4
当年出售和自宰的肉用兔	只	95643	113072	18.2
当年出售和自宰的肉用禽	百只	184810	179129	-3.1
二、肉类总产量	吨	212432	205180	-3.4
猪肉	吨	178094	171014	-4.0
牛肉	吨	2452	2280	-7.0
羊肉	吨	2942	3257	10.7
兔肉	吨	147	207	40.8
禽肉	吨	28529	28122	-1.4
其他肉产量	吨	268	300	11.9
三、牛奶产量	吨	310	122	-60.6
四、养蜂箱数	箱	53998	53181	-1.5
蜂蜜产量	吨	1642	1645	0.2
五、家禽产蛋量	吨	67503	72744	7.8
六、大牲畜(牛)年末存栏总头数	头	60310	58970	-2.2
年末存栏中能繁殖母牛	头	17472	15450	-11.6
七、年末生猪存栏	头	1242447	1199099	-3.5
# 能繁殖母猪	头	103118	102195	-0.9
八、羊年末数	只	163427	166454	1.9
九、兔年末数	只	61714	57262	-7.2
十、家禽年末数	百只	121944	135726	11.3
十一、年末桑园面积	公顷	7143	7242	1.4
蚕茧产量	吨	4445	4464	0.4

11-22 各县(市、区)牧业生产情况

(2016年)

指标	单位	全市合计	濂溪区	浔阳区	开发区	九江县	武宁县	修水县	永修县
一、当年出栏肉猪	**头**	**2057464**	**71025**	**2102**	**3854**	**156278**	**217369**	**518388**	**140088**
当年出售和自宰的肉用牛	头	19564				240	1317	5398	3778
当年出售和自宰的肉用羊	只	190289	300		458	7332	10025	152950	4240
当年出售和自宰的肉用兔	只	113072				5180		853	12493
当年出售和自宰的肉用禽	百只	179129	6306	51	980	10364	7872	21426	31413
二、肉类总产量	**吨**	**205180**	**7276**	**161**	**539**	**15470**	**20804**	**46420**	**17631**
猪　肉	吨	171014	6120	156	347	13366	19214	40009	12372
牛　肉	吨	2280				38	182	578	378
羊　肉	吨	3257	3		5	106	161	2677	75
兔　肉	吨	207				7		2	40
禽　肉	吨	28122	1153	5	187	1894	1247	3123	4766
其他肉产量	吨	300				59		31	
三、牛奶产量	**吨**	**122**	**113**		**9**				
四、养蜂箱数	**箱**	**53181**				**1950**	**5695**	**35451**	**4587**
蜂蜜产量	吨	1645				35	209	1178	114
五、家禽产蛋量	**吨**	**72744**	**724**		**9**	**1418**	**4080**	**4390**	**2938**
六、大牲畜(牛)年末存栏总头数	**头**	**58970**	**47**		**87**	**767**	**15443**	**20242**	**1921**
年末存栏中能繁殖母牛	头	15450				223	3978	3257	794
七、年末生猪存栏	**头**	**1199099**	**34431**	**5731**	**7267**	**91572**	**125973**	**314074**	**89798**
# 能繁殖母猪	头	102195	3662	1270	706	8140	9896	22254	9610
八、羊年末数	**只**	**166454**	**302**		**458**	**847**	**10206**	**131287**	**7992**
九、兔年末数	**只**	**57262**				**1220**		**910**	**17564**
十、家禽年末数	**百只**	**135726**	**3225**	**13**	**608**	**11086**	**8204**	**18221**	**15112**
十一、年末桑园面积	**公顷**	**7242**					**17**	**6127**	
蚕茧产量	吨	4464					15	4426	

11-22续表

指　　标	单位	德安县	都昌县	湖口县	彭泽县	瑞昌市	共青城市	庐山市
一、当年出栏肉猪	头	80532	209670	95963	149968	287900	67575	56752
当年出售和自宰的肉用牛	头	580	311	1141	2100	4582	117	
当年出售和自宰的肉用羊	只	680	880	392	1150	11521		361
当年出售和自宰的肉用兔	只	13340	27709		1310	23325		28862
当年出售和自宰的肉用禽	百只	29481	11833	7368	9897	12936	7376	21826
二、肉类总产量	吨	11964	19309	9411	14177	26195	7231	8592
猪　肉	吨	7117	17149	8164	12403	23321	5744	5532
牛　肉	吨	85	42	135	298	532	12	
羊　肉	吨	14	11	7	21	172		5
兔　肉	吨	22	37		6	64		29
禽　肉	吨	4690	2070	1105	1449	1932	1475	3026
其他肉产量	吨	36				174		
三、牛奶产量	吨							
四、养蜂箱数	箱	240	80	500	2050	2628		
蜂蜜产量	吨	10	1	31	16	51		
五、家禽产蛋量	吨	34906	5554	5369	2327	3160	3917	3952
六、大牲畜(牛)年末存栏总头数	头	698	6831	560	2035	9127	1212	
年末存栏中能繁殖母牛	头	82	499	179	710	5612	116	
七、年末生猪存栏	头	50239	127093	56241	103000	107617	47373	38690
# 能繁殖母猪	头	4107	10234	5575	7100	10786	6899	1956
八、羊年末数	只	975	1838	812	787	10694		256
九、兔年末数	只	1600	14230		1417	6592		13729
十、家禽年末数	百只	30145	11860	5615	10110	7090	7914	6523
十一、年末桑园面积	公顷	93				1005		
蚕茧产量	吨	17				6		

11-23 渔业生产情况

指标	单位	2015年	2016年	2016年比2015年增长%
一、渔业村	**个**	**81**	**84**	**3.7**
二、渔业户	**户**	**27378**	**27388**	**0.0**
三、渔业人口	**人**	**112880**	**112976**	**0.1**
四、渔业劳动力	**人**	**74463**	**74208**	**-0.3**
（一）专业劳动力	人	44426	44134	-0.7
# 捕捞专业劳动力	人	15789	15537	-1.6
养殖专业劳动力	人	23930	23849	-0.3
后勤专业劳动力	人	4707	4748	0.9
（二）兼职劳动力	人	24320	24353	0.1
五、养殖面积	**公顷**	**82185**	**82727**	**0.7**
# 池塘	公顷	26310	28135	6.9
水库	公顷	20117	20098	-0.1
湖泊	公顷	32238	31404	-2.6
六、养殖单产				
# 池塘	千克/公顷	7983	8053	0.9
水库	千克/公顷	2552	2500	-2.0
湖泊	千克/公顷	3339	3403	1.9
七、水产品总产量	**吨**	**450016**	**463730**	**3.0**
# 养殖产量	吨	390216	400042	2.5
# 池塘	吨	210017	226566	7.9
水库	吨	51321	50248	-2.1
湖泊	吨	107621	106861	-0.7
# 鱼类	吨	342128	350845	2.5
虾蟹类	吨	40228	42112	4.7
贝类	吨	5097	4237	-16.9
八、珍珠	**吨**	**662**	**660**	**-0.3**
九、鱼苗产量	**亿尾**	**49**	**52**	**6.1**

11-24 各县（市、区）渔业生产情况

（2016年）

地　　区	渔业劳动力（人）	专业劳动力	# 捕捞劳动力	养殖劳动力	后勤劳动力	兼业劳动力	养殖面积（公顷）
全市合计	**112976**	**44134**	**15537**	**23849**	**4748**	**24353**	**82727**
濂溪区	1529	1198	350	697	151	172	1190
浔阳区	1573	849	138	515	196	418	367
九江开发区	282	102	4	98		165	1339
九江县	8031	2996	332	2481	183	2014	13013
武宁县	5014	2615	1100	1515		493	9551
修水县	2816	182	89	93		168	5889
永修县	21184	10120	4682	4520	918	3443	10150
德安县	1318	875	69	515	291	574	1698
都昌县	28710	8831	4177	3596	1058	9966	13253
湖口县	14179	3590	622	2415	553	3281	6273
彭泽县	7580	3750	536	2901	313	757	8067
瑞昌市	12850	5279	1023	3584	672	2031	6501
共青城市	4270	1379	488	638	253	395	4172
庐山市	3640	2368	1927	281	160	476	1264

地　　区	养殖单产（千克/公顷）	水产品总产量（吨）	# 养殖产量	# 鱼类	虾蟹类	贝类	珍珠产量（吨）
全市合计	**4836**	**463730**	**400042**	**350845**	**42112**	**4237**	**660**
濂溪区	4401	6332	5236	5014	197		
浔阳区	5591	2430	2050	2050			
九江开发区	1038	1493	1390	1372	18		
九江县	4201	57266	54670	39242	14645	593	73
武宁县	3759	39803	35907	34095	1660	97	
修水县	2202	17351	12969	12564	66		
永修县	4986	55190	50610	43071	5675	832	
德安县	3786	7170	6430	6018	229	62	
都昌县	5224	88500	69240	66053	870	1980	285
湖口县	5520	43646	34630	28844	4530	673	290
彭泽县	6481	56679	52280	49814	2396		4
瑞昌市	5698	40640	37040	27602	9430		8
共青城市	6879	31900	28700	26319	2356		
庐山市	7034	15330	8890	8787	40		

11-25 各县(市、区)特种水产品产量

(2016年)

单位：吨

地　　区	黄鳝	黄颡鱼	鳜鱼	鲈鱼	乌鳢	克氏原螯虾	河蟹
全市合计	**8347**	**14203**	**15952**	**7822**	**12328**	**36145**	**8546**
濂溪区	27	187	84		69	214	
浔阳区	15		295	402	158	60	
九江开发区	5					16	
九江县	1436	2561	1152		1492	11033	2401
武宁县	667	60	1898	2442	30	899	15
修水县	1344	464	222	51	239		289
永修县	1138	2016	5073	111	1101	5436	878
德安县	142	189	106	6	76	166	2
都昌县	575	2150	2065	4810	3575	6520	210
湖口县	1260	1729	1807		895	2470	849
彭泽县	174	1438	819		921	998	1086
瑞昌市	1200	1250	550		670	6100	2650
共青城市	39	1560	1139		2771	980	118
庐山市	325	599	742		331	1253	48

11-26 各县(市、区)鱼苗产量和投放鱼种

(2016年)

地　　区	淡水鱼苗(亿尾)	淡水鱼种(吨)	投放鱼种(吨)
全市合计	**52.08**	**26692**	**71669**
濂溪区	4.00		724
浔阳区			616
九江开发区	0.07	500	706
九江县	5.45	1580	7388
武宁县	1.14		12608
修水县		300	799
永修县	4.85	2193	5454
德安县	1.52	90	640
都昌县	5.00	1388	9550
湖口县	7.00	3534	7439
彭泽县	10.20	10837	11298
瑞昌市	10.30	4197	6772
共青城市	2.10	2004	4763
庐山市	0.45	69	2912

11-27 主要农业机械年末拥有量

指标	单位	2015年	2016年	2016年比2015年增长%
农业机械总动力	**千瓦**	**2250895**	**2209882**	**-1.8**
拖拉机及配套机械	**台**	**25586**	**24947**	**-2.5**
	千瓦	439398	384222	-12.6
# 大中型	台	2388	3109	30.2
	千瓦	105192	143914	36.8
小型	台	23198	21838	-5.9
	千瓦	334206	240308	-28.1
农用排灌机械	**台**	**87781**	**88015**	**0.3**
	千瓦	691627	702498	1.6
# 柴油机	台	59393	59270	-0.2
	千瓦	440674	440485	
电动机	台	26787	27664	3.3
	千瓦	231406	242603	4.8
农用水泵	台	72009	72785	1.1
节水灌溉类机械	套	8372	8394	0.3
畜牧业养殖机械	**台**	**1560**	**1443**	**-7.5**
	千瓦	13465	13621	1.2
渔业机械	**台**	**19486**	**19645**	**0.8**
	千瓦	62362	63105	1.2
农产品初加工动力机械	**台**	**36460**	**38150**	**4.6**
	千瓦	359796	376722	4.7
粮食加工机械	台	21772	21736	-0.2
油料加工机械	台	5953	5946	-0.1
棉花加工机械	台	6543	6491	-0.8

11-28 各县(市、区)主要农业机械年末拥有量

(2016年)

指标	单位	全市合计	濂溪区	九江县	武宁县	修水县	永修县
农业机械总动力	**千瓦**	**2209882**	**68089**	**64840**	**222213**	**235802**	**288104**
# 柴油发动机动力	千瓦	1488708	45454	47600	166224	196942	199177
汽油发动机动力	千瓦	98954	1583	6080	. 6874	6083	4864
电动机动力	千瓦	622219	21052	11160	49115	32777	84063
拖拉机及配套机械	**台**	**24947**	**344**	**478**	**1596**	**3760**	**5913**
	千瓦	384222	5288	11918	19789	50174	102373
# 大中型	台	3109	55	148	105	180	1079
	千瓦	143914	1817	7443	4393	6817	49848
小型	台	21838	289	330	1491	3580	4834
	千瓦	240308	3471	4475	15396	43357	52525
农用排灌机械	**台**	**88015**	**2291**	**2880**	**286**	**6000**	**8102**
	千瓦	702498	24393	21600	4086	41120	75902
# 柴油机	台	59270	1300	1930	175	4500	4063
	千瓦	440485	12700	17000	2821	26620	19625
电动机	台	27664	991	950	111	1500	4039
	千瓦	242603	11693	4600	1265	14500	56277
农用水泵	台	72785	3190	3100	150	6200	8102
节水灌溉类机械	套	8394	118	50		10	
畜牧业养殖机械	**台**	**1443**	**190**	**102**	**236**	**210**	**215**
	千瓦	13621	1400	372	2530	1575	645
渔业机械	**台**	**19645**	**334**	**529**	**650**	**563**	**2013**
	千瓦	63105	1109	822	1930	1460	3154
农产品初加工动力机械	**台**	**38150**	**1019**	**1340**	**3200**	**6700**	**3346**
	千瓦	376722	15887	9380	41600	46900	45252

11-28续表

指　　标	单位	德安县	都昌县	湖口县	彭泽县	瑞昌市	共青城市	庐山市
农业机械总动力	千瓦	**88323**	**624500**	**67220**	**154103**	**303019**	**53688**	**39981**
#柴油发动机动力	千瓦	52229	348540	49897	109530	213698	29458	29960
汽油发动机动力	千瓦	1535	23290	2170	17801	9141	18650	883
电动机动力	千瓦	34559	252670	15153	26772	80180	5580	9138
拖拉机及配套机械	台	**1202**	**6006**	**672**	**2269**	**1664**	**269**	**774**
	千瓦	18504	83906	11590	40070	27619.15	3226	9766
#大中型	台	90	570	124	426	221	32	79
	千瓦	4179	27178	6000	20697	11714.15	564	3265
小型	台	1112	5436	548	1843	1443	237	695
	千瓦	14325	56728	5590	19373	15905	2662	6501
农用排灌机械	台	**3132**	**31080**	**8000**	**21803**	**3476**	**414**	**551**
	千瓦	24660	223620	15100	217657	43960		10400
#柴油机	台	1917	23160	4000	16559	1215	228	223
	千瓦	11638	133610	9000	191236	11635		4600
电动机	台	1215	7920	3920	5244	1260	186	328
	千瓦	13022	90010	6100	26421	12915		5800
农用水泵	台	2467	23730	8000	17165	173		508
节水灌溉类机械	套	7710	270	160	6	65		5
畜牧业养殖机械	台	**215**	**29**			**194**		**52**
	千瓦	474	2960			2885		780
渔业机械	台	**141**	**12368**	**970**	**1200**	**169**	**276**	**432**
	千瓦	11427	24076	1692	13010	497		3928
农产品初加工机械	台	**1590**	**13960**	**1960**	**3147**	**1663**		**225**
	千瓦	16000	145232	9200	27770	16791		2710

11-29 农业用电、化肥等农用物资情况

指　　标	单　位	2015年	2016年	2016年比2015年增长%
一、农村电气化情况				
农村用电量	万千瓦小时	127330	127546	0.17
二、农用化肥施用量				
按实物量计算	万吨	41.40	40.96	-1.07
氮　　肥	万吨	14.93	14.70	-1.51
磷　　肥	万吨	7.52	7.44	-1.05
钾　　肥	万吨	5.60	5.52	-1.47
复 合 肥	万吨	13.35	13.29	-0.42
按折纯量计算	万吨	15.56	15.37	-1.22
氮　　肥	万吨	5.47	5.34	-2.47
磷　　肥	万吨	2.61	2.64	1.01
钾　　肥	万吨	2.34	2.32	-0.96
复 合 肥	万吨	5.15	5.08	-1.33
三、其它农用物资情况				
农用塑料薄膜使用量	吨	4070	4018	-1.28
地膜覆盖面积	公顷	10791	10129	-6.13
农用柴油使用量	吨	33298	32069	-3.69
农药使用量	吨	11277	10976	-2.67

11-30 各县(市、区)农业用电、化肥等农用物资情况

(2016年)

指　　标	单　位	全市合计	濂溪区	浔阳区	九江开发区	九江县	武宁县	修水县
一、农村电气化情况								
农村用电量	万千瓦小时	127546	2577		1107	5807	8015	16041
二、农用化肥施用量								
按实物量计算	吨	409579	4706	7	3512	34139	15090	40905
氮　肥	吨	147049	1830		385	12288	5680	16367
磷　肥	吨	74407	860		371	5407	2268	5509
钾　肥	吨	55178	571		997	5601	1846	4288
复合肥	吨	132945	1445	7	1759	10843	5296	14742
按折纯量计算	吨	153704	1631	3	1282	11129	5782	14073
氮　肥	吨	53351	503		177	3140	2283	5548
磷　肥	吨	26364	220		167	1373	848	1941
钾　肥	吨	23175	253		498	2234	725	1551
复合肥	吨	50814	655	3	440	4382	1926	5033
三、其它农用物资情况								
农用塑料薄膜使用量	吨	4018	160	2	7	389	389	482
地膜覆盖面积	公顷	10129	11	23	21	1720	939	3803
农用柴油使用量	吨	32069	140		120	2018	5226	6281
农药使用量	吨	10976	144	1	26	871	521	388

11-30续表

指　标	单　位	永修县	德安县	都昌县	湖口县	彭泽县	瑞昌市	共青城市	庐山市
一、农村电气化情况									
农村用电量	万千瓦小时	7778	7918	25576	5960	19237	15120	2362	10049
二、农用化肥施用量									
按实物量计算	吨	77764	12988	61471	52279	62819	25672	7361	10865
氮　肥	吨	18941	3888	24607	25856	20971	9665	2018	4553
磷　肥	吨	19318	1590	10454	10524	12251	2527	963	2365
钾　肥	吨	10380	1522	6345	8456	10344	1892	915	2021
复合肥	吨	29125	5988	20065	7443	19253	11588	3465	1926
按折纯量计算	吨	36825	2706	23585	17619	21986	9820	2751	4512
氮　肥	吨	9000	778	11080	7757	7339	2975	723	2048
磷　肥	吨	8758	363	4393	2315	4289	515	479	703
钾　肥	吨	5113	367	2567	3974	3620	920	457	896
复合肥	吨	13954	1198	5545	3573	6738	5410	1092	865
三、其它农用物资情况									
农用塑料薄膜使用量	吨	305	130	478	230	1051	342	18	35
地膜覆盖面积	公顷	464	160	1454	120	191	810	296	117
农用柴油使用量	吨	3381	1087	1373	1520	4127	3124	1016	2656
农药使用量	吨	1728	523	1728	930	3156	483	256	221

11-31 乡镇社会经济基本情况(一)

(2016年)

乡镇名称	村民委员会个数(个)	乡镇行政区域面积(公顷)	常住户数(户)	常住人口(人)	公共财政收入(万元)	公共财政支出(万元)
濂溪区姑塘镇	8	4950	6980	20590	7915	2700
濂溪区威家镇	5	3760	1712	7828	3276	3555
濂溪区新港镇	12	6800	7730	33228	21835	21334
濂溪区莲花镇	7	7430	11077	29885	23532	1274
濂溪区赛阳镇	5	2890	1756	6843	6017	2097
濂溪区虞家河乡	7	3334	3154	13028	3712	400
濂溪区高垅乡	5	4000	3031	11995	379	321
九江县沙河街镇	3	2078	14730	58398	4788	306
九江县马回岭镇	10	9441	7887	27004	6000	5900
九江县江洲镇	11	8375	2603	12702	5831	5831
九江县城子镇	6	3409	3190	12149	3689	3580
九江县港口街镇	10	6857	6772	31646	6101	6743
九江县新合镇	7	4313	5201	14521	4443	4456
九江县狮子镇	8	5255	6001	22991	5026	5026
开发区永安乡	9	4658	7784	28590	1028	922
九江县涌泉乡	7	5451	4297	18981	3982	3982
九江县新塘乡	10	7563	3881	15729	4250	2580
九江县城门乡	8	4891	7210	27121	3790	4680
九江县岷山乡	15	12834	7082	23464	6531	5569
武宁县新宁镇	15	29290	6363	22816	3432	3175
武宁县泉口镇	9	14460	4897	20221	4233	5994
武宁县鲁溪镇	15	16339	9718	31460	17500	9058
武宁县船滩镇	16	23437	8320	28183	9317	9317
武宁县澧溪镇	15	29159	5391	17443	5056	6914
武宁县罗坪镇	5	26989	4352	16043	1623	1489
武宁县石门楼镇	12	15083	4659	17435	2318	2318
武宁县宋溪镇	10	29970	3870	10687	5447	5220
武宁县大洞乡	5	11168	2160	9132	2875	7921
武宁县横路乡	11	14688	5316	21352	3592	5666
武宁县官莲乡	8	12453	4627	16181	3594	3594
武宁县巾口乡	5	8977	2338	8129	4549	4375
武宁县东林乡	7	9306	2154	8332	4232	1747
武宁县上汤乡	7	11718	1532	5986	2152	2052
武宁县甫田乡	7	20292	3092	11671	5538	5420
武宁县清江乡	8	12307	3283	10742	4577	4577
武宁县石渡乡	8	18239	3383	12959	3514	2099
武宁县杨洲乡	6	20650	1659	7061	3520	3520
武宁县罗溪乡	10	19370	3600	14866	3363	3146
修水县义宁镇	8	8060	35353	110099	18000	4800
修水县白岭镇	11	7900	7328	32789	3610	3250
修水县全丰镇	14	10420	6029	31804	3693	3693
修水县古市镇	14	12450	8662	39932	1200	880
修水县大桥镇	16	12520	8007	35573	1650	1438
修水县渣津镇	15	14410	12520	71321	3800	2500
修水县马坳镇	24	34880	8745	39987	4000	3800

11-31续表1

乡 镇 名 称	村民委员会个数(个)	乡镇行政区域面积(公顷)	常住户数(户)	常住人口(人)	公共财政收入(万元)	公共财政支出(万元)
修水县杭口镇	10	5640	4041	18749	2542	2486
修水县港口镇	9	14640	4971	20659	5354	2631
修水县溪口镇	15	18850	7420	34757	950	916
修水县西港镇	10	5080	5842	23875	3524	3241
修水县山口镇	11	17750	2902	16427	200	285
修水县黄沙镇	12	20420	4564	20950	2300	3800
修水县黄港镇	8	31600	5102	19100	2110	2006
修水县何市镇	10	15563	5200	23800	3500	3500
修水县上奉镇	7	12181	3879	16213	2730	2730
修水县四都镇	11	13080	6886	28794	2800	2800
修水县太阳升镇	11	10360	8179	34893	5680	5415
修水县宁州镇	13	15190	5228	24248	4510	3705
修水县路口乡	6	3910	4105	17414	1932	1932
修水县黄龙乡	10	7092	3938	20362	2704	2538
修水县上衫乡	7	7140	3160	12296	759	759
修水县余段乡	5	3720	998	4511	433	410
修水县水源乡	8	4500	3456	14032	480	480
修水县石坳乡	8	4690	3263	16419	978	670
修水县东港乡	7	15170	2953	13000	740	740
修水县上杭乡	8	5860	3312	15052	2450	2430
修水县新湾乡	8	12890	2535	11434	1650	1650
修水县布甲乡	76	10400	1870	7896	1360	492
修水县漫江乡	7	9870	2094	8420	1520	1500
修水县复源乡	6	13920	1054	3180	1968	1968
修水县竹坪乡	6	5960	2211	8493	480	480
修水县征村乡	10	18710	3613	15321	2798	3377
修水县庙岭乡	6	12450	2041	9114	2280	1875
修水县黄坳乡	13	17400	3624	13910	780	780
修水县大椿乡	11	14593	4586	18836	3178	3178
永修县涂埠镇	6	2644	32179	79221	11712	7120
永修县吴城镇	5	35605	5085	16098	4847	4847
永修县三溪桥镇	6	12600	3463	13589	5220	4534
永修县虬津镇	8	5939	4563	18242	5169	1460
永修县艾城镇	12	6710	5928	18830	5383	5383
永修县滩溪镇	12	10820	4635	18030	320	160
永修县白槎镇	9	5116	3184	10625	3240	3240
永修县梅棠镇	7	7800	3316	13878	3990	3990
永修县燕坊镇	6	4700	3743	10566	3190	3162
永修县马口镇	14	5059	6901	30981	2285	2285
永修县柘林镇	2	1500	3586	10750	3181	3060
永修县三角乡	13	6839	6073	23864	4617	3912
永修县九合乡	12	5049	7944	24495	6764	6568
永修县立新乡	13	7822	6004	25495	6031	6037
永修县江上乡	6	10500	2522	10338	4387	4387
德安县蒲亭镇	4	2700	17581	64165	9210	705
德安县聂桥镇	6	5412	2293	8586	5544	5355

11-31续表2

乡镇名称	村民委员会个数(个)	乡镇行政区域面积(公顷)	常住户数(户)	常住人口(人)	公共财政收入(万元)	公共财政支出(万元)
德安县车桥镇	9	12500	3125	9878	3968	3878
德安县丰林镇	8	6400	3238	12720	8050	7260
德安县宝塔乡	8	12600	4137	12705	5500	5300
德安县河东乡	8	9600	2705	10791	16646	16194
德安县高塘乡	4	3300	4866	15408	6660	6720
德安县林泉乡	5	3100	1431	5675	3189	3189
德安县吴山镇	5	7400	1882	6554	7336	7104
德安县磨溪乡	9	10400	2012	6080	3989	3567
德安县爱民乡	4	4274	1810	6703	3968	3847
德安县邹桥乡	6	7100	1726	7394	4292	835
德安县塘山乡	4	2700	871	1800	3800	3800
都昌县都昌镇	5	6910	45021	122078	2368	2368
都昌县周溪镇	17	5107	15772	49693	4100	4100
都昌县三汊港镇	10	3985	5622	26459	510	510
都昌县中馆镇	8	5130	4763	17160	4020	4000
都昌县大沙镇	10	5120	8130	32750	1660	1660
都昌县万户镇	9	5710	8161	20136	3647	3624
都昌县南峰镇	7	3500	5747	21880	1570	1685
都昌县土塘镇	21	12592	14520	52121	50063	35892
都昌县大港镇	11	14300	6793	26102	960	960
都昌县蔡岭镇	14	11700	9761	36236	5800	3400
都昌县徐埠镇	14	9300	7966	26766	4142	4142
都昌县左里镇	12	6760	5077	21322	2750	2750
都昌县和合乡	11	3410	6957	23571	3652	3652
都昌县阳峰乡	8	5227	8031	29900	4767	4767
都昌县西源乡	11	2760	6184	27824	3437	2934
都昌县芗溪乡	8	4104	5762	25173	4137	4137
都昌县狮山乡	7	4830	4595	20680	2816	3020
都昌县鸣山乡	7	6849	4613	22241	3100	3388
都昌县春桥乡	7	5510	4033	16775	38	37
都昌县苏山乡	11	7133	6277	20342	4828	4825
都昌县多宝乡	11	6670	4534	18953	1280	
都昌县汪墩乡	23	17190	10705	43962	4400	500
都昌县北山乡	13	5617	6775	28674	4998	4998
都昌县大树乡	12	5067	8648	31902	2737	3737
湖口县双钟镇	4	3570	26413	70687	5704	3652
湖口县流泗镇	14	6200	7642	29882	8557	8390
湖口县马影镇	11	3662	6040	23308	7547	2860
湖口县武山镇	9	5068	2715	11669	7814	5860
湖口县城山镇	12	8795	5227	20247	8438	8225
湖口县均桥镇	19	6079	6362	25228	9753	6719
湖口县大垅乡	8	3155	3596	14185	7417	7417
湖口县凰村乡	10	3125	4215	18213	8505	5477
湖口县张青乡	11	3245	4301	17087	6910	5361
湖口县付垅乡	9	4138	3380	13900	7871	8268
湖口县舜德乡	10	9255	4265	16987	8060	8060
湖口县流芳乡	6	3800	2604	9982	7931	5178

11-31续表3

乡镇名称	村民委员会个数（个）	乡镇行政区域面积（公顷）	常住户数（户）	常住人口（人）	公共财政收入（万元）	公共财政支出（万元）
彭泽县龙城镇	12	6360	24476	82365	5060	6177
彭泽县棉船镇	12	10620	8102	35620	3888	3739
彭泽县马档镇	12	12900	8153	31468	7533	6647
彭泽县芙蓉墩镇	13	14574	8066	33809	5848	5457
彭泽县定山镇	10	3819	3588	18650	4607	5134
彭泽县天红镇	10	12150	3706	15596	5303	5193
彭泽县杨梓镇	18	20353	6657	30939	5212	5767
彭泽县东升镇	8	10960	3068	13106	480	460
彭泽县浪溪镇	7	8770	3845	9735	4995	4995
彭泽县黄花镇	9	6400	5458	22289	4475	4777
彭泽县太平关乡	12	6410	4687	12091	4562	5244
彭泽县黄岭乡	10	11860	3412	17271	5600	6500
彭泽县浩山乡	11	15670	2976	13083	4435	5056
瑞昌市码头镇	15	10496	15208	53580	47889	40706
瑞昌市白杨镇	6	6300	6598	19511	9098	7908
瑞昌市南义镇	13	14278	6971	23312	8565	8906
瑞昌市横港镇	13	11870	5401	22626	7441	7767
瑞昌市范镇	13	11621	7468	26400	5265	1826
瑞昌市肇陈镇	6	5600	3132	12982	5362	4873
瑞昌市高丰镇	8	8380	4236	16268	455	455
瑞昌市夏畈镇	12	5300	3831	16619	8035	8035
瑞昌市乐园乡	7	9260	1676	5640	3600	3420
瑞昌市洪一乡	9	9700	3939	18292	4900	2500
瑞昌市花园乡	7	10089	4580	19346	2935	3122
瑞昌市洪下乡	6	7000	2921	11217	3678	3678
瑞昌市武蛟乡	7	3020	3662	13678	4606	4312
瑞昌市横立山乡	6	5400	1200	3740	4022	3823
瑞昌市黄金乡	6	6500	2727	11251	9210	8750
瑞昌市南阳乡	8	4248	3750	15104	4469	2107
共青城市甘露镇	8	4900	3805	15820	24644	11956
共青城市江益镇	11	9200	5130	15885	763	932
共青城市金湖乡	8	2820	2438	9420	1967	1778
共青城市苏家垱乡	10	11200	6765	27017	1318	1318
共青城市泽泉乡	6	4694	3767	16213	1738	1738
庐山市南康镇	3	1890	10377	37482	944	944
庐山市白鹿镇	11	10800	7314	28050	5316	5511
庐山市温泉镇	9	10400	7010	30518	5192	4083
庐山市星子镇	6	4543	5253	21207	6105	6105
庐山市华林镇	8	4490	7000	25905		
庐山市蛟塘镇	8	3950	4569	28562	7167	7167
庐山市横塘镇	5	4320	5126	16829	6254	3251
庐山市牯岭镇	2	10415	7475	21367	560	532
庐山市海会镇	6	5680	3559	20841	5313	6364
庐山市蓼南乡	9	11339	5450	24731	6107	5938

11-32 乡镇社会经济基本情况(二)

(2016年)

乡镇名称	企业个数(个)	小学校数(所)	医疗卫生机构个数(个)	各种社会福利收养性单位数(个)	城乡居民基本养老保险参保人数(人)	金融机构网点数(个)
濂溪区姑塘镇	92	2	1	1	7092	3
濂溪区威家镇	174	2	1	1	2655	1
濂溪区新港镇	51	7	15	2	14547	4
濂溪区莲花镇	350	5	8	1	5173	6
濂溪区赛阳镇	55	2	4	1	2955	1
濂溪区虞家河乡	100	1	1	1	7060	1
濂溪区高垅乡	30	3	8		3976	1
九江县沙河街镇	362	5	5	2	2361	12
九江县马回岭镇	98	8	16	1	11838	3
九江县江洲镇	32	13	1	3	17648	3
九江县城子镇	13	7	6	1	7489	2
九江县港口街镇	368	9	11	1	29768	4
九江县新合镇	32	13	1	1	5621	2
九江县狮子镇	85	8	1	1	8345	1
开发区永安乡	14	6	1	1	4651	2
九江县涌泉乡	23	8	9	1	6212	1
九江县新塘乡	26	8	3	1	8717	1
九江县城门乡	20	8	6	1	13920	1
九江县岷山乡	139	12	2	1	10407	2
武宁县新宁镇	99	8	17	1	10612	1
武宁县泉口镇	13	11	1	2	19832	3
武宁县鲁溪镇	140	15	17	1	32689	3
武宁县船滩镇	90	22	18	1	30654	3
武宁县澧溪镇	60	19	21	1	14164	3
武宁县罗坪镇	27	8	6	1	9344	2
武宁县石门楼镇	27	16	1	1	5965	2
武宁县宋溪镇	160	5	11	1	6329	2
武宁县大洞乡	5	4	5	1	5389	2
武宁县横路乡	5	4	10	2	13384	2
武宁县官莲乡	33	9	9	1	6821	2
武宁县巾口乡	7	2	1		5220	2
武宁县东林乡	5	7	1	1	4377	1
武宁县上汤乡	20	1	2	1	3709	1
武宁县甫田乡	65	7	1	1	7211	1
武宁县清江乡	38	6	9	1	7513	2
武宁县石渡乡	58	8	1	1	7814	1
武宁县杨洲乡	20	5	1	1	4630	2
武宁县罗溪乡	12	6	10	1	5965	2
修水县义宁镇	2500	8	7		11792	28
修水县白岭镇	10	14	11	1	11746	3
修水县全丰镇	31	7	1	1	15100	1
修水县古市镇	64	17	1	1	16210	1
修水县大桥镇	35	15	1	2	18332	3
修水县渣津镇	200	16	1	3	22210	5
修水县马坳镇	50	20	1	1	9275	4

11-32续表1

乡 镇 名 称	企业个数（个）	小学校数（所）	医疗卫生机构个数（个）	各种社会福利收养性单位数（个）	城乡居民基本养老保险参保人数（人）	金融机构网点数（个）
修水县杭口镇	16	10	1	1	5820	2
修水县港口镇	17	10	10	1	17647	1
修水县溪口镇	83	24	1	1	15034	1
修水县西港镇	50	12	1	1	16400	1
修水县山口镇	15	1	13	18	20266	1
修水县黄沙镇	10	8	13	1	6219	1
修水县黄港镇	30	8	1	1	6498	2
修水县何市镇	5	10	1	1	80	2
修水县上奉镇	40	5	1	1	9141	
修水县四都镇	63	10	1	1	8815	1
修水县太阳升镇	40	10	1	1	11075	5
修水县宁州镇	30	15	1	1	13116	1
修水县路口乡	8	7	7	2	6167	1
修水县黄龙乡	10	11	11	1	9991	1
修水县上衫乡	4	8	8	1	5886	1
修水县余段乡	1	4	1	1	1618	4
修水县水源乡	9	7	1	1	2717	
修水县石坳乡	13	8	1	1	5454	1
修水县东港乡	4	3	1	1	4500	1
修水县上杭乡	16	10	8	1	6001	1
修水县新湾乡		7	1	1	8072	1
修水县布甲乡	18	7	1	1	1932	
修水县漫江乡	17	6	1	1	3150	1
修水县复源乡		3	6	1	19554	
修水县竹坪乡	15	3	7	1	3000	1
修水县征村乡	17	9	1	1	5773	1
修水县庙岭乡	18	6	6	1	3912	1
修水县黄坳乡	13	12	1	1	9465	1
修水县大椿乡	43	6	1	1	20000	1
永修县涂埠镇	375	4	6	4	5918	21
永修县吴城镇	15	4	7	1	8292	1
永修县三溪桥镇	9	6	1	1	6938	1
永修县虬津镇	15	8	1	1	7623	3
永修县艾城镇	44	8	1	1	8605	3
永修县滩溪镇	32	10	13	1	9944	1
永修县白槎镇	73	6	1	1	5391	2
永修县梅棠镇	5	4	1	1	9345	2
永修县燕坊镇	86	4	1	1	4710	2
永修县马口镇	5	14	1	1	12686	1
永修县柘林镇	19	2	1	1	7419	2
永修县三角乡	3	10	1	1	9632	
永修县九合乡	98	8	1	2	12942	
永修县立新乡	34	9	1	1	10773	1
永修县江上乡	17	5	1	1	6181	2
德安县蒲亭镇	225	3	4		3286	4
德安县聂桥镇	73	4	1	1	3486	2

11-32续表2

乡 镇 名 称	企业个数（个）	小学校数（所）	医疗卫生机构个数（个）	各种社会福利收养性单位数（个）	城乡居民基本养老保险参保人数（人）	金融机构网点数（个）
德安县车桥镇	18	2	10	1	6202	2
德安县丰林镇	19	3	6	1	6421	2
德安县宝塔乡	49	5	8	1	4340	2
德安县河东乡	5	3	9		5326	1
德安县高塘乡	39	2	6	2	3353	1
德安县林泉乡	3	5	1		3207	1
德安县吴山镇	25	2	3		4477	1
德安县磨溪乡	53	7	1	1	4443	2
德安县爱民乡	5	1	1	1	2580	1
德安县邹桥乡	3	4	4	1	3519	2
德安县塘山乡	6	2	1	1	3123	1
都昌县都昌镇	326	9	6	3	5611	24
都昌县周溪镇	600	18	1	1	15454	4
都昌县三汊港镇	62	18	1	1	11578	4
都昌县中馆镇	131	8	10	1	12300	3
都昌县大沙镇	40	14	1	1	14538	2
都昌县万户镇	26	11	11	1	16673	2
都昌县南峰镇	16	7	1	1	5997	2
都昌县土塘镇	25	30	1	1	48965	5
都昌县大港镇	67	17	1	1	12463	3
都昌县蔡岭镇	230	19	2	1	15287	4
都昌县徐埠镇	5	17	1	1	4216	3
都昌县左里镇	140	14	1	1	11370	1
都昌县和合乡	8	12	16	1	9740	1
都昌县阳峰乡	8	1	11	1	15363	1
都昌县西源乡	10	13	13	1	14126	2
都昌县芗溪乡	37	12	9	1	7737	2
都昌县狮山乡	13	12	1	1	8202	6
都昌县鸣山乡	5	8	1	1	13616	2
都昌县春桥乡	26	8	1	1	6842	2
都昌县苏山乡	46	13	1	1	10572	2
都昌县多宝乡	38	11	1	1	7156	2
都昌县汪墩乡	24	29	25	1	23036	5
都昌县北山乡		13	1	1	13788	2
都昌县大树乡		13	14	1	15450	2
湖口县双钟镇	236	4	5	2	60133	20
湖口县流泗镇	120	6	1	1	13376	4
湖口县马影镇	81	4	1		3927	1
湖口县武山镇	19	2	1	1	4363	2
湖口县城山镇	32	8	1	1	9352	2
湖口县均桥镇	187	5	25	1	15594	3
湖口县大垅乡	6	4	10	1	7921	1
湖口县凰村乡	67	5	1	1	5200	1
湖口县张青乡	9	11	1	1	10197	1
湖口县付垅乡	41	4	1	1	8211	1
湖口县舜德乡	10	6	1	2	9117	2
湖口县流芳乡	44	6	1	1	5526	1

11-33续表3

乡镇名称	企业个数（个）	小学校数（所）	医疗卫生机构个数（个）	各种社会福利收养性单位数（个）	城乡居民基本养老保险参保人数（人）	金融机构网点数（个）
彭泽县龙城镇	267	12	30	2	32120	32
彭泽县棉船镇	450	13	14	2	12854	2
彭泽县马档镇	37	11	15	2	17120	4
彭泽县芙蓉墩镇	380	5	2	1	16806	3
彭泽县定山镇	104	11	1	1	7722	3
彭泽县天红镇	33	11	11	1	8238	2
彭泽县杨梓镇	25	22	22	1	17317	3
彭泽县东升镇	20	8	1	1	6960	2
彭泽县浪溪镇	5	8	1	1	5330	2
彭泽县黄花镇	41	2	2	1	8561	3
彭泽县太平关乡	11	12	16	1	11641	2
彭泽县黄岭乡	40	10	10	1	9783	2
彭泽县浩山乡	132	12	2	1	5023	2
瑞昌市码头镇	421	7	3	1	11207	6
瑞昌市白杨镇	227	7	2	1	2519	4
瑞昌市南义镇	11	14	1	1	8538	3
瑞昌市横港镇	27	15	14	1	9137	2
瑞昌市范镇	42	8	16	1	8774	3
瑞昌市肇陈镇	7	2	1	1	4905	2
瑞昌市高丰镇	85	9	9	2	6418	2
瑞昌市夏畈镇	14	12	1	1	6014	
瑞昌市乐园乡	45	7	10	1	5385	2
瑞昌市洪一乡		9	10	2	6761	1
瑞昌市花园乡	23	6	8	1	8461	2
瑞昌市洪下乡	6	7	7	1	4429	1
瑞昌市武蛟乡	11	8	8	2	5610	2
瑞昌市横立山乡		6	7	1	4192	1
瑞昌市黄金乡	12	5	1	1	5970	1
瑞昌市南阳乡	5	7	1	1	4464	2
共青城市甘露镇	38	4	1	2	4900	2
共青城市江益镇	16	7	1	1	14201	1
共青城市金湖乡	22	3	6		4511	
共青城市苏家垱乡	28	10	11	1	11721	1
共青城市泽泉乡	3	8	7	1	8873	1
庐山市南康镇	1008	3	12	1	5723	9
庐山市白鹿镇	186	10	14	1	15580	1
庐山市温泉镇	52	7	12	1		5
庐山市星子镇	85	6	7	1	11471	2
庐山市华林镇	12	9	1	1	22470	1
庐山市蛟塘镇	155	10	10	1	14250	2
庐山市横塘镇	527	6	6	1	14654	2
庐山市牯岭镇	392	4	3		11332	9
庐山市海会镇	15	4	1	9	2920	1
庐山市蓼南乡	10	10	10	1	15031	2

主要统计指标解释

农村总人口 指乡村户数中的常住人口。包括常住人口中外出的民工、合同工及户口在家的在外学生。但不包括户口在家领取工资的国家正式职工。

乡村从业人员 指乡村人口中16岁以上实际参加生产经营活动并取得实物或货币收入的人员，即包括劳动年龄内经常参加劳动的人员，也包括超过劳动年龄但经常参加劳动的人员，但不包括户口在家的在外学生、现役军人和丧失劳动能力的人，也不包括待业人员和家务劳动者。从业人员年龄为16岁以上。从业人员按从事主业时间最长(时间相同按收入算)，分为农业从业人员、工业从业人员、建筑业从业人员、交运仓储及邮电通讯业从业人员、批发零售及餐饮业从业人员、其它从业人员。

农林牧渔业总产值 指以货币表现的农林牧渔业全部产品总量。它用价值量形式综合说明了一定时期(通常指一年)农林牧渔业生产的总成果和总规模，是观察农林牧渔业生产水平和发展速度；研究农林牧渔业内部比例关系和农林牧渔业在国民经济中的产业布局的一个重要指标，同时，也是计算农林牧渔业劳动生产率和农林牧渔业增加值的基础资料。

农业机械总动力 指主要用于农、林、牧、渔业的各种动力机械的动力总和。包括耕作机械、收获机械、农产品加工机械、运输机械、植保机械、牧业机械、林业机械、渔业机械和其它农业机械的动力。

农村用电量 指在本年度内，农村生产上和生活上的全年用电总度数(全年累计数)。但不包括农村中的全民所有制工业、交通、基建单位的用电量，也不包括县办工业和城镇生活用电量。

造林面积 指报告期内在荒地、荒山、沙丘等一切可造林的土地上，采用人工播种、植苗、飞机播种等方法种植成片的乔木林和灌木林，经过检查验收符合技术规程要求，并按《中华人民共和国森林法实施细则》规定，成活率达85%以上的造林面积。包括四旁植树如一侧在四行以上，连续面积0.066公顷以上的面积，造林面积不包括补植面积和治沙及沿河种草面积。

当年出栏头数 指农林牧渔企业生产单位饲养的，供屠宰并已出栏的全部牲畜头数。包括交售给国家，集市上出售的部分。

肉类总产量 指当年出栏并已屠宰的猪、牛、羊、马、骡、驴、家禽、兔等肉产量。即屠宰后除去头、蹄、下水后带骨肉的重量，也叫胴体重。

水产品产量 指本年度内捕捞的水产品(包括人工养殖并捕捞的水产品和捕捞天然生长的水产品)产量。不论自食或出售的，都应计算在内。

用作继续扩大再生产的水产品(如鱼苗、鱼种、鱼饵及转塘鱼、存塘鱼等)不作水产品产量统计。在淡水生长的各种水生植物，如莲藕、菱角等，因属农作物范畴，均不包括在水产品产量之内。

工　　业　12

- 2016年，全市规模以上工业企业1430家，其中国有企业6家，中央、省属企业20家，市及市以下企业1410家。
- 2016年，全市规模以上工业企业完成工业总产值5328.27亿元，工业增加值1115.73亿元。
- 2016年，全市有大中型企业303家，其中大型企业22家，中型企业281家。大中型企业完成工业总产值2887.72亿元，实现主营业务收入3013.65亿元。

12-1 各县（市、区）规模以上工业企业单位数

（2016年） 单位：个

指标	全市合计	濂溪区	浔阳区	九江开发区	九江县	武宁县	修水县
总计	**1430**	**95**	**19**	**125**	**103**	**104**	**131**
# 国有控股企业	49	6	5	7		3	7
一、按登记注册类型分							
国有企业	6		1	1		1	
集体企业	4					1	
股份合作企业	1						
有限责任公司	627	30	11	49	54	3	80
股份有限公司	39	5	2	7	4		4
私营企业	648	52	5	42	42	97	46
港、澳、台商投资企业	64	4		13	3	2	1
外商投资企业	41	4		13			
二、按隶属关系分							
中央企业	13	3	2	1		1	2
省属企业	7	2					1
市属企业	19	8	5	6			
县属企业	163		1	3	5	3	5
乡属企业	8				1		2
其他	1220	82	11	115	97	100	121
三、按轻重工业分							
轻工业	746	35	6	44	68	69	75
重工业	684	60	13	81	35	35	56
四、按企业规模分							
大型企业	22	4	1	6			
中型企业	281	18	4	25	15	52	20
小型企业	1112	73	14	93	85	50	110
微型企业	15			1	3	2	1

12-1续表

指　　标	永修县	德安县	都昌县	湖口县	彭泽县	瑞昌市	共青城市	庐山市
总　　计	**129**	**127**	**81**	**115**	**118**	**134**	**62**	**87**
# 国有控股企业	4	2	6	3	2	2		2
一、按登记注册类型分								
国有企业	2				1			
集体企业					2			1
股份合作企业					1			
有限责任公司	49	36	37	64	41	83	31	59
股份有限公司	2	1	2	2	4	2	2	2
私营企业	61	78	37	43	54	40	27	24
港、澳、台商投资企业	9	7	2	5	9	6	2	1
外商投资企业	6	5	3	1	6	3		
二、按隶属关系分								
中央企业	2		1	1				
省属企业		1	1		2			
市属企业								
县属企业	2		1	1	9	75	4	54
乡属企业					5			
其他	125	126	78	113	102	59	58	33
三、按轻重工业分								
轻工业	53	62	23	56	45	113	37	60
重工业	76	65	58	59	73	21	25	27
四、按企业规模分								
大型企业	1		2	1	1	3	2	1
中型企业	6	36	8	14	43	18	4	18
小型企业	120	90	71	97	72	113	56	68
微型企业	2	1		3	2			

12-2 规模以上工业企业单位总数和总产值、增加值

（2016年）　　单位:万元

指　　标	企业单位数（个）	#亏损企业	工业总产值	工业销售产值（当年价格）	#出口交货值	全部从业人员年平均人数（人）	工业增加值（当年价格）
总　　计	**1430**	**43**	**53282677**	**52487121**	**2952774**	**334073**	**11157273**
# 国有控股企业	49	6	5402076	5375291	24450	17496	1366067
一、按登记注册类型分							
国有企业	6	1	253869	253973		2452	96482
集体企业	4		74667	73714		341	15431
股份合作企业	1		5913	5913		98	1458
有限责任公司	624	21	14790241	14443955	918436	111688	3109131
股份有限公司	39	5	7564083	7585464	30480	22544	1698406
私营企业	651	12	23696031	23245334	802045	155794	4860663
港、澳、台商投资企业	64	2	4488597	4460939	934611	27568	870906
外商投资企业	41	2	2409277	2417829	267202	13588	504796
二、按隶属关系分							
中央企业	13	1	3816332	3828504	20196	7601	1037861
省属企业	7		832393	808893	2528	3320	168933
市属企业	19	4	755484	758627		7170	165480
县属企业	163	4	3474026	3370341	140065	28911	697294
镇属企业	8		191519	177741		1521	38676
其他	1220	34	44212923	43543016	2789985	285550	9049029
三、按轻重工业分							
轻工业	746	13	22872506	22457047	1778242	180496	4700443
重工业	684	30	30410172	30030074	1174531	153577	6456830
四、按企业规模分							
大型企业	22	1	9998459	10040799	461611	51454	2248600
中型企业	281	9	18878721	18362203	1534023	126005	3828823
小型企业	1112	33	24316854	23998315	957139	156107	5061395
微型企业	15		88644	85804		507	18455
五、按工业行业大类分							
煤炭开采和选选业	8		27074	27074		710	7885
黑色金属矿采选业	2		21794	21784		275	10149
有色金属矿采选业	18		854082	843516		4056	232580
非金属矿采选业	38		727017	723807		4124	210459
农副食品加工业	51		2431852	2416114	90745	8518	439951

12-2续表

指标	企业单位数(个)	#亏损企业	工业总产值	工业销售产值(当年价格)	#出口交货值	全部从业人员年平均人数(人)	工业增加值(当年价格)
食品制造业	13		536996	533171	99443	7656	133419
酒、饮料和精制茶制造业	12		664004	676161		3524	147248
纺织业	175	7	4737181	4596154	90543	40973	892180
纺织服装、服饰业	228		4855133	4727333	592040	46086	952428
皮革、毛皮、羽毛及其制品和制鞋业	28		593153	576094	21967	7329	175388
木材加工和木、竹、藤、棕、草制品业	23		576332	576693	11834	4175	108283
家具制造业	12		414632	387855	70967	3025	100359
造纸和纸制品业	18		678987	666141	8859	5260	190568
印刷和记录媒介复制业	22		643749	644869		5203	65383
文教、工美、体育和娱乐用品制造业	41	1	1522212	1483403	416600	12028	247958
石油加工、炼焦和核燃料加工业	6	1	3426561	3422398		3309	881332
化学原料和化学制品制造业	112	8	4705316	4702895	199347	20406	930233
医药制造业	35	1	847670	840047	31232	7576	230455
化学纤维制造业	7		625234	635235	14372	3464	103400
橡胶和塑料制品业	31	1	758053	724943	11055	7312	178806
非金属矿物制品业	165	9	4952252	4886928	212885	29950	1054200
黑色金属冶炼和压延加工业	13		2645023	2660832		8543	509201
有色金属冶炼和压延加工业	29	1	1925101	1800480	2528	8135	393196
金属制品业	48		1701953	1675964	26850	9614	342339
通用设备制造业	40		1555056	1547989	75738	7446	314566
专用设备制造业	22	1	797904	789807	145038	4411	197830
汽车制造业	29	2	1003365	918755	43044	6725	193156
铁路、船舶、航空航天和其他运输设备制造业	21	2	988739	899944	88395	11224	190490
电气机械和器材制造业	84	3	4912917	4957806	316584	30171	1013418
计算机、通信和其他电子设备制造业	47	2	1613684	1609490	138205	11357	312741
仪器仪表制造业	14		526329	517770		3384	112110
其他制造业	12	1	398541	384860	242778	2831	77487
废弃资源综合利用业	6	1	75368	75116		686	7728
电力、热力生产和供应业	10		347546	347964		2596	136777
燃气生产和供应业	4		108317	108842		655	28613
水的生产和供应业	6	2	83552	78884	1727	1336	34954

12-3 各县（市、区）规模以上工业主要经济指标

（2016年）

指　　标	工业总产值		工业增加值		产品产销率
	绝对值（万元）	比上年增长（%）	绝对值（万元）	比上年增长（%）	（%）
全市合计	**53282677**	**8.8**	**11157273**	**9.3**	**98.5**
濂溪区	4731037	10.2	996173	8.9	100.0
浔阳区	439366	-24.3	141497	8.3	101.2
九江开发区	8579939	12.0	1958430	9.9	100.7
九江县	2819818	11.8	550010	9.0	95.8
武宁县	3397392	12.3	714894	8.6	100.0
修水县	3651940	14.9	751974	9.3	100.0
永修县	4812965	3.2	1018496	9.4	102.3
德安县	4433487	7.7	925068	9.6	98.5
都昌县	1954978	7.0	394635	8.7	96.0
湖口县	3922544	13.7	765753	9.5	98.8
彭泽县	3064135	11.0	618892	9.2	99.9
瑞昌市	4959844	11.3	1027486	9.8	89.8
共青城市	4405677	-3.7	837722	8.9	96.5
庐山市	2109556	12.2	456245	8.5	100.0

12-4 规模以上工业企业增加值及增长速度

单位:万元

指　　标	2015年	2016年	2016年比2015年增长(%)
总　　计	**10356000**	**11157273**	**9.3**
# 国有控股企业	1073761	1366067	16.7
一、按登记注册类型分			
国有企业	180649	96482	-16.4
集体企业	12440	15431	52.0
股份合作企业	666	1458	26.9
有限责任公司	2834069	3109131	7.8
股份有限公司	1321825	1698406	11.9
私营企业	4670279	4860663	9.7
港、澳、台商投资企业	929700	870906	7.4
外商投资企业	406373	504796	15.2
二、按隶属关系分			
中央企业	707274	1037861	15.8
省属企业	186847	168933	10.3
市属企业	143894	165480	14.6
县属企业	654199	697294	19.5
镇属企业	46478	38676	3.6
其他	8617308	9049029	7.8
三、按轻重工业分			
轻工业	4579002	4700443	10.8
重工业	5776998	6456830	8.3
四、按企业规模分			
大型企业	1899231	2248600	6.8
中型企业	3630642	3828823	10.0
小型企业	4760451	5061395	10.8
微型企业	65676	18455	-66.1
五、按工业行业大类分			
煤炭开采和洗选业	17090	7885	-35.1
黑色金属矿采选业	6866	10149	47.0
有色金属矿采选业	250213	232580	17.2
非金属矿采选业	165673	210459	21.0
农副食品加工业	483775	439951	-4.4

注：增长速度按可比价计算

12-4 续表

指　　标	2015年	2016年	2016年比2015年增长(%)
食品制造业	127354	133419	12.5
酒、饮料和精制茶制造业	107466	147248	21.2
纺织业	897482	892180	5.8
纺织服装、服饰业	991360	952428	0.9
皮革、毛皮、羽毛及其制品和制鞋业	171807	175388	8.3
木材加工和木、竹、藤、棕、草制品业	88065	108283	22.7
家具制造业	125994	100359	-11.9
造纸和纸制品业	191847	190568	12.8
印刷和记录媒介复制业	54978	65383	13.7
文教、工美、体育和娱乐用品制造业	225187	247958	11.9
石油加工、炼焦和核燃料加工业	509623	881332	20.9
化学原料和化学制品制造业	813374	930233	15.2
医药制造业	241551	230455	-5.2
化学纤维制造业	129159	103400	-5.6
橡胶和塑料制品业	163737	178806	10.6
非金属矿物制品业	1012430	1054200	9.0
黑色金属冶炼和压延加工业	467504	509201	0.5
有色金属冶炼和压延加工业	280664	393196	18.0
金属制品业	328804	342339	9.4
通用设备制造业	314822	314566	10.7
专用设备制造业	153200	197830	22.4
汽车制造业	147827	193156	28.1
铁路、船舶、航空航天和其他运输设备制造业	164429	190490	12.7
电气机械和器材制造业	920071	1013418	8.2
计算机、通信和其他电子设备制造业	312123	312741	7.8
仪器仪表制造业	108485	112110	10.8
其他制造业	68560	77487	16.4
废弃资源综合利用业	12315	7728	13.3
电力、热力生产和供应业	246843	136777	-2.0
燃气生产和供应业	25607	28613	17.2
水的生产和供应业	29714	34954	11.0

12-5 主要工业产品产量

（2016年）

产品名称	单位	生产量	产品名称	单位	生产量
锡金属含量	吨	2128	初级形态的塑料	万吨	16.10
钨精矿折合量	吨	4000	#聚丙烯树脂	万吨	11.20
大米	万吨	12.55	中成药	吨	7389
配合饲料	吨	36778	化学纤维	万吨	35.10
精制食用油	万吨	162	#粘胶短纤维	万吨	34.00
鲜冷藏肉	吨	29974	橡胶轮胎外胎	万条	41.20
啤酒	千升	224794	塑料制品	万吨	12.50
软饮料	万吨	43.43	水泥	万吨	1641.70
#果汁饮料	万吨	43.43	商品混凝土	万平方米	675.40
精制茶	吨	1039	砖	亿块	15.30
纱	万吨	69.40	天然石板材(大理石板材)	万平方米	89.80
布	万米	14879	钢化玻璃	万平方米	5.90
#棉布	万米	14879	玻璃纤维纱	万吨	49.00
印染布	万米	3215	生铁	万吨	474.30
蚕丝	吨	2717	铜材	吨	6941
梭织服装(不包括针织服装)	万件	38085	钢材	万吨	549.10
针织服装	万件	7528	#钢筋	万吨	264.40
羽绒服装	万件	8258	工业锅炉	蒸发量吨	867
人造板	万立方米	28.90	金属切削机床	台	2910
机制纸及纸板	万吨	52.53	照相机	万台	126.80
实木木地板	万平方米	19.90	改装汽车	辆	772
原油加工量	万吨	725.01	民用钢质船舶	载重吨	89986
#汽油	万吨	217.99	交流电动机	千瓦	269609
柴油	万吨	307.32	灯具及照明装置	万套(台)	44.90
煤油	万吨	54.95	移动通信手持机（手机）	万台	2587.60
液化石油气	万吨	42.02	发电量	亿千瓦小时	103.93
硫酸（折100%）	万吨	50.05	#火电	亿千瓦小时	94.56
盐酸(氯化氢)(含量31%以上)	万吨	11.72	水电	亿千瓦小时	4.77
烧碱(折100%)	万吨	5.19	供电量(全社会)	亿千瓦小时	160.41
纯苯	万吨	8.02	#工业	亿千瓦小时	115.28

12-6 主要年份主要工业产品产量

产品名称	单位	1978年	1980年	1990年	2000年	2010年	2013年	2014年	2015年	2016年
纱	吨	12788	19288	26272	44657	474721	825816	897613	879183	690681
布	万米	4245	6434	7317	3892	28188	2589	2194	2915	14879
印染布	万米	2363	3420	4514	3359	6083	3330	806	2765	3215
发电量	万千瓦小时	67615	88796	251573	383577	752557	896075	917967	1025687	1039280
原油加工量	万吨		10.43	155.10	327.40	468.43	519.18	471.26	555.50	725.01
汽油	万吨		0.44	47.82	82.50	108.59	159.33	162.02	192.76	217.99
柴油	万吨		1.67	46.12	127.10	190.85	204.73	179.61	211.92	307.32
化学纤维	万吨					13.85	33.99	37.36	37.77	35.10
金属切削机床	台	288	121	891	1629	1342	2058	2208	2455	2910
汽车	辆					36703	13080	42074	48083	
烧碱	吨	20397	24044	26295	67442	88474	44951	42672	40155	51871
原煤	万吨	27.06	19.75	26.9	15.12	88.20	58.17	76.92	84.10	48.45
水泥	万吨	19.52	22.58	48.66	154.50	777.20	1623.60	1980.45	1602.13	1641.70
钢材	万吨					253.61	455.16	524.71	530.43	549.10
砖	万块	26858	34113	67664	148863	85471	142685	136404	154803	152691
机制纸及纸板	吨	9247	11210	23385	20857	126523	336680	457901	484213	525304

12-7 规模以上工业企业主营业务收入

（2016年） 单位：万元

指标	主营业务收入	主营业务成本	主营业务税金及附加	销售费用
总计	**54874856**	**47389147**	**1120488**	**825071**
#国有控股企业	5552076	4026425	970433	42841
一、按登记注册类型分				
国有企业	255160	234635	2528	1181
集体企业	76160	65515	191	1502
股份合作企业	6412	5612	322	140
有限责任公司	15049438	13075296	57392	247565
股份有限公司	8771241	7121298	969961	66236
私营企业	23758841	20700760	78172	403121
港、澳、台商投资企业	4516763	4081888	5205	56925
外商投资企业	2440841	2104143	6717	48402
二、按隶属关系分				
中央企业	3977991	2699601	964161	20785
省属企业	861088	737746	1795	18604
市属企业	764656	671564	4199	11729
县属企业	3567854	3142978	8461	29803
镇属企业	193953	171394	1630	6824
其他	45509315	39965864	140243	737327
三、按轻重工业分				
轻工业	23114921	20143656	75741	441799
重工业	31759936	27245492	1044747	383272
四、按企业规模分				
大型企业	11220138	9139861	976804	182248
中型企业	18916389	16492991	48325	319429
小型企业	24646578	21680366	94626	322913
微型企业	91751	75930	733	481
五、按工业行业大类分				
煤炭开采和洗选业	27938	24884	52	469
黑色金属矿采选业	22291	17556	48	180
有色金属矿采选业	860264	723232	3524	14765
非金属矿采选业	737682	629675	5928	19478
农副食品加工业	2433262	2238863	3381	23986

12-7续表

指　　　标	主营业务收　　入	主营业务成　　本	主营业务税金及附　　加	销售费用
食品制造业	539861	443255	5362	33320
酒、饮料和精制茶制造业	667598	556564	15491	14598
纺织业	4795895	4286210	12595	58773
纺织服装、服饰业	4910083	4289356	11531	93855
皮革、毛皮、羽毛及其制品和制鞋业	604133	513153	2936	16065
木材加工和木、竹、藤、棕、草制品业	572491	485850	1609	12846
家具制造业	418551	378655	284	2085
造纸和纸制品业	693034	615477	656	8852
印刷和记录媒介复制业	650166	553574	2011	14778
文教、工美、体育和娱乐用品制造业	1533734	1319270	3298	13228
石油加工、炼焦和核燃料加工业	3580868	2322965	961786	6672
化学原料和化学制品制造业	4713339	4208657	7220	56728
医药制造业	853443	731239	1818	22581
化学纤维制造业	633947	564756	1433	6426
橡胶和塑料制品业	775432	690442	1398	9901
非金属矿物制品业	5040017	4354810	20134	91300
黑色金属冶炼和压延加工业	3677240	3434198	5438	15185
有色金属冶炼和压延加工业	1923421	1645491	6989	28510
金属制品业	1722552	1506782	9303	21159
通用设备制造业	1554553	1382102	4295	17468
专用设备制造业	806074	693068	1630	20161
汽车制造业	1025292	915099	3509	14347
铁路、船舶、航空航天和其他运输设备制造业	989976	902644	2677	2689
电气机械和器材制造业	4915620	4159233	14731	145291
计算机、通信和其他电子设备制造业	1656913	1463294	2786	15434
仪器仪表制造业	524225	464088	1400	7810
其他制造业	402569	359685	894	3456
废弃资源综合利用业	76671	65113	193	2568
电力、热力生产和供应业	348231	300888	2872	3105
燃气生产和供应业	108131	88304	1029	3362
水的生产和供应业	79359	60716	252	3642

12-8 规模以上工业企业利润和税金

（2016年） 单位：万元

指　　标	利润总额	亏损企业亏损总额	利税总额	本年应交增值税
总　　计	**4149819**	**80631**	**6664340**	**1394033**
# 国有控股企业	330816	64993	1591129	289880
一、按登记注册类型分				
国有企业	2913	332	20039	14598
集体企业	7719		9834	1924
股份合作企业	92		539	125
有限责任公司	1255299	4517	1647737	335046
股份有限公司	421589	66438	1713631	322082
私营企业	1962630	7524	2596554	555755
港、澳、台商投资企业	286954	354	396780	104621
外商投资企业	212625	1466	279226	59882
二、按隶属关系分				
中央企业	163967	61693	1372717	244590
省属企业	84867		111348	24687
市属企业	40897	2831	58881	13786
县属企业	326868	1698	428912	93582
镇属企业	10891		16784	4262
其　　他	3522330	14410	4675698	1013126
三、按轻重工业分				
轻工业	1869618	2725	2473331	527972
重工业	2280201	77906	4191009	866061
四、按企业规模分				
大型企业	605615	61693	1957432	375013
中型企业	1517108	6508	2049415	483982
小型企业	2014839	12430	2640656	531192
微型企业	12258		16837	3846
五、按工业行业大类分				
煤炭开采和洗选业	1426		2045	567
黑色金属矿采选业	4166		4910	696
有色金属矿采选业	87689		123911	32699
非金属矿采选业	64915		90151	19307
农副食品加工业	123701		200981	73899

12-8续表

指　　标	利润总额	亏损企业亏损总额	利税总额	本年应交增值税
食品制造业	40793		56574	10420
酒、饮料和精制茶制造业	63175		92621	13955
纺织业	354098	1565	469034	102342
纺织服装、服饰业	428945		530049	89573
皮革、毛皮、羽毛及其制品和制鞋业	54316		70408	13156
木材加工和木、竹、藤、棕、草制品业	55519		70017	12889
家具制造业	32163		43282	10836
造纸和纸制品业	50315		65042	14072
印刷和记录媒介复制业	55067		71477	14399
文教、工美、体育和娱乐用品制造业	178922	241	218558	36339
石油加工、炼焦和核燃料加工业	212203	182	1399494	225505
化学原料和化学制品制造业	333975	63777	446643	105448
医药制造业	72528	150	98239	23892
化学纤维制造业	32925		46553	12195
橡胶和塑料制品业	60267	34	82004	20339
非金属矿物制品业	444368	3058	599980	135479
黑色金属冶炼和压延加工业	161255		238485	71793
有色金属冶炼和压延加工业	192724	33	244718	45006
金属制品业	145320		212941	58319
通用设备制造业	119387		149328	25646
专用设备制造业	62352	20	79299	15317
汽车制造业	55986	5160	82557	23063
铁路、船舶、航空航天和其他运输设备制造业	68071	2961	90785	20038
电气机械和器材制造业	351879	2702	452825	86215
计算机、通信和其他电子设备制造业	125124	354	166151	38241
仪器仪表制造业	40316		51777	10061
其他制造业	28850	16	35998	6255
废弃资源综合利用业	4110	13	6030	1728
电力、热力生产和供应业	18838		41198	19488
燃气生产和供应业	13284		16968	2656
水的生产和供应业	10850	367	13306	2204

12-9 规模以上工业企业固定资产

（2016年） 单位：万元

指标	固定资产合计	固定资产原价	累计折旧	固定资产净值
总计	**11465816**	**22456155**	**11662698**	**10793457**
# 国有控股企业	2762681	4334818	1600431	2734387
一、按登记注册类型分				
国有企业	396230	721901	333252	388650
集体企业	3547	3148	1007	2141
股份合作企业	196	566	386	180
有限责任公司	3552844	5807750	2550812	3256938
股份有限公司	1907521	3389072	1460845	1928226
私营企业	3530533	8539540	5253000	3286541
港、澳、台商投资企业	1051324	2185882	1187839	998043
外商投资企业	1023621	1808295	875557	932738
二、按隶属关系分				
中央企业	1947571	3255093	1286749	1968344
省属企业	621465	959084	385178	573906
市属企业	240553	365332	161852	203480
县属企业	624397	905912	408950	496962
镇属企业	12288	14918	3996	10922
其他	8019542	16955816	9415973	7539843
三、按轻重工业分				
轻工业	3580105	7015703	3729301	3286402
重工业	7885711	15440452	7933396	7507055
四、按企业规模分				
大型企业	3498744	6338903	2855530	3483373
中型企业	3500738	7563898	4344170	3219728
小型企业	4385698	8460780	4450548	4010232
微型企业	80636	92573	12449	80124
五、按工业行业大类分				
煤炭开采和洗选业	10658	11911	1253	10658
黑色金属矿采选业	5113	6391	1406	4985
有色金属矿采选业	277361	340077	108455	231623
非金属矿采选业	230832	322902	129667	193235
农副食品加工业	196239	427597	242641	184956

12-9续表

指　　标	固定资产合计	固定资产原价	累计折旧	固定资产净值
食品制造业	81069	189307	113247	76060
酒、饮料和精制茶制造业	472677	583662	115263	468399
纺织业	755742	1400280	754693	645587
纺织服装、服饰业	318944	1146668	852452	294217
皮革、毛皮、羽毛及其制品和制鞋业	56889	66360	17966	48394
木材加工和木、竹、藤、棕、草制品业	149283	192007	73678	118328
家具制造业	81529	189739	109573	80166
造纸和纸制品业	171436	312050	156024	156026
印刷和记录媒介复制业	69961	200046	131918	68128
文教、工美、体育和娱乐用品制造业	265670	461295	233719	227576
石油加工、炼焦和核燃料加工业	953566	1502537	522776	979761
化学原料和化学制品制造业	1234878	2720916	1509270	1211646
医药制造业	106943	281195	188006	93188
化学纤维制造业	310607	510124	211520	298604
橡胶和塑料制品业	96204	191097	109606	81491
非金属矿物制品业	1259980	2462684	1353362	1109321
黑色金属冶炼和压延加工业	734020	1384741	651060	733680
有色金属冶炼和压延加工业	701345	1017572	320280	697292
金属制品业	373264	503776	144422	359354
通用设备制造业	156173	521033	370517	150516
专用设备制造业	74395	247143	179051	68091
汽车制造业	148536	271818	157398	114420
铁路、船舶、航空航天和其他运输设备制造业	171070	247794	97060	150734
电气机械和器材制造业	705348	2388703	1693421	695282
计算机、通信和其他电子设备制造业	455766	982238	559228	423010
仪器仪表制造业	47532	128107	81068	47039
其他制造业	45553	51117	12142	38975
废弃资源综合利用业	3091	2692	778	1914
电力、热力生产和供应业	590769	963793	382870	580924
燃气生产和供应业	28726	43255	14528	28726
水的生产和供应业	124649	183531	62380	121150

12-10 规模以上工业企业流动资产

（2016年） 单位：万元

指标	资产总计	负债合计	流动资产合计	# 应收帐款净额	存货	# 产成品
总计	**25102069**	**11103616**	**9057443**	**2022620**	**2439070**	**1484164**
# 国有控股企业	4276796	3157738	1185445	198641	349314	136792
一、按登记注册类型分						
国有企业	459363	317223	62358	33939	15995	59
集体企业	5434	1664	1209	13	9	5
股份合作企业	1095	984	704	282	304	304
有限责任公司	7752029	3887701	2904796	719095	713675	424491
股份有限公司	3361289	1957712	1102519	205396	374515	175260
私营企业	9087342	3101871	3191605	612535	801414	603595
港、澳、台商投资企业	2484382	1114893	1069613	343145	347147	226245
外商投资企业	1951135	721569	724640	108215	186012	54204
二、按隶属关系分						
中央企业	2838630	2221292	726320	126209	177262	60534
省属企业	998246	555265	319488	18515	130890	42220
市属企业	691726	383360	306205	119111	84118	64611
县属企业	1495892	595723	597100	152496	136154	73525
镇属企业	57719	24093	26100	11522	4566	4229
其他	19019856	7323882	7082231	1594768	1906080	1239045
三、按轻重工业分						
轻工业	9222869	3287415	3680437	817814	1109700	786994
重工业	15879199	7816201	5377007	1204806	1329371	697170
四、按企业规模分						
大型企业	6281229	4257123	1870944	369836	665690	324448
中型企业	8972505	3179593	3754633	676743	974968	640531
小型企业	9533295	3469037	3288034	895352	778755	503817
微型企业	315040	197862	143832	80689	19658	15367
五、按工业行业大类分						
煤炭开采和洗选业	23224	4013	11585	4512	3012	3012
黑色金属矿采选业	9158	2850	4045	373	2270	2134
有色金属矿采选业	513014	166468	175975	16469	34271	27969
非金属矿采选业	400007	112165	135002	24958	31419	27143
农副食品加工业	670950	209733	427347	33608	274370	263799

12-10续表

指　　　　标	资产总计	负债合计	流动资产合　计	# 应收帐款净　额	存　货	# 产成品
食品制造业	220777	79300	82454	15744	21137	13506
酒、饮料和精制茶制造业	595584	379038	105525	10941	31781	27870
纺织业	2116103	695818	817297	157236	201677	142871
纺织服装、服饰业	1242946	448479	729865	223390	236224	187310
皮革、毛皮、羽毛及其制品和制鞋业	200520	47778	101431	22606	29700	22194
木材加工和木、竹、藤、棕、草制品业	325177	97382	95081	23804	37571	22206
家具制造业	143414	35291	26929	4102	5643	3921
造纸和纸制品业	383888	161588	166106	19581	34225	11197
印刷和记录媒介复制业	152861	69896	52876	22075	10655	5001
文教、工美、体育和娱乐用品制造业	819628	222491	219876	53076	36599	12633
石油加工、炼焦和核燃料加工业	1572587	1030838	489777	68056	148567	68970
化学原料和化学制品制造业	2159012	1331171	655392	93431	154417	77284
医药制造业	381316	118639	156223	34024	32091	18382
化学纤维制造业	706403	377082	288419	97999	77182	11524
橡胶和塑料制品业	281131	71265	112444	25076	30255	12504
非金属矿物制品业	2608993	883973	893067	202794	177149	113085
黑色金属冶炼和压延加工业	1044423	564600	248053	14009	113839	20928
有色金属冶炼和压延加工业	1555050	807773	602806	62825	167361	86809
金属制品业	621469	119412	158358	26714	63870	51826
通用设备制造业	417942	126274	165420	67740	29699	16318
专用设备制造业	265167	137085	147544	91263	16784	12768
汽车制造业	268544	105273	88833	21564	34662	22098
铁路、船舶、航空航天和其他运输设备制造	611639	356121	326150	79214	108274	44111
电气机械和器材制造业	2504087	1134477	869270	248369	151833	80072
计算机、通信和其他电子设备制造业	987062	489908	407037	136450	105875	66100
仪器仪表制造业	144757	74785	62503	21751	9679	5081
其他制造业	137560	11143	78351	39163	2846	2109
废弃资源综合利用业	33649	18915	16868	2109	1581	1140
电力、热力生产和供应业	703922	485333	88158	51179	17257	
燃气生产和供应业	73246	35904	21526	2685	3492	290
水的生产和供应业	206863	91356	29852	3735	1805	

12-11 规模以上工业企业全员劳动生产率

（2016年）

指　　标	全部从业人员年平均人数（人）	工业增加值（当年价）（万元）	全员劳动生产率（元/人）
总　　计	**334073**	**11157273**	**333977**
# 国有控股企业	17496	1366067	780788
一、按登记注册类型分			
国有企业	2452	96482	393481
集体企业	341	15431	452532
股份合作企业	98	1458	148802
有限责任公司	111688	3109131	278376
股份有限公司	22544	1698406	753374
私营企业	155794	4860663	311993
港、澳、台商投资企业	27568	870906	315912
外商投资企业	13588	504796	371501
二、按隶属关系分			
中央企业	7601	1037861	1365427
省属企业	3320	168933	508833
市属企业	7170	165480	230795
县属企业	28911	697294	241186
镇属企业	1521	38676	254281
其他	285550	9049029	316898
三、按轻重工业分			
轻工业	180496	4700443	260418
重工业	153577	6456830	420430
四、按企业规模分			
大型企业	51454	2248600	437012
中型企业	126005	3828823	303863
小型企业	156107	5061395	324226
微型企业	507	18455	363997
五、按工业行业大类分			
煤炭开采和洗选业	710	7885	111057
黑色金属矿采选业	275	10149	369036
有色金属矿采选业	4056	232580	573422
非金属矿采选业	4124	210459	510327
农副食品加工业	8518	439951	516496

12-11续表

指　　标	全部从业人员年平均人数（人）	工业增加值（当年价）（万元）	全员劳动生产率（元/人）
食品制造业	7656	133419	174267
酒、饮料和精制茶制造业	3524	147248	417843
纺织业	40973	892180	217748
纺织服装、服饰业	46086	952428	206663
皮革、毛皮、羽毛及其制品和制鞋业	7329	175388	239306
木材加工和木、竹、藤、棕、草制品业	4175	108283	259362
家具制造业	3025	100359	331766
造纸和纸制品业	5260	190568	362297
印刷和记录媒介复制业	5203	65383	125664
文教、工美、体育和娱乐用品制造业	12028	247958	206150
石油加工、炼焦和核燃料加工业	3309	881332	2663439
化学原料和化学制品制造业	20406	930233	455863
医药制造业	7576	230455	304191
化学纤维制造业	3464	103400	298500
橡胶和塑料制品业	7312	178806	244538
非金属矿物制品业	29950	1054200	351987
黑色金属冶炼和压延加工业	8543	509201	596045
有色金属冶炼和压延加工业	8135	393196	483339
金属制品业	9614	342339	356084
通用设备制造业	7446	314566	422462
专用设备制造业	4411	197830	448493
汽车制造业	6725	193156	287221
铁路、船舶、航空航天和其他运输设备制造业	11224	190490	169717
电气机械和器材制造业	30171	1013418	335892
计算机、通信和其他电子设备制造业	11357	312741	275373
仪器仪表制造业	3384	112110	331296
其他制造业	2831	77487	273710
废弃资源综合利用业	686	7728	112649
电力、热力生产和供应业	2596	136777	526876
燃气生产和供应业	655	28613	436839
水的生产和供应业	1336	34954	261635

12-12 各县（市、区）规模以上工业企业主要经济指标

（2016年） 单位：万元

地区	企业单位数（个）	亏损企业	主营业务收入	销售费用	主营业务税金及附加
全市	1430	43	54874856	825071	1120488
濂溪区	95	1	4727082	82669	12093
浔阳区	19	5	437634	9633	3063
九江开发区	125	9	8780606	184700	987981
九江县	103	3	2851701	32998	31645
武宁县	104		3355923	164784	12054
修水县	131		3642963	73805	6972
永修县	129	3	5032554	14819	2885
德安县	127	8	4448900	51181	6473
都昌县	87	1	1984659	3644	1536
湖口县	81	12	4894589	23679	7661
彭泽县	115		3064664	21885	9719
瑞昌市	118	1	5058994	63460	20625
共青城市	134		4460448	82457	6847
庐山市	62		2134141	15358	10933

地区	利润总额	利税总额	流动资产	#产成品
全市	4149819	6664340	9057443	1484164
濂溪区	236805	354030	906758	398252
浔阳区	12910	34036	155423	7703
九江开发区	551265	1850150	1733974	155085
九江县	139726	217930	465161	102426
武宁县	323711	431526	214131	2915
修水县	508528	621350	757401	283696
永修县	374032	509320	493408	19948
德安县	258147	416427	379347	77261
都昌县	118254	204478	141005	11852
湖口县	273599	364484	895253	94494
彭泽县	202347	280067	474821	49948
瑞昌市	481410	603659	1164732	34456
共青城市	428269	495914	879454	189327
庐山市	240816	280968	396576	56800

12-13 主要年份规模以上工业企业主要经济指标

指标	单位	1978年	1980年	1985年	1990年	1995年
企业单位数	个	292	316	378	408	578
#亏损企业	个	72	53	48	122	202
工业总产值(当年价)	万元	60976	82277	187253	409038	917739
主营业务收入	万元	53729	72538	160570	358925	877309
主营业务成本	万元			142757	315630	691422
主营业务税金及附加	万元	3891	4899	12678	26851	32104
利润总额	万元	3683	5632	13493	6128	17568
利税总额	万元	7547	10532	26172	32979	91273
固定资产原价	万元	79297	109243	215939	340835	947444
固定资产净值	万元	62453	84437	170848	143647	572877
流动资产年平均余额	万元	31847	37440	62489	152914	584223
资产总计	万元	94300	121877	233337	396561	1157100
每百元固定资产原值实现的产值(按当年价)	元	76.89	75.32	86.72	120.01	96.86
每百元固定资产原值实现的利税	元	9.55	9.64	12.12	9.68	9.63
资金利税率	%	8	8.6	11.2	8.3	7.9
主营业务收入利税率	%	14.1	14.5	16.3	9.2	10.4
主营业务成本利税率	%			18.3	10.5	13.2

12-13续表

指　　标	单位	2000年	2005年	2010年	2012年	2013年	2014年	2015年	2016年
企业单位数	个	456	495	904	846	1009	1121	1259	1430
#亏损企业	个	177	123	48	48	56	47	41	43
工业总产值(当年价)	万元	1453515	3551373	14977463	27788363	35156906	45601570	48751142	53282677
工业销售值(当年价)	万元	1432734	3487398	14782156	27869214	34938323	45256741	48302811	52487121
#出口交货值	万元	92022	265061	1249899	2356588	2080084	3132322	3092775	2952774
全部从业人员年平均人数	人	137177	125599	249548	273960	278318	309994	326198	334073
工业增加值(当年价)	万元	290542	936340	3606100	6212900	7848300	9455300	10356000	11157273
主营业务收入	万元	1432464	3381923	15493652	28999005	38597403	47310906	51091897	54874856
主营业务成本	万元	1236766	3079823	13394670	25172882	33938157	41686115	44691447	47389147
主营业务税金及附加	万元	49670	61930	431025	524474	574399	579974	903713	1120488
利润总额	万元	-37216	67947	821853	1643763	2597957	3073195	3488268	4149819
亏损企业亏损总额	万元	52074	88145	132330	280601	86921	120908	87316	80630.9
本年应交增值税	万元	52636	109262	385572	634189	942833	1201847	1308707	1394033
利税总额	万元	65090	241823	1638450	2802426	4115188	4855016	5700688	6664340
固定资产原价	万元	1855724	2705783	5159128	11913481	15414015	18261400	22235600	22456155
固定资产净值	万元	1272734	1816681	3651964	6282507	7608163	8791300	11440000	10793457
流动资产年平均余额	万元	857456	1182257	3559541	4597462	5935630	6338565	7094933	9057443
资产总计	万元	2607151	3516821	9499446	12291333	16288284	18650154	24570000	25102069
每百元固定资产原值实现的产值(按当年价)	元	78.33	131.25	290.31	233.3	228.1	249.7	219.2	237.3
每百元固定资产原值实现的利税	元	3.51	8.94	31.76	23.5	26.7	26.6	25.6	29.7
资金利税率	%	2.50	6.88	17.25	22.8	25.3	26.0	23.2	26.5
主营业务收入利税率	%	4.54	7.15	10.57	9.7	10.7	10.3	11.2	12.1
主营业务成本利税率	%	5.26	7.85	12.23	11.1	12.1	11.6	12.8	14.1

12-14 国有控股工业企业单位个数和总产值

（2016年）　　单位：万元

指　　标	企业单位数（个）	#亏损企业	工业总产值（当年价格）	工业销售产值（当年价格）
总　　计	**49**	**6**	**5402076**	**5375291**
一、按隶属关系分				
中央企业	13	1	3816332	3828504
地方企业	36	5	1585744	1546787
二、按轻重工业分				
轻工业	12	4	202239	196589
重工业	37	2	5199837	5178702
三、按企业规模分				
大型企业	4	1	3875402	3849819
中型企业	15	2	775258	776514
小型企业	29	3	742511	740052
微型企业	1		8906	8906
四、按工业行业大类分				
煤炭开采和洗选业	1		8593	8593
有色金属矿采选业	3		258723	258702
非金属矿采选业	1		38928	38914
农副食品加工业	3		100003	99992
酒、饮料和精制茶制造业	1		21656	20969
纺织服装、服饰业	1		31934	31934
印刷和记录媒介复制业	1		2294	2294
石油加工、炼焦和核燃料加工业	1		3114700	3109622
化学原料和化学制品制造业	2	1	297219	312307
非金属矿物制品业	7	1	324413	327281
有色金属冶炼和压延加工业	4		579964	544517
金属制品业	2		9979	10083
通用设备制造业	2		40782	38681
专用设备制造业	2		34451	34451
汽车制造业	1	1	21867	25050
铁路、船舶、航空航天和其他运输设备制造业	1		75031	75031
计算机、通信和其他电子设备制造业	1		7262	7262
其他制造业	1	1	3827	3827
电力、热力生产和供应业	7		319682	319682
燃气生产和供应业	2		75386	75386
水的生产和供应业	5	2	35382	30714

12-15 国有控股工业企业主营业务收入

（2016年） 单位：万元

指　标	主营业务收　入	主营业务成　本	销售费用	主营业务税金及附加
总　计	**5552076**	**4026425**	**42841**	**970433**
一、按隶属关系分				
中央企业	3977991	2699601	20785	964161
地方企业	1574086	1326824	22057	6273
二、按轻重工业分				
轻工业	196160	161853	5693	2575
重工业	5355916	3864572	37148	967858
三、按企业规模分				
大型企业	4030245	2765879	13279	963504
中型企业	773543	653827	10674	2456
小型企业	739382	601633	18888	4443
微型企业	8906	5086		30
四、按工业行业大类分				
煤炭开采和洗选业	9003	7486	261	27
有色金属矿采选业	260144	220135	1038	883
非金属矿采选业	39409	31861	1782	56
农副食品加工业	100312	89927	450	64
酒、饮料和精制茶制造业	20969	13686	109	2316
纺织服装、服饰业	32423	29385	39	17
印刷和记录媒介复制业	2024	1364	3	4
石油加工、炼焦和核燃料加工业	3260595	2034385	2950	961189
化学原料和化学制品制造业	311512	314938	10200	120
非金属矿物制品业	318788	266803	8564	825
有色金属冶炼和压延加工业	575758	496357	1064	724
金属制品业	10957	8879	39	90
通用设备制造业	41281	36425	452	291
专用设备制造业	35291	23041	4162	185
汽车制造业	24894	22888	1145	134
铁路、船舶、航空航天和其他运输设备制造业	72695	64391	673	
计算机、通信和其他电子设备制造业	7262	6177	256	
其他制造业	4215	3093	243	
电力、热力生产和供应业	319653	276921	2969	2758
燃气生产和供应业	74202	58711	2800	613
水的生产和供应业	30689	19573	3642	138

12-16 国有控股工业企业利润和税金

（2016年） 单位：万元

指　　标	利润总额	利税总额	本年应交增值税
总　　计	**330816**	**1591129**	**289880**
一、按隶属关系分			
中央企业	163967	1372717	244590
地方企业	166850	218412	45290
二、按轻重工业分			
轻工业	19296	27086	5215
重工业	311520	1564042	284665
三、按企业规模分			
大型企业	162793	1360626	234329
中型企业	79913	112559	30190
小型企业	85975	115778	25360
微型企业	2135	2166	
四、按工业行业大类分			
煤炭开采和洗选业	657	999	315
有色金属矿采选业	30318	43824	12623
非金属矿采选业	3991	4793	746
农副食品加工业	9363	12570	3142
酒、饮料和精制茶制造业	4011	6848	521
纺织服装、服饰业	2918	3066	131
印刷和记录媒介复制业	154	163	6
石油加工、炼焦和核燃料加工业	191511	1373105	220405
化学原料和化学制品制造业	-47693	-45073	2500
非金属矿物制品业	31861	45924	13238
有色金属冶炼和压延加工业	63390	74354	10241
金属制品业	1356	1459	13
通用设备制造业	3350	5201	1560
专用设备制造业	2977	3732	570
汽车制造业	-2531	-2017	379
铁路、船舶、航空航天和其他运输设备制造业	4994	6193	1199
计算机、通信和其他电子设备制造业	165	182	17
其他制造业	-16	-16	
电力、热力生产和供应业	14910	36609	18941
燃气生产和供应业	10675	13431	2143
水的生产和供应业	4455	5783	1190

12-17 国有控股工业企业固定资产

（2016年）　　单位：万元

指标	固定资产合计	固定资产原价	累计折旧	固定资产净值
总计	**2762681**	**4334818**	**1600431**	**2734387**
一、按隶属关系分				
中央企业	1947571	3255093	1286749	1968344
地方企业	815110	1079725	313682	766043
二、按轻重工业分				
轻工业	138688	204448	68965	135483
重工业	2623993	4130370	1531466	2598904
三、按企业规模分				
大型企业	1903844	3168889	1243111	1925778
中型企业	419761	512753	140447	372306
小型企业	375489	581474	208756	372718
微型企业	63586	71703	8117	63585
四、按工业行业大类分				
煤炭开采和洗选业	10491	11476	985	10491
有色金属矿采选业	204166	244281	84098	160183
非金属矿采选业	11530	14412	3171	11241
农副食品加工业	11486	14233	3103	11130
酒、饮料和精制茶制造业	23723	27655	4026	23629
纺织服装、服饰业	2987	3891	1176	2715
印刷和记录媒介复制业	1568	3074	1507	1567
石油加工、炼焦和核燃料加工业	935039	1456641	492391	964250
化学原料和化学制品制造业	460793	863662	402869	460793
非金属矿物制品业	124856	196930	72094	124837
有色金属冶炼和压延加工业	250629	311178	62015	249164
金属制品业	15694	16366	672	15694
通用设备制造业	5574	5610	303	5307
专用设备制造业	7461	14080	6800	7280
汽车制造业	36479	43592	6964	36628
铁路、船舶、航空航天和其他运输设备制造业	15565	27186	11621	15565
计算机、通信和其他电子设备制造业	2090	4866	2776	2090
其他制造业	5	6	1	5
电力、热力生产和供应业	522643	892806	378409	514398
燃气生产和供应业	25516	39161	13645	25516
水的生产和供应业	94386	143714	51810	91903

12-18 国有控股工业企业流动资产

（2016年） 单位：万元

指　　标	资产总计	负债合计	流动资产合计	应收账款净额	存货	#产成品
总　　计	**4276796**	**3157738**	**1185445**	**198641**	**349314**	**136792**
一、按隶属关系分						
中央企业	2838630	2221292	726320	126209	177262	60534
地方企业	1438166	936446	459125	72431	172052	76258
二、按轻重工业分						
轻工业	208148	102265	44267	7818	15796	9470
重工业	4068648	3055473	1141177	190823	333518	127322
三、按企业规模分						
大型企业	2861872	2424569	758799	103105	244164	73137
中型企业	716565	365410	263851	51218	69393	39657
小型企业	615357	312035	147901	38050	34968	23939
微型企业	83002	55723	14894	6268	790	59
四、按工业行业大类分						
煤炭开采和洗选业	22001	3613	11109	4512	3012	3012
有色金属矿采选业	316242	134961	109073	9167	13124	10564
非金属矿采选业	21628	4205	10098	636	6583	6188
农副食品加工业	16740	1712	5234	1169	1864	1759
酒、饮料和精制茶制造业	39915	17272	10909	1017	2589	941
纺织服装、服饰业	11787	8099	8800	3192	3610	3610
印刷和记录媒介复制业	6973	1465	1465	734	731	
石油加工、炼焦和核燃料加工业	1468145	979513	417713	63232	106524	28610
化学原料和化学制品制造业	665005	820921	170177	9296	28453	12626
非金属矿物制品业	271152	154587	99154	25944	27376	15760
有色金属冶炼和压延加工业	473047	390580	170172	9075	116974	48605
金属制品业	18981	8961	3286	2	2	1
通用设备制造业	10109	6209	4523	2037	1211	572
专用设备制造业	22114	7720	10546	5304	819	59
汽车制造业	53936	57382	15263	1566	9403	3993
铁路、船舶、航空航天和其他运输设备制造业	47333	23606	30425	13627	6369	
计算机、通信和其他电子设备制造业	7532	2157	5220	2495	1345	469
其他制造业	762	574	716	285	322	26
电力、热力生产和供应业	622334	448892	75304	40930	16030	
燃气生产和供应业	54698	26229	14691	2110	2803	
水的生产和供应业	126363	59081	11567	2311	172	

12-19 国有控股工业企业全员劳动生产率

（2016年）

指标	工业增加值（当年价）（万元）	全部从业人员年平均人数（人）	全员劳动生产率（元/人）
总计	**1366067**	**17496**	**780788**
一、按隶属关系分			
中央企业	1037861	7601	1365427
地方企业	328205	9895	331688
二、按轻重工业分			
轻工业	44058	2983	147696
重工业	1322009	14513	910914
三、按企业规模分			
大型企业	1029851	6695	1538239
中型企业	158201	6595	239880
小型企业	174458	4198	415574
微型企业	3557	8	4445672
四、按工业行业大类分			
煤炭开采和洗选业	2517	345	72950
有色金属矿采选业	58712	1217	482432
非金属矿采选业	9604	194	495045
农副食品加工业	16688	427	390822
酒、饮料和精制茶制造业	4482	234	191535
纺织服装、服饰业	6027	301	200223
印刷和记录媒介复制业	519	466	11146
石油加工、炼焦和核燃料加工业	802923	2268	3540227
化学原料和化学制品制造业	89499	1793	499158
非金属矿物制品业	63173	2023	312274
有色金属冶炼和压延加工业	110880	2372	467454
金属制品业	2327	139	167442
通用设备制造业	9499	379	250639
专用设备制造业	8758	333	
汽车制造业	342	459	7461
铁路、船舶、航空航天和其他运输设备制造业	14279	548	260571
计算机、通信和其他电子设备制造业	3113	105	296483
其他制造业	947	66	143559
电力、热力生产和供应业	128131	2219	577428
燃气生产和供应业	19450	374	520061
水的生产和供应业	14194	1234	115021

12-20 各县(市、区)规模以上国有控股工业企业主要经济指标

(2016年)

单位：万元

地区	企业单位数(个)	#亏损企业	主营业务收入	#销售费用	主营业务税金及附加
全市	**49**	**6**	**5552076**	**42841**	**970433**
濂溪区	6		164255	6655	2681
浔阳区	5		271735	5161	2639
九江开发区	7	2	3378870	9494	961925
九江县					
武宁县	3		19162	490	148
修水县	7		564902	5031	1754
永修县	4	1	234877	10398	92
德安县	2	1	59134	343	27
都昌县	2		101513	71	36
湖口县	6	1	526713	2565	176
彭泽县	3		159167	2390	659
瑞昌市	2	1	35503	202	279
共青城市	2		36244	43	18
庐山市					

地区	利润总额	利税总额	流动资产合计	#产成品
全市	**330816**	**1591129**	**1185445**	**136792**
濂溪区	14998	24554	74957	11212
浔阳区	11600	30055	84408	59
九江开发区	197276	1381999	448590	32688
九江县				
武宁县	1066	1769	5647	
修水县	75240	99395	169576	39550
永修县	-56799	-56693	170071	12567
德安县	6011	9329	3724	1117
都昌县	6395	11311	4501	114
湖口县	51304	55569	186049	35799
彭泽县	16942	25093	27366	77
瑞昌市	2987	4802	1758	
共青城市	3797	3945	8800	3610
庐山市				

12-21 规模以上非国有工业企业单位个数和总产值

（2016年） 单位：万元

指标	企业单位数（个）	#亏损企业	工业总产值	工业销售产值（当年价格）	#出口交货值
总计	1424	42	53028808	52233148	2952774
一、按隶属关系分					
中央企业	12	1	3593300	3605471	20196
地方企业	1412	41	49435508	48627677	2932578
二、按轻重工业分					
轻工业	744	12	22866776	22451317	1778242
重工业	680	30	30162032	29781831	1174531
三、按企业规模分					
大型企业	21	1	9775426	9817767	461611
中型企业	280	9	18870128	18353610	1534023
小型企业	1108	32	24294610	23975967	957139
微型企业	15		88644	85804	
四、按工业行业大类分					
煤炭开采和洗选业	7		18482	18482	
黑色金属矿采选业	2		21794	21784	
有色金属矿采选业	18		854082	843516	
非金属矿采选业	38		727017	723807	
农副食品加工业	50		2429449	2413711	90745
食品制造业	13		536996	533171	99443
酒、饮料和精制茶制造业	12		664004	676161	
纺织业	175	7	4737181	4596154	90543
纺织服装、服饰业	228		4855133	4727333	592040
皮革、毛皮、羽毛及其制品和制鞋业	28		593153	576094	21967
木材加工和木、竹、藤、棕、草制品业	23		576332	576693	11834
家具制造业	12		414632	387855	70967
造纸和纸制品业	18		678987	666141	8859
印刷和记录媒介复制业	22		643749	644869	
文教、工美、体育和娱乐用品制造业	41	1	1522212	1483403	416600
石油加工、炼焦和核燃料加工业	6	1	3426561	3422398	
化学原料和化学制品制造业	112	8	4705316	4702895	199347
医药制造业	35	1	847670	840047	31232
化学纤维制造业	7		625234	635235	14372
橡胶和塑料制品业	31	1	758053	724943	11055
非金属矿物制品业	165	9	4952252	4886928	212885
黑色金属冶炼和压延加工业	13		2645023	2660832	
有色金属冶炼和压延加工业	29	1	1925101	1800480	2528
金属制品业	47		1695316	1669223	26850
通用设备制造业	40		1555056	1547989	75738
专用设备制造业	21	1	788026	779929	145038
汽车制造业	29	2	1003365	918755	43044
铁路、船舶、航空航天和其他运输设备制造业	21	2	988739	899944	88395
电气机械和器材制造业	84	3	4912917	4957806	316584
计算机、通信和其他电子设备制造业	47	2	1613684	1609490	138205
仪器仪表制造业	14		526329	517770	
其他制造业	12	1	398541	384860	242778
废弃资源综合利用业	6	1	75368	75116	
电力、热力生产和供应业	9		124514	124932	
燃气生产和供应业	4		108317	108842	
水的生产和供应业	5	1	80226	75558	1727

12-22 规模以上非国有工业企业主营业务收入

（2016年） 单位：万元

指　　标	主营业务收　入	主营业务成　本	销售费用	主营业务税金及附　加
总　　计	**54619696**	**47154513**	**1117960**	**823890**
一、按隶属关系分				
中央企业	3754958	2491698	961848	20785
地方企业	50864738	44662814	156111	803105
二、按轻重工业分				
轻工业	23109191	20138110	75730	441637
重工业	31510505	27016403	1042230	382253
三、按企业规模分				
大型企业	10997105	8931958	974492	182248
中型企业	18907387	16485505	48298	319168
小型企业	24623453	21661120	94437	321992
微型企业	91751	75930	733	481
四、按工业行业大类分				
煤炭开采和洗选业	18935	17398	24	208
黑色金属矿采选业	22291	17556	48	180
有色金属矿采选业	860264	723232	3524	14765
非金属矿采选业	737682	629675	5928	19478
农副食品加工业	2430859	2236708	3381	23823
食品制造业	539861	443255	5362	33320
酒、饮料和精制茶制造业	667598	556564	15491	14598
纺织业	4795895	4286210	12595	58773
纺织服装、服饰业	4910083	4289356	11531	93855
皮革、毛皮、羽毛及其制品和制鞋业	604133	513153	2936	16065
木材加工和木、竹、藤、棕、草制品业	572491	485850	1609	12846

12-22续表

指标	主营业务收入	主营业务成本	销售费用	主营业务税金及附加
家具制造业	418551	378655	284	2085
造纸和纸制品业	693034	615477	656	8852
印刷和记录媒介复制业	650166	553574	2011	14778
文教、工美、体育和娱乐用品制造业	1533734	1319270	3298	13228
石油加工、炼焦和核燃料加工业	3580868	2322965	961786	6672
化学原料和化学制品制造业	4713339	4208657	7220	56728
医药制造业	853443	731239	1818	22581
化学纤维制造业	633947	564756	1433	6426
橡胶和塑料制品业	775432	690442	1398	9901
非金属矿物制品业	5040017	4354810	20134	91300
黑色金属冶炼和压延加工业	3677240	3434198	5438	15185
有色金属冶炼和压延加工业	1923421	1645491	6989	28510
金属制品业	1715416	1500839	9214	21124
通用设备制造业	1554553	1382102	4295	17468
专用设备制造业	795814	685312	1542	19438
汽车制造业	1025292	915099	3509	14347
铁路、船舶、航空航天和其他运输设备制造业	989976	902644	2677	2689
电气机械和器材制造业	4915620	4159233	14731	145291
计算机、通信和其他电子设备制造业	1656913	1463294	2786	15434
仪器仪表制造业	524225	464088	1400	7810
其他制造业	402569	359685	894	3456
废弃资源综合利用业	76671	65113	193	2568
电力、热力生产和供应业	125199	92985	560	3105
燃气生产和供应业	108131	88304	1029	3362
水的生产和供应业	76033	57325	241	3642

12-23 规模以上非国有工业企业利润和税金

（2016年） 单位：万元

项目	利润总额	利税总额	本年应交增值税
总计	**4146907**	**6644301**	**1379435**
一、按隶属关系分			
中央企业	162682	1355197	230666
地方企业	3984224	5289104	1148769
二、按轻重工业分			
轻工业	1869949	2473649	527971
重工业	2276958	4170652	851464
三、按企业规模分			
大型企业	604331	1939912	361089
中型企业	1516451	2048415	483666
小型企业	2013867	2639137	530833
微型企业	12258	16837	3846
四、按工业行业大类分			
煤炭开采和洗选业	769	1046	252
黑色金属矿采选业	4166	4910	696
有色金属矿采选业	87689	123911	32699
非金属矿采选业	64915	90151	19307
农副食品加工业	123700	200979	73898
食品制造业	40793	56574	10420
酒、饮料和精制茶制造业	63175	92621	13955
纺织业	354098	469034	102342
纺织服装、服饰业	428945	530049	89573
皮革、毛皮、羽毛及其制品和制鞋业	54316	70408	13156
木材加工和木、竹、藤、棕、草制品业	55519	70017	12889

12-23续表

项目	利润总额	利税总额	本年应交增值税
家具制造业	32163	43282	10836
造纸和纸制品业	50315	65042	14072
印刷和记录媒介复制业	55067	71477	14399
文教、工美、体育和娱乐用品制造业	178922	218558	36339
石油加工、炼焦和核燃料加工业	212203	1399494	225505
化学原料和化学制品制造业	333975	446643	105448
医药制造业	72528	98239	23892
化学纤维制造业	32925	46553	12195
橡胶和塑料制品业	60267	82004	20339
非金属矿物制品业	444368	599980	135479
黑色金属冶炼和压延加工业	161255	238485	71793
有色金属冶炼和压延加工业	192724	244718	45006
金属制品业	144842	212362	58306
通用设备制造业	119387	149328	25646
专用设备制造业	61527	78042	14973
汽车制造业	55986	82557	23063
铁路、船舶、航空航天和其他运输设备制造业	68071	90785	20038
电气机械和器材制造业	351879	452825	86215
计算机、通信和其他电子设备制造业	125124	166151	38241
仪器仪表制造业	40316	51777	10061
其他制造业	28850	35998	6255
废弃资源综合利用业	4110	6030	1728
电力、热力生产和供应业	17553	23677	5564
燃气生产和供应业	13284	16968	2656
水的生产和供应业	11182	13627	2204

12-24 规模以上非国有工业企业固定资产

（2016年） 单位：万元

指标	固定资产合计	固定资产原价	累计折旧	固定资产净值
总计	**11069586**	**21734253**	**11329446**	**10404807**
一、按隶属关系分				
中央企业	1570381	2557521	959090	1598431
地方企业	9499205	19176732	10370356	8806376
二、按轻重工业分				
轻工业	3578165	7010148	3725565	3284583
重工业	7491421	14724106	7603882	7120224
三、按企业规模分				
大型企业	3121554	5641331	2527871	3113461
中型企业	3500186	7562448	4343273	3219176
小型企业	4367210	8437901	4445854	3992047
微型企业	80636	92573	12449	80124
四、按工业行业大类分				
煤炭开采和洗选业	10105	10461	355	10105
黑色金属矿采选业	5113	6391	1406	4985
有色金属矿采选业	277361	340077	108455	231623
非金属矿采选业	230832	322902	129667	193235
农副食品加工业	195914	427223	242592	184632
食品制造业	81069	189307	113247	76060
酒、饮料和精制茶制造业	472677	583662	115263	468399
纺织业	755742	1400280	754693	645587
纺织服装、服饰业	318944	1146668	852452	294217
皮革、毛皮、羽毛及其制品和制鞋业	56889	66360	17966	48394
木材加工和木、竹、藤、棕、草制品业	149283	192007	73678	118328

12-24续表

指　　标	固定资产合　计	固定资产原　价	累计折旧	固定资产净　值
家具制造业	81529	189739	109573	80166
造纸和纸制品业	171436	312050	156024	156026
印刷和记录媒介复制业	69961	200046	131918	68128
文教、工美、体育和娱乐用品制造业	265670	461295	233719	227576
石油加工、炼焦和核燃料加工业	953566	1502537	522776	979761
化学原料和化学制品制造业	1234878	2720916	1509270	1211646
医药制造业	106943	281195	188006	93188
化学纤维制造业	310607	510124	211520	298604
橡胶和塑料制品业	96204	191097	109606	81491
非金属矿物制品业	1259980	2462684	1353362	1109321
黑色金属冶炼和压延加工业	734020	1384741	651060	733680
有色金属冶炼和压延加工业	701345	1017572	320280	697292
金属制品业	357570	487410	143751	343660
通用设备制造业	156173	521033	370517	150516
专用设备制造业	73542	246185	178766	67420
汽车制造业	148536	271818	157398	114420
铁路、船舶、航空航天和其他运输设备制造业	171070	247794	97060	150734
电气机械和器材制造业	705348	2388703	1693421	695282
计算机、通信和其他电子设备制造业	455766	982238	559228	423010
仪器仪表制造业	47532	128107	81068	47039
其他制造业	45553	51117	12142	38975
废弃资源综合利用业	3091	2692	778	1914
电力、热力生产和供应业	213578	266221	55210	211012
燃气生产和供应业	28726	43255	14528	28726
水的生产和供应业	123033	178349	58693	119656

12-25 规模以上非国有工业企业流动资产

（2016年）　　单位：万元

指标	资产总计	负债合计	流动资产合计	#应收账款净额	存货	#产成品
总计	**24642706**	**10786393**	**8995085**	**1988681**	**2423076**	**1484104**
一、按隶属关系分						
中央企业	2406446	1917969	671327	92615	161467	60534
地方企业	22236260	8868424	8323759	1896066	2261609	1423570
二、按轻重工业分						
轻工业	9219811	3284898	3679345	817469	1109696	786994
重工业	15422895	7501495	5315740	1171213	1313380	697111
三、按企业规模分						
大型企业	5849045	3953800	1815950	336243	649894	324448
中型企业	8968955	3177729	3752037	676743	974968	640531
小型企业	9509667	3457002	3283266	895007	778557	503758
微型企业	315040	197862	143832	80689	19658	15367
四、按工业行业大类分						
煤炭开采和洗选业	19674	2149	8988	4512	3012	3012
黑色金属矿采选业	9158	2850	4045	373	2270	2134
有色金属矿采选业	513014	166468	175975	16469	34271	27969
非金属矿采选业	400007	112165	135002	24958	31419	27143
农副食品加工业	670432	209246	427174	33608	274370	263799
食品制造业	220777	79300	82454	15744	21137	13506
酒、饮料和精制茶制造业	595584	379038	105525	10941	31781	27870
纺织业	2116103	695818	817297	157236	201677	142871
纺织服装、服饰业	1242946	448479	729865	223390	236224	187310
皮革、毛皮、羽毛及其制品和制鞋业	200520	47778	101431	22606	29700	22194
木材加工和木、竹、藤、棕、草制品业	325177	97382	95081	23804	37571	22206

12-25续表

指标	资产总计	负债合计	流动资产合计	#应收账款净额	存货	#产成品
家具制造业	143414	35291	26929	4102	5643	3921
造纸和纸制品业	383888	161588	166106	19581	34225	11197
印刷和记录媒介复制业	152861	69896	52876	22075	10655	5001
文教、工美、体育和娱乐用品制造业	819628	222491	219876	53076	36599	12633
石油加工、炼焦和核燃料加工业	1572587	1030838	489777	68056	148567	68970
化学原料和化学制品制造业	2159012	1331171	655392	93431	154417	77284
医药制造业	381316	118639	156223	34024	32091	18382
化学纤维制造业	706403	377082	288419	97999	77182	11524
橡胶和塑料制品业	281131	71265	112444	25076	30255	12504
非金属矿物制品业	2608993	883973	893067	202794	177149	113085
黑色金属冶炼和压延加工业	1044423	564600	248053	14009	113839	20928
有色金属冶炼和压延加工业	1555050	807773	602806	62825	167361	86809
金属制品业	602488	110451	155072	26712	63868	51826
通用设备制造业	417942	126274	165420	67740	29699	16318
专用设备制造业	263577	136528	147153	91266	16591	12709
汽车制造业	268544	105273	88833	21564	34662	22098
铁路、船舶、航空航天和其他运输设备制造业	611639	356121	326150	79214	108274	44111
电气机械和器材制造业	2504087	1134477	869270	248369	151833	80072
计算机、通信和其他电子设备制造业	987062	489908	407037	136450	105875	66100
仪器仪表制造业	144757	74785	62503	21751	9679	5081
其他制造业	137560	11143	78351	39163	2846	2109
废弃资源综合利用业	33649	18915	16868	2109	1581	1140
电力、热力生产和供应业	271738	182010	33165	17585	1462	0
燃气生产和供应业	73246	35904	21526	2685	3492	290
水的生产和供应业	204323	89326	28933	3390	1801	0

12-26 规模以上非国有工业企业全员劳动生产率

（2016年）　　单位：万元

指　　标	工业增加值（当年价）	全部从业人员年平均人数（人）	全员劳动生产率（元/人）
总　计	11060791	331621	333537
一、按隶属关系分			
中央企业	948792	5882	1613043
地方企业	10111999	325739	310433
二、按轻重工业分			
轻工业	4586455	180224	254486
重工业	6474336	151397	427640
三、按企业规模分			
大型企业	2159531	49735	434207
中型企业	3826306	125660	304497
小型企业	5056500	155719	324720
微型企业	18455	507	363997
四、按工业行业大类分			
煤炭开采和洗选业	5413	365	148308
黑色金属矿采选业	10207	275	371146
有色金属矿采选业	233909	4056	576700
非金属矿采选业	210827	4124	511220
农副食品加工业	442066	8470	521920
食品制造业	134182	7656	175263
酒、饮料和精制茶制造业	148090	3524	420232
纺织业	880870	40973	214988
纺织服装、服饰业	953525	46086	206901
皮革、毛皮、羽毛及其制品和制鞋业	176390	7329	240674
木材加工和木、竹、藤、棕、草制品业	108903	4175	260844
家具制造业	100933	3025	333663
造纸和纸制品业	191658	5260	364368
印刷和记录媒介复制业	64063	5203	123127
文教、工美、体育和娱乐用品制造业	249375	12028	207329
石油加工、炼焦和核燃料加工业	886370	3309	2678665
化学原料和化学制品制造业	931165	20406	456319
医药制造业	231773	7576	305930
化学纤维制造业	103991	3464	300206
橡胶和塑料制品业	179829	7312	245936
非金属矿物制品业	1049013	29950	350255
黑色金属冶炼和压延加工业	507852	8543	594466
有色金属冶炼和压延加工业	395444	8135	486102
金属制品业	342748	9567	358261
通用设备制造业	316364	7446	424878
专用设备制造业	197461	4342	454770
汽车制造业	194261	6725	288863
铁路、船舶、航空航天和其他运输设备制造业	190171	11224	169433
电气机械和器材制造业	1006317	30171	333538
计算机、通信和其他电子设备制造业	311993	11357	274714
仪器仪表制造业	108954	3384	321967
其他制造业	77930	2831	275275
废弃资源综合利用业	7772	686	113293
电力、热力生产和供应业	48490	877	552903
燃气生产和供应业	28777	655	439336
水的生产和供应业	33707	1112	303118

12-27 各县(市、区)规模以上非国有工业企业主要经济指标

（2016年）　　　　单位：万元

地区	企业单位数(个)	#亏损企业	主营业务收入	销售费用	主营业务税金及附加
全　　市	**1424**	**42**	**54619696**	**823890**	**1117960**
濂溪区	95	1	4727082	82669	12093
浔阳区	18	5	214602	9633	751
九江开发区	124	9	8770346	183977	987893
九江县	103	3	2851701	32998	31645
武宁县	103		3346920	164523	12027
修水县	131		3642963	73805	6972
永修县	127	3	5023015	14622	2796
德安县	127	8	4448900	51181	6473
都昌县	87	1	1984659	3644	1536
湖口县	81	12	4894589	23679	7661
彭泽县	115		3064664	21885	9719
瑞昌市	117		5055668	63460	20614
共青城市	134		4460448	82457	6847
庐山市	62		2134141	15358	10933

地区	利润总额	利税总额	流动资产合计	#产成品
全　　市	**4146907**	**6644301**	**8995085**	**1484104**
濂溪区	236805	354030	906758	398252
浔阳区	11626	16516	100429	7703
九江开发区	550440	1848892	1733584	155027
九江县	139726	217930	465161	102426
武宁县	323054	430527	211535	2915
修水县	508528	621350	757401	283696
永修县	373553	508738	489949	19948
德安县	258147	416427	379347	77261
都昌县	118254	204478	141005	11852
湖口县	273599	364484	895253	94494
彭泽县	202347	280067	474821	49948
瑞昌市	481742	603980	1163814	34456
共青城市	428269	495914	879454	189327
庐山市	240816	280968	396576	56800

12-28 大中型工业企业单位数和总产值

（2016年） 单位：万元

指标	企业单位数（个）	#亏损企业	工业总产值（当年价格）	工业销售产值（当年价格）	#出口交货值
总计	**303**	**10**	**28877179**	**28403002**	**1995634**
#国有控股企业	19	3	4650660	4626333	22176
一、按登记注册类型分					
国有企业	2		231625	231625	
集体企业	1		39670	39670	
股份制企业	98	5	12299486	12128133	409793
私营企业	164	5	11909996	11597741	519147
外商及港澳台商投资企业	38		4396402	4405833	1066694
二、按隶属关系分					
中央企业	5	1	3569864	3582235	19648
地方企业	298	9	25307316	24820767	1975986
三、按轻重工业分					
轻工业	182	5	12980077	12721869	1452980
重工业	121	5	15897102	15681133	542655
四、按企业规模分					
大型企业	22	1	9998459	10040799	461611
中型企业	281	9	18878721	18362203	1534023
五、按工业行业大类分					
煤炭开采和洗选业	1		8593	8593	
有色金属矿采选业	7		538409	538359	
非金属矿采选业	1		84314	84314	
农副食品加工业	8		1411057	1401402	69276
食品制造业	5		413865	410055	99359
酒、饮料和精制茶制造业	4		315852	328296	
纺织业	50	3	2823165	2675606	41674
纺织服装、服饰业	30		2159844	2108433	377304
皮革、毛皮、羽毛及其制品和制鞋业	5		219709	202020	21967
木材加工和木、竹、藤、棕、草制品业	4		263697	263684	
家具制造业	4		295765	270807	70967
造纸和纸制品业	7		548610	532202	8859
印刷和记录媒介复制业	6		315592	314557	
文教、工美、体育和娱乐用品制造业	8	1	790219	747378	403141
石油加工、炼焦和核燃料加工业	2		3336402	3331324	
化学原料和化学制品制造业	14	1	1314309	1305770	128304
医药制造业	10		494171	494579	11577
化学纤维制造业	4		441830	451831	14372
橡胶和塑料制品业	8	1	450382	417428	7428
非金属矿物制品业	24	2	1783915	1765112	147027
黑色金属冶炼和压延加工业	3		2345495	2359090	
有色金属冶炼和压延加工业	14		1514201	1433222	2528
金属制品业	4		428351	426037	26850
通用设备制造业	8		555708	559353	55625
专用设备制造业	4		213681	213449	39633
汽车制造业	7	2	432355	357761	42968
铁路、船舶、航空航天和其他运输设备制造业	8		733573	733573	88395
电气机械和器材制造业	34		3102535	3146230	75197
计算机、通信和其他电子设备制造业	8		697175	696960	20407
仪器仪表制造业	3		170391	169911	
其他制造业	4		367011	353328	242778
废弃资源综合利用业	1		56810	56810	
电力、热力生产和供应业	1		223032	223032	
水的生产和供应业	2		27161	22494	

12-29 大中型工业企业主营业务收入

（2016年） 单位：万元

指标	主营业务收入	主营业务成本	主营业务税金及附加	销售费用
总计	**30136527**	**25632852**	**1025129**	**501677**
#国有控股企业	4803788	3419707	965960	23953
一、按登记注册类型分				
国有企业	278680	250396	2605	1629
集体企业	40169	32507	160	1439
股份制企业	13446714	11142583	984656	145238
私营企业	11883221	10211965	29695	275049
外商及港澳台商投资企业	4487743	3995400	8014	78322
二、按隶属关系分				
中央企业	3730566	2500093	963635	13658
地方企业	26405961	23132759	61494	488019
三、按轻重工业分				
轻工业	13057870	11318091	27968	303420
重工业	17078657	14314760	997161	198257
四、按企业规模分				
大型企业	11220138	9139861	976804	182248
中型企业	18916389	16492991	48325	319429
五、按工业行业大类分				
煤炭开采和洗选业	9003	7486	27	261
有色金属矿采选业	540304	445380	1781	13651
非金属矿采选业	84813	75736	673	71
农副食品加工业	1412916	1330502	514	8190
食品制造业	414844	334184	725	32356

12-29续表

指　　标	主营业务收　入	主营业务成　本	主营业务税金及附　加	销售费用
酒、饮料和精制茶制造业	317331	276261	1260	8213
纺织业	2843400	2536145	6906	34564
纺织服装、服饰业	2171309	1866538	2677	65558
皮革、毛皮、羽毛及其制品和制鞋业	220738	193843	402	1993
木材加工和木、竹、藤、棕、草制品业	264023	219621	719	7804
家具制造业	297716	267166	236	928
造纸和纸制品业	549923	486897	514	7421
印刷和记录媒介复制业	317204	266842	1094	12169
文教、工美、体育和娱乐用品制造业	787640	683124	1450	6789
石油加工、炼焦和核燃料加工业	3482297	2236768	961224	3869
化学原料和化学制品制造业	1319456	1183471	2541	29358
医药制造业	492898	423314	1133	13479
化学纤维制造业	450543	384328	1270	5734
橡胶和塑料制品业	452308	400451	558	6690
非金属矿物制品业	1816580	1513211	5688	47808
黑色金属冶炼和压延加工业	3378562	3168459	4286	12963
有色金属冶炼和压延加工业	1512462	1302000	5887	22254
金属制品业	428841	373820	4404	3239
通用设备制造业	558276	506176	1612	4199
专用设备制造业	213493	176942	251	9775
汽车制造业	437801	401691	546	6622
铁路、船舶、航空航天和其他运输设备制造业	734212	664911	1417	1855
电气机械和器材制造业	3089874	2537663	10116	116175
计算机、通信和其他电子设备制造业	695772	629017	1175	3444
仪器仪表制造业	170085	142715	825	5723
其他制造业	368507	328705	683	2781
废弃资源综合利用业	57181	47631	100	2393
电力、热力生产和供应业	223032	207903	2312	0
水的生产和供应业	23184.4	13952.3	126.3	3351.1

12-30 大中型工业企业利润和税金

（2016年）　　单位：万元

指　　标	利润总额	亏损企业亏损总额	利税总额	本年应交增值税
总　　计	**2122723**	**68201**	**4006847**	**858995**
#国有控股企业	242706		1473185	264519
一、按登记注册类型分				
国有企业	5903		24838	16330
集体企业	4914		5074	
股份制企业	818435	64829	2237899	434808
私营企业	996992	3372	1318853	292167
外商及港澳台商投资企业	296479		420184	115690
二、按隶属关系分				
中央企业	133719	61693	1332858	235503
地方企业	1989004	6508	2673989	623492
三、按轻重工业分				
轻工业	1037249	1198	1381227	316010
重工业	1085474	67003	2625620	542985
四、按企业规模分				
大型企业	605615	61693	1957432	375013
中型企业	1517108	6508	2049415	483982
五、按工业行业大类分				
煤炭开采和洗选业	657		999	315
有色金属矿采选业	58687		81888	21420
非金属矿采选业	7460		8223	90
农副食品加工业	50434		104637	53689
食品制造业	32056		41445	8665

12-30续表

指　　　标	利润总额	亏损企业亏损总额	利税总额	本年应交增 值 税
酒、饮料和精制茶制造业	21510		31486	8717
纺织业	215244	571	286047	63897
纺织服装、服饰业	210327		253502	40497
皮革、毛皮、羽毛及其制品和制鞋业	21080		25896	4413
木材加工和木、竹、藤、棕、草制品业	28362		36587	7506
家具制造业	26802		35368	8331
造纸和纸制品业	39723		50829	10592
印刷和记录媒介复制业	18562		26830	7174
文教、工美、体育和娱乐用品制造业	85361	241	105638	18827
石油加工、炼焦和核燃料加工业	207463		1391955	223268
化学原料和化学制品制造业	40629	61693	66825	23655
医药制造业	40340		58631	17158
化学纤维制造业	31315		43154	10570
橡胶和塑料制品业	37076	34	49209	11576
非金属矿物制品业	184928	502	250034	59418
黑色金属冶炼和压延加工业	136523		204654	63845
有色金属冶炼和压延加工业	140467		180845	34492
金属制品业	33266		49553	11884
通用设备制造业	38389		54300	14298
专用设备制造业	14672		20619	5696
汽车制造业	8921	5160	19832	10365
铁路、船舶、航空航天和其他运输设备制造业	56506		75811	17888
电气机械和器材制造业	232404		294077	51558
计算机、通信和其他电子设备制造业	53995		79851	24682
仪器仪表制造业	13597		17080	2659
其他制造业	28073		34768	6012
废弃资源综合利用业	2993		3964	872
电力、热力生产和供应业	1284		17520	13924
水的生产和供应业	3620		4791.4	1045.2

12-31 大中型工业企业固定资产

（2016年） 单位：万元

指　　标	固定资产合计	固定资产原价	累计折旧	固定资产净值
总　　计	**6999482**	**13902802**	**7199701**	**6703101**
#国有控股企业	2323605	3681642	1383558	2298084
一、按登记注册类型分				
国有企业	382313	710977	335942	375035
集体企业	53	56	3	53
股份制企业	3655727	6401845	2811410	3590436
私营企业	1404404	4244629	2942078	1302551
外商及港澳台商投资企业	1557038	2545351	1110271	1435080
二、按隶属关系分				
中央企业	1730832	2970022	1216778	1753244
地方企业	5268650	10932779	5982923	4949857
三、按轻重工业分				
轻工业	1643338	3722083	2163706	1558378
重工业	5356144	10180718	5035995	5144723
四、按企业规模分				
大型企业	3498744	6338903	2855530	3483373
中型企业	3500738	7563898	4344170	3219728
五、按工业行业大类分				
煤炭开采和洗选业	553	1450	898	553
有色金属矿采选业	234118	240545	51101	189444
非金属矿采选业	63039	153755	90716	63039
农副食品加工业	49114	174370	129163	45207
食品制造业	52843	158713	106273	52439

12-31续表

.指　　标	固定资产合计	固定资产原价	累计折旧	固定资产净值
酒、饮料和精制茶制造业	50654	134342	84042	50301
纺织业	381912	667518	326616	340902
纺织服装、服饰业	128207	680213	561424	118789
皮革、毛皮、羽毛及其制品和制鞋业	10396	13681	4598	9083
木材加工和木、竹、藤、棕、草制品业	38548	82636	49169	33467
家具制造业	25077	128009	104298	23712
造纸和纸制品业	142620	267264	131733	135531
印刷和记录媒介复制业	17758	83306	65548	17758
文教、工美、体育和娱乐用品制造业	74157	132472	59922	72551
石油加工、炼焦和核燃料加工业	941625	1486723	515887	970836
化学原料和化学制品制造业	748685	1238703	513196	725507
医药制造业	25359	169585	144458	25128
化学纤维制造业	301315	498495	209184	289312
橡胶和塑料制品业	34008	100902	70763	30140
非金属矿物制品业	788595	1397886	707979	689908
黑色金属冶炼和压延加工业	701640	1265212	563573	701640
有色金属冶炼和压延加工业	596751	882245	288882	593363
金属制品业	55389	66452	17311	49141
通用设备制造业	27527	205046	177519	27527
专用设备制造业	15452	92362	76911	15452
汽车制造业	117335	157724	71232	86492
铁路、船舶、航空航天和其他运输设备制造业	124883	201684	91108	110576
电气机械和器材制造业	510283	1755872	1249189	506683
计算机、通信和其他电子设备制造业	253329	622780	369694	253086
仪器仪表制造业	14922	23821	8899	14922
其他制造业	33346	41822	10483	31339
废弃资源综合利用业	845	1416	571	845
电力、热力生产和供应业	377190	697572	327660	369912
水的生产和供应业	56898.9	71835.5	18298.1	53537

12-32 大中型工业企业流动资产

（2016年） 单位：万元

指标	资产总计	负债合计	流动资产合计	# 应收账款净额	存货	# 产成品
总计	**15253734**	**7436716**	**5625577**	**1046579**	**1640657**	**964980**
#国有控股企业	3646506	2812883	1025683	155512	314309	80834
一、按登记注册类型分						
国有企业	435734	305187	57590	33594	15796	
集体企业	5234	1				
股份制企业	6895271	4168040	2409304	420354	721951	371677
私营企业	4572252	1514322	1764374	271702	469295	373896
外商及港澳台商投资企业	3350477	1449167	1394309	320928	433616	219407
二、按隶属关系分						
中央企业	2541792	2080217	659807	110457	156958	43929
地方企业	12711942	5356499	4965770	936122	1483699	921051
三、按轻重工业分						
轻工业	4983580	1666905	2226901	435609	765172	560596
重工业	10270154	5769811	3398676	610970	875485	404384
四、按企业规模分						
大型企业	6281229	4257123	1870944	369836	665690	324448
中型企业	8972505	3179593	3754633	676743	974968	640531
五、按工业行业大类分						
煤炭开采和洗选业	3550	1864	2596			
有色金属矿采选业	416636	135011	144194	10702	22846	20034
非金属矿采选业	92790	2715	29751	5		
农副食品加工业	398433	115114	318478	15589	238735	238255
食品制造业	150775	48545	57189	8045	18407	11953

12-32续表

指　　标	资产总计	负债合计	流动资产合计	# 应收账款净额	存货	# 产成品
酒、饮料和精制茶制造业	93901	17669	31232	109	7069	6726
纺织业	1156267	314045	422519	67509	93376	71799
纺织服装、服饰业	525288	207223	351346	89804	159598	139569
皮革、毛皮、羽毛及其制品和制鞋业	72411	11002	48209	5308	17045	15728
木材加工和木、竹、藤、棕、草制品业	78354	24109	25003	4630	8779	8025
家具制造业	65876	15808	20613	2575	2743	1770
造纸和纸制品业	332511	150681	144511	16506	31402	9331
印刷和记录媒介复制业	35660	23304	11564	4637	2806	1223
文教、工美、体育和娱乐用品制造业	229215	48115	95924	34399	27881	6622
石油加工、炼焦和核燃料加工业	1534666	1015499	477649	64186	144975	67062
化学原料和化学制品制造业	1210774	990194	333789	36063	84707	39340
医药制造业	208628	48737	82415	8413	11779	7106
化学纤维制造业	672761	357026	278567	91227	74101	8443
橡胶和塑料制品业	175342	37363	75989	12977	20424	9671
非金属矿物制品业	1410246	485437	481545	99956	96282	54425
黑色金属冶炼和压延加工业	946368	508700	214669	5170	104322	14245
有色金属冶炼和压延加工业	1348253	748745	516736	46516	133980	58109
金属制品业	128603	13105	50453	5036	34273	32490
通用设备制造业	117055	49241	47905	19398	12098	3884
专用设备制造业	56391	17111	17766	1935	5346	4755
汽车制造业	167016	75559	45557	3914	24928	17541
铁路、船舶、航空航天和其他运输设备制造业	488551	324833	293864	75766	95887	38518
电气机械和器材制造业	1962759	952193	664296	192449	104944	53856
计算机、通信和其他电子设备制造业	483676	291701	185762	46143	40032	20033
仪器仪表制造业	53728	39282	17953	8410	2053	972
其他制造业	109677	5142	63608	32031	1427	1263
废弃资源综合利用业	15506	9044	5634	1489	295	101
电力、热力生产和供应业	432184	303323	54994	33594	15796	
水的生产和供应业	70726.8	46426.2	9254.9	1715	53.5	

12-33 大中型工业企业劳动生产率

（2016年）

指标	全部从业人员年平均人数（人）	工业增加值（当年价）（万元）	全员劳动生产率（元/人）
总计	**177459**	**6077423**	**342469**
#国有控股企业	13290	948792	713914
一、按登记注册类型分			
国有企业	3543	91586	258499
集体企业	130	8832	679348
股份制企业	58041	2667652	459615
私营企业	86821	2445880	281715
外商及港澳台商投资企业	28924	863474	298532
二、按隶属关系分			
中央企业	6679	972332	1455804
地方企业	170780	5105092	298928
三、按轻重工业分			
轻工业	101328	2595131	256112
重工业	76131	3482292	457408
四、按企业规模分			
大型企业	51454	2248600	437012
中型企业	126005	3828823	303863
五、按工业行业大类分			
煤炭开采和洗选业	345	2517	72950
有色金属矿采选业	2349	137600	585782
非金属矿采选业	358	20801	581034
农副食品加工业	3356	252921	753638
食品制造业	6703	102666	153164
酒、饮料和精制茶制造业	1698	70337	414237
纺织业	24948	536478	215039
纺织服装、服饰业	19030	430927	226446
皮革、毛皮、羽毛及其制品和制鞋业	2629	54118	205848
木材加工和木、竹、藤、棕、草制品业	1357	48058	354151
家具制造业	2072	75765	365663
造纸和纸制品业	3836	125518	327212
印刷和记录媒介复制业	2568	38811	151135
文教、工美、体育和娱乐用品制造业	7319	147493	201520
石油加工、炼焦和核燃料加工业	2731	863026	3160108
化学原料和化学制品制造业	7419	307166	414026
医药制造业	3850	111531	289690
化学纤维制造业	2850	73487	257849
橡胶和塑料制品业	3907	95031	243233
非金属矿物制品业	13099	362695	276887
黑色金属冶炼和压延加工业	6787	455336	670894
有色金属冶炼和压延加工业	6072	299265	492860
金属制品业	2235	105126	470362
通用设备制造业	3245	96197	296445
专用设备制造业	1371	42407	309316
汽车制造业	3434	81728	237996
铁路、船舶、航空航天和其他运输设备制造业	8866	139607	157463
电气机械和器材制造业	20995	641523	305560
计算机、通信和其他电子设备制造业	5029	110419	219565
仪器仪表制造业	1905	69816	366490
其他制造业	2116	72881	344429
废弃资源综合利用业	366	5284	144361
电力、热力生产和供应业	1719	89534	520847
水的生产和供应业	895	11354	126861

12-34 重点产业主要经济指标

（2016年）　　单位：万元

指　　标	全市总计	五大主导产业合计	#石油化工	现代轻纺	钢铁有色	装备制造	电力新能源
企业单位数(个)	1430	930	100	438	84	229	79
亏损企业	43	23	8	7	1	6	1
工业总产值	53282677	39535349	7335362	10810701	6235789	10482898	4670599
工业销售产值(当年价格)	52487121	39011299	7305182	10534816	6088423	10389280	4693597
#出口交货值	2952774	1623849	174599	718922	2528	652603	75197
全部从业人员年平均人数(人)	334073	237394	19696	97852	25707	66250	27889
工业增加值(当年价)	11157273	8210838	1662765	2123396	1277201	2170754	976723
主营业务收入	54874856	40798259	7466678	10944058	7279810	10512999	4594714
主营业务成本	47389147	34898832	5759309	9653475	6518378	9107919	3859751
主营业务税金及附加	1120488	1069512	968140	28494	22825	34035	16018
利润总额	4149819	3071384	542976	870283	515245	787325	355555
亏损企业亏损总额	80631						
本年应交增值税	1397852	1007334	312457	217266	172208	215594	89809
利税总额	6668159	5148230	1823572	1116044	710277	1036955	461382
流动资产合计	9057443	6271701	936910	1894093	1113852	1669702	657144
#应收账款净额	2022620	1458863	153404	481455	101378	522036	200590
存货	2439070	1643264	271420	539123	358393	372486	101842
#产成品	1484164	884435	133187	355932	142945	206278	46093
资产合计	25102069	17547464	2935356	4210576	3530725	4376840	2493967
负债合计	11103616	7819392	1498864	1525328	1604168	1901174	1289858

12-34续表1

指　　标	五大战略性新兴产业合计	#新材料	智能电器	绿色食品	生物医药	电子信息
企业单位数(个)	479	270	47	76	38	48
亏损企业	20	17			1	2
工业总产值	19342436	10015927	3003284	3632851	1022075	1668300
工业销售产值(当年价格)	19206027	9849821	3050222	3625446	1015423	1665115
#出口交货值	778073	342943	19879	190188	31232	193830
全部从业人员年平均人数(人)	108986	51541	17779	19698	8277	11691
工业增加值(当年价)	4256839	2253563	693922	720618	273724	315013
主营业务收入	19521955	10112846	3026678	3640721	1028846	1712863
主营业务成本	16964411	8807738	2514361	3238681	885606	1518026
主营业务税金及附加	72734	33848	9683	24234	2183	2786
利润总额	1525802	839227	241945	227669	91271	125690
亏损企业亏损总额	87				87	
本年应交增值税	492652	268219	60291	98274	27627	38241
利税总额	2091187	1141294	311919	350176	121081	166717
流动资产合计	3493459	2009786	277556	610785	164971	430362
#应收账款净额	631096	319603	74207	56334	32543	148409
存货	970321	443712	56424	326605	34870	108709
#产成品	657916	228093	38625	304566	20768	65864
资产合计	9458370	5715782	875381	1481336	414735	971136
负债合计	4412227	2808729	250964	664931	119339	568265

12-35 工业园区主要经济指标

指　　标	单　位	2015年	2016年	2016年比2015年增长%
招商实际到位资金	万元	8947214	10108996	13.0
# 省外	万元	3693479	5052756	36.8
境外	万美元	59709	80628	35.0
工业销售产值	万元	40776534	42429525	3.0
出口交货值	万元	2903118	2679102	-7.8
主营业务收入	万元	42290251	44644157	9.3
工业固定资产投资额	万元	7945691	19283396	142.7
利润总额	万元	2946142	3576751	20.4
利税总额	万元	4898549	5845808	18.8
从业人员	人	287980	297720	2.6
资产总计	万元	20266426	20898771	3.4
工业增加值	万元	9226885	9095451	9.4
全员劳动生产率	元/人	320400	305504	-4.6

12-36 各园区主要经济指标

（2016年）

单位：万元

园　区	单位数（个）	园区实际开发面积（平方公里）	招商实际到位资金	工业固定资产投资额
总　计	**1233**	**146.7**	**10108996**	**19283396**
江西九江沙城工业园区	89	24.8	1024794	1174580
江西武宁工业园区	107	9.3	459650	451710
江西修水工业园区	96	6.0	711123	856945
江西永修县云山经济开发区	129	12.8	1743709	1275783
江西德安工业园区	130	11.0	751773	782285
江西星子工业园区	47	4.6	270333	321104
江西都昌工业园区	68	6.0	405000	315300
江西湖口金砂湾工业园区	64	13.4	1143151	1397486
江西彭泽工业园区	69	13.3	455750	645920
江西瑞昌工业园区	86	22.7	691032	497953
江西共青城经济开发区	159	8.3	781299	9098235
江西九江经济开发区	189	14.5	1671382	2466095

园　区	完成基础设施投入	利润总额	工业销售产值	#出口交货值
总　计	**1750913**	**3576751**	**42429525**	**2679102**
江西九江沙城工业园区	221662	95327	1706540	66281
江西武宁工业园区	167810	316844	2984465	67642
江西修水工业园区	276112	429305	3070126	33908
江西永修县云山经济开发区	144000	324799	4058607	36634
江西德安工业园区	63135	252372	4042360	295211
江西星子工业园区	61080	139880	1399230	489757
江西都昌工业园区	61000	88121	1347017	78621
江西湖口金砂湾工业园区	182120	260972	3558833	71362
江西彭泽工业园区	77460	153669	2204133	153927
江西瑞昌工业园区	108531	434527	3637897	559369
江西共青城经济开发区	197672	420200	3928915	215078
江西九江经济开发区	190331	660735	10491402	611313

12-36续表

园　　区	主营业务收入	从业人员（人）	资产总计
总　　计	**44644157**	**297720**	**20898771**
江西九江沙城工业园区	1850431	10952	1057392
江西武宁工业园区	2949101	28494	1015206
江西修水工业园区	3047846	19906	1607969
江西永修县云山经济开发区	4159939	26205	1672410
江西德安工业园区	4131637	30498	1056595
江西星子工业园区	1411556	10962	749612
江西都昌工业园区	1441245	17894	292438
江西湖口金砂湾工业园区	4537260	14247	2418083
江西彭泽工业园区	2204781	12843	774536
江西瑞昌工业园区	4161526	32240	2890378
江西共青城经济开发区	4121105	34929	1355834
江西九江经济开发区	10627731	58550	6008318

园　　区	利税总额	工业增加值	全员劳动生产率（元/人）
总　　计	**5845808**	**9095451**	**305504**
江西九江沙城工业园区	153173	366179	334349
江西武宁工业园区	423171	644031	226023
江西修水工业园区	529219	635287	319143
江西永修县云山经济开发区	448418	843068	321720
江西德安工业园区	410589	882480	289357
江西星子工业园区	166451	282484	257694
江西都昌工业园区	145786	281200	157148
江西湖口金砂湾工业园区	348166	702963	493411
江西彭泽工业园区	211064	435648	339210
江西瑞昌工业园区	528712	832971	258366
江西共青城经济开发区	484855	801181	229374
江西九江经济开发区	1996205	2387957	407849

12-37 工业园区分行业主要经济指标

（2016年）

指标	投产工业企业数（个）	工业销售产值（万元）	#出口交货值	主营业务收入（万元）	利润总额（万元）
总计	**1233**	**42429525**	**2679102**	**44644157**	**3576751**
黑色金属矿采选业	1	20845		21335	4166
有色金属矿采选业	10	556424		558531	65477
非金属矿采选业	16	187673		190860	18630
农副食品加工业	37	869585	87709	879798	78322
食品制造业	15	494235	99359	500468	39887
酒、饮料和精制茶制造业	13	553136	84	544169	43859
纺织业	130	3628788	59108	3811665	305122
纺织服装、服饰业	181	3729981	421808	3893712	361485
皮革、毛皮、羽毛及其制品和制鞋业	25	454834	21967	479448	37646
木材加工和木、竹、藤、棕、草制品业	20	471937	11834	465447	49278
家具制造业	9	349989	70967	378643	31275
造纸和纸制品业	17	523896		552064	41158
印刷和记录媒介复制业	30	566310		571795	49313
文教、工美、体育和娱乐用品制造业	32	1149785	412175	1190669	135037
石油加工、炼焦和核燃料加工业	4	3046978		3191706	196432
化学原料和化学制品制造业	112	4152887	197842	4168568	313213
医药制造业	37	752653	31232	767448	70332
化学纤维制造业	6	496077	14372	494987	32170
橡胶和塑料制品业	38	696976	11055	747790	63614
非金属矿物制品业	109	3636314	161003	3780967	364385
黑色金属冶炼和压延加工业	9	2516350		3487292	160991
有色金属冶炼和压延加工业	23	1597108		1713546	177131
金属制品业	46	1330846	36071	1370288	116904
通用设备制造业	44	1375272	67262	1373715	106576
专用设备制造业	34	716531	146798	744236	56777
汽车制造业	30	834970	43044	936001	53465
铁路、船舶、航空航天和其他运输设备制造业	14	673618	88395	758029	61822
电气机械和器材制造业	97	4665589	316584	4625673	346363
计算机、通信和其他电子设备制造业	60	1486698	137657	1534669	118928
仪器仪表制造业	16	444278		444020	37064
其他制造业	5	287927	242778	303055	25587
废弃资源综合利用业	4	64725		66232	4014
电力、热力生产和供应业	3	19612		19709	2402
燃气生产和供应业	2	68986		69857	6471
水的生产和供应业	4	7710		7766	1457

12-37续表

指　　标	资产总计（万元）	从业人员（人）	工业增加值（万元）	全员劳动生产率（元/人）
总　　计	**20898771**	**297720**	**9095451**	**305504**
黑色金属矿采选业	9158	275	5713	207731
有色金属矿采选业	405595	3132	126500	403895
非金属矿采选业	101416	1633	46099	282295
农副食品加工业	330643	6209	160137	257911
食品制造业	213862	8034	130625	162590
酒、饮料和精制茶制造业	527444	3051	120385	394576
纺织业	1755769	36217	724644	200084
纺织服装、服饰业	1053453	40468	746236	184402
皮革、毛皮、羽毛及其制品和制鞋业	150402	6939	151052	217685
木材加工和木、竹、藤、棕、草制品业	305038	3837	88977	231893
家具制造业	131411	2739	81489	297514
造纸和纸制品业	294310	4442	99912	224925
印刷和记录媒介复制业	156301	5098	129172	253377
文教、工美、体育和娱乐用品制造业	457053	10826	247267	228401
石油加工、炼焦和核燃料加工业	1492282	2609	833751	3195673
化学原料和化学制品制造业	1992129	20276	845696	417092
医药制造业	382149	7444	177624	238614
化学纤维制造业	671215	3222	81675	253490
橡胶和塑料制品业	301299	7959	157473	197856
非金属矿物制品业	2062129	23017	796571	346080
黑色金属冶炼和压延加工业	1017533	7772	485236	624339
有色金属冶炼和压延加工业	1469081	6707	365364	544751
金属制品业	520468	7507	298775	397995
通用设备制造业	323101	6660	257739	386995
专用设备制造业	282009	5244	149484	285057
汽车制造业	253826	6742	172304	255569
铁路、船舶、航空航天和其他运输设备制造业	604216	8990	146480	162936
电气机械和器材制造业	2379100	31918	974705	305378
计算机、通信和其他电子设备制造业	939083	12032	304734	253269
仪器仪表制造业	123033	3357	93581	278763
其他制造业	113978	1962	62687	319508
废弃资源综合利用业	30410	576	6933	120359
电力、热力生产和供应业	12603	436	5787	132719
燃气生产和供应业	20195	185	17966	971118
水的生产和供应业	17079	205	2681	130764

主要统计指标解释

工业 指从事自然资源的开采，对采掘品和农产品进行加工和再加工的物质生产部门，具体包括：(1)对自然资源的开采，如采矿、晒盐、森林采伐等。(但不包括禽兽捕猎和水产捕捞)；(2)对农副产品的加工、再加工，如碾米、磨粉、酿酒、榨油、轧花、缫丝、屠宰、药材加工等；(3)对工业品的加工、再加工，如炼铁、炼钢、轧钢、炼焦、化工生产、机器制造、木材加工、印染、服装加工、造纸、自来水、煤气的生产和电力的生产及供应；(4)对工业品的修理、翻新，如修理机械设备、交通运输工具等。

1984 年以前农村的村及村以下办工业归属农业，1984 年及以后划归工业。

工业统计的范围包括城市和农村中各种经济类型的独立核算法人工业企业和独立核算法人工业企业附营工业生产活动单位。

规模以上工业企业 是指年主营业务收入在 2000 万元及以上的法人工业企业。

工业企业登记注册类型 为了贯彻落实党的十五大精神，准确反映和研究我国所有制结构以及国有经济的控股情况，为各级党政领导和有关部门进行宏观决策服务，国家统计局在深入调查研究和广泛征求意见的基础上，对原规定进行了修订，与国家工商行政管理局联合制发了《关于划分企业登记注册类型的规定》，作为今后的统计标准。该规定以工商行政管理机关对企业登记注册的类型为依据，将企业登记注册类型分几种类型。

国有企业 是指企业全部资产归国家所有，并按《中华人民共和国企业法人登记管理条例》规定登记注册的非公司制的经济组织。不包括有限责任公司中的国有独资公司。

集体企业 是指企业资产归集体所有，并按《中华人民共和国企业法人登记管理条例》规定登记注册的经济组织。

股份合作企业 是指以合作制为基础，由企业职工共同出资入股，吸收一定比例的社会资产投资组建，实行自主经营，自负盈亏，共同劳动，民主管理，按劳分配与按股分红相结合的一种集体经济组织。

联营企业 是指两个及两个以上相同或不同所有制性质的企业法人或事业单位法人，按自愿、平等、互利的原则，共同投资组成的经济组织。包括国有联营企业、集体联营企业、国有与集体联营企业、其他联营企业。

有限责任公司 是指根据《中华人民共和国公司登记管理条例》规定登记注册，由两个以上，五十个以下的股东共同出资，每个股东以其所认缴的出资额对公司承担有限责任，使以其全部资产对其债务承担责任的经济组织。包括国有独资；公司以其他有限责任公司。

股份有限公司 是指根据《中华人民共和国公司登记管理条例》规定登记注册，其全部注资本由等额股份构成并通过发行股票筹集资本，股东以其认购的股份对公司承担有限责任，公司以其全部资产对其债务承担责任的经济组织。

私营企业 是指自然人投资设立或自然人控股，以雇佣劳动为基础的营利性经济组织。包括按照《公司法》、《合伙企业法》、《私营企业暂行条例》规定登记注册的私营有限责任公司、私营股份有限公司、私营合伙企业和私营独资企业。

其他企业 是指上述七种注册类型之外的其他内资经济组织。

外商投资企业 是指国外投资者根据我国有关涉外经济的法律、法规，以合资、合作或独资的形式在大陆境内开办企业。包括中外合资经营企业、中外合作经营企业和外资企业、外商投资股份有限公司四种形式。

港、澳、台投资企业 是指港、澳、投资者依照中华人民共和国有关涉外经济法规，以合资、合作或独资的形式在大陆举办企业。港、澳、台投资企业参照外商投资企业，可分为合资经营企业、合作经营企业、港、澳、台商独资经营企业、港、澳、台商投资股有限公司四种形式。

轻工业 指提供消费品和制作手工工具的工业。

重工业 是指为国民经济各部门实现技术改造与技术进步提供物质条件的基础工业。

大、中、小、微型企业 根据工业和信息化部、国家统计局、国家发展改革委、财政部《关于印发中小企业划型标准规定的通知》，大中小型工业企业划分以法人企业或单位作为对企业规模的划分对象，以从业人员数和营业收入两项指标为划分依据。工业企业规模的具体划分标准见下表。

指标名称	计量单位	大　型	中　型	小　型	微型
从业人员数（X）	人	X≥1000	300≤X＜1000	20≤X＜300	X＜20
营业收入（Y）	万元	Y≥40000	2000≤Y＜40000	300≤Y＜2000	Y＜300

注：大型、中型和小型企业须同时满足所列指标的下限，否则下划一档；微型企业只须满足所列指标中的一项即可。

工业总产值　工业总产值是以货币形式表现的，工业企业在一定时期内生产是工业最终产品或提供工业性劳务活动的总价值量。工业总产值目前采用“工厂法”计算，一个企业内部自产自用的产品、半成品不允许重复计算产值，但各企业之间存在着重复计算。第三次全国工业普查，针对工业总产值计算原规定的缺陷，对其作了下列四个方面的修订：

1.凡用自备原材料生产的产品，不论其加工的繁简程度如何，一律按全价计算。

2.凡承接来料加工生产的产品，加工企业一律按加工费教育处。

3.自制半成品、在制品期末期初差额价值，如果会计的产品成本核算了这部分价值，工业总产值中也应包括，否则可不包括。

4.现价工业总产值一律采用不含销项税的价格计算。

工业增加值　是指工业企业在报告期内以货币表现的工业生产活动的最终成果。工业增加值有两种计算方法：一是生产法，即工业总产出(用现行价格新规定工业总产值代替)减去工业中间投入加本期应交增值税；二是收入法，即根据生产要素在生产过程中应得到的收入份额计算，具体构成项目有固定资产折旧、劳动者报酬、生产税净额、营业盈余，这种方法也称要素分配法。

所有者权益　是指企业投资人对企业净资产的所有权，包括企业投资者对企业的投入资本以其形成的资本公积金、盈余公积金和末分配利润等的所有权。

固定资产原值　是指工业企业购买和建设各种固定资产时所实际支付的金额，以及以后改建或扩建所追加投资金额的合计。固定资产的来源包括解放后接收的原有固定资产、通过基本建设完成交付使用的固定资产、通过更新改造措施而增加的固定资产等等。

固定资产净值　是指固定资产原值扣除历年提取后的价值。

流动资产　是指可以在一年或者超过一年的一个营业周期内变现或者耗用的资产，包括现金及各种存款、短期投资、应收及预付货款、存货等。

流动负债　是指将在一年或者超过一年的一个营业周期内偿还的债务。包括短期借款、应付票据、应付帐款、预收货款、应付工资、应交税金、应付利润、其他应付款、预提费用等。

产品销售收入　指企业销售产品的销售收入和提供劳务等主要经营业务取得的业务总额。1994 年实施新的税制后，取消了产品税，开征消费税，增值税由价内税改为价外税，因此，产品销售收入中不再含增值税。

利润总额　是指企业实现的利润总额，等于盈利企业的利润额减亏损企业的亏损额。

实现利税总额　是指企业实现的利润和税金总额。1993 年以前实现利税总额为企业产品销售税金及附加和利润总额之和。1994 年税制改革后，税金总额是指企业销售产品、提供工业性作业劳务等，应负担的销售税金及附加、增值税。

工业资金利税率　指报告期已实现的利润、税金总额与同期的资金(流动资产和固定资产净值)之比，反映企业资金运用的经济效益指标。

计算公式为：

$$\text{工业资金利税率(\%)}=\frac{\text{报告期止累计实现利税总额}}{\text{报告期平均流动资产+固定资产净值平均余额}}*12/\text{累计月数}*100\%$$

工业增加值率　指报告期工业增加值与同期工业总产值之比，反映降低中间消耗的经济效益指标。

计算公式为：

$$\text{工业增加值率（\%）}=\frac{\text{报告期工业增加值}}{\text{报告期现价工业总产值}}*100\%$$

总资产贡献率 该指标反映企业全部资产的获利能力，是企业经营业绩和管理水平的集中体现，是评价和考核企业盈利能力的核心指标。

计算公式为：

$$\text{总资产贡献率（\%）}=\frac{\text{利润总额+税金总额+利息支出}}{\text{平均资产总额}}*12/\text{累计月数}$$

其中：税金总额为产品销售税金及附加与应交增值税之和；平均资产总额为期初期末资产总计的算术平均值。

资本保值增值率 该指标反映企业净资产的变动状况，是企业发展能力的集中体现。

计算公式为：

$$\text{资本保值增值率（\%）}=\frac{\text{报告期期末所有者权益}}{\text{上年同期期末所有者权}}*100\%$$

资产负债率 该指标既反映企业经营风险的大小，也反映企业利用债权人提供的资金从事经营活动的能力。

计算公式为：

$$\text{资产负债率（\%）}=\frac{\text{负债合计}}{\text{资产合计}}*100\%$$

流动资产周转率 指一定时期内流动资产完成的周转次数，反映投入工业企业流动资金的周速速度。

计算公式为：

$$\text{流动资产周转率（\%）}=\frac{\text{产品销售收入}}{\text{流动资产平均余额}}*12/\text{累计月数}$$

成本费用利润率 反映工业投入的生产成本及费用的经济效益，同时也反映企业降低成本所得的经济效益。

计算公式为：

$$\text{工业成本费用利润率（\%）}=\frac{\text{利润总额}}{\text{成本费用总额}}*100\%$$

其中：成本费用总额为产品销售成本、产品销售费用、管理费用和财务费用之和。

全员劳动生产率 该指标反映企业的生产效率和劳动投入的经济效益。

计算公式为：

$$\text{全员劳动生产率（元/人）}*100\%=\frac{\text{工业增加值}}{\text{全部职工平均人数}}*12/\text{累计月数}$$

产品销售率 该指标反映工业产品已实现销售的程度，是分析工业产销衔接情况、研究工业产品满足社会需求的指标。

计算公式为：

$$\text{产品销售率}=\frac{\text{工业销售产值}}{\text{工业总产值(现价)}}*100\%$$

工业经济效益综合指数 是衡量工业经济效益各方面在数量上总体水平的一种特殊相对数，是反映工业经济运行质量的综合指标。

计算公式为：

$$\text{工业经济效益综合指数}=\frac{\sum\frac{\text{某项指标报告期数值}}{\text{(该项指标全国标准值*该项指标权数)}}}{\text{总权数}}$$

园区完成基础设施投入 指用于征地、拆迁、“三通一平”、绿化等基础性设施资金的合计数。

园区招商签约资金 指与本行政区域（市、县）以外客商正式签定协议、合同所签约的金额。不包括意向书、口头承诺、草签协议书所签定的金额。

园区招商实际到位资金 指实际到帐资金（包括购地、建厂房、购设备及原材料等资金）；省外资金：指来自江西省以外中国大陆以内的资金；境外资金：指中国大陆以外的资金。

园区内工业企业个数 指工业园区内已建成投产，具备独立核算法人资格的工业企业合计数。

工业企业用电量 指工业企业用于工业生产的用电。

税金总额 指企业在一定时期内上缴的各项税金之和。上缴税金包括产品销售税金及队加，管理费用中的资源税、房产税、印花税和土地使用税，所得税，应交增值税。

园区在建工业企业个数 指已在工业园区内注册登记，正在筹建的工业企业个数。包括已建成未投产的企业个数。

园区非工业企业个数 指园区内从事建筑业、批发零售业、服务业等非工业企业的个数。营业收入：指所有非工业企业从事经营活动所获得的收入。

13 建筑业

● 2016年，全市建筑业总产值398.83亿元，其中国有企业190.92亿元，其他企业207.91亿元。

13-1 主要年份建筑业企业主要经济指标

指　　标	单位	2010年	2011年	2012年	2013年	2014年	2015年	2016年
建筑业总产值	万元	2054327	2526074	2665147	2799465	3111990	3532644	3988280
竣工产值	万元	885996	1104806	1427745	1633408	1423554	1743870	1581420
房屋施工面积	万平方米	1340.43	1404.08	1615.75	1508.89	1539.00	1501.78	1276.07
#新开工	万平方米	990.54	817.15	1095.16	1027.89	1056.00	970.02	803.04
房屋竣工面积	万平方米	759.43	714.78	1013.34	1085.59	888.69	855.62	800.33
#住宅	万平方米	558.77	538.94	728.79	829.87	705.80	651.12	613.47
自有机械设备总功率	万千瓦	38.46	42.70	44.08	43.85		51.00	48.11
直接从事生产经营活动的平均人数	人	99248	80641	77828	83345	96384	96830	89767
全员劳动生产率	元/人	206989	313249	342441	335889	322874	364829	444292
流动资产年末合计	万元	859104	1280743	1612686	1695123	1956048	2017829	1937197
在建工程	万元	16352	29635	48187	37914	56932	118782	33837
固定资产原价	万元	243023	256621	366092	350798	358944	315457	325897
利润总额	万元	51848	59373	83091	96668	85115	87946	96243

13-2 各县(市、区)建筑企业个数和签订合同额

(2016年)

地　区	企业个数(个)	#有工作量的企业个数(个)	签订的合同额(万元)	#上年结转合同额	#本年新签合同额
全市合计	**152**	**141**	**5257748**	**23797141**	**2878606**
市　直	38	34	3286250	1995041	1291209
濂溪区	11	11	144594	27222	117372
浔阳区	13	10	51126	18046	33080
九江开发区	9	9	304201	142845	161357
庐山管理局	3	2	8217		8217
九江县	9	9	126849	27446	99403
武宁县	9	8	87132	27566	59566
修水县	8	8	239149	36488	202661
永修县	6	6	85705	3246	82459
德安县	6	6	98450	17500	80950
都昌县	11	11	237101	39631	197470
湖口县	3	3	77522	3511	74011
彭泽县	7	6	61268	9351	51917
瑞昌市	11	10	146634	24058	122576
共青城市	4	4	232503	1458	231045
庐山县	4	4	71047	5733	65314

13-3 各县(市、区)承包工程完成情况

(2016年)

单位:万元

地　区	直接从建设单位承揽工程完成的产值	#自行完成施工产值	分包出去工程的产值	从外单位承揽工程	竣工价值
全市合计	**3981889**	**3943686**	**38203**	**44594**	**1581420**
市　直	1765526	1752240	13286	8703	319747
濂溪区	151223	147704	3519	3519	89575
浔阳区	34211	30065	4146	4146	31439
九江开发区	410220	410200	20	38	113031
九江县	163654	150347	13307	13507	112004
武宁县	88822	88822			53860
修水县	262632	262632			164831
永修县	84075	84075			63552
德安县	124570	124570			97500
都昌县	246158	246158			157067
湖口县	75551	75551			72106
彭泽县	88506	88506		3160	51688
瑞昌市	189164	188084	1080	1080	165551
共青城市	227888	225043	2845	2845	20726
庐山市	69690	69690		7598	68745

13-4 各县（市、区）建筑业从业人员情况

（2016年） 单位:人

地　区	直接从事生产经营活动的平均人数	年末从业人数		
			工程技术人员	一级建造师
全市合计	89767	87213	13020	546
市　直	17925	18827	5768	295
濂溪区	5852	5861	659	26
浔阳区	2448	2300	579	25
九江开发区	4137	4158	482	89
九江县	5206	4679	724	60
武宁县	3606	2678	531	6
修水县	8967	7765	305	5
永修县	3544	3398	331	5
德安县	3673	3685	260	18
都昌县	12472	12623	1096	3
湖口县	5373	5446	859	2
彭泽县	4610	3825	50	
瑞昌市	4695	4693	266	5
共青城市	4586	4578	436	1
庐山市	2673	2697	674	6

13-5 各县（市、区）房屋建筑施工面积

（2016年） 单位:平方米

地　区	房屋建筑施工面积			房屋竣工面积
		#本年新开工面积	实行投标承包面积	
全市合计	12760716	8030373	7994946	8003271
市　直	1429024	109529	52536	391426
濂溪区	981264	502448	585889	534776
浔阳区	267655	114796		247914
九江开发区	184708	68006	124324	60557
九江县	1120136	629722	869784	659068
武宁县	693091	254167	374369	569734
修水县	1306188	1104394	1134263	631890
永修县	1271728	1194082	1157842	933813
德安县	612903	249258	275903	468096
都昌县	1644327	1330673	1077337	1164704
湖口县	732330	643334	699426	662844
彭泽县	481791	162755	192332	465372
瑞昌市	1011849	836128	642960	804080
共青城市	346279	265279	265279	62808
庐山市	677443	565802	542702	346189

13-6 各县（市、区）建筑业总产值

（2016年）　　单位:万元

地区	建筑业总产值	# 装饰装修产值	在外省完成的产值	按构成分		
				建筑工程产值	安装工程产值	其他产值
全市合计	**3988280**	**67252**	**1571016**	**3818218**	**128965**	**41097**
市直	1760943	25596	1369557	1719714	38876	2353
濂溪区	151223	3256		143535	3256	4432
浔阳区	34211	1848	7576	30022	4189	
九江开发区	410238	95	179040	406500	2823	915
九江县	163854	9662	269	126876	27067	9911
武宁县	88822	2314	2570	82462	6361	
修水县	262632		213	236184	21466	4982
永修县	84075			83233	823	19
德安县	124570			124570		
都昌县	246158	16115	10961	225098	8962	12098
湖口县	75551	7935		63890	7652	4008
彭泽县	91666			90666	1000	
瑞昌市	189164			184308	3776	1080
共青城市	227888		830	225043	2000	845
庐山市	77287	432		76119	715	454

13-7 各县（市、区）建筑业资产情况

（2016年）　　单位:万元

	资产合计	流动资产合计	应收工程款	固定资产合计	累计折旧	其中:本年折旧	在建工程
全市合计	**2565680**	**1937197**	**373631**	**247703**	**133388**	**23044**	**33837**
市　直	1547926	1334128	168556	84658	93225	18469	5774
濂溪区	96627	75321	44325	9784	6104	729	
浔阳区	35897	29357	21911	4319	771	182	873
九江开发区	198753	128028	29559	20992	13032	1771	7816
九江县	53299	34060	11561	5758	2340	265	172
武宁县	133253	53040	4170	6307	1651	314	1252
修水县	38464	27877	2871	7022	2618	251	
永修县	61751	30583	6712	10613	1412	176	5289
德安县	102719	59335	28766	13762	947	5	50
都昌县	111725	61653	10859	40982	3787	417	9810
湖口县	19377	8223	1173	6751	2377	146	1818
彭泽县	20559	14615	4027	5870	1157	61	638
瑞昌市	66132	37127	16308	12622	2019	125	190
共青城市	25294	21129	9216	339			
庐山市	53905	22722	13615	17924	1949	135	156

13-8 各县(市、区）建筑业营业收入

（2016年）　　单位:万元

地　区	营业收入	主营业务收入	营业成本	主营业务成本	营业税金及附加	主营业务税金及附加	其他业务利润
全市合计	**3311516**	**3276118**	**3015193**	**2897556**	**106423**	**98412**	**-597**
市　直	1890022	1883096	1793118	1775549	22046	21775	-1002
濂溪区	137948	136414	121235	93516	6200	6090	4
浔阳区	48660	47247	46036	44949	1170	1092	62
九江开发区	270928	268394	223454	200846	19223	16417	297
九江县	109673	108368	96911	93210	4544	4524	20
武宁县	52360	51984	44836	44455	2498	2385	
修水县	37598	37582	45247	45245	3019	3019	15
永修县	59057	58870	54596	54505	2804	2802	
德安县	59808	59788	46900	46519	5753	5753	
都昌县	207667	206539	170660	167176	8399	8269	
湖口县	69247	69247	63388	63388	4781	3866	
彭泽县	50421	50129	43987	16892	1856	676	8
瑞昌市	161262	151277	126512	126099	16977	16977	
共青城市	88637	88637	77747	72920	3598	2325	
庐山市	68229	58547	60568	52288	3555	2444	

13-9 各县(市、区)建筑业负债和所有者权益

(2016年)

单位:万元

地区	流动负债合计	非流动负债合计	负债合计	所有者权益	实收资本
全市合计	**1503610**	**179022**	**1771796**	**793884**	**548538**
市直	1142222	58080	1216124	331802	237392
濂溪区	31911	289	43776	52851	26284
浔阳区	14810	12	14984	20913	17638
九江开发区	69606	35266	110486	88267	80513
九江县	27287	124	28262	25036	18370
武宁县	31201	75667	108474	24778	17915
修水县	11076	42	13836	24628	12409
永修县	26469	665	27594	34157	10843
德安县	21371	1000	52371	50347	34387
都昌县	30891	6960	38065	73660	42975
湖口县	6071	25	6096	13281	11635
彭泽县	4537		5297	15262	8959
瑞昌市	43869	892	47648	18484	14447
共青城市	21728		22210	3084	
庐山市	20561		36571	17334	14772

13-10 各县(市、区)建筑业利润和分配

(2016年)

单位:万元

地区	营业利润	营业外收入	营业外支出	利润总额	应交所得税
全市合计	**98211**	**1700**	**2091**	**96243**	**16682**
市直	30760	615	1035	30340	3632
濂溪区	8421	13	16	8418	328
浔阳区	566	10	3	574	164
九江开发区	11557		64	11494	2917
九江县	5799	27	7	5819	1970
武宁县	1359	5	15	1349	117
修水县	4013	155	4	2587	326
永修县	623		15	608	44
德安县	-334	27	34	-340	19
都昌县	14516	710	672	14554	3076
湖口县	157			157	38
彭泽县	2910	24	26	2908	803
瑞昌市	13562	54	109	13507	2824
共青城市	2701		90	2611	274
庐山市	1600	61	3	1658	153

主要统计指标解释

建筑业总产值 是以货币表现的建筑安装企业在一定时期内生产的建筑业产品的总和。建筑业总产值包括三部分内容：

(1) **建筑工程产值** 指列入建筑工程预算内的各种工程价值，主要包括：各种用途的房屋、构筑物的建筑工程和暖气、卫生、通风、照明、煤气等设备安装价值；设备基础、支柱、操作台、梯子、烟囱、凉水塔的砌筑工程；各种锅炉炉体砌筑和金属结构安装工程；施工现场布置、场地平整、施工临时用水、电、道路的铺筑与架设；矿井的开凿、井巷掘进延伸、露天矿的剥离、石油、天然气钻井工程；铁路、公路、港口、桥梁的建筑工程；水利工程；防空、地下建筑等特殊工程和对建筑物内部或外部进行装饰、装修的价值。

(2) **设备安装工程产值** 指设备安装工程价值，主要包括生产、动力、起重、运输、传动、医疗、实验、电讯、光纤、电话、计算机和电子设备等各种需要安装设备的装配与安装，与设备相联接的工作台、梯子、栏杆等装设工程；附属于被安装设备的管线敷设工程；被安装设备的绝缘、防腐保温、油漆等工作；为测定安装工作质量，对单个设备、系统设备进行单机试车和系统联动无负荷试运转工作，但产值中不包括被安装设备的价值。

(3) **其他产值** 建筑业总产值中除建筑工程、安装工程以外的产值。包括房屋、构筑物修理产值、非标准设备制造产值、总包企业向分包企业收取的管理费以及不能明确划分的施工活动所完成的产值。

①房屋、构筑物修理产值 指房屋和构筑物修理所完成的产值，但不包括被修理房屋、构筑物本身产值和生产设备的修理产值。

②非标准设备制造产值 指加工制造没有定型的非标准生产设备的加工费和原材料价值。

建筑业增加值 指建筑业企业在报告期内以货币形式表现的建筑业生产经营活动的最终成果。

从2004年第一次全国经济普查开始，建筑业现价增加值按生产法和分配法（收入法）两种方法计算，以收入法的计算结果为准，即从收入的角度出发，根据生产要素在生产过程中应得的收入份额计算。具体计算方法：经济普查年度建筑业增加值按照《经济普查年度GDP核算方案》计算，非经济普查年度建筑业增加值按照《非经济普查年度GDP核算方案》计算。

房屋建筑施工面积 指在报告期内施工的全部房屋建筑面积，包括本期新开工的房屋面积、上期施工跨入本期继续施工的房屋面积、上期停缓建在本期恢复施工的房屋面积、本期竣工的房屋面积及本期施工后又停缓建的房屋面积。

房屋建筑竣工面积 指在报告期内房屋建筑按照设计要求全部完工，达到了住人和使用条件，经验收鉴定合格，正式移交使用单位的房屋建筑面积。

工程结算收入 指企业承包工程实现的工程价款结算收入，以及向发包单位收取的除工程价款以外的按规定列作营业收入的各种款项，如临时设施费、劳动保险费、施工机械调迁费等以及向发包单位收取的各种索赔款。

工程结算利润 指已结算工程实现的利润，如亏损以“—”号表示。计算公式为：

工程结算利润=工程结算收入—工程结算成本—工程结算税金及附加

交通运输和邮电 14

- 2016年末，全市铁路营运里程407公里，长江通航里程128公里，内河航道维护里程752公里，公路通车里程 20256公里。
- 2016年，全社会货运周转量334.90亿吨公里，客运周转量89.67亿人公里，港口货物吞吐量19298.52万吨。
- 2016年，全市邮电业务收入32.07亿元，年末固定电话用户70.13万户，移动电话用户374.53万户。

14-1 主要年份运输线路长度

单位：公里

指标	1978年	1980年	1985年	1990年	1995年	2000年	2005年	2010年	2015年	2016年
铁路运营里程(辖区内)	148	148	148	165	271	389	389	353	353	407
水运、航道里程(辖区内)	943	943	943	904	904	960	960	960	868	880
# 长江通航里程	142	142	142	142	142	142	142	142	128	128
内河航道维护里程	801	801	801	762	762	818	818	818	740	752
公路通车里程	3362	3263	3653	3653	3715	3836	7236	18006	19537	20256
# 国道	120	171	206	206	206	206	323	558	569	1219
省道	1468	1481	912	912	899	887	974	919	1071	1229
县道	1774	1612	1601	1601	1601	1634	2026	2098	2128	2509
民用航空线里程			1900	1900	1890	687		3374	3374	
管道长度			19	24	24	23	19	28	14	14

14-2 运输线路长度

单位：公里

指标	2016年	指标	2016年
铁路运营里程(辖区内)	407	**公路通车里程**	20256
		国道	1219
水运、航道里程(辖区内)	880	省道	1229
# 长江通航里程	128	县道	2509
内河航道维护里程	752	乡道	5262
# 二级航道	93	总计中：绿化里程	10920
六级航道	146	总计中：高速公路	683
七级航道	124	一级公路	342
等外航道	389	二级公路	1248
		三级公路	1490
民用航空线里程		四级公路	11565
管道长度	14	等外公路	4928

注：1、铁路运营里程自2010年开始重新调整，取值口径发生改变。
　　2、内河航道维护里程：三级升级为二级。

14-3 机动汽车保有量

（2016年）　　单位：辆

指标名称	总计	#营运	非营运	进口	个人
合　　计	**631470**	**64234**	**566607**	**8123**	**574235**
一、汽　车	**428691**	**47218**	**380844**	**8008**	**375363**
载客汽车	360486	7302	352555	7975	338000
#大　型	3115	2645	368	11	15
中　型	2016	957	532	17	122
小　型	352302	3700	348602	7885	334903
微　型	3053		3053	62	2960
载货汽车	54296	30481	23815	32	30672
#重　型	12420	11761	659	1	1502
中　型	5102	4977	125		1516
轻　型	36755	13736	23019	31	27638
微　型	19	7	12		16
其他汽车	13909	9435	4474	1	6691
二、摩托车	**199008**	**13278**	**185730**	**115**	**198624**
普　通	198394	13278	185116	115	198015
轻　便	614		614		609
三、挂　车	**3771**	**3738**	**33**		**248**

14-4 主要年份全社会运输量和周转量

指　　标	单 位	1978年	1980年	1990年	1995年	2000年	2005年	2010年	2014年	2015年	2016年
客 运 量	**万人**	**1051**	**1099**	**3584**	**5806**	**4184**	**4713**	**10521**	**10681**	**9916**	**9898**
公　路	万人	559	794	3081	5168	3718	4255	9897	9651	8873	8820
水　运	万人	276	168	308	453	171	123	41	42	45	44
铁　路	万人	216	137	194	184	296	335	575	976	995	1034
民　航	万人							8.16	12	3	
货 运 量	**万吨**	**706**	**486**	**1722**	**2714**	**1810**	**2540**	**9746**	**14096**	**12335**	**13355**
公　路	万吨	106	101	1185	1943	1256	1471	7678	11415	10117	10768
水　运	万吨	491	335	378	545	239	480	1054	1259	1206	1129
铁　路	万吨	109	50	150	212	308	585	871	1248	774	1147
管　道	万吨			9	14	7	4	143	174	237	311
客运周转量	**万人公里**	**76816**	**59687**	**182422**	**232579**	**269545**	**248701**	**687253**	**884716**	**891115**	**896732**
公　路	万人公里	17136	20773	115200	169747	173100	220552	391965	461233	470050	466043
水　运	万人公里	44169	27061	49694	46112	2351	1373	777	519	622	583
铁　路	万人公里	15511	11853	16894	16017	94060	26766	287503	412555	418131	430106
民　航	万人公里			634	703	34		7008	10409	2312	
货运周转量	**万吨公里**	**169203**	**182015**	**272397**	**446195**	**284106**	**514562**	**2751902**	**3813305**	**3074163**	**3349028**
公　路	万吨公里	4175	5054	59044	109272	99880	154458	1602735	2556289	2266587	2360153
水　运	万吨公里	145844	170434	193739	308203	81103	313270	842488	807985	500508	531936
铁　路	万吨公里	19184	6527	19572	28657	103180	46816	306177	448442	306498	456286
管　道	万吨公里			42	63	33	18	502	589	570	653
港口集装箱吞吐量	(TEU，标准箱)			**601**	**3415**	**4575**	**46158**	**120569**	**224108**	**254937**	**273937**

注：1、九江机场于2015年3月21日正式停航升级改造。

2、根据交通运输部要求，2015年运输量数据按照2015年小样本抽样调查结果进行了调整，并以此为基数。

14-5 九江市港口吞吐量

（2016年）

分类	货物吞吐量合计（万吨）	#出口	旅客吞吐量合计（万人）	#离港
总计	19298.52	14484.31	69.57	34.00
一、长江	11327.97	6673.74	24.30	11.40
瑞昌港区	4539.58	3606.91	24.30	11.40
城西港区	407.51	360.25		
城区港区	565.86	171.55		
湖口港区	4128.68	1872.16		
彭泽港区	441.00	392.00		
上港集团	1245.33	270.85		
二、内河	7970.55	7810.57	45.27	22.60
湖口	441.64	441.04	16.18	8.06
庐山区	764.89	631.13		
星子	365.02	364.46		
都昌	1345.55	1320.49		
永修	4938.17	4938.17		
柘林湖			20.15	10.07
武宁	115.29	115.29	8.88	4.43
修水港			0.06	0.03

14-6 公路交通事故

（2016年）

地区	事故次数		死亡人数		受伤人数		财产损失	
	数量（次）	比上年同期增减（%）	数量（人）	比上年同期增减（%）	数量（次）	比上年同期增减（%）	数量（万元）	比上年同期增减（%）
总计	818	88.9	282	81.9	847	96.5	431	331.8
濂溪区	12	-25.0	1	-90.0	12	50.0	2	-53.0
浔阳区	120	71.4	9		146	67.8	19	39.0
九江开发区	152	166.7	17	88.9	182	180.0	260	2031.0
九江县	39	105.3	23	53.3	19	72.7	1	93.8
武宁县	95	111.1	32	113.3	117	148.9	43	188.9
修水县	109	81.7	38	100.0	115	101.8	18	7.7
永修县	87	93.3	34	126.7	78	59.2	15	378.0
德安县	39	62.5	17	112.5	33	57.1	11	76.7
都昌县	35	-2.8	34	112.5	14	-53.3	9	75.3
湖口县	31	210.0	17	142.9	21	250.0	2	-36.7
彭泽县	29	52.6	20	81.8	42	75.0	30	79.2
瑞昌市	40	135.3	26	100.0	25	150.0	11	1207.7
共青城市	7	16.7	2		8	60.0	6	492.2
庐山市	23	155.6	12	100.0	35	218.2	4	229.6

14-7 主要年份邮电通讯业务

年份	邮电业务收入（万元）	函件（万件）	报刊累计数（万份）	市内电话（户）	农村电话（户）
1978	365	815	4209	4111	2468
1980	409	927	4797	4196	2271
1985	841	1604	6192	6186	2139
1990	3421	1874	5387	11916	2356
1995	15836	1844	5004	81848	16604
2000	93680	2080	5437	281561	165384
2005	215171	868	4219	514868	464611
2007	295675	1294	3102	602326	478241
2008	271952	1278	3675	693167	439614
2009	297187	1542	3395	590333	349944
2010	232106	1002	4217	536913	324566
2011	237433	1074	4266	510547	320035
2012	277946	755	4153	392787	315165
2013	302455	603	4000	391407	311271
2014	296203	872	4116	386052	312714
2015	300789	862	3805	381402	295430
2016	320663	1030	4661	342428	182839

年份	邮电局所（个）	#设在农村的	邮路及投递线路总长度（万公里）	移动电话用户（万户）	计算机互联网用户（万户）
1978	213	192	1.3		
1980	187	143	1.2		
1985	223	163	1.4		
1990	217	162	1.4		
1995	217	178	1.5		
2000	222	194	1.5	17	3
2005	211	156	2.1	95	10
2007	211	157	1.6	166	19
2008	204	156	1.8	177	23
2009	205	156	0.9	240	30
2010	329	279	1.6	266	31
2011	433	353	1.5	308	38
2012	449	376	1.5	361	44
2013	467	392	1.5	324	59
2014	467	393	1.5	327	69
2015	565	490	3.0	374	78
2016	599	521	3.0	375	95

14-8 邮电事业

指标	单位	2015年	2016年	2016年比2015年增长(%)
邮电业务收入	万元	300789	320663	6.6
函件	万件	862	1030	19.5
包裹	万件	14	9	-34.0
报刊	万份	3805	4661	22.5
特快专递	万件	245	364	48.3
汇票	万件	60	22	-63.0
集邮	万枚	103	162	56.3
邮政储蓄年末余额	万元	1534334	1766318	15.1
电话年末达到总数	户	721463	701312	-2.8
# 市内电话	户	381402	342428	-10.2
# 农村电话	户	295430	182839	-38.1
# 公用电话	户	50183	22348	-55.5
电话交换机的总容量	万门	725	724	-0.2
计算机互联网用户	户	779791	950807	21.9
移动电话期末户数	万户	374	375	0.2
# 3G移动电话用户数	万户	96	54	-43.6
# 4G移动电话用户数	万户	124	210	68.6
邮路及投递线路总长度	公里	29538	29017	-1.8
邮运汽车	辆	57	63	10.5
装有程控交换机的县、市	个	16	16	
已通电话的乡、镇、街道	个	195	196	0.5

主要统计指标解释

铁路营业里程 指办理客货运输业务的铁路正线总长度。凡是全线或部分建成双线及以上的线路，以第一线的实际长度计算；复线、站线、段管线、岔线和特别用途线以及不计算运费的联络线都不计算营业里程。铁路营业里程是反映铁路运输业基础设施发展水平的重要指标，也是计算客货周转量、运输密度和机车车辆运用效率指标的基础资料。

公路里程 也称“公路通车里程”，是指实际达到交通部制定的公路工程技术标准规定的等级公路长度。它包括大中城市的郊区公路以及通过大小城镇街道的公路里程，也包括桥梁、渡口的长度，但不包括城市的街道以及厂矿、林区和农业生产用道的里程。两条或多条公路共同经由同一路段，只计算一次，不重复计算里程长度。公路里程是反映公路建设发展规模的重要指标，也是计算运输网密度等指标的基础资料。

货（客）运量 指运输业实际运送的货物（旅客）数量。货运按吨计算，客运按人计算。货物不论运输距离长短，货物类别，均按实际重量统计；旅客不论行程远近或票价多少，均按一人一次作为客运量统计。半票价、小孩票，也按一人统计。货（客）运量是反映运输业为国民经济和人民生活服务的数量指标，也是制定和检查运输生产计划、研究运输展规模和速度的重要指标。

货物（旅客）周转量 指运输业运送的货物（旅客）数量与其相应运输距离的乘积之总和，通常以吨公里和人公里为计算单位。计算货物周转量通常按发出站与到达站之间的最短距离，也就是计费距离计算。它是反映运输业生产总成果的重要指标，也是编制和检查运输生产计划、计算运输效率、劳动生产率以及核算运输单位成本的主要基础资料。

15 国内贸易和旅游

- 2016年，社会消费品零售总额656.78亿元，比上年增长13.0%。
- 2016年，批发零售贸易业商品销售总额1402.26亿元，比上年增长12.8%。

15-1 社会消费品零售总额

单位:万元

指　　标	2015年	2016年	2016年比2015年增长%
社会消费品零售总额	**5814539**	**6567812**	**13.0**
按销售地区分			
城镇	4500814	5076919	12.8
# 城区	2901311	3274613	12.9
乡村	1313724	1490893	13.5
按行业分			
批发零售业	4972439	5608912	12.8
住宿餐饮业	842099	958901	13.9
按地区分			
濂溪区	236436	266281	12.6
浔阳区	1731036	1926451	11.3
开发区	550640	632361	14.8
九江县	243284	274476	12.8
武宁县	359551	404279	12.4
修水县	465118	529870	13.9
永修县	328718	371208	12.9
德安县	183902	210352	14.4
都昌县	442106	498829	12.8
湖口县	220977	250024	13.1
彭泽县	253038	287282	13.5
瑞昌市	412122	472030	14.5
共青城市	173360	198151	14.3
庐山市	214249	246220	14.9

15-2 限额以上批发和零售业企业商品销售情况（一）

（2016年）

行业	法人企业数（个）	从业人员期末人数（人）	商品购进额	商品销售额	其中：通过公共网络实现的销售额	其中：使用银行卡支付的商品销售额
总计	292	17203	2850765	3446040	554297	130971
一、批发业	47	3805	1233890	1491201	470526	8227
1.按批发行业小类分						
农、林、牧产品批发	3	86	48813	50633		
棉、麻批发	3	86	48813	50633		
食品、饮料及烟草制品批发	12	1244	410007	546462	470526	
米、面制品及食用油批发	3	69	11644	16140	2231	
肉、禽、蛋、奶及水产品批发	2	103	28074	29215		
盐及调味品批发	1	141	7019	11215		
酒、饮料及茶叶批发	1	20	4483	6824		
烟草制品批发	1	737	343736	468295	468295	
其他食品批发	4	174	15051	14773		
纺织、服装及家庭用品批发	2	292	7070	8548		
纺织品、针织品及原料批发	1	12	4818	4837		
鞋帽批发	1	280	2251	3711		
医药及医疗器材批发	5	328	115150	122356		4127
西药批发	2	87	12615	15915		
中药批发	3	241	102535	106441		4127
矿产品、建材及化工产品批发	17	1585	598915	703641		4101
煤炭及制品批发	2	28	16092	16594		4101
石油及制品批发	6	1208	476599	573907		
非金属矿及制品批发	1	20	4745	3567		
金属及金属矿批发	1	80	32100	36094		
化肥批发	5	84	25834	26976		
其他化工产品批发	2	165	43546	46503		
机械设备、五金产品及电子产品批发	4	152	28333	32421		
农业机械批发	1	3	430	450		
五金产品批发	2	68	18057	20013		
其他机械设备及电子产品批发	1	81	9846	11957		
其他批发业	4	118	25603	27141		
再生物资回收与批发	2	87	21379	21966		
其他未列明批发业	2	31	4225	5175		
2.按登记注册类型分						
内资企业	47	3805	1233890	1491201	470526	8227
国有企业	6	963	376503	510094	470526	
集体企业	2	34	8497	9359		
有限责任公司	24	1069	299718	416118		4127
其他有限责任公司	24	1069	299718	416118		4127
股份有限公司	5	1150	473050	472398		
私营企业	10	589	76121	83232		4101
私营有限责任公司	10	589	76121	83232		4101
3.按控股情况分						
国有控股	11	2147	853075	1081627	470526	
集体控股	7	424	88572	92107		
私人控股	27	1113	241343	262420		8227
其他	2	121	50900	55047		

15-2 续表1

行　业	法人企业数（个）	从业人员期末人数（人）	商品购进额	商品销售额	其中：通过公共网络实现的销售额	其中：使用银行卡支付的商品销售额
4.按经营形式分						
独立门店	30	1589	420555	535288		8227
连锁总店	3	848	316743	317377		
连锁门店	1	18	4989	5729		
其他	13	1350	491605	632807	470526	
5.按单位规模分						
大型	2	1537	655756	780315	468295	
中型	19	1473	448946	568356		4127
小型	24	792	128758	142081	2231	4101
微型	2	3	430	450		
二、零售业	**245**	**13398**	**1616874**	**1954839**	**83771**	**122744**
1.按零售行业小类分						
综合零售	32	6524	465699	558305	5840	52741
百货零售	13	3737	281259	355314	5840	47565
超级市场零售	16	2497	161844	171365		1083
其他综合零售	3	290	22596	31627		4093
食品、饮料及烟草制品专门零售	9	430	16199	19251	4746	35
粮油零售	3	169	4115	4477	943	35
糕点、面包零售	1	49	701	1845		
肉、禽、蛋、奶及水产品零售	1	152	3605	4284		
酒、饮料及茶叶零售	1	8	1276	1335		
其他食品零售	3	52	6503	7310	3803	
纺织、服装及日用品专门零售	6	152	25039	30180	9525	
纺织品及针织品零售	1	28	13267	16744		
服装零售	3	40	9815	11390	9525	
钟表、眼镜零售	1	72	595	657		
其他日用品零售	1	12	1362	1388		
文化、体育用品及器材专门零售	3	88	984	1238		
体育用品及器材零售	1	18	500	520		
珠宝首饰零售	2	70	484	718		
医药及医疗器材专门零售	8	778	73518	85893		
药品零售	8	778	73518	85893		
汽车、摩托车、燃料及零配件专门零售	96	3228	814146	979165	1001	42635
汽车零售	91	2939	739041	898877	1001	42635
汽车零配件零售	2	158	51349	54351		
机动车燃料零售	3	131	23756	25937		
家用电器及电子产品专门零售	44	1096	129388	148172	2834	20896
家用视听设备零售	2	39	4686	4386		
日用家电设备零售	30	723	93147	109512		19938
计算机、软件及辅助设备零售	8	240	25134	27199	2834	35
通信设备零售	3	44	4914	5667		500
其他电子产品零售	1	50	1508	1409		423
五金、家具及室内装饰材料专门零售	18	404	36867	50776	1857	593
五金零售	5	89	21348	23565	1857	26
家具零售	4	37	4049	5228		
涂料零售	1	10	1302	1234		
木质装饰材料零售	2	93	457	620		
陶瓷、石材装饰材料零售	4	148	7965	18449		521
其他室内装饰材料零售	2	27	1746	1679		47

15-2 续表2

行　　业	法人企业数（个）	从业人员期末人数（人）	商品购进额	商品销售额	其中：通过公共网络实现的销售额	其中：使用银行卡支付的商品销售额
货摊、无店铺及其他零售业	29	698	55033	81859	57969	5844
互联网零售	22	530	40529	65458	49649	5844
生活用燃料零售	1	63	6551	8320	8320	
其他未列明零售业	6	105	7953	8081		
2.按登记注册类型分						
内资企业	243	13094	1575281	1902074	83771	118651
国有企业	3	302	5396	5926		
集体企业	2	136	27271	27803		
有限责任公司	133	4813	673036	800924	64183	47609
国有独资公司	1	70	11152	12933		
其他有限责任公司	132	4743	661885	787991	64183	47609
股份有限公司	2	1953	149884	192824		36640
私营企业	102	5784	716335	869053	19588	34402
私营独资企业	1	6	2280	2480		
私营合伙企业	2	90	14966	14751		
私营有限责任公司	96	5530	681481	830541	19588	34402
私营股份有限公司	3	158	17608	21281		
其他企业	1	106	3359	5544		
港、澳、台商投资企业	2	304	41593	52765		4093
港澳台商独资企业	2	304	41593	52765		4093
3.按控股情况分						
国有控股	6	442	32548	35542		
集体控股	4	239	42595	43359		
私人控股	219	11661	1375659	1680186	83770	101525
港澳台商控股	2	304	41593	52765		4093
其他	14	752	124479	142987	1	17127
4.按经营形式分						
独立门店	211	8571	1293886	1550276	50519	69515
连锁总店	5	3042	181288	229079	10508	37617
连锁门店	9	1273	68902	84169	23	9768
其他	20	512	72798	91316	22721	5844
5.按单位规模分						
大型	2	2433	210993	264206		36640
中型	64	7381	847522	988967	19352	34510
小型	143	3211	488331	613822	62562	32224
微型	36	373	70028	87844	1857	19370
6.按零售业态分						
有店铺零售	219	12761	1564781	1876680	25280	116900
超市	24	3174	250879	278677	467	141
大型超市	6	3387	195944	251183		44523
百货店	6	254	27859	40306	5816	8112
专业店	87	3508	689365	823169	11178	12656
专卖店	84	2057	346473	417157	7819	50947
家居建材商店	9	286	14723	25646		521
厂家直销中心	3	95	39537	40542		
无店铺零售	26	637	52093	78160	58491	5844
网上商店	23	540	48309	74300	58491	5844

15-3 限额以上批发和零售业企业商品销售情况（二）

（2016年）

行业	商品销售额			期末商品库存额	年末零售营业面积(平方米)
	批发额	零售额	其中：通过公共网络实现的零售额		
总计	**1080440**	**2365601**	**63009**	**206976**	**844583**
一、批发业	**989289**	**501912**	**110**	**59395**	**201124**
1.按批发行业小类分					
农、林、牧产品批发	50633			1242	
棉、麻批发	50633			1242	
食品、饮料及烟草制品批发	537111	9351	110	42113	15645
米、面制品及食用油批发	12096	4044	110	7254	2195
肉、禽、蛋、奶及水产品批发	29215			320	2850
盐及调味品批发	11215			629	
酒、饮料及茶叶批发	3754	3070		531	3000
烟草制品批发	468295			31026	
其他食品批发	12536	2237		2352	7600
纺织、服装及家庭用品批发	8505	43		470	1306
纺织品、针织品及原料批发	4794	43		269	280
鞋帽批发	3711			201	1026
医药及医疗器材批发	100861	21494		4645	985
西药批发	14047	1868		2956	400
中药批发	86815	19626		1689	585
矿产品、建材及化工产品批发	238156	465485		7954	168022
煤炭及制品批发	13652	2942		310	3700
石油及制品批发	111435	462472		3033	156546
非金属矿及制品批发	3567			1296	3330
金属及金属矿批发	36094			1900	
化肥批发	26905	71		1076	4246
其他化工产品批发	46503			339	200
机械设备、五金产品及电子产品批发	31786	635		2616	1166
农业机械批发	25	425		10	166
五金产品批发	19803	210		1423	1000
其他机械设备及电子产品批发	11957			1183	
其他批发业	22237	4904		356	14000
再生物资回收与批发	18438	3528		99	13200
其他未列明批发业	3799	1376		257	800
2.按登记注册类型分					
内资企业	989289	501912	110	59395	201124
国有企业	503108	6986	110	39288	5795
集体企业	7983	1376		362	1790
有限责任公司	308082	108036		13434	38579
其他有限责任公司	308082	108036		13434	38579
股份有限公司	88423	383975		2477	145654
私营企业	81693	1539		3834	9306
私营有限责任公司	81693	1539		3834	9306
3.按控股情况分					
国有控股	612169	469458	110	42257	162341
集体控股	89795	2312		2209	3296
私人控股	235806	26615		12992	22287
其他	51519	3528		1937	13200

15-3 续表1

行业	商品销售额			期末商品库存额	年末零售营业面积(平方米)
	批发额	零售额	其中：通过公共网络实现的零售额		
4. 按经营形式分					
独立门店	319737	215551		18859	51727
连锁总店	37565	279813		446	143856
连锁门店	5658	71		78	500
其他	626330	6477	110	40012	5041
5. 按单位规模分					
大型	500502	279813		31026	141700
中型	359125	209231		19257	35681
小型	129637	12444	110	9102	23577
微型	25	425		10	166
二、零售业	**91151**	**1863689**	**62898**	**147581**	**643459**
1. 按零售行业小类分					
综合零售	37135	521171	5719	57306	319863
百货零售	36036	319278	5719	23949	245883
超级市场零售	1019	170347		11880	61160
其他综合零售	80	31547		21477	12820
食品、饮料及烟草制品专门零售	3992	15260	3882	1780	9500
粮油零售	1826	2652	166	1055	3500
糕点、面包零售		1845		12	400
肉、禽、蛋、奶及水产品零售		4284			1700
酒、饮料及茶叶零售	1045	290		18	3000
其他食品零售	1121	6189	3716	696	900
纺织、服装及日用品专门零售	389	29791	8842	925	2710
纺织品及针织品零售	389	16355		65	300
服装零售		11390	8842	243	1800
钟表、眼镜零售		657		604	400
其他日用品零售		1388		13	210
文化、体育用品及器材专门零售	123	1114		167	2360
体育用品及器材零售		520		68	360
珠宝首饰零售	123	594		99	2000
医药及医疗器材专门零售	9470	76424		7409	25795
药品零售	9470	76424		7409	25795
汽车、摩托车、燃料及零配件专门零售	996	978169	1001	59914	187637
汽车零售	996	897881	1001	57531	166837
汽车零配件零售		54351		1995	3800
机动车燃料零售		25937		388	17000
家用电器及电子产品专门零售	19526	128646	2834	12267	61726
家用视听设备零售	141	4244		612	1550
日用家电设备零售	16487	93025		10858	53500
计算机、软件及辅助设备零售	2298	24901	2834	502	5146
通信设备零售	600	5067		178	1450
其他电子产品零售		1409		117	80
五金、家具及室内装饰材料专门零售	7682	43093		4385	22470
五金零售	1356	22209		2486	2565
家具零售	355	4873		702	5300
涂料零售		1234		78	1800
木质装饰材料零售		620		4	3000
陶瓷、石材装饰材料零售	4705	13745		498	8105
其他室内装饰材料零售	1267	413		617	1700

15-3 续表2

行　　业	商品销售额			期末商品库存额	年末零售营业面积(平方米)
	批发额	零售额	其中：通过公共网络实现的零售额		
货摊、无店铺及其他零售业	11838	70021	40621	3428	11398
互联网零售	11838	53620	40621	2632	5473
生活用燃料零售		8320		153	1000
其他未列明零售业		8081		643	4925
2. 按登记注册类型分					
内资企业	91151	1810923	62898	122814	628058
国有企业		5926		360	2900
集体企业	80	27723		4450	4000
有限责任公司	36688	764236	58626	47345	222368
国有独资公司		12933		85	1000
其他有限责任公司	36688	751304	58626	47260	221368
股份有限公司	25515	167309		10325	183545
私营企业	27471	841581	4273	60074	213245
私营独资企业		2480		3	1000
私营合伙企业		14751		571	4800
私营有限责任公司	19398	811142	4273	57764	203445
私营股份有限公司	8073	13208		1736	4000
其他企业	1397	4148		260	2000
港、澳、台商投资企业		52765		24767	15401
港澳台商独资企业		52765		24767	15401
3. 按控股情况分					
国有控股		35542		711	5265
集体控股	80	43279		5249	11500
私人控股	89487	1590699	62898	108763	548158
港澳台商控股		52765		24767	15401
其他	1583	141403		8091	63135
4. 按经营形式分					
独立门店	54620	1495656	36959	102660	356666
连锁总店	25515	203565	10508	14241	211553
连锁门店		84169		24896	50182
其他	11016	80300	15431	5783	25058
5. 按单位规模分					
大型	25515	238691		12899	188995
中型	26473	962493	10508	95041	235228
小型	35473	578349	52391	34916	190234
微型	3689	84155		4724	29002
6. 按零售业态分					
有店铺零售	78267	1798412	13436	144511	633086
超市	3241	275436	166	20856	53613
大型超市	25515	225669		36436	245050
百货店	10601	29705	5719	971	25800
专业店	10228	812941	1001	54760	167394
专卖店	22711	394446	6550	28205	119119
家居建材商店	5972	19674		1742	14615
厂家直销中心		40542		1542	7495
无店铺零售	12883	65277	49463	3070	10373
网上商店	11838	62462	49463	2679	5973

15-4 限额以上批发和零售业法人企业财务状况（一）

（2016年）　　单位：万元

行　　业	法人企业数（个）	年初存货	期末资产负债				
			流动资产合计	应收帐款	存货	固定资产合计	固定资产原价
总　　计	**292**	**155398**	**920679**	**126274**	**181542**	**248620**	**344790**
一、批发业	**47**	**46063**	**316836**	**31928**	**60111**	**78483**	**125595**
1.按批发行业小类分							
农、林、牧产品批发	3	673	13996	478	1242	1891	2555
棉、麻批发	3	673	13996	478	1242	1891	2555
食品、饮料及烟草制品批发	12	26106	181445	4146	41781	17110	34714
米、面制品及食用油批发	3	5421	15412	1219	7273	2049	2875
肉、禽、蛋、奶及水产品批发	2	0	489	11	19	429	500
盐及调味品批发	1	1106	3146	37	615	662	865
酒、饮料及茶叶批发	1	550	785		526	87	103
烟草制品批发	1	15804	156772	1204	31026	12134	28556
其他食品批发	4	3225	4841	1676	2321	1750	1815
纺织、服装及家庭用品批发	2	1039	6132	1210	1858	5117	5611
纺织品、针织品及原料批发	1	177	2719	756	269	2173	2215
鞋帽批发	1	862	3413	455	1590	2944	3396
医药及医疗器材批发	5	2770	14651	6521	4644	7831	8641
西药批发	2	1587	10886	4509	2956	4333	4830
中药批发	3	1183	3765	2012	1688	3498	3811
矿产品、建材及化工产品批发	17	9395	78864	8163	8960	44292	71128
煤炭及制品批发	2		28424	3069	320	449	527
石油及制品批发	6	2374	23600	1638	4244	40014	63391
非金属矿及制品批发	1	1257	3256	57	1179	2	2
金属及金属矿批发	1	4045	11950	830	1900	90	93
化肥批发	5	702	3553	888	977	2764	3347
其他化工产品批发	2	1017	8080	1681	339	974	3769
机械设备、五金产品及电子产品批发	4	5844	21057	11410	1271	1468	1952
农业机械批发	1	13	97		17		
五金产品批发	2	4961	14021	8055	71	1356	1558
其他机械设备及电子产品批发	1	870	6938	3356	1183	112	393
其他批发业	4	237	693		356	774	994
再生物资回收与批发	2	45	349		99	354	545
其他未列明批发业	2	192	344		257	420	449
2.按登记注册类型分							
内资企业	47	46063	316836	31928	60111	78483	125595
国有企业	6	22110	198920	4683	38992	14166	31679
集体企业	2	221	1590	351	264	369	504
有限责任公司	24	15590	70204	18470	12086	18430	26785
其他有限责任公司	24	15590	70204	18470	12086	18430	26785
股份有限公司	5	4120	13513	1078	3569	33014	52563
私营企业	10	4022	32609	7346	5201	12504	14065
私营有限责任公司	10	4022	32609	7346	5201	12504	14065
3.按控股情况分							
国有控股	11	24420	207354	5102	43173	52863	93616
集体控股	7	2079	11208	3518	2110	4282	7787
私人控股	27	15519	86174	22478	12891	20940	23601
其他	2	4045	12100	830	1937	399	592

15-4 续表1

行业	法人企业数（个）	年初存货	期末资产负债				
			流动资产合计	应收帐款	存货	固定资产合计	固定资产原价
4.按经营形式分							
独立门店	30	20667	94239	14423	18404	33800	46609
连锁总店	3	1580	9618	1210	1655	26421	40467
连锁门店	1	112	257	90	78	55	56
其他	13	23704	212722	16206	39974	18208	38463
5.按单位规模分							
大型	2	17163	160638	1386	32235	37157	67510
中型	19	24225	66444	13870	17907	27553	42265
小型	24	4662	89657	16672	9952	13774	15819
微型	2	13	97		17		
二、零售业	**245**	**109335**	**603843**	**94346**	**121431**	**170137**	**219196**
1.按零售行业小类分							
综合零售	32	25943	237699	16641	32557	56124	82313
百货零售	13	18012	214027	15750	24817	24273	37347
超级市场零售	16	7683	19592	681	7421	21298	31631
其他综合零售	3	249	4080	210	319	10552	13336
食品、饮料及烟草制品专门零售	9	2408	3816	1274	1687	4783	6212
粮油零售	3	1294	1384	216	961	4219	5552
糕点、面包零售	1	12	21		12	15	27
肉、禽、蛋、奶及水产品零售	1	198	349	33		456	528
酒、饮料及茶叶零售	1	17	110	92	18	10	16
其他食品零售	3	887	1953	934	696	83	89
纺织、服装及日用品专门零售	6	333	1390	263	925	4820	5369
纺织品及针织品零售	1	115	156	52	65	3341	3399
服装零售	3	36	449	69	243	977	1090
钟表、眼镜零售	1	170	747	143	604	467	843
其他日用品零售	1	13	38		13	35	38
文化、体育用品及器材专门零售	3	108	608	29	108	252	419
体育用品及器材零售	1		312	3		120	130
珠宝首饰零售	2	108	296	26	108	132	289
医药及医疗器材专门零售	8	3038	49439	31683	6717	5468	7044
药品零售	8	3038	49439	31683	6717	5468	7044
汽车、摩托车、燃料及零配件专门零售	96	57189	235825	22163	59955	69041	83882
汽车零售	91	53810	226026	20929	57373	64287	77954
汽车零配件零售	2	2791	4138	1070	1997	3347	4078
机动车燃料零售	3	588	5661	164	585	1407	1850
家用电器及电子产品专门零售	44	15080	38479	5486	11824	7278	9247
家用视听设备零售	2	298	1034	182	612	1039	1257
日用家电设备零售	30	13974	33302	4062	10614	5635	7169
计算机、软件及辅助设备零售	8	618	3150	1235	402	281	402
通信设备零售	3	173	849	6	178	319	414
其他电子产品零售	1	17	144		18	5	5
五金、家具及室内装饰材料专门零售	18	2514	23188	11323	4256	9987	11635
五金零售	5	675	17936	10247	2513	690	944
家具零售	4	842	1454	479	716	403	462
涂料零售	1		976	85	78	103	105
木质装饰材料零售	2	3	533	7	3	168	553
陶瓷、石材装饰材料零售	4	377	1233	462	332	8620	9558
其他室内装饰材料零售	2	617	1057	43	615	4	13

15-4 续表2

行业	法人企业数（个）	年初存货	期末资产负债					
			流动资产合计	应收帐款	存货	固定资产合计	固定资产原价
货摊、无店铺及其他零售业	29	2723	13399	5485	3403	12385	13074
互联网零售	22	2552	7420	1033	2607	12189	12762
生活用燃料零售	1	149	532	183	153	183	284
其他未列明零售业	6	22	5446	4270	643	12	28
2. 按登记注册类型分							
内资企业	243	105833	591314	94063	117822	152207	197276
国有企业	3	563	1520	98	386	3083	4329
集体企业	2	123	6640	209	4450	1135	1557
有限责任公司	133	48056	225892	58468	46151	74234	88851
国有独资公司	1	85	2005	64	85	181	204
其他有限责任公司	132	47971	223888	58404	46066	74053	88647
股份有限公司	2	12832	172372	14567	10320	17529	23124
私营企业	102	43771	183531	19915	56256	56079	79175
私营独资企业	1	3	120	60		300	480
私营合伙企业	2	571	2298	56	571	2413	2500
私营有限责任公司	96	41730	172710	16144	53948	51624	73668
私营股份有限公司	3	1468	8403	3655	1736	1742	2526
其他企业	1	487	1360	807	260	148	242
港、澳、台商投资企业	2	3503	12529	282	3609	17931	21919
港、澳、台商独资经营企业	2	3503	12529	282	3609	17931	21919
3. 按控股情况分							
国有控股	6	914	8244	324	728	4610	6418
集体控股	4	705	10133	344	5249	4784	5850
私人控股	219	95306	535444	90843	103753	124057	162296
港澳台商控股	2	3503	12529	282	3609	17931	21919
其他	14	8908	37493	2552	8092	18756	22713
4. 按经营形式分							
独立门店	211	87756	363556	50742	99048	117227	148327
连锁总店	5	17094	182592	14765	13660	28025	36450
连锁门店	9	2447	17704	1439	3735	20027	28822
其他	20	2039	39992	27401	4988	4858	5598
5. 按单位规模分							
大型	2	13024	175117	14735	12899	18472	24244
中型	64	54953	266692	48530	69696	86887	119280
小型	143	37591	148425	26616	34100	62256	69185
微型	36	3767	13609	4465	4736	2523	6487
6. 按零售业态分							
有店铺零售	219	106401	594468	92153	118359	155301	202959
超市	24	7205	27837	2711	16866	18585	29073
大型超市	6	19224	201355	14922	15802	38394	54415
百货店	6	1281	11743	747	725	849	1224
专业店	87	43467	220064	49856	53512	50851	63482
专卖店	84	31871	123841	19588	28325	35546	41989
家居建材商店	9	1631	4760	1556	1588	8814	10134
厂家直销中心	3	1723	4870	2773	1542	2263	2643
无店铺零售	26	2934	9375	2193	3072	14836	16236
网上商店	23	2552	7649	1092	2654	12357	12943

15-5 限额以上批发和零售业法人企业财务状况（二）

（2016年） 单位：万元

行业	期末资产负债						
	累计折旧	本年折旧	在建工程	资产总计	流动负债合计	应付账款	非流动负债合计
总计	**96176**	**17227**	**18678**	**1409148**	**835813**	**249345**	**90594**
一、批发业	**47112**	**5109**	**11137**	**515245**	**249454**	**86918**	**46167**
1.按批发行业小类分							
农、林、牧产品批发	664	85	1847	19154	5766	1596	6099
棉、麻批发	664	85	1847	19154	5766	1596	6099
食品、饮料及烟草制品批发	17604	1443	8577	218780	74681	51021	1641
米、面制品及食用油批发	826	20	162	17611	9205	1800	662
肉、禽、蛋、奶及水产品批发	70	15	20	991	306	5	356
盐及调味品批发	204	69	13	4156	1258	326	95
酒、饮料及茶叶批发	16	8		890	12	8	528
烟草制品批发	16422	1317	8382	188536	61415	47227	
其他食品批发	66	14		6596	2486	1655	
纺织、服装及家庭用品批发	494	242	21	11702	9869	885	
纺织品、针织品及原料批发	42	42		5144	4122		
鞋帽批发	452	200	21	6558	5747	885	
医药及医疗器材批发	811	218	6	24792	9303	4128	3912
西药批发	497	113	6	15946	6151	1395	2124
中药批发	314	105		8846	3152	2733	1787
矿产品、建材及化工产品批发	26837	2972	575	213722	129057	24824	34516
煤炭及制品批发	78	65		29798	28348	15293	
石油及制品批发	23377	2854	575	148194	83695	4354	30417
非金属矿及制品批发	0	0		3562	2534	185	
金属及金属矿批发	3	3		12100	6000	4000	4000
化肥批发	583	16		6616	3949	745	99
其他化工产品批发	2796	33		13452	4531	247	
机械设备、五金产品及电子产品批发	484	35	112	25379	20143	4464	
农业机械批发				97			
五金产品批发	202	1		15377	10378	598	
其他机械设备及电子产品批发	281	35	112	9904	9765	3867	
其他批发业	220	115		1716	635		
再生物资回收与批发	191	100		952	81		
其他未列明批发业	29	15		764	554		
2.按登记注册类型分							
内资企业	47112	5109	11137	515245	249454	86918	46167
国有企业	17513	1409	8577	234213	99511	63669	912
集体企业	135	9		1958	1737	564	
有限责任公司	8355	899	634	99220	58708	17254	15186
其他有限责任公司	8355	899	634	99220	58708	17254	15186
股份有限公司	19548	2309	59	130596	67357	799	21747
私营企业	1561	484	1868	49259	22141	4632	8322
私营有限责任公司	1561	484	1868	49259	22141	4632	8322
3.按控股情况分							
国有控股	40753	4198	9151	363942	176411	68022	22659
集体控股	3505	82		19919	10060	2688	921
私人控股	2661	727	1985	118577	56903	12207	18587
其他	193	103		12808	6081	4000	4000

15-5续表1

行业	期末资产负债						
	累计折旧	本年折旧	在建工程	资产总计	流动负债合计	应付账款	非流动负债合计
4.按经营形式分							
独立门店	12809	1928	556	154472	88392	26938	35436
连锁总店	14046	1645	59	98183	58469	1310	201
连锁门店	2	2		610	24		
其他	20255	1535	10522	261980	102569	58670	10530
5.按单位规模分							
大型	30354	2957	8441	279569	118502	47555	
中型	14713	1673	641	124601	60612	17575	30406
小型	2045	479	2055	110978	70340	21788	15761
微型				97			
二、零售业	**49064**	**12117**	**7542**	**893903**	**586359**	**162427**	**44426**
1.按零售行业小类分							
综合零售	26190	3453	120	337616	232995	109435	26234
百货零售	13073	1772	120	273043	198402	82215	20197
超级市场零售	10333	1307		43137	21674	15038	488
其他综合零售	2784	374		21435	12918	12181	5550
食品、饮料及烟草制品专门零售	1429	150	300	9078	3632	1035	320
粮油零售	1333	126	300	5903	1595	15	315
糕点、面包零售	12	3		36	16		
肉、禽、蛋、奶及水产品零售	72	16		848	735	2	5
酒、饮料及茶叶零售	6	2		127	6	6	
其他食品零售	6	4		2164	1280	1013	
纺织、服装及日用品专门零售	556	177		10814	3244	347	3615
纺织品及针织品零售	58	12		8094	2323	13	3347
服装零售	113	108		1434	619	257	72
钟表、眼镜零售	376	54		1213	301	76	196
其他日用品零售	9	3		73			
文化、体育用品及器材专门零售	167	15		1161	531	92	169
体育用品及器材零售	10	6		450	390		
珠宝首饰零售	157	9		711	141	92	169
医药及医疗器材专门零售	1576	686	79	60490	48994	15217	0
药品零售	1576	686	79	60490	48994	15217	0
汽车、摩托车、燃料及零配件专门零售	14841	6476	6732	358430	234101	15344	12366
汽车零售	13667	6362	6469	334238	225509	15013	11826
汽车零配件零售	732	0	263	16968	6571	97	502
机动车燃料零售	443	114		7224	2021	234	38
家用电器及电子产品专门零售	1969	546		47109	25202	4930	376
家用视听设备零售	218	105		2073	1565	149	20
日用家电设备零售	1534	391		39844	21489	3777	356
计算机、软件及辅助设备零售	122	45		3875	1311	546	
通信设备零售	95	5		1168	789	458	
其他电子产品零售	1	0		149	47		
五金、家具及室内装饰材料专门零售	1648	248	272	42359	21260	13012	683
五金零售	254	41	256	18831	15622	11497	256
家具零售	59	36		1874	603	498	21
涂料零售	3	2		1078	856	425	
木质装饰材料零售	385	1	0	9476	1413		
陶瓷、石材装饰材料零售	938	166	16	10039	2762	591	330
其他室内装饰材料零售	9	2		1061	4		76

15-5续表2

行　　业	期末资产负债						
	累计折旧	本年折旧	在建工程	资产总计	流动负债合计	应付账款	非流动负债合计
货摊、无店铺及其他零售业	689	367	40	26847	16402	3015	664
互联网零售	573	355	40	20562	11252	770	664
生活用燃料零售	100	11		827	312	27	
其他未列明零售业	16	1		5459	4839	2218	
2. 按登记注册类型分							
内资企业	45076	10521	7542	853769	562002	149477	38926
国有企业	1246	16	0	13421	3096	17	5
集体企业	422	152		8030	5506	88	
有限责任公司	14623	4911	3062	327482	204986	46349	15547
国有独资公司	23	23		2312	332	234	38
其他有限责任公司	14600	4888	3062	325171	204655	46115	15509
股份有限公司	5595	1275		217306	161330	67960	17537
私营企业	23096	4133	4480	284940	186294	34539	5837
私营独资企业	180	40		450			
私营合伙企业	87	40	117	4828	576		
私营有限责任公司	22045	3733	4363	267254	174835	29792	5837
私营股份有限公司	785	320		12408	10882	4747	
其他企业	94	36		2591	791	523	
港、澳、台商投资企业	3989	1596		40134	24357	12950	5500
港、澳、台商独资经营企业	3989	1596		40134	24357	12950	5500
3. 按控股情况分							
国有控股	1808	84	257	21971	7050	1353	292
集体控股	1066	704		15354	9255	3292	
私人控股	38245	8510	6225	757193	509404	134678	32462
港澳台商控股	3989	1596		40134	24357	12950	5500
其他	3957	1223	1061	59252	36294	10154	6173
4. 按经营形式分							
独立门店	31106	8694	7423	559747	342661	49067	17887
连锁总店	8425	1705		238023	175745	78745	17537
连锁门店	8795	1363		48017	30171	25324	8447
其他	739	356	118	48115	37782	9292	556
5. 按单位规模分							
大型	5772	1300		220975	164092	69530	17537
中型	32393	7232	2750	416533	268336	60202	16678
小型	6935	2614	4783	229799	140936	25318	9791
微型	3965	972	9	26595	12996	7377	421
6. 按零售业态分							
有店铺零售	47664	11748	7502	868731	573150	161417	43690
超市	10489	831	117	53877	14807	7012	3385
大型超市	16021	2738	3	274481	209892	97350	23169
百货店	375	64		15327	11480	6468	
专业店	12630	4808	4548	324122	223804	34059	6299
专卖店	6449	3032	2819	170730	104450	14695	9309
家居建材商店	1320	171	16	22552	5378	1473	406
厂家直销中心	381	104		7643	3338	361	1122
无店铺零售	1400	370	40	25171	13209	1011	736
网上商店	586	368	40	20958	11296	804	736

15-6 限额以上批发和零售业法人企业财务状况（三）

（2016年） 单位：万元

行业	期末资产负债						
	负债合计	所有者权益合计	实收资本				
				国家资本	集体资本	法人资本	个人资本
总　　计	**926407**	**482741**	**162785**	**5918**	**2873**	**73820**	**68354**
一、批发业	**295621**	**219624**	**40878**	**4794**	**1023**	**18675**	**16385**
1.按批发行业小类分							
农、林、牧产品批发	11865	7290	5852			100	5752
棉、麻批发	11865	7290	5852			100	5752
食品、饮料及烟草制品批发	76323	142458	9737	3304	277	5030	1126
米、面制品及食用油批发	9866	7745	6011	1011		5000	
肉、禽、蛋、奶及水产品批发	662	329	308	31	277		
盐及调味品批发	1353	2802	1200	1200			
酒、饮料及茶叶批发	540	350	350				350
烟草制品批发	61415	127121	1063	1063			
其他食品批发	2486	4110	806			30	776
纺织、服装及家庭用品批发	9869	1833	1120				1120
纺织品、针织品及原料批发	4122	1022	1000				1000
鞋帽批发	5747	811	120				120
医药及医疗器材批发	13215	11577	8420	400		5320	2700
西药批发	8275	7671	6180	400		5280	500
中药批发	4939	3906	2240			40	2200
矿产品、建材及化工产品批发	163573	50150	13500	1090	746	7650	4014
煤炭及制品批发	28348	1450	1450	1090		360	
石油及制品批发	114112	34083	3000			3000	
非金属矿及制品批发	2534	1028	1028			300	728
金属及金属矿批发	10000	2100	2000				2000
化肥批发	4048	2568	1822		746	990	86
其他化工产品批发	4531	8921	4200			3000	1200
机械设备、五金产品及电子产品批发	20143	5236	1300				1300
农业机械批发		97	97				97
五金产品批发	10378	5000	203				203
其他机械设备及电子产品批发	9765	139	1000				1000
其他批发业	635	1081	947			575	372
再生物资回收与批发	81	871	744			500	244
其他未列明批发业	554	210	203			75	128
2.按登记注册类型分							
内资企业	295621	219624	40878	4794	1023	18675	16385
国有企业	100423	133789	4394	4394			
集体企业	1737	221	201		126	75	
有限责任公司	73894	25326	16601		897	9340	6364
其他有限责任公司	73894	25326	16601		897	9340	6364
股份有限公司	89104	41492	4273			3300	973
私营企业	30463	18796	15408	400		5960	9048
私营有限责任公司	30463	18796	15408	400		5960	9048
3.按控股情况分							
国有控股	199070	164872	4394	4394			
集体控股	10981	8938	4898		1013	3115	770
私人控股	75490	43087	29085	400	10	15060	13615
其他	10081	2727	2500			500	2000

15-6 续表1

行　　业	期末资产负债						
	负债合计	所有者权益合计	实收资本	国家资本	集体资本	法人资本	个人资本
4.按经营形式分							
独立门店	123828	30644	19536	2521	963	10005	6047
连锁总店	58670	39513	5050		50	5000	
连锁门店	24	586	586		10	490	86
其他	113099	148881	15706	2274		3180	10252
5.按单位规模分							
大型	118502	161067	1063	1063			
中型	91018	33583	19367	2600	277	8740	7750
小型	86101	24877	20350	1131	746	9935	8538
微型		97	97				97
二、零售业	**630785**	**263117**	**121907**	**1124**	**1850**	**55145**	**51969**
1.按零售行业小类分							
综合零售	259229	78387	29534		130	14403	11197
百货零售	218599	54444	13422		10	10108	3218
超级市场零售	22162	20976	11577		100	3605	7872
其他综合零售	18468	2967	4535		20	690	107
食品、饮料及烟草制品专门零售	3952	5127	3268	549	10	843	1867
粮油零售	1910	3993	2159	485		53	1621
糕点、面包零售	16	21	10				10
肉、禽、蛋、奶及水产品零售	740	108	64	64			
酒、饮料及茶叶零售	6	121	100				100
其他食品零售	1280	884	936		10	790	136
纺织、服装及日用品专门零售	6858	3956	828			495	333
纺织品及针织品零售	5670	2423	245			245	
服装零售	691	744	260				260
钟表、眼镜零售	497	716	250			250	
其他日用品零售		73	73				73
文化、体育用品及器材专门零售	699	461	260			138	122
体育用品及器材零售	390	60	60				60
珠宝首饰零售	309	401	200			138	62
医药及医疗器材专门零售	48994	11495	8688			6088	2600
药品零售	48994	11495	8688			6088	2600
汽车、摩托车、燃料及零配件专门零售	246466	111963	56998	200	1540	26057	21184
汽车零售	237335	96903	53468		1540	24797	19114
汽车零配件零售	7072	9896	1310			1260	50
机动车燃料零售	2059	5165	2220	200			2020
家用电器及电子产品专门零售	25578	21531	8036		20	2695	5322
家用视听设备零售	1586	488	380			380	
日用家电设备零售	21845	17999	5198			1550	3648
计算机、软件及辅助设备零售	1311	2564	1994		20	760	1215
通信设备零售	789	379	364			5	359
其他电子产品零售	47	101	100				100
五金、家具及室内装饰材料专门零售	21943	20416	9310	375		1410	7526
五金零售	15878	2953	896	50		53	793
家具零售	624	1251	1051			77	974
涂料零售	856	222	80				80
木质装饰材料零售	1413	8063	365	325			40
陶瓷、石材装饰材料零售	3093	6946	5949			330	5619
其他室内装饰材料零售	80	981	970			950	20

15-6续表2

行业	期末资产负债						
	负债合计	所有者权益合计	实收资本	国家资本	集体资本	法人资本	个人资本
货摊、无店铺及其他零售业	17067	9781	4985		150	3017	1818
互联网零售	11916	8646	4207		150	2997	1060
生活用燃料零售	312	515	348				348
其他未列明零售业	4839	620	430			20	410
2.按登记注册类型分							
内资企业	600929	252841	110173	1124	1850	55145	51969
国有企业	3101	10319	874	874			
集体企业	5506	2524	1377		820	450	107
有限责任公司	220534	106948	51755	250	530	27026	23864
国有独资公司	370	1942	200	200			
其他有限责任公司	220164	105007	51555	50	530	27026	23864
股份有限公司	178867	38439	7045			7000	45
私营企业	192131	92809	48722		500	20269	27953
私营独资企业		450	20				20
私营合伙企业	576	4252	944				944
私营有限责任公司	180673	86581	46646		500	19757	26389
私营股份有限公司	10882	1526	1112			512	600
其他企业	791	1800	400			400	
港、澳、台商投资企业	29857	10277	11735				
港、澳、台商独资经营企业	29857	10277	11735				
3.按控股情况分							
国有控股	7342	14629	1600	1124		477	
集体控股	9255	6099	2388		920	1361	107
私人控股	541865	215327	97103		930	47291	48796
港澳台商控股	29857	10277	11735				
其他	42467	16785	9082			6016	3066
4.按经营形式分							
独立门店	360547	199199	93036	1124	1750	41239	40821
连锁总店	193282	44741	12546			7040	5506
连锁门店	38618	9399	9577		100	1518	4241
其他	38337	9778	6749			5348	1401
5.按单位规模分							
大型	181629	39347	7241			7000	241
中型	285014	131520	63969	749	1300	24190	25995
小型	150727	79072	45267	50	450	22331	22351
微型	13416	13179	5430	325	100	1624	3382
6.按零售业态分							
有店铺零售	616840	251892	116916	639	1700	52148	50608
超市	18192	35685	9696	64		5097	4535
大型超市	233060	41420	18218		100	9100	5300
百货店	11480	3848	2457		30	958	1383
专业店	230104	94018	51447	250	1300	23268	18613
专卖店	113759	56971	26243		270	11768	14205
家居建材商店	5784	16768	7664	325		1357	5983
厂家直销中心	4460	3182	1190			600	590
无店铺零售	13946	11226	4992	485	150	2997	1360
网上商店	12032	8926	4307		150	2997	1160

15-7 限额以上批发和零售业法人企业财务状况（四）

（2016年） 单位：万元

行业	损益及分配						
	营业收入	主营业务收入	营业成本	主营业务成本	营业税金及附加	主营业务税金及附加	其他业务利润
总计	**3240051**	**3220819**	**2817377**	**2799155**	**75480**	**74870**	**4270**
一、批发业	**1357496**	**1349393**	**1138855**	**1132166**	**61548**	**61497**	**526**
1.按批发行业小类分							
农、林、牧产品批发	50633	50633	34818	34818	3027	3027	
棉、麻批发	50633	50633	34818	34818	3027	3027	
食品、饮料及烟草制品批发	478690	478422	347392	347390	55711	55708	253
米、面制品及食用油批发	16134	16134	13732	13732	85	85	
肉、禽、蛋、奶及水产品批发	29215	29215	28074	28074	60	60	0
盐及调味品批发	11231	11215	7649	7647	58	58	
酒、饮料及茶叶批发	6824	6824	6430	6430	123	120	
烟草制品批发	400514	400261	278608	278608	55285	55285	253
其他食品批发	14773	14773	12899	12899	100	100	
纺织、服装及家庭用品批发	8548	8548	7098	7098	11	11	
纺织品、针织品及原料批发	4837	4837	4431	4431	2	2	
鞋帽批发	3711	3711	2667	2667	8	8	
医药及医疗器材批发	122256	121791	109347	109347	215	207	
西药批发	15815	15815	11580	11580	57	49	
中药批发	106441	105976	97768	97768	158	158	
矿产品、建材及化工产品批发	638881	631511	588438	581751	2440	2399	273
煤炭及制品批发	16594	16594	15703	15703	31	31	
石油及制品批发	509141	501850	471395	464708	630	590	273
非金属矿及制品批发	3567	3567	1914	1914	4	4	
金属及金属矿批发	36094	36094	33191	33191	1443	1443	
化肥批发	26903	26903	24550	24550	281	281	
其他化工产品批发	46582	46503	41685	41685	52	52	
机械设备、五金产品及电子产品批发	31421	31421	27557	27557	115	115	
农业机械批发	450	450	415	415			
五金产品批发	20013	20013	18295	18295	76	76	
其他机械设备及电子产品批发	10957	10957	8846	8846	39	39	
其他批发业	27067	27067	24205	24205	30	30	
再生物资回收与批发	21966	21966	19922	19922	11	11	
其他未列明批发业	5101	5101	4284	4284	19	19	
2.按登记注册类型分							
内资企业	1357496	1349393	1138855	1132166	61548	61497	526
国有企业	442329	442060	313536	313534	55402	55402	253
集体企业	9285	9285	8617	8617	3	3	
有限责任公司	415041	414576	384832	384832	2356	2353	67
其他有限责任公司	415041	414576	384832	384832	2356	2353	67
股份有限公司	407783	400413	371869	365182	576	535	206
私营企业	83059	83059	60001	60001	3211	3203	
私营有限责任公司	83059	83059	60001	60001	3211	3203	
3.按控股情况分							
国有控股	949168	941608	783594	776905	56021	55981	526
集体控股	92112	91568	85444	85444	119	119	
私人控股	261170	261170	219284	219284	3962	3952	
其他	55047	55047	50534	50534	1446	1446	

15-7 续表1

行业	损益及分配						
	营业收入	主营业务收入	营业成本	主营业务成本	营业税金及附加	主营业务税金及附加	其他业务利润
4.按经营形式分							
独立门店	517772	517308	482473	482473	1088	1037	273
连锁总店	269875	262583	239377	232690	297	297	
连锁门店	5729	5729	5298	5298	223	223	
其他	564120	563773	411706	411704	59940	59940	253
5.按单位规模分							
大型	665037	657492	513387	506700	55554	55554	253
中型	550153	549594	512943	512942	2441	2390	273
小型	141856	141856	112109	112109	3553	3553	0
微型	450	450	415	415			
二、零售业	**1882555**	**1871427**	**1678522**	**1666989**	**13932**	**13373**	**3744**
1.按零售行业小类分							
综合零售	548242	537683	471529	461992	4712	4345	951
百货零售	346547	336962	301340	291804	2428	2127	4
超级市场零售	169400	169390	143752	143752	1892	1824	
其他综合零售	32296	31331	26436	26436	393	393	948
食品、饮料及烟草制品专门零售	18776	18776	15137	15137	608	463	125
粮油零售	4002	4002	2753	2753	361	217	125
糕点、面包零售	1845	1845	923	923	57	57	
肉、禽、蛋、奶及水产品零售	4284	4284	3770	3770	1	1	
酒、饮料及茶叶零售	1335	1335	1276	1276	0	0	
其他食品零售	7310	7310	6416	6416	189	189	
纺织、服装及日用品专门零售	29489	29489	25485	25007	734	733	
纺织品及针织品零售	16744	16744	14317	14317	677	677	
服装零售	10704	10704	9344	8866	41	40	
钟表、眼镜零售	652	652	463	463	14	14	
其他日用品零售	1388	1388	1362	1362	2	2	
文化、体育用品及器材专门零售	1344	1238	949	909	26	25	
体育用品及器材零售	520	520	435	435	3	3	
珠宝首饰零售	824	718	514	474	23	22	
医药及医疗器材专门零售	79802	79802	71994	71994	506	506	165
药品零售	79802	79802	71994	71994	506	506	165
汽车、摩托车、燃料及零配件专门零售	939337	939307	869474	869068	3993	3973	2485
汽车零售	859051	859021	793736	793330	3877	3857	2485
汽车零配件零售	54349	54349	53156	53156	10	10	
机动车燃料零售	25937	25937	22583	22583	106	106	
家用电器及电子产品专门零售	136171	136151	121628	120960	1093	1081	9
家用视听设备零售	3999	3999	3343	3343	21	21	
日用家电设备零售	98406	98393	87806	87148	749	737	9
计算机、软件及辅助设备零售	26689	26689	24554	24554	280	280	
通信设备零售	5669	5661	4576	4567	42	42	0
其他电子产品零售	1409	1409	1349	1349	1	1	
五金、家具及室内装饰材料专门零售	47553	47142	36601	36601	774	774	9
五金零售	20342	19931	15404	15404	242	242	
家具零售	5228	5228	4354	4354	29	29	
涂料零售	1234	1234	727	727	32	32	
木质装饰材料零售	620	620	448	448	4	4	9
陶瓷、石材装饰材料零售	18449	18449	14194	14194	421	421	
其他室内装饰材料零售	1679	1679	1474	1474	48	48	

15-7续表2

行业	损益及分配						
	营业收入	主营业务收入	营业成本	主营业务成本	营业税金及附加	主营业务税金及附加	其他业务利润
货摊、无店铺及其他零售业	81839	81839	65726	65320	1486	1473	
互联网零售	65438	65438	53210	52804	1329	1316	
生活用燃料零售	8320	8320	6551	6551	28	28	
其他未列明零售业	8081	8081	5965	5965	130	130	
2.按登记注册类型分							
内资企业	1831120	1820957	1633008	1621475	13770	13211	1367
国有企业	5926	5926	5316	5316	3	3	134
集体企业	27803	27803	25253	25253	210	210	129
有限责任公司	757161	756312	676803	675654	8099	8069	406
国有独资公司	12933	12933	11052	11052	35	35	
其他有限责任公司	744229	743379	665751	664603	8063	8034	406
股份有限公司	192839	192824	158164	158084	1025	725	
私营企业	842604	833306	764083	753778	4257	4028	699
私营独资企业	2480	2480	2380	2380	48	48	
私营合伙企业	14751	14751	11089	11089	411	411	
私营有限责任公司	805093	795794	733373	723068	3741	3512	679
私营股份有限公司	20281	20281	17240	17240	58	58	20
其他企业	4786	4786	3390	3390	177	177	
港、澳、台商投资企业	51435	50470	45514	45513	162	162	2377
港、澳、台商独资经营企业	51435	50470	45514	45513	162	162	2377
3.按控股情况分							
国有控股	35713	35302	29043	29043	421	421	134
集体控股	41686	41676	36598	36598	398	398	129
私人控股	1618312	1608875	1442880	1431487	12103	11545	1047
港澳台商控股	51435	50470	45514	45513	162	162	2377
其他	135409	135104	124487	124347	848	848	58
4.按经营形式分							
独立门店	1492931	1483093	1347294	1336494	12026	11848	2628
连锁总店	228974	228959	188814	188733	1131	764	165
连锁门店	74618	73343	66495	66249	451	451	951
其他	86032	86032	75919	75513	323	310	
5.按单位规模分							
大型	264221	254936	228283	218993	1055	755	
中型	941442	940071	849880	849594	4189	4110	3365
小型	591588	591142	523672	521724	8020	7844	208
微型	85304	85278	76687	76678	668	665	172
6.按零售业态分							
有店铺零售	1805101	1793973	1614582	1603455	12588	12042	3619
超市	276280	267010	245349	236033	2538	2393	
大型超市	248960	247971	205613	205533	1761	1394	948
百货店	33930	33630	28941	28801	953	953	4
专业店	786910	786355	723320	723058	2637	2619	2327
专卖店	402513	402499	361314	359985	4193	4178	312
家居建材商店	25646	25646	20085	20085	479	479	9
厂家直销中心	30863	30863	29962	29962	27	27	20
无店铺零售	77454	77454	63940	63534	1344	1331	125
网上商店	73594	73594	60367	59961	1342	1329	

15-8 限额以上批发和零售业法人企业财务状况（五）

（2016年） 单位：万元

行　　业	损益及分配						
	销售费用	管理费用	税金	财务费用	利息收入	利息支出	资产减值损失
总　　计	**108328**	**84658**	**2531**	**18115**	**4738**	**9171**	**517**
一、批发业	**41113**	**37500**	**1176**	**3182**	**4444**	**2839**	**8**
1.按批发行业小类分							
农、林、牧产品批发	1423	4163		2031	0	786	
棉、麻批发	1423	4163		2031	0	786	
食品、饮料及烟草制品批发	8532	19631	385	-3809	4250	246	8
米、面制品及食用油批发	566	1072		323	2	225	
肉、禽、蛋、奶及水产品批发	185	239		40	0		
盐及调味品批发	2091	222		-5	6		1
酒、饮料及茶叶批发	7	8	1	0	0	1	
烟草制品批发	4947	17622	375	-4232	4241		7
其他食品批发	735	467	9	65	0	21	
纺织、服装及家庭用品批发	95	565		811	0	425	
纺织品、针织品及原料批发	6	103		250			
鞋帽批发	90	462		561	0	425	
医药及医疗器材批发	3260	3219	85	1397	190	617	
西药批发	1089	966	76	589	126	463	
中药批发	2171	2254	9	808	65	154	
矿产品、建材及化工产品批发	24985	8207	658	2210	4	500	
煤炭及制品批发	283	292		260			
石油及制品批发	20343	5106	623	1251		96	
非金属矿及制品批发	564	356	1	36		36	
金属及金属矿批发	320	755	4	278			
化肥批发	710	717	26	271		251	
其他化工产品批发	2765	981	5	114	4	118	
机械设备、五金产品及电子产品批发	1257	1083	31	505		227	
农业机械批发	26	9	1				
五金产品批发	512	413	1	278		0	
其他机械设备及电子产品批发	718	661	29	227		227	
其他批发业	1562	631	17	38		38	
再生物资回收与批发	1181	492	15	38		38	
其他未列明批发业	382	139	2				
2.按登记注册类型分							
内资企业	41113	37500	1176	3182	4444	2839	8
国有企业	7770	19123	375	-3667	4249	225	8
集体企业	240	121	3	16		16	
有限责任公司	10788	7888	710	3230	191	1046	
其他有限责任公司	10788	7888	710	3230	191	1046	
股份有限公司	17666	4930	3	612	4	168	
私营企业	4649	5438	86	2992	1	1385	
私营有限责任公司	4649	5438	86	2992	1	1385	
3.按控股情况分							
国有控股	28113	23943	998	-3120	4249	254	8
集体控股	2281	2360	5	406	23	355	
私人控股	9573	9985	155	5580	172	2192	
其他	1146	1212	18	315		38	

15-8 续表1

行业	损益及分配						
	销售费用	管理费用	税金	财务费用	利息收入	利息支出	资产减值损失
4.按经营形式分							
独立门店	16200	9348	739	3522	67	1366	
连锁总店	13940	2464		496		45	
连锁门店	34	43	23	20			
其他	10940	25644	414	-855	4377	1428	8
5.按单位规模分							
大型	18626	19895	375	-3783	4241	2	7
中型	17014	9556	759	2326	76	939	1
小型	5448	8041	41	4639	127	1898	
微型	26	9	1				
二、零售业	**67215**	**47159**	**1355**	**14933**	**294**	**6332**	**509**
1.按零售行业小类分							
综合零售	35434	16224	311	6623	-13	2286	498
百货零售	23282	6412	274	5391	-31	1603	498
超级市场零售	8054	9448	30	1010	12	662	
其他综合零售	4098	364	8	222	7	22	
食品、饮料及烟草制品专门零售	964	1308	11	151	0	66	11
粮油零售	317	578		74		47	11
糕点、面包零售	277	185					
肉、禽、蛋、奶及水产品零售	325	215	5	0	0		
酒、饮料及茶叶零售		53		2		2	
其他食品零售	45	277	7	76		18	
纺织、服装及日用品专门零售	704	1221	17	374		147	
纺织品及针织品零售	513	523		353		144	
服装零售	163	659	3	10		3	
钟表、眼镜零售	23	35	14	5			
其他日用品零售	5	5		5			
文化、体育用品及器材专门零售	95	76	9	21	2	4	
体育用品及器材零售	24	16		4			
珠宝首饰零售	71	60	9	17	2	4	
医药及医疗器材专门零售	4191	1804	139	595	9	303	
药品零售	4191	1804	139	595	9	303	
汽车、摩托车、燃料及零配件专门零售	14629	17232	615	5524	179	2608	
汽车零售	13857	16658	594	5278	177	2542	
汽车零配件零售	59	103	20	67	0	66	
机动车燃料零售	713	471	1	179	2		
家用电器及电子产品专门零售	4160	3273	52	797	17	607	
家用视听设备零售	332	131	2	69		69	
日用家电设备零售	3257	2554	44	511	15	365	
计算机、软件及辅助设备零售	332	454	6	110	1	75	
通信设备零售	212	106	0	107	1	98	
其他电子产品零售	26	27	0	0			
五金、家具及室内装饰材料专门零售	2608	3641	74	192	61	122	
五金零售	1394	2845	5	2	58	60	
家具零售	521	113	5	33		25	
涂料零售	125	156	32	52			
木质装饰材料零售	62	265		-1	2	0	
陶瓷、石材装饰材料零售	364	250	32	106	1	36	
其他室内装饰材料零售	142	12	0	0			

15-8 续表2

行　　业	损益及分配						
	销售费用	管理费用	税金	财务费用	利息收入	利息支出	资产减值损失
货摊、无店铺及其他零售业	4431	2380	126	657	38	190	
互联网零售	2803	1622	24	603	36	137	
生活用燃料零售	438	185	4	21	2	23	
其他未列明零售业	1191	573	99	33		30	
2. 按登记注册类型分							
内资企业	62920	46267	1355	14629	294	6231	509
国有企业	501	757	5	45	2	47	
集体企业	675	685	11	136	4	80	
有限责任公司	21684	20852	661	4728	244	2003	1
国有独资公司	431	208		-2	2		
其他有限责任公司	21254	20644	661	4729	242	2003	1
股份有限公司	18940	4854	160	4712	-30	1354	489
私营企业	20761	18652	518	4852	74	2643	20
私营独资企业	2	2	0				
私营合伙企业	754	1196		139			
私营有限责任公司	18597	17217	515	4495	66	2433	20
私营股份有限公司	1407	237	3	218	8	210	
其他企业	359	468		157		104	
港、澳、台商投资企业	4295	892		304		101	
港、澳、台商独资经营企业	4295	892		304		101	
3. 按控股情况分							
国有控股	1706	2649	5	73	62	47	
集体控股	904	1489	11	180	4	80	
私人控股	56346	38419	1326	13719	237	5967	509
港澳台商控股	4295	892		304		101	
其他	3964	3710	13	657	-8	137	
4. 按经营形式分							
独立门店	36088	38096	1032	9202	258	4292	20
连锁总店	22900	6145	172	4766	-30	1367	489
连锁门店	4816	1047	109	589	29	344	1
其他	3411	1871	41	376	37	329	
5. 按单位规模分							
大型	19769	4920	191	4887	-28	1530	489
中型	28416	24502	677	5914	167	2816	10
小型	16167	16133	434	3860	142	1805	11
微型	2863	1603	53	273	13	181	
6. 按零售业态分							
有店铺零售	64137	44422	1319	14283	258	6147	509
超市	9084	10335	90	1463	22	965	11
大型超市	26019	6177	222	4995	-30	1395	498
百货店	1055	458	3	339	-4	30	
专业店	15509	15368	770	4570	234	2347	
专卖店	11135	10953	190	2723	33	1349	
家居建材商店	1045	739	44	141	3	61	
厂家直销中心	291	391	0	51			
无店铺零售	3078	2737	36	651	36	185	
网上商店	2803	2269	24	603	36	137	

15-9 限额以上批发和零售业法人企业财务状况（六）

（2016年）　　单位：万元

行业	损益及分配					人工成本及增值		从事批发和零售业活动的从业人员平均人数(人)
	营业利润	营业外收入	营业外支出	利润总额	应交所得税	应付职工薪酬	应交增值税	
总计	136007	4528	1315	128858	25792	70763	66479	16959
一、批发业	75496	1171	787	75677	18809	18935	35517	3646
1.按批发行业小类分								
农、林、牧产品批发	5171			5039	1296	384	858	90
棉、麻批发	5171			5039	1296	384	858	90
食品、饮料及烟草制品批发	51225	628	142	51824	12895	5025	20951	1205
米、面制品及食用油批发	356	462		929	27	276	231	69
肉、禽、蛋、奶及水产品批发	616	1		617		533	693	103
盐及调味品批发	1214	4	27	1190	302	1094	480	141
酒、饮料及茶叶批发	256			256	21	68	86	20
烟草制品批发	48277	161	115	48323	12503	2613	19306	737
其他食品批发	506			509	42	441	154	135
纺织、服装及家庭用品批发	-31			-53	0	890	102	232
纺织品、针织品及原料批发	46			25	0	50	20	12
鞋帽批发	-78			-78	0	840	82	220
医药及医疗器材批发	4818	457	32	5242	581	1270	2068	321
西药批发	1535			1535	16	308	34	87
中药批发	3283	457	32	3707	565	962	2035	234
矿产品、建材及化工产品批发	12808	80	610	12309	3803	10195	9712	1527
煤炭及制品批发	25			25	5	90	11	28
石油及制品批发	10622	38	607	10052	3438	8447	8828	1198
非金属矿及制品批发	692			692	4	30	36	20
金属及金属矿批发	107			74	20	220	40	80
化肥批发	375			440	68	300	288	86
其他化工产品批发	986	42	3	1025	269	1109	510	115
机械设备、五金产品及电子产品批发	905	6	2	905	170	737	273	155
农业机械批发	1			1		7	1	3
五金产品批发	439			439		241	8	72
其他机械设备及电子产品批发	466	6	2	466	170	489	264	80
其他批发业	601			411	65	434	1553	116
再生物资回收与批发	323			133	14	348	1428	85
其他未列明批发业	278			278	52	86	125	31
2.按登记注册类型分								
内资企业	75496	1171	787	75677	18809	18935	35517	3646
国有企业	50156	628	142	50753	12809	4025	20006	963
集体企业	289			289	54	115	74	34
有限责任公司	5947	467	143	5911	836	4861	9230	1057
其他有限责任公司	5947	467	143	5911	836	4861	9230	1057
股份有限公司	12338	76	502	11911	3660	8136	4921	1099
私营企业	6768			6814	1450	1798	1286	493
私营有限责任公司	6768			6814	1450	1798	1286	493
3.按控股情况分								
国有控股	60816	665	750	60843	16244	12436	28762	2148
集体控股	1502	42	5	1540	293	2182	1825	371
私人控股	12785	463	32	13124	2248	3908	3720	1007
其他	394			171	25	410	1210	120

15-9 续表1

行　　业	损益及分配					人工成本及增值		从事批发和零售业活动的从业人员平均人数（人）
	营业利润	营业外收入	营业外支出	利润总额	应交所得税	应付职工薪酬	应交增值税	
4.按经营形式分								
独立门店	5347	463	235	5894	824	6947	11151	1513
连锁总店	13301	32	405	12928	3460	5977	2548	848
连锁门店	110			110	1	89	223	18
其他	56738	675	147	56744	14525	5922	21595	1267
5.按单位规模分								
大型	61350	193	520	61024	15936	8446	21839	1537
中型	6078	514	267	6539	1357	8060	11526	1415
小型	8067	463		8114	1516	2421	2152	691
微型	1			1		7	1	3
二、零售业	**60510**	**3358**	**529**	**53180**	**6983**	**51828**	**30962**	**13313**
1.按零售行业小类分								
综合零售	13380	241	91	9621	1825	24873	10999	6460
百货零售	7354	216	83	3616	624	18120	7987	3691
超级市场零售	5243	25	4	5226	1107	5727	2302	2480
其他综合零售	783	0	4	780	95	1025	710	289
食品、饮料及烟草制品专门零售	657	428	30	980	71	1507	278	424
粮油零售	-33	412	24	280	50	525	14	167
糕点、面包零售	404			404	12	189	57	49
肉、禽、蛋、奶及水产品零售	-26	16		-11		547		150
酒、饮料及茶叶零售	5		5		2	28	1	8
其他食品零售	307		0	307	8	219	205	50
纺织、服装及日用品专门零售	972			976	9	572	834	184
纺织品及针织品零售	362			362	6	176	677	28
服装零售	488			492	2	155	94	42
钟表、眼镜零售	113			113	0	210	5	102
其他日用品零售	9			9	1	31	58	12
文化、体育用品及器材专门零售	178	2		140	9	171	10	88
体育用品及器材零售	38				0	54	0	18
珠宝首饰零售	140	2		140	9	117	10	70
医药及医疗器材专门零售	713	9	14	841	139	3256	1930	774
药品零售	713	9	14	841	139	3256	1930	774
汽车、摩托车、燃料及零配件专门零售	28487	1023	53	26982	2878	13913	10966	3205
汽车零售	25646	1015	53	24294	2434	12656	9508	2918
汽车零配件零售	954	8		902	50	729	35	157
机动车燃料零售	1887	0		1787	394	528	1424	130
家用电器及电子产品专门零售	5229	12	313	4821	936	3478	3014	1108
家用视听设备零售	102	2		104	3	127	9	39
日用家电设备零售	3537	10	313	3209	717	2277	1917	710
计算机、软件及辅助设备零售	959			828	111	724	800	254
通信设备零售	625			674	106	219	282	55
其他电子产品零售	6			6	0	132	7	50
五金、家具及室内装饰材料专门零售	3737	1316	30	3050	144	1452	819	385
五金零售	456	26	28	454	25	386	279	87
家具零售	178	18		165	3	133	20	45
涂料零售	142			142	3	30	54	10
木质装饰材料零售	-157	1	2	-148		294		84
陶瓷、石材装饰材料零售	3114	1270		2436	113	499	464	129
其他室内装饰材料零售	3			1	0	110	2	30

15-9 续表2

行业	损益及分配					人工成本及增值		从事批发和零售业活动的从业人员平均人数（人）
	营业利润	营业外收入	营业外支出	利润总额	应交所得税	应付职工薪酬	应交增值税	
货摊、无店铺及其他零售业	7159	326		5769	973	2607	2112	685
互联网零售	5872	326		4482	665	2048	1589	485
生活用燃料零售	1098			1098	275	221	230	62
其他未列明零售业	189			189	33	338	293	138
2. 按登记注册类型分								
内资企业	60242	3152	525	52916	6920	50631	30536	13011
国有企业	-695	429	26	-158		1066		300
集体企业	845	29		873	5	553	900	137
有限责任公司	25005	464	353	23443	3577	18183	15652	4850
国有独资公司	1209	0		1109	200	320	297	70
其他有限责任公司	23796	463	353	22334	3377	17863	15355	4780
股份有限公司	4742	151	82	956	269	11488	2561	1948
私营企业	30110	2080	64	27565	3068	19089	11257	5656
私营独资企业	48			48	48	19	27	6
私营合伙企业	1223			1223	291	176	150	90
私营有限责任公司	27718	2080	53	25185	2714	18335	10526	5403
私营股份有限公司	1121		11	1110	15	559	555	157
其他企业	236			236	1	252	165	120
港、澳、台商投资企业	268	206	4	264	63	1197	426	302
港、澳、台商独资经营企业	268	206	4	264	63	1197	426	302
3. 按控股情况分								
国有控股	1821	456	54	2256	469	1563	567	438
集体控股	2118	29		2147	335	838	1067	236
私人控股	54560	2657	469	46722	5454	44453	27344	11490
港澳台商控股	268	206	4	264	63	1197	426	302
其他	1744	10	2	1791	663	3777	1557	847
4. 按经营形式分								
独立门店	50343	2863	433	47639	5652	31337	24676	8467
连锁总店	4816	156	84	1183	289	13744	3030	3032
连锁门店	1220	4	4	1202	332	4984	1566	1347
其他	4132	335	8	3156	710	1763	1689	467
5. 按单位规模分								
大型	4905	151	82	1119	320	13663	2583	2425
中型	28542	1482	82	29866	3408	24251	16221	7342
小型	23854	1703	357	20085	2828	12304	10697	3136
微型	3209	22	7	2111	428	1610	1461	410
6. 按零售业态分								
有店铺零售	54805	2619	499	48357	6315	49362	29369	12721
超市	7621	75	3	7444	1563	9819	6697	3168
大型超市	3992	159	88	209	289	14529	3492	3252
百货店	2183	24	0	2201	26	1421	997	341
专业店	25516	1042	63	24048	2649	14219	8271	3511
专卖店	12195	30	334	11817	1636	8049	8142	2102
家居建材商店	3157	1289	2	2507	116	961	507	277
厂家直销中心	142	1	10	132	38	363	1263	70
无店铺零售	5705	738	29	4823	668	2466	1593	592
网上商店	6212	326		4822	666	2108	1589	495

15-10 限额以上住宿和餐饮业法人单位经营情况（一）

（2016年） 单位：万元

行业	法人企业数（个）	从业人员期末人数（人）	营业额	使用银行卡支付的营业额	客房收入	通过公共网络实现的客房收入	通过非自营平台实现的客房收入
总计	**90**	**7168**	**169705**	**17376**	**51345**	**4800**	**897**
一、住宿业	**50**	**4402**	**100687**	**15471**	**41079**	**4800**	**897**
1. 按住宿业行业小类分							
旅游饭店	36	3498	85583	15069	33026	4727	830
一般旅馆	14	904	15103	402	8053	73	67
2. 按登记注册类型分							
内资企业	48	4339	99761	15339	40443	4776	897
国有企业	4	319	2789	1001	1381	27	
有限责任公司	24	2609	64052	10384	26425	3950	515
国有独资公司	2	166	3651	142	1308	40	
其他有限责任公司	22	2443	60401	10242	25117	3910	515
私营企业	19	1245	28161	3954	10563	800	382
私营独资企业	2	29	492	48	490	50	50
私营合伙企业	1	30	1219		528		
私营有限责任公司	16	1186	26449	3906	9544	750	332
其他企业	1	166	4760		2075		
外商投资企业	2	63	926	133	635	24	
中外合资经营企业	1	37	562	120	284	24	
外资企业	1	26	364	13	351		
3. 按控股情况分							
国有控股	8	593	7550	1210	3454	577	255
私人控股	40	3687	91723	14148	36601	4156	575
外商控股	1	26	364	13	351		
其他	1	96	1049	100	672	67	67
4. 按经营形式分							
独立门店	47	3943	80886	7833	33643	1676	860
连锁门店	2	361	19430	7639	7235	3088	
其他	1	98	370		201	37	37
5. 按单位规模分							
大型	2	665	33395	9978	10773	3088	
中型	9	1757	38803	2164	15139	245	194
小型	36	1959	28170	3282	14858	1418	653
微型	3	21	319	48	309	50	50

15-10 续表

行　　业	法人企业数（个）	从业人员期末人数（人）	营业额	使用银行卡支付的营业额	客房收入	通过公共网络实现的客房收入	通过非自营平台实现的客房收入
6.按星级分							
五星	2	668	11442		5373	80	29
四星	16	2061	59474	12939	21754	3746	204
三星	9	780	11059	2091	5114	432	295
二星	1	3					
其他	22	890	18712	442	8837	543	370
二、餐饮业	**40**	**2766**	**69018**	**1904**	**10266**		
1.按餐饮业行业小类分							
正餐服务	39	2754	68917	1904	10266		
快餐服务	1	12	101				
2.按登记注册类型分							
内资企业	39	2741	63006	1904	9986		
国有企业	3	223	4830		1049		
有限责任公司	20	1235	20262	867	4063		
国有独资公司	1	55	959		468		
其他有限责任公司	19	1180	19303	867	3595		
私营企业	16	1283	37914	1037	4874		
私营合伙企业	2	95	2215	68	192		
私营有限责任公司	14	1188	35699	969	4683		
港、澳、台商投资企业	1	25	6012		280		
港澳台商独资企业	1	25	6012		280		
3.按控股情况分							
国有控股	4	278	5790		1517		
私人控股	34	2393	56863	1746	8469		
港澳台商控股	1	25	6012		280		
其他	1	70	353	159			
4.按经营形式分							
独立门店	35	2028	56825	1553	8821		
连锁总店	2	506	3351	287			
连锁门店	1	64	326	65			
其他	2	168	8517		1445		
5.按单位规模分							
中型	5	807	23900	251	4648		
小型	30	1755	44574	1654	5371		
微型	5	204	544		248		

15-11 限额以上住宿和餐饮业法人单位经营情况（二）

行业	营业额					客房数（间）	床位数（个）	餐位数（位）	年末餐饮营业面积（平方米）
	餐费收入	通过公共网络实现的餐费收入	通过非自营平台实现的餐费收入	商品销售额收入	其他收入				
总计	103603	1355	383	3201	11557	9103	14937	48348	140308
一、住宿业	46768	1300	347	1932	10908	7240	11979	23688	76780
1.按住宿业行业小类分									
旅游饭店	40336	1300	347	1473	10749	5565	9148	14168	50805
一般旅馆	6433			459	160	1675	2831	9520	25975
2.按登记注册类型分									
内资企业	46497	1300	347	1928	10893	6974	11521	23364	75700
国有企业	1240			64	104	339	583	1110	4522
有限责任公司	29949	904	11	1251	6427	4181	6758	15532	46948
国有独资公司	2286	714			57	297	524	450	1472
其他有限责任公司	27663	190	11	1251	6370	3884	6234	15082	45476
私营企业	12836	396	336	457	4305	2304	3931	5022	21815
私营独资企业				2		134	265		
私营合伙企业	618			23	50	110	180	400	450
私营有限责任公司	12218	396	336	432	4255	2060	3486	4622	21365
其他企业	2472			155	58	150	249	1700	2415
外商投资企业	271			4	15	266	458	324	1080
中外合资经营企业	269				9	140	262	280	910
外资企业	2			4	7	126	196	44	170
3.按控股情况分									
国有控股	3835	806		64	197	860	1501	2290	8625
私人控股	42554	494	347	1863	10705	6095	10054	20854	65985
外商控股	2			4	7	126	196	44	170
其他	377					159	228	500	2000
4.按经营形式分									
独立门店	40341	1237	284	1353	5550	6409	10497	22054	73348
连锁门店	6258			579	5359	723	1302	1034	1432
其他	169	63	63			108	180	600	2000
5.按单位规模分									
大型	12787			798	9038	982	1776	1436	2282
中型	22294	807	11	445	926	2140	3235	8848	31012
小型	11680	493	336	688	945	3994	6728	13354	43428
微型	8			2		124	240	50	58

15-11 续表

行业	营业额					客房数（间）	床位数（个）	餐位数（位）	年末餐饮营业面积(平方米)
	餐费收入	通过公共网络实现的餐费收入	通过非自营平台实现的餐费收入	商品销售额收入	其他收入				
6. 按星级分									
五星	5759	98	11	161	148	723	974	2570	9377
四星	26207	924	63	1230	10282	3154	5336	11688	28149
三星	5820	273	273	48	77	1466	2522	4000	20393
二星									
其他	8982	5		492	401	1897	3147	5430	18861
二、餐饮业	**56835**	**55**	**36**	**1269**	**649**	**1863**	**2958**	**24660**	**63528**
1. 按餐饮业行业小类分									
正餐服务	56733	55	36	1269	649	1863	2958	24540	63328
快餐服务	101							120	200
2. 按登记注册类型分									
内资企业	51103	55	36	1269	649	1823	2878	24390	63168
国有企业	3708			72	1	210	300	1850	7288
有限责任公司	15304	31	12	736	159	1061	1664	11693	25930
国有独资公司	468				23	81	145	175	650
其他有限责任公司	14837	31	12	736	135	980	1519	11518	25280
私营企业	32090	24	24	461	489	552	914	10847	29950
私营合伙企业	1909			115		59	87	850	1800
私营有限责任公司	30181	24	24	346	489	493	827	9997	28150
港、澳、台商投资企业	5732					40	80	270	360
港澳台商独资企业	5732					40	80	270	360
3. 按控股情况分									
国有控股	4176			72	24	291	445	2025	7938
私人控股	46573	53	36	1197	624	1532	2433	22263	54780
港澳台商控股	5732					40	80	270	360
其他	353	2						102	450
4. 按经营形式分									
独立门店	46746	2		1097	161	1611	2488	18034	51978
连锁总店	3179	24	24	172				4538	8650
连锁门店	326	29	12					638	800
其他	6585				487	252	470	1450	2100
5. 按单位规模分									
中型	17828	24	24	897	527	506	749	5686	15150
小型	38730	31	12	372	102	911	1418	16114	41528
微型	277				20	446	791	2860	6850

15-12 限额以上住宿和餐饮业法人单位财务状况（一）

（2016年）　　单位：万元

行业	法人企业数（个）	年初存货	期末资产负债				
			流动资产合计	应收帐款	存货	固定资产合计	固定资产原价
总计	**90**	**5943**	**118799**	**8309**	**3881**	**110850**	**153013**
一、住宿业	**50**	**4558**	**76404**	**5680**	**2703**	**80923**	**117160**
1.按住宿业行业小类分							
旅游饭店	36	4003	67543	4368	1993	64653	95982
一般旅馆	14	555	8861	1312	710	16269	21178
2.按登记注册类型分							
内资企业	48	4551	76354	5658	2696	80803	116723
国有企业	4	160	3631	948	184	3482	5555
有限责任公司	24	3635	56354	2393	1500	63403	85929
国有独资公司	2	48	6391	490	46	15158	18030
其他有限责任公司	22	3587	49963	1903	1454	48246	67899
私营企业	19	630	12935	1821	848	12212	22482
私营独资企业	2	29	130	90	40	380	420
私营合伙企业	1	2	79	35	4	248	320
私营有限责任公司	16	599	12726	1696	804	11584	21742
其他企业	1	125	3435	497	164	1706	2758
外商投资企业	2	7	50	22	7	120	437
中外合资经营企业	1		22	11		98	340
外资企业	1	7	29	11	7	22	97
3.按控股情况分							
国有控股	8	2752	11158	1514	497	18795	24186
私人控股	40	1603	64836	4143	2027	52753	82984
外商控股	1	7	29	11	7	22	97
其他	1	196	382	12	172	9353	9894
4.按经营形式分							
独立门店	47	4444	71066	5405	2408	79124	113682
连锁门店	2	114	4887	256	113	1600	2109
其他	1		451	19	182	199	1368
5.按单位规模分							
大型	2	269	12491	930	267	7319	12266
中型	9	837	45647	2144	876	38284	58866
小型	36	3449	17907	2589	1557	35208	45895
微型	3	4	360	18	3	111	132

15-12 续表

行　业	法　人企业数（个）	年初存货	期末资产负债				
			流动资产合计	应收帐款	存货	固定资产合计	固定资产原价
6. 按星级分							
五星	2	290	7806	713	319	21632	33754
四星	16	1045	27875	2580	1259	26968	43607
三星	9	266	30317	1202	257	3889	8362
二星	1						
其他	22	2957	10407	1185	867	28433	31437
二、餐饮业	**40**	**1385**	**42394**	**2629**	**1178**	**29928**	**35853**
1. 按餐饮业行业小类分							
正餐服务	39	1385	42195	2629	1178	29926	35842
快餐服务	1		200			2	12
2. 按登记注册类型分							
内资企业	39	1382	42222	2629	1174	29048	34809
国有企业	3	56	617	459	77	1841	2555
有限责任公司	20	656	35920	945	414	15907	17518
国有独资公司	1	37	6818	139	12	44	56
其他有限责任公司	19	620	29103	806	402	15863	17462
私营企业	16	669	5685	1226	684	11300	14736
私营合伙企业	2	14	227	126	9	735	1099
私营有限责任公司	14	656	5458	1100	675	10565	13638
港、澳、台商投资企业	1	3	172		4	880	1044
港澳台商独资企业	1	3	172		4	880	1044
3. 按控股情况分							
国有控股	4	93	7435	597	88	1885	2611
私人控股	34	1287	34721	2025	1077	27161	32197
港澳台商控股	1	3	172		4	880	1044
其他	1	2	67	7	8	2	2
4. 按经营形式分							
独立门店	35	1140	41126	2442	865	19999	24624
连锁总店	2	82	599	11	100	654	971
连锁门店	1	30	50	20	30	9	18
其他	2	133	620	156	183	9266	10241
5. 按单位规模分							
中型	5	415	4440	672	487	9336	11837
小型	30	867	37445	1831	665	9772	13037
微型	5	103	510	126	26	10819	10979

15-13 限额以上住宿和餐饮业法人单位财务状况（二）

（2016年） 单位：万元

行业	期末资产负债						
	累计折旧	本年折旧	在建工程	资产总计	流动负债合计	应付账款	非流动负债合计
总计	**42166**	**7430**	**43609**	**373666**	**161445**	**42835**	**81331**
一、住宿业	**36237**	**6264**	**33585**	**248006**	**110917**	**12051**	**43883**
1. 按住宿业行业小类分							
旅游饭店	31328	4840	33585	218319	90505	11593	42045
一般旅馆	4909	1425		29687	20412	458	1838
2. 按登记注册类型分							
内资企业	35921	6195	33585	245447	110228	11377	43783
国有企业	2073	161	0	7164	5658	565	604
有限责任公司	22525	4509	30546	199961	85369	5604	39757
国有独资公司	2872	572		30016	4765	259	2500
其他有限责任公司	19653	3937	30546	169945	80604	5345	37257
私营企业	10270	1225	3039	33181	15697	5182	3422
私营独资企业	40	22		538	30	25	8
私营合伙企业	72	15		335	46	24	
私营有限责任公司	10158	1188	3039	32308	15621	5133	3414
其他企业	1053	300		5141	3505	26	
外商投资企业	317	69		2559	689	674	100
中外合资经营企业	241	68		1151	15		100
外资企业	75	1		1408	674	674	
3. 按控股情况分							
国有控股	5390	797	30539	70469	39565	1416	8104
私人控股	30231	4926	3046	166314	61862	9884	35779
外商控股	75	1		1408	674	674	
其他	541	541		9815	8815	77	
4. 按经营形式分							
独立门店	34558	5893	33585	232323	103017	10182	43883
连锁门店	509	202		15033	7750	1720	
其他	1170	169		650	150	150	
5. 按单位规模分							
大型	4947	752		28826	10423	1404	3150
中型	20581	3407	7	105565	32575	3261	31091
小型	10687	2084	33577	113141	67714	7250	9642
微型	21	21		474	205	136	

15-13续表

行　　业	期末资产负债						
	累计折旧	本年折旧	在建工程	资产总计	流动负债合计	应付账款	非流动负债合计
6. 按星级分							
五星	12122	942	7	47678	8520	817	13565
四星	16638	3629	3026	83419	35361	8139	8306
三星	4474	522	13	37797	23035	1218	14115
二星							
其他	3004	1171	30539	79113	44001	1877	7897
二、餐饮业	**5929**	**1166**	**10025**	**125660**	**50528**	**30784**	**37448**
1. 按餐饮业行业小类分							
正餐服务	5919	1156	10025	125459	50527	30783	37448
快餐服务	10	10		201	1	1	
2. 按登记注册类型分							
内资企业	5765	1103	10025	124552	50378	30784	37448
国有企业	714	17		7478	4418	393	45
有限责任公司	1611	531	10025	97667	42391	29610	36358
国有独资公司	12	1		6873	5049	15	
其他有限责任公司	1599	530	10025	90794	37342	29596	36358
私营企业	3440	555		19407	3570	780	1046
私营合伙企业	364	10		962	230	91	22
私营有限责任公司	3076	545		18445	3340	689	1024
港、澳、台商投资企业	164	63		1108	150		
港澳台商独资企业	164	63		1108	150		
3. 按控股情况分							
国有控股	726	18		14351	9467	408	45
私人控股	5039	1085	9645	109752	40514	30374	37403
港澳台商控股	164	63		1108	150		
其他			380	449	398	2	
4. 按经营形式分							
独立门店	4628	922	6732	111357	47753	30503	34453
连锁总店	316	70		1504	291	68	
连锁门店	9	1		450			
其他	975	172	3292	12349	2485	213	2995
5. 按单位规模分							
中型	2501	330		21323	7599	364	502
小型	3268	805	6732	91536	40782	30235	33898
微型	160	31	3292	12801	2147	185	3048

15-14 限额以上住宿和餐饮业法人单位财务状况（三）

（2016年） 单位：万元

行业	期末资产负债						
	负债合计	所有者权益	实收资本	国家资本	法人资本	个人资本	外商资本
总计	242807	130860	93257	30649	34064	27404	1030
一、住宿业	154800	93206	67158	27132	28656	10340	1030
1. 按住宿业行业小类分							
旅游饭店	132550	85769	60628	26608	24670	8321	1030
一般旅馆	22250	7437	6530	524	3987	2019	
2. 按登记注册类型分							
内资企业	154011	91436	65388	27132	28656	9600	
国有企业	6262	903	2932	2932			
有限责任公司	125126	74835	49823	24200	19561	6061	
国有独资公司	7265	22751	19200	19200			
其他有限责任公司	117861	52085	30623	5000	19561	6061	
私营企业	19119	14063	11252		7714	3539	
私营独资企业	38	500	70		50	20	
私营合伙企业	46	289	289			289	
私营有限责任公司	19035	13273	10893		7664	3230	
其他企业	3505	1636	1381		1381		
外商投资企业	789	1770	1770			740	1030
中外合资经营企业	115	1036	1036			740	296
外资企业	674	734	734				734
3. 按控股情况分							
国有控股	47669	22800	27462	27132	330		
私人控股	97641	68673	37962		27326	10340	296
外商控股	674	734	734				734
其他	8815	1000	1000		1000		
4. 按经营形式分							
独立门店	146901	85423	62574	27132	24806	10340	296
连锁门店	7750	7283	4084		3350		734
其他	150	500	500		500		
5. 按单位规模分							
大型	13573	15253	8850		8850		
中型	63666	41899	11077	1000	7027	3050	
小型	77357	35784	47221	26132	12780	7279	1030
微型	205	269	10			10	

15-14续表

行业	期末资产负债						
	负债合计	所有者权益	实收资本	国家资本	法人资本	个人资本	外商资本
6.按星级分							
五星	22085	25592	4600		4600	0	
四星	43667	39752	21204	1871	15011	3588	733.7
三星	37149	648	6415	36	1464	4619	296
二星							
其他	51899	27214	34939	25225	7581	2133	
二、餐饮业	**88006**	**37654**	**26099**	**3517**	**5408**	**17064**	
1.按餐饮业行业小类分							
正餐服务	88005	37454	25899	3517	5208	17064	
快餐服务	1	200	200		200		
2.按登记注册类型分							
内资企业	87856	36696	25989	3517	5408	17064	
国有企业	4462	3016	2517	2517			
有限责任公司	78749	18919	15612	1000	2850	11762	
国有独资公司	5049	1824	1000	1000			
其他有限责任公司	73700	17094	14612		2850	11762	
私营企业	4646	14761	7860		2558	5302	
私营合伙企业	251	711	690			690	
私营有限责任公司	4394	14051	7170		2558	4612	
港、澳、台商投资企业	150	958	110				
港澳台商独资企业	150	958	110				
3.按控股情况分							
国有控股	9511	4840	3517	3517			
私人控股	77947	31805	22422		5408	17014	
港澳台商控股	150	958	110				
其他	398	51	50			50	
4.按经营形式分							
独立门店	82236	29121	24015	3517	4808	15580	
连锁总店	291	1213	1150		150	1000	
连锁门店		450	450		450		
其他	5479	6870	484			484	
5.按单位规模分							
中型	8101	13222	5971	2400		3571	
小型	74710	16826	12523	1118	5408	5887	
微型	5195	7606	7606			7606	

15-15 限额以上住宿和餐饮业法人单位财务状况（四）

（2016年） 单位：万元

行业	损益及分配						
	营业收入	主营业务收入	营业成本	主营业务成本	营业税金及附加	主营业务税金及附加	其他业务利润
总计	167544	167387	99411	99325	5076	4943	156
一、住宿业	100436	100290	53362	53277	3267	3134	83
1. 按住宿业行业小类分							
旅游饭店	85391	85287	46497	46473	2703	2702	44
一般旅馆	15045	15003	6865	6804	564	433	39
2. 按登记注册类型分							
内资企业	99509	99418	52658	52579	3207	3075	83
国有企业	2789	2789	1851	1851	116	116	
有限责任公司	63883	63874	30541	30479	1847	1716	6
国有独资公司	3651	3651	1201	1201	70	70	
其他有限责任公司	60232	60223	29340	29278	1778	1647	6
私营企业	28077	27995	17363	17346	1178	1177	77
私营独资企业	436	436	345	345	12	12	7
私营合伙企业	1219	1219	768	768	10	10	
私营有限责任公司	26422	26341	16250	16233	1156	1155	71
其他企业	4760	4760	2904	2904	66	66	
外商投资企业	927	872	704	698	60	60	
中外合资经营企业	562	553	427	420	40	39	
外资企业	366	319	277	277	21	21	
3. 按控股情况分							
国有控股	7550	7545	3187	3187	198	198	5
私人控股	91472	91377	49645	49559	3028	2895	79
外商控股	366	319	277	277	21	21	
其他	1049	1049	254	254	21	21	
4. 按经营形式分							
独立门店	80635	80535	41045	40960	2564	2431	50
连锁门店	19431	19385	12142	12141	682	682	
其他	370	370	175	175	21	21	33
5. 按单位规模分							
大型	33395	33395	21484	21484	1449	1449	
中型	38803	38803	16875	16875	987	856	
小型	27979	27832	14847	14762	828	827	77
微型	260	260	156	156	3	3	7

15-15续表

行业	损益及分配						
	营业收入	主营业务收入	营业成本	主营业务成本	营业税金及附加	主营业务税金及附加	其他业务利润
6. 按星级分							
五星	11442	11442	2511	2511	243	243	
四星	59455	59403	35530	35529	2171	2040	38
三星	11055	10965	5652	5629	339	338	38
二星							
其他	18485	18480	9669	9608	513	513	8
二、餐饮业	**67107**	**67097**	**46049**	**46049**	**1809**	**1809**	**73**
1. 按餐饮业行业小类分							
正餐服务	67006	66995	46003	46003	1804	1804	73
快餐服务	101	101	46	46	5	5	
2. 按登记注册类型分							
内资企业	61095	61085	40851	40851	1320	1320	73
国有企业	4894	4894	2706	2706	240	240	1
有限责任公司	18370	18359	10877	10877	343	343	11
国有独资公司	1081	1081	309	309	9	9	
其他有限责任公司	17289	17278	10568	10568	335	335	11
私营企业	37831	37831	27268	27268	736	736	62
私营合伙企业	2215	2215	956	956	66	66	6
私营有限责任公司	35616	35616	26312	26312	670	670	56
港、澳、台商投资企业	6012	6012	5198	5198	489	489	
港澳台商独资企业	6012	6012	5198	5198	489	489	
3. 按控股情况分							
国有控股	5976	5976	3015	3015	249	249	1
私人控股	54766	54756	37690	37690	1064	1064	72
港澳台商控股	6012	6012	5198	5198	489	489	
其他	353	353	146	146	7	7	
4. 按经营形式分							
独立门店	54916	54906	37204	37204	1633	1633	73
连锁总店	3351	3351	1874	1874	51	51	
连锁门店	324	324	178	178	31	31	
其他	8517	8517	6793	6793	94	94	
5. 按单位规模分							
中型	22386	22386	14749	14749	482	482	
小型	44429	44418	31083	31083	1316	1316	73
微型	292	292	218	218	11	11	

15-16 限额以上住宿和餐饮业法人单位财务状况（五）

（2016年）　　单位：万元

行　业	损益及分配						
	销售费用	管理费用	税金	财务费用	利息收入	利息支出	营业利润
总　　计	**24984**	**23410**	**423**	**5716**	**450**	**2196**	**8578**
一、住宿业	**16023**	**19479**	**192**	**5220**	**401**	**2085**	**2763**
1.按住宿业行业小类分							
旅游饭店	13179	16037	164	4833	400	1845	1914
一般旅馆	2844	3442	28	387	1	240	849
2.按登记注册类型分							
内资企业	16017	19400	192	5211	394	2082	2695
国有企业	381	659	3	3	4	6	-214
有限责任公司	12378	14486	104	4588	368	1583	-271
国有独资公司	1281	1138	3	282	353	572	-321
其他有限责任公司	11097	13349	101	4306	14	1011	50
私营企业	2784	3856	84	482	23	356	2398
私营独资企业	3	2	1	1	0		73
私营合伙企业	60	6	0	4		2	371
私营有限责任公司	2721	3848	83	476	22	354	1954
其他企业	473	399		138		138	782
外商投资企业	7	80		9	7	2	68
中外合资经营企业		79		7	7		10
外资企业	7	1		2	0	2	58
3.按控股情况分							
国有控股	2572	2771	10	635	357	925	-1805
私人控股	12968	15969	182	4578	44	1157	4954
外商控股	7	1		2	0	2	58
其他	476	738		4			-444
4.按经营形式分							
独立门店	14604	15792	134	4523	389	1592	1800
连锁门店	1321	3638	57	684	12	493	964
其他	99	48		13			-1
5.按单位规模分							
大型	2926	5000	107	971	25	793	1565
中型	8672	7118	27	3285	1	615	1655
小型	4423	7359	58	964	375	677	-555
微型	2	1		1	0	0	98

15-16续表

行业	损益及分配						
	销售费用	管理费用	税金	财务费用	利息收入	利息支出	营业利润
6. 按星级分							
五星	3309	3205		455	0		1507
四星	7583	9627	143	2288	26	1483	2240
三星	2315	2474	22	1694	11	24	-1419
二星							
其他	2816	4174	27	783	364	578	435
二、餐饮业	**8960**	**3931**	**232**	**496**	**49**	**111**	**5815**
1. 按餐饮业行业小类分							
正餐服务	8908	3884	227	496	49	111	5864
快餐服务	52	48	5				-49
2. 按登记注册类型分							
内资企业	8960	3706	202	493	49	108	5718
国有企业	1235	457		80			177
有限责任公司	3886	1451	83	301	48	69	1512
国有独资公司	360	4		-45	45		445
其他有限责任公司	3526	1448	83	346	3	69	1067
私营企业	3839	1798	119	112	1	39	4030
私营合伙企业	624	110					354
私营有限责任公司	3215	1688	119	112	1	39	3676
港、澳、台商投资企业		225	30	3		3	97
港澳台商独资企业		225	30	3		3	97
3. 按控股情况分							
国有控股	1595	460		35	45		622
私人控股	7272	3161	202	438	4	88	5094
港澳台商控股		225	30	3		3	97
其他	93	86		20		20	2
4. 按经营形式分							
独立门店	7796	3386	228	444	45	98	4406
连锁总店	1041	148	1	4	0		232
连锁门店		70		10	3	13	34
其他	123	327	3	37	0		1144
5. 按单位规模分							
中型	3625	1491	79	239	0	11	1801
小型	5327	2433	151	252	48	100	3972
微型	8	8	1	6	0		42

15-17 限额以上住宿和餐饮业法人单位财务状况（六）

（2016年）　　单位：万元

行　业	损益及分配					人工成本及增值税		从事住宿和餐饮业活动的从业人员平均人数（人）
	营业外收入	政府补助	营业外支出	利润总额	应交所得税	应付职工薪酬（本年贷方累计发生额）	应交增值税	
总　计	252	12	288	7526	1764	23906	1516	7077
一、住宿业	221	12	273	2122	973	16301	1238	4396
1.按住宿业行业小类分								
旅游饭店	207	12	268	1247	951	13183	1198	3492
一般旅馆	13		5	875	22	3119	40	904
2.按登记注册类型分								
内资企业	172	12	266	2056	957	16098	1236	4333
国有企业	47	12	1	-164	4	1006	29	333
有限责任公司	125		265	-316	567	10227	1085	2579
国有独资公司	3		1	-318	0	829	15	145
其他有限责任公司	121		264	3	567	9398	1070	2434
私营企业			0	1753	386	4269	121	1254
私营独资企业				45	2	99		29
私营合伙企业				371	5	77		30
私营有限责任公司			0	1337	379	4094	121	1195
其他企业				782		596	2	167
外商投资企业	49		7	66	16	204	2	63
中外合资经营企业			6	3		135		37
外资企业	49		0	63	16	69	2	26
3.按控股情况分								
国有控股	54	12	10	-1757	4	2366	65	616
私人控股	118		263	4260	949	13475	1151	3656
外商控股	49		0	63	16	69	2	26
其他				-444	4	391	21	98
4.按经营形式分								
独立门店	75	12	247	1084	712	14362	676	3937
连锁门店	145		26	1040	260	1705	562	361
其他				-1		234		98
5.按单位规模分								
大型	96		26	977	359	3334	560	684
中型	16		226	1620	284	6423	457	1726
小型	109	12	21	-572	329	6507	221	1968
微型				98	2	38		18

15-17续表

行业	损益及分配					人工成本及增值税		从事住宿和餐饮业活动的从业人员平均人数（人）
	营业外收入	政府补助	营业外支出	利润总额	应交所得税	应付职工薪酬（本年贷方累计发生额）	应交增值税	
6. 按星级分								
五星	8		226	1289		2704	244	628
四星	179		32	1913	492	8391	721	2112
三星	27	12	6	-1387	146	2105	96	780
二星								
其他	7		8	307	335	3101	177	876
二、餐饮业	**32**	**0**	**15**	**5404**	**792**	**7604**	**278**	**2681**
1. 按餐饮业行业小类分								
正餐服务	29	0	15	5450	792	7571	278	2669
快餐服务	3			-46		33		12
2. 按登记注册类型分								
内资企业	32	0	15	5394	789	7518	278	2656
国有企业	11		6	182	0	673	1	214
有限责任公司	21	0	9	1514	71	3240	31	1166
国有独资公司			0	444		183		55
其他有限责任公司	21	0	9	1070	71	3057	31	1111
私营企业				3698	718	3605	245	1276
私营合伙企业				354	43	450		95
私营有限责任公司				3344	675	3155	245	1181
港、澳、台商投资企业				10	3	87		25
港澳台商独资企业				10	3	87		25
3. 按控股情况分								
国有控股	11		7	626	0	856	1	269
私人控股	21	0	9	4766	789	6475	270	2317
港澳台商控股				10	3	87		25
其他				2		187	7	70
4. 按经营形式分								
独立门店	31	0	15	4029	464	5881	250	1963
连锁总店				232	42	1151	21	494
连锁门店						181		58
其他	1		0	1143	286	391	6	166
5. 按单位规模分								
中型			6	1795	382	1842	40	802
小型	31	0	9	3542	408	5433	235	1711
微型	1		0	68	2	330	2	168

15-18 私营、个体工商业基本情况

指 标	单位	2015年	2016年	2016年比2015年增长%
一、本年登记户数	户	42858	45751	6.8
私营企业	户	10451	13605	30.2
个体工商业	户	32407	32146	-0.8
二、本年吊销户数	户	256	433	69.1
私营企业	户		432	
个体工商业	户	256	1	-99.6
三、本年安置下岗失业人员	人	6	12457	207516.7
私营企业安置人数	人	6	125	1983.3
个体工商业安置人数	人		12332	
四、注册资金亿元以上私营企业	户	185	292	57.8

15-19 个体工商业分组情况

单位:户

行业	2015年	2016年	2016年比2015年增长%
合计	**162136**	**161491**	**-0.4**
农、林、牧、渔业	8014	7970	-0.5
采矿业	227	192	-15.4
制造业	10648	9726	-8.7
电力、热力、燃气及水生产和供应业	111	120	8.1
建筑业	326	445	36.5
批发和零售业	106166	103738	-2.3
交通运输、仓储和邮政业	1536	1504	-2.1
住宿和餐饮业	15495	17802	14.9
信息传输、软件和信息技术服务业	1487	1557	4.7
金融业		1	
房地产业	53	69	30.2
租赁和商务服务业	1732	1912	10.4
科学研究和技术服务业	336	279	-17.0
水利、环境和公共设施管理业	9	8	-11.1
居民服务、修理和其他服务业	15007	15174	1.1
教育	43	57	32.6
卫生和社会工作	316	291	-7.9
文化、体育和娱乐业	629	645	2.5

15-19 续表1

（2016年）

行业	期末实有					
	合计			#城镇		
	户数（户）	从业人员（人）	资金数额（万元）	户数（户）	从业人员（人）	资金数额（万元）
合计	**161491**	**385340**	**2195364.55**	**105258**	**257602**	**1427389.84**
农、林、牧、渔业	7970	21209	246721.67	2420	6640	66123.07
采矿业	192	986	19212.3	37	249	3399
制造业	9726	41465	155187.76	5430	23736	78268.46
电力、燃气及水的生产和供应业	120	358	9304	24	74	1468
建筑业	445	1223	10704.4	209	605	5538.9
批发零售贸易	103738	216211	1185172.72	66831	142381	811450.37
交通运输、仓储和邮政业	1504	3074	13341.46	1095	2181	8535.9
住宿和餐饮业	17802	50711	298751.84	14778	43441	258171.29
信息传输、计算机服务和软件业	1557	2884	13206.65	661	1362	7314.55
金融业	1	1	2	1	1	2
房地产业	69	217	664.5	64	204	632.5
租赁和商务服务业	1912	4892	40901.1	1044	2714	18857.3
科学研究和技术服务业	279	722	2261.12	160	437	1191.62
水利、环境和公共设施管理业	8	29	128	4	15	68
居民服务、修理和其他服务业	15174	38089	163610.18	11656	30697	132891.18
教育	57	171	1044	55	162	1024
卫生和社会工作	291	735	3694.75	241	646	3253.1
文化、体育和娱乐业	645	2361	31446.1	548	2057	29200.6

15-19 续表2

（2016年）

行业	#本期登记			本期注销	
	户数（户）	从业人员（人）	资金数额（万元）	合计	#城镇
合计	**32146**	**75284**	**584269.15**	**44919**	**30255**
农、林、牧、渔业	1041	2790	53535	1139	434
采矿业	17	126	4559	59	17
制造业	1335	6086	30497.9	2421	1158
电力、热力、燃气及水生产和供应业	11	32	1027	6	2
建筑业	172	490	7183	94	43
批发和零售业	19285	37549	304209.7	32615	21679
交通运输、仓储和邮政业	229	562	2996	270	159
住宿和餐饮业	5630	15557	102227.05	3840	3381
信息传输、软件和信息技术服务业	294	533	3579	286	178
金融业	1	1	2	1	1
房地产业	26	95	280	13	12
租赁和商务服务业	799	2204	19234	657	300
科学研究和技术服务业	16	48	183	72	54
水利、环境和公共设施管理业	3	12	18	4	2
居民服务、修理和其他服务业	3080	8498	45519.5	3138	2567
教育	30	85	519	59	57
卫生和社会工作	24	67	711	56	44
文化、体育和娱乐业	153	549	7989	189	167

15-20 私营企业分行业情况

单位:户

行业	2015年	2016年	2016年比2015年增长%
合计	45305	54351	20.0
农、林、牧、渔业	3653	4603	26.0
采矿业	279	291	4.3
制造业	8540	9168	7.4
电力、热力、燃气及水生产和供应业	399	464	16.3
建筑业	2627	3338	27.1
批发和零售业	15031	18076	20.3
交通运输、仓储和邮政业	1405	1597	13.7
住宿和餐饮业	783	920	17.5
信息传输、软件和信息技术服务业	977	1433	46.7
金融业	271	271	
房地产业	1847	1943	5.2
租赁和商务服务业	6346	8327	31.2
科学研究和技术服务业	889	1148	29.1
水利、环境和公共设施管理业	178	240	34.8
居民服务、修理和其他服务业	1533	1729	12.8
教育	110	177	60.9
卫生和社会工作	42	58	38.1
文化、体育和娱乐业	395	566	43.3

15-20 续表1

（2016年）

行业	合计				
	户数（户）	#分支机构	投资者人数（人）	雇工人数（人）	注册资本（万元）
合计	**54351**	**3915**	**106278**	**460911**	**29380811.85**
农、林、牧、渔业	4603	48	8535	35400	1406542.69
采矿业	291	18	710	3385	134774.2
制造业	9168	151	17996	155644	4678013.93
电力、热力、燃气及水生产和供应业	464	21	1726	4317	231942.71
建筑业	3338	267	6369	29821	1545254.59
批发和零售业	18076	1519	30502	109914	4590831.06
交通运输、仓储和邮政业	1597	237	3356	9609	318662.31
住宿和餐饮业	920	79	2005	8390	253665.9
信息传输、软件和信息技术服务业	1433	60	2399	5927	287818.18
金融业	271	90	606	6668	4159321.15
房地产业	1943	357	3910	33406	1566044.32
租赁和商务服务业	8327	815	20546	35161	9050051.82
科学研究和技术服务业	1148	64	2441	5780	442564.83
水利、环境和公共设施管理业	240	13	495	1682	151944
居民服务、修理和其他服务业	1729	141	3080	10487	316644.59
教育	177	5	370	1170	27076.08
卫生和社会工作	58	3	106	544	56444.5
文化、体育和娱乐业	566	27	1122	3598	163189.99

15-20 续表2

（2016年）

行业	#城镇				#本期登记	
	户数（户）	投资者人数（人）	雇工人数（人）	注册资金（万元）	户数（户）	投资者人数（人）
合计	33062	68524	285703	21688952.59	13605	23349
农、林、牧、渔业	1076	2254	10668	474319.66	1130	1833
采矿业	46	136	408	35620	28	56
制造业	4107	8415	75240	2331223.93	1489	2425
电力、热力、燃气及水生产和供应业	117	340	746	71686.73	80	137
建筑业	2518	4854	24515	1182288.39	973	1577
批发和零售业	11760	21097	79201	2938893.4	4847	7229
交通运输、仓储和邮政业	853	1948	5245	166894.81	315	419
住宿和餐饮业	700	1492	6688	182268.85	228	499
信息传输、软件和信息技术服务业	1044	1798	4325	215954.99	552	944
金融业	222	577	5341	4027691.15	25	106
房地产业	1581	3204	29400	1256204.49	235	342
租赁和商务服务业	6210	16878	26255	8012524.22	2603	5787
科学研究和技术服务业	848	1821	4675	314106.83	349	641
水利、环境和公共设施管理业	157	331	1167	81949	71	132
居民服务、修理和其他服务业	1268	2268	8129	222833.85	389	669
教育	121	248	783	18554.08	70	118
卫生和社会工作	47	81	508	52352.5	22	41
文化、体育和娱乐业	385	778	2401	103560.71	197	390

15-20 续表3

（2016年）

行业	#本期登记		独资企业				
	雇工人数（人）	注册资金（万元）	户数（户）	#分支机构	投资者人数（人）	雇工人数（人）	出资额（万元）
合计	38401	8087071.39	5406	67	5339	47461	546492.38
农、林、牧、渔业	4515	346655	1817		1817	11734	225105.4
采矿业	94	18460	43		43	447	8608
制造业	9983	771817	1095	7	1088	21878	139662.78
电力、热力、燃气及水生产和供应业	135	119910	94		94	563	18024.8
建筑业	2101	331106.6	49	1	48	570	2165
批发和零售业	11726	1148928.76	1305	50	1255	5610	66552.3
交通运输、仓储和邮政业	820	54255	33		33	187	1337
住宿和餐饮业	601	45216	105	1	104	800	17042
信息传输、软件和信息技术服务业	1094	135484.49	274	1	273	1266	20155
金融业	30	460997	1		1	6	30
房地产业	630	135174.51	15	2	13	106	753
租赁和商务服务业	4012	4160647.32	200	3	197	1183	18567
科学研究和技术服务业	886	166364	21		21	137	1482
水利、环境和公共设施管理业	244	37589	10		10	197	1175
居民服务、修理和其他服务业	799	69979.5	192	2	190	1592	8836.1
教育	67	7158	17		17	175	1628
卫生和社会工作	36	30920.5	16		16	230	5020
文化、体育和娱乐业	620	46383.71	119		119	780	10349

15-20 续表4

(2016年)

行业	合伙企业					
	小计					
	户数(户)	#分支机构	合伙人数(人)	雇工人数(人)	认缴出资额(万元)	实缴出资金额(万元)
合计	**4337**	**13**	**13332**	**26705**	**8065063.91**	**1716855.92**
农、林、牧、渔业	466		1574	4135	78190.62	62677.61
采矿业	61		174	718	18715.7	18595.7
制造业	533	2	1430	8035	64681.61	59572.61
电力、热力、燃气及水生产和供应业	135		907	1233	19979.08	19577.08
建筑业	20		49	165	950	850
批发和零售业	1188	5	2825	5265	81253.92	66131.22
交通运输、仓储和邮政业	19		65	204	1949.35	1539.35
住宿和餐饮业	215		557	1677	26587.05	21956.05
信息传输、软件和信息技术服务业	33		91	119	4508.5	2318.5
金融业	26		191	180	668461.15	97364.66
房地产业	2		4	38	3001	3000
租赁和商务服务业	1399	1	4818	3424	7069071.68	1338739.39
科学研究和技术服务业	17		71	108	1206.25	996.25
水利、环境和公共设施管理业	2		4	10	65	65
居民服务、修理和其他服务业	134	3	308	739	11878.5	11111.5
教育	17		58	123	1000	870
卫生和社会工作	10		32	110	4117.5	4042
文化、体育和娱乐业	60	2	174	422	9447	7449

15-20 续表5

（2016年）

行业	合伙企业						
	普通合伙企业					有限合伙企业	
	户数（户）	合伙人数（人）	雇工人数（人）	认缴出资额（万元）	实缴出资额（万元）	户数（户）	有限合伙人数（人）
合计	**2997**	**8499**	**23639**	**331468.08**	**282630.87**	**1337**	**3432**
农、林、牧、渔业	466	1574	4135	78190.62	62677.61		
采矿业	61	174	718	18715.7	18595.7		
制造业	531	1408	8012	63832.61	58723.61	2	20
电力、热力、燃气及水生产和供应业	135	907	1233	19979.08	19577.08		
建筑业	20	49	165	950	850		
批发和零售业	1188	2825	5265	81253.92	66131.22		
交通运输、仓储和邮政业	19	65	204	1949.35	1539.35		
住宿和餐饮业	212	553	1669	26204.05	21653.05	2	1
信息传输、软件和信息技术服务业	30	83	114	2908.5	2218.5	3	5
金融业	1	3	10	1000	1000	25	122
房地产业	1	2	38	3000	3000	1	1
租赁和商务服务业	98	227	622	10275	6131	1299	3270
科学研究和技术服务业	17	71	108	1206.25	996.25		
水利、环境和公共设施管理业	2	4	10	65	65		
居民服务、修理和其他服务业	134	308	739	11878.5	11111.5		
教育	17	58	123	1000	870		
卫生和社会工作	9	30	62	3117.5	3042	1	1
文化、体育和娱乐业	56	158	412	5942	4449	4	12

15-20 续表6

（2016年）

行业	合伙企业				有限责任公司			
	有限合伙企业				小计			
	普通合伙人数（人）	雇工人数（人）	认缴出资额（万元）	实缴出资额（万元）	户数（人）	#分公司	投资者人数（人）	雇工人数（人）
合计	1394	3066	7733255.83	1433885.05	44467	3745	83634	370049
农、林、牧、渔业					2313	46	5120	19459
采矿业					187	18	493	2220
制造业	2	23	849	849	7525	142	15423	120579
电力、热力、燃气及水生产和供应业					233	21	721	2521
建筑业					3264	263	6265	28583
批发和零售业					15549	1440	26389	90878
交通运输、仓储和邮政业					1542	235	3183	9128
住宿和餐饮业	1	8	83	3	599	78	1302	5901
信息传输、软件和信息技术服务业	3	5	1600	100	1125	58	2035	4535
金融业	66	170	667461.15	96364.66	197	46	345	4926
房地产业	1		1		1923	355	3877	33032
租赁和商务服务业	1316	2802	7058756.68	1332568.39	6719	805	11902	30400
科学研究和技术服务业					1102	62	2330	4798
水利、环境和公共设施管理业					227	12	481	1467
居民服务、修理和其他服务业					1400	133	2582	8149
教育					142	4	295	872
卫生和社会工作	1	48	1000	1000	32	3	58	204
文化、体育和娱乐业	4	10	3505	3000	386	24	829	2389

15-20 续表7

（2016年）

行　　业	有限责任公司					
	小计		#自然人独资			
	注册资本（万元）	实收资本（万元）	户数（户）	投资者人数（人）	雇工人数（人）	注册资本（万元）
合　　计	**20530584.75**	**7108589.82**	**13707**	**13530**	**90201**	**4775386.88**
农、林、牧、渔业	1080326.67	249754.87	637	636	5067	230986.9
采矿业	107450.5	48592.5	15	15	93	3955
制造业	4408432.81	1646937.07	2442	2432	32708	838120.25
电力、热力、燃气及水生产和供应业	182938.83	50964.83	34	33	138	35179
建筑业	1532039.59	493790.08	986	974	4381	248731.5
批发和零售业	4394010.76	1403433.7	5380	5336	26476	1226906.66
交通运输、仓储和邮政业	314575.96	132672.86	436	414	2158	71827
住宿和餐饮业	209236.85	101676.85	126	119	681	30627
信息传输、软件和信息技术服务业	263154.68	32210.19	363	360	1307	53511.45
金融业	3467830	1154670.25	26	24	556	1049070
房地产业	1546290.32	1090543.81	277	262	3811	183960
租赁和商务服务业	1960113.14	427885.76	2033	1981	8454	604297.97
科学研究和技术服务业	402376.58	70591.02	281	279	968	71940.1
水利、环境和公共设施管理业	150704	49308	63	62	337	41254
居民服务、修理和其他服务业	295929.99	88963.17	453	448	2159	59616.34
教育	24448.08	6649.08	51	51	281	3325
卫生和社会工作	47307	5012	6	6	14	2110
文化、体育和娱乐业	143393.99	54933.78	97	97	604	19963.71

15-20 续表8

（2016年）

行业	有限责任公司 #法人独资 户数(户)	投资者人数(人)	雇工人数(人)	注册资本(万元)	股份有限公司 户数(户)	#分公司	投资者人数(人)
合计	**451**	**270**	**6378**	**565421.04**	**141**	**90**	**272**
农、林、牧、渔业	19	19	190	14788	7	2	24
采矿业	1	1	20	500			
制造业	60	58	2622	309790	15		55
电力、热力、燃气及水生产和供应业	22	23	128	31020	2		4
建筑业	8	6	70	4600	5	3	7
批发和零售业	179	41	1944	58376.04	34	24	33
交通运输、仓储和邮政业	18	10	90	3910	3	2	75
住宿和餐饮业	5	5	10	7028	1		2
信息传输、软件和信息技术服务业	11	11	18	7190	1	1	
金融业	5	3	503	6100	47	44	29
房地产业	28	23	162	43850	3		16
租赁和商务服务业	60	39	373	30859	9	6	8
科学研究和技术服务业	8	8	37	18800	8	2	19
水利、环境和公共设施管理业	8	8	101	5100	1	1	
居民服务、修理和其他服务业	8	4	27	440	3	3	
教育					1	1	
卫生和社会工作	4	4	45	22300			
文化、体育和娱乐业	7	7	38	770	1	1	

15-20续表9

（2016年）

行　　　业	股份有限公司			本期注销		
	雇工人数（人）	注册资本（万元）	实收资本（万元）	户数（户）	#城镇	注册资本（万元）
合　　　计	**16669**	**238670.81**	**174616.1**	**4354**	**2971**	**711796.44**
农、林、牧、渔业	72	22920	12700	192	52	37872.5
采矿业				15	2	3237
制造业	5152	65236.73	45986.1	866	453	196195.69
电力、热力、燃气及水生产和供应业		11000		19	9	1725
建筑业	503	10100	10000	247	196	32317.1
批发和零售业	8161	49014.08	42810	1686	1223	233752.15
交通运输、仓储和邮政业	90	800	800	126	70	15370.7
住宿和餐饮业		800		88	77	6939.2
信息传输、软件和信息技术服务业	7			88	67	10165.2
金融业	1556	23000	23000	23	22	41139.09
房地产业	230	16000	15600	118	100	22958.01
租赁和商务服务业	139	2300	200	593	460	77564.7
科学研究和技术服务业	737	37500	23520	84	61	15029
水利、环境和公共设施管理业	8			9	7	5059
居民服务、修理和其他服务业	7			166	144	8666.5
教育				6	3	91
卫生和社会工作				3	3	61.6
文化、体育和娱乐业	7			25	22	3653

15-21 主要年份国际旅游人数

单位：人次

指　标	1990年	1995年	2000年	2005年	2010年	2013年	2014年	2015年	2016年
国际旅游人数	**7765**	**15791**	**30765**	**80230**	**250467**	**323667**	**333698**	**364578**	**382070**
1. 外国人	**1865**	**5394**	**21094**	**42288**	**141770**	**155360**	**160176**	**156963**	**159035**
#日　本	1028	2805	2612	7671	13317	5912	6095	10395	16539
菲律宾	38	59	55	258	2194	2192	2259	1865	2467
新加坡	133	229	223	3578	10260	11845	12212	7370	9515
泰　国	67	282	1097	277	307	454	468	1987	2414
印度尼西亚	6	10	70	532	4417	4446	4583	3035	3982
马来西亚		94	310	593	3357	4092	4218	5896	4962
韩　国		3	74	4844	13555	16546	17058	11877	18470
蒙　古			14	68	31	34	38	2042	3024
印　度		33	6	166	5706	8272	8528	1325	2124
美　国	206	177	6429	3978	10522	14451	14899	17933	17300
加拿大	28	148	39	1372	1292	1941	2001	10919	10135
德　国	18	64	2252	3437	12688	13777	14204	10290	10276
瑞　典		3	8	57	3367	3462	3569	2367	1966
英　国	65	528	1323	2630	9956	10345	10666	11703	7506
法　国	33	22	264	2667	6004	6542	6745	10029	11070
意大利	6	43	16	1464	2089	2311	2383	4904	4159
俄罗斯	10	82	7	765	9918	10333	10653	6008	4915
澳大利亚	76	2	21	2045	7688	8114	8365	9291	5609
新西兰	5	20	3	614	940	1016	1047	4728	5455
瑞　士		6	17	78	1877	1524	1572	2889	2488
荷　兰		18	8			13	18		
西班牙		12	8	387	2203	2372	2445	2632	2686
2. 港澳同胞	**3184**	**2446**	**5153**	**21193**	**61973**	**92568**	**95438**	**124519**	**134115**
3. 台湾同胞	**2664**	**7906**	**4518**	**16749**	**46724**	**75739**	**78084**	**83096**	**88920**

15-22 旅游星级饭店一览表

（2016年）

名　称	地　址	星　级	客　房（间）	床　位（张）
远洲国际大酒店	南湖路116号	五星	420	630
信华建国酒店	滨江路299号	五星	317	466
西湖宾馆	庐山大林路719号	四星	57	152
庐山天沐温泉度假村	庐山市温泉镇	四星	112	201
龙湾温泉度假村	庐山市温泉镇	四星	125	238
国脉宾馆	庐山大月山路15号	四星	89	163
北戴河宾馆	柘林镇南岸	四星	70	130
花旗假日酒店	前进东路19号	四星	163	283
金轩益君大酒店	长虹大道	四星	166	314
共青茶山假日酒店	共青城共青大道1号	四星	118	187
修水珠江大酒店	修水县城南秀水大道1号	四星	183	320
九江山水国际大酒店	十里大道202号	四星	158	298
修水君豪大酒店	修水县散源路1号	四星	113	179
武宁宾馆	武宁县城古艾路1号	四星	63	108
龙震饭店	庐山市白鹿大道	四星	93	168
湖口鄱阳湖大酒店	湖口县钟山大道	四星	127	164
德安国际大酒店	德安十力路雁湖新天地2号	四星	194	323
九江市锦都龙荷酒店	九江市庐山大道99号	四星	159	228
上汤温泉度假村	庐山市温泉镇	四星	192	315
福泰118长虹酒店	长虹大道70号	三星	118	203
柴瑱宾馆	甘棠南路111号	三星	68	126
中景假期酒店	九江火车站广场东楼	三星	135	259
九江宾馆	南湖路118号	三星	121	261
五丰宾馆	浔阳路129号	三星	78	160
永生现代宾馆	长虹大道308号	三星	120	186
707科技交流中心	九江市前进西路105号	三星	77	154

15-22 续表1

名称	地址	星级	客房(间)	床位(张)
天龙宾馆	浔阳东路147号	三星	70	120
花园大酒店	庐峰路53号	三星	92	160
明星大酒店	武宁县豫宁大道南端330号	三星	110	202
武宁景山大酒店	武宁县豫林北路3号	三星	85	160
醉酒湾大酒店	柘林镇沿河路	三星	57	107
龙城大酒店	彭泽县龙泉路313号	三星	50	87
永修宾馆	永修县委大院	三星	100	160
德安宾馆	德安县东风路69号	三星	90	150
都昌大酒店	都昌县东风大道156号	三星	65	115
南康大酒店	庐山市南康大道	三星	54	90
经纬宾馆	庐山回龙路2号	三星	56	111
匡城宾馆	庐山窑洼路36号	三星	86	171
白云宾馆	庐山窑洼路20号	三星	87	174
太极宾馆	庐山芦林路11号	三星	32	64
庐山如琴湖饭店	庐山大林路93号	三星	65	123
庐山体育宾馆	庐山河西路15号	三星	39	77
夏都宾馆	庐山河西路452号	三星	35	63
新云天宾馆	庐山窑洼路15号	三星	76	152
牯岭大酒店	庐山河西路7号	三星	116	227
庐池宾馆	庐山小天池17号	三星	52	106
庐山鑫缔宾馆	庐山环山路1号	三星	71	137
新世纪宾馆	庐山大林沟路68号	三星	40	72
天山宾馆	庐山牯岭街51号	三星	45	92

15-22 续表2

名　　称	地　　址	星　级	客　房 (间)	床　位 (张)
庐山观云山庄	庐山新建村48号	三星	65	124
庐山工会宾馆	庐山莲谷路11号	三星	49	98
庐山云龙宾馆	庐山慧远路200号	三星	45	94
庐山颐园宾馆	庐山中十路3号	三星	63	128
中房宾馆	长虹大道60号	三星	92	175
共青金航大酒店	共青城市共青大道理工学院	三星	121	204
福泰118德化酒店	十里大道903号	三星	129	191
君安大酒店	湖口县钟山大道君安商业大厦	三星	186	290
奥中大酒店	德安县一支路	三星	140	249
鑫昊大酒店	永修县富民新村	三星	82	150
宏泰宾馆	永修县易家河村	三星	54	93
庐山五鑫宾馆	庐山大林沟路47号	三星	80	155
景湖酒店	九江县柴桑北路245号	三星	85	124
兴湖山庄	湖口县石钟山大道	二星	47	89
九州宾馆	九江火车站	二星	66	128
甲秀宾馆	庐山河西路462号	二星	52	104
濂溪宾馆	前进东路554号	二星	89	188
实力宾馆	十里大道1219号	二星	33	61

15-23 农家星级旅馆一览表

（2016年）

名称	地址	星级	客房（间）	床位（张）
三石饭店	庐山市温泉镇	特三星	8	18
瑞昌乡情休闲农庄	瑞昌市桂林镇大塘村	特三星	9	16
新家园食府	柘林镇明易家河村	特三星	12	22
易家河中心大酒店	柘林镇明易家河村	特三星	9	18
马头山庄	九江县马回岭镇马头村	特三星	5	10
新光山庄	武宁县宋溪镇	特三星	15	25
蔡家庄饭庄	湖口县凰村乡	特三星	2	4
乾元山庄	彭泽县太平关乡	特三星	3	6
农竹庄园	庐山市温泉镇板桥村	特三星	2	4
劲松山庄	九江县沙城工业园	特三星	2	3
天宝农庄	修水县竹坪乡	特三星	2	4
红豆饭庄	武宁县	特三星	3	5
双井村草堂	修水县双井村	特三星	5	8
申氏鱼庄	永修县柘林镇	特三星	3	6
深步龙生态农庄	永修县	特三星	5	10
枫桂庄园	濂溪区莲花乡	特三星	5	8
大路王山庄	庐山	特三星	2	5
海龙山庄	濂溪区海会镇万牛山	三星	8	20
平尧鸿生生态农庄	武宁县甫田乡茶棋村	三星	8	12
茶乡农家乐饭庄	武宁县新宁镇茶场	三星	17	25
绿色农家饭庄	柘林镇易家河村	三星	8	16
茂英度假村	共青城市	三星	37	60
桔园土菜馆	永修县柘林镇易家河村	三星	2	4
古市珠宝大酒店	修水县	三星	3	5
土巴屋山庄	永修县江上乡	三星	2	4
鱼林馆	永修县柘林镇	三星	4	8
绿茵生态休闲山庄	永修县	三星	3	6
碧竹村酒店	庐山市	三星	2	4
洪湖农庄	湖口县	三星	3	6
庐山园艺农庄	濂溪区	三星	2	4
碧绿茶农庄	濂溪区	三星	5	10
永修县司马三水湾大酒店	永修县	特三星	2	4
星子县双垅农业生态园	庐山市	特三星	4	8
修水县东电人家	修水县	特三星	4	8
湖口县湖畔山庄	湖口县	三星	2	4
农夫农生态园	湖口县	三星	2	4
邹记农家菜酒店	永修县柘林镇易家河村	三星	20	40
东林农庄	庐山市温泉镇	三星	2	4
龙源大酒店	彭泽县太平关乡	三星	4	8
程坊客栈	修水县程坊乡	三星	6	12
红豆衫主题客栈	武宁县罗坪镇长水村	特色三星	8	14
七里溪悦山客栈	武宁县罗坪镇长水村	特色三星	4	8
福缘酒店	永修县柘林镇	特色三星	32	80
归园农庄	修水县古市镇	特色三星	6	12
丛中笑森林人家	修水县黄沙镇彭桥村	特色三星	4	8
梦秀山庄	庐山市白鹿镇	特色三星	3	6

15-24 九江市主要风景名胜一览

名　称	地址	简　　况
庐山	庐山管理局	庐山位于江西省北部，京九线和长江交汇点，北临长江，东傍鄱阳湖，自古以“雄、奇、险、秀”闻名于世，是我国的一座千古文化名山、首批国家重点风景名胜区和世界遗产地、世界地质公园、国家5A级旅游景区、全国文明风景旅游区、联合国优秀生态旅游景区。庐山旅游资源极其丰富，素以风景名山、文化名山、教育名山、宗教名山、政治名山、科技名山著称于世。以时尚、休闲、健康、环保、文化、科学吸引游客。风景区内有16大自然奇观，景点474处，形成了名山、大江、大湖交汇的磅礴气势和“春山如梦、夏山如滴、秋山如醉、冬山如玉”之美景。
秀峰景区	庐山市	江西省星子县庐山秀峰风景区，位于庐山南麓，因诗仙李白题诗《望庐山瀑布》而著称——并非指三叠泉瀑布，有“庐山之美在山南，山南之美数秀峰”的美称。包括香炉峰、双剑峰、文殊峰、鹤鸣峰、狮子峰、龟背峰、姊妹峰等诸峰。秀峰风景区位距星子县城仅6公里。秀峰为庐山五大丛林之首，南唐中主李璟曾在此筑台读书，保大九年（公元951年），李璟敕令在旧读书处建寺庙，赐名“开先寺”，意思是“开国先兆”。
观音桥景区	庐山市	原名栖贤桥，因桥侧建有观音寺，人们就称观音桥，又因架设于三峡涧上，亦名三峡桥。已有一千年历史。是一单孔石拱桥，桥基立于东西两岸的悬崖上，下临深潭，设计精巧，造型美观，历经近千年风雨，至今完好无损，是我国古代桥梁建筑工艺的珍贵遗产，古人赞为“神施鬼设”、“巧夺天工”。
桃花源景区	庐山市	桃花源景区,位于山南景区西南部,地处庐山大汉阳峰下,总面积约一万多亩,"桃花源"又称康王谷,是庐山第一长峡谷,全长约15华里,素有"世外桃源"的美称,景观特色以幽谷风光取胜,历来被认为是陶渊明名篇《桃花源记》创作原型所在地,有一条瀑布悬空数十米,蔚为壮观,这就是庐山著名的谷帘泉瀑布,朱熹手书"谷帘泉"三大字刻于进谷路旁的崖壁上,十分壮观醒目。
东林大佛	庐山市	东林大佛，位于江西省九江市星子县温泉镇的庐山山麓，是佛教净土宗的发源地（东林寺）的标志，是中国及全球露天第一高的。该佛像以48米阿弥陀佛接引铜像为核心，组成部分包括净土文化区、新东林寺、比丘尼院、隐逸文化区、安养区、海会堂、大德精舍区等。
天沐温泉度假村	庐山市	庐山天沐温泉度假村位于庐山山南景区温泉镇，临环庐山公路、昌九高速、京九铁路、昌北机场，105国道，交通便捷。天沐·江西庐山温泉度假村在汉唐风格的中式园林中有四十多种设计新颖，功能各异的露天温泉浴池、SPA水疗以及大型水上乐园，让您充分体验与享受真山真水、返璞归真的大自然温泉。
龙湾温泉度假村	庐山市	接旷古之水，踞名山之土而成的庐山龙湾温泉度假村是一家集观光度假、休闲疗养、商务会议、特色美食、运动健身、生态教学与环保宣传等为一体的大型综合度假村，位于世界地质公园——庐山山南景区，地处星子县温泉镇，环庐山一级公路穿境而过，距昌九（南昌----九江）高速公路7公里，至九江48 公里，九江机场20公里，昌北机场70公里。整体规划面积200余亩，按四星级标准建设，目前已为挂四酒店，国家4A级风景区，可同时容纳2000人沐浴温泉。
上汤温泉度假村	庐山市	上汤温泉度假村位于山拥千峰，江环九派的江西省九江市星子县温泉镇，北依庐山，紧临鄱阳湖，气候宜人、环境优美。仙山、名湖、温泉，构造出一处人人向往的桃源仙境。度假村于2009年由江西万邦房地产开发有限公司投资5亿元严格按照国际五星级标准设计建造，占地面积300余亩，是集天然温泉、水上乐园、豪华客房、会议娱乐、特色餐饮的度假村。

15-24 续表1

名　称	地址	简　　况
中华贤母园	九江县	国家AAAA级旅游景区，位于九江县城，是我县挖掘历史文化资源，彰显地方文化特色，以岳母、陶母文化为核心，以贤母文化为内涵，以旅游休闲为外延，构建集文化展示、生态休闲、旅游观光为一体的寓教于乐、寓教于游的贤母文化主题公园。包括母爱之门、中华贤母主题雕塑、仁爱台阶、思贤路、怀恩路、入口广场、爱心广场、景区停车场）、母范天下主题馆〈中华贤母文化博物馆〉、陶母馆、岳母馆、金戈铁马苑。
大千世界	九江县	民生·大千世界梦幻乐园坐落于山清水秀的九江凤凰岛，北临长江，南望庐山。由梦想世界、仙踪世界、未来世界、历险世界、海底世界、史前世界、魔幻世界、秘境世界、水上世界、军事世界10大梦幻主题世界组成，融科普教育、科技文明展示、地方文化交流三大功能于一体，通过高新科技、寓教于乐的方式展现人文及自然科学技术的发展历程，激发广大青少年走进科学、学习科学知识的兴趣，是江西省科普教育基地。
陶渊明纪念馆	九江县	系历史人物纪念馆，是江西省十大名人纪念馆之一，为纪念东晋伟大诗人和散文家陶渊明而建。1985年建成开放，馆区占地面积40余亩，由纪念馆、陶靖节祠、陶渊明墓三部分组成，相配套的附属设施有归来亭、碑廊、洗墨池、柳巷、菊圃等。馆祠为江南园林式风格，驼峰式山墙，飞檐翘角，古朴典雅。自2008年实行免费开放。
狮子洞	九江县	位于九江县狮子乡的狮子山麓，隐藏于狮子山腹石壁之中。因山形状像头巨狮卧着，洞依山得名。洞前卧着一具雄狮塑像，其口为门，既显森畏，又有情趣。狮张牙舞爪，故弄玄虚，一年四季不知吞吐多少游人。狮子洞的特点在于：象形景物甚多，复杂变幻，步移景换，妙趣随生，而且曲折回环，彼此串绕，上下沟牵，处处贯穿，幽奥雅寂。它发育在两叠系下部的茅口灰岩和栖霞灰岩中，沿着具有组张性断裂面形成，张性结构面向下撒开与收敛，压性结构近于直立断裂面所截，在温湿气候条件下，通过流水对可溶性岩石长久和不断地溶塑创造成的。此洞全长游程近500米
岳母墓	九江县	位于沙河经济开发区，1996年县政府投资200余万元建成，景区占地面积40余亩。现由仪门、岳母祠、孝庐、岳母墓、叠翠亭等组成，主体建筑为明清江南民居风格。附属设施有"尽忠报国"照壁、甬道、石马、石翁仲等。年接待游客5万人次。岳母姚太夫人，北宋相州汤阴人，深明大义，教子尽忠报国，敕封周国夫人，世尊母教典范。建炎四年随飞军中奉养，绍兴六年春病逝鄂洲。宋高宗赐葬于此。1959年岳母墓被公布为省级文物保护单位。
龙宫洞	彭泽县	是国家4A级旅游景区，天然溶洞，其景有如传说中的东海龙宫，全长2700米。洞中大量钟乳石、石幔、石笋、形状奇特，别有谐趣。
兆吉沟	彭泽县	第二次国内革命战争时期，方志敏、邵式平领导的赣北、皖南游击大队第九、十中队指挥部和彭泽、湖口、鄱阳、都昌、东流、至德、望江等七县中心县委曾设置于此。当年指挥部和中心县委办公之地，至今弹痕累累。
马当炮台	彭泽县	唐陆龟蒙曾在马当山下构庐讲学，作《马当山铭》。还在上元殿侧建亭一座，名曰"鲁望亭"。清光绪甲午中日之战时因修筑马当炮台被毁。 马当位于赣北最东面的彭泽县江边，与江中小孤山遥相对峙。马当炮台，位于马当镇东北1.5公里，长江南岸的马当山上。该处山高水急，江面狭窄，地势险恶，是一夫当关，万夫莫开的江防要塞，也是历代兵家必争之地。道光二十年（1840），英军进攻上海宝山后，直逼南京，清政府下令沿江建筑炮台防守，马当炮台修建自此始。

15-24 续表2

名　称	地址	简　　况
燕山龙源峡	永修县	位于永修西南部的燕山，距南昌约一个半小时车程，是近年开发出来的绝美景点。被誉为东方“亚马逊”、南国“九寨沟”。四季风情各异：春如梦、夏如滴、秋如醉、冬如玉。不仅风景旖旎，还开发了一系列游乐项目。漂流港、蝴蝶谷、水上游乐场、户外拓展场、民俗风情表演场、高尔夫练习场、森林狩猎场等恭迎八方来宾，过江龙、水上飞人、林间秋千、丛林飞狐等娱乐设施笑待四海友朋。
凤凰山桃花园	永修县	位于永修县云山企业集团，105国道从园中南北贯通，是久负盛名、赣北之最的“桃源”。景区内有8千余亩水蜜桃、水梨、李子园和江西最大的“中华鳖”良种基地，是春夏之季八方游人踏春观花、品果的好地方。
吴城古镇旅游区	永修县	吴城古镇位于鄱阳湖、赣江、修河交汇处，是江西古代四大名镇之一，有着2200多年历史，明清时为江西最大的商贸运输口岸，经济功能不亚于省府南昌，古有“装不尽的吴城，卸不完的汉口”之称。
望湖亭	永修县	也叫望夫亭，位于永修县吴城镇城东，始建于晋太康元年（公元280年），登亭望远，秋水长天，落霞孤鹜，春江花月，渔歌唱晚，别有一番生态风光景色。这里曾演绎过一段陈友谅和娄妃凄美动人的爱情故事。
吉安会馆	永修县	始建于北宋中期。现有的会馆是吉安商人在嘉庆二十年至道光七年年间在原有基础上重修而成的，总建筑面积900多平方米，是吴城古镇48个会馆中的杰出代表。该工程共用工期12年，花费银两22534两，会馆南门上方花岗岩扁额“理学名臣”相传是为了纪念民族英雄文天祥，由明初大才子解缙所书，该建筑正面和前厅保存基本完好。
江南草原旅游区	永修县	每年，随着吴城集镇周边湖水的下降，湖泊草洲逐渐裸露出来，形成了一片广阔的草原，有草地面积4余万公顷，其中草洲面积近1.33万公顷，地势平坦，芳草萋萋，一望无际的湿地草原，这也是世界六大重要湿地之一，大小湖泊溪流星罗棋布，镶嵌在草洲湿地当中。
吴城水上沙漠	永修县	在烟波浩渺的鄱阳湖边，有一块江南最大的水上沙漠——松门、松丰、吉山的近41平方公里沙山。西北沙漠与江南水乡不可思议地在此结合，既有沙漠的荒凉，又不乏水乡的灵秀，形成了奇特的自然景观。松门山是吴城最高点，海拔90.9米，吉山、松门山两座相互毗邻、东西相连，象一条盘旋的巨龙，将烟波浩淼的鄱阳湖分为南北两段。
西海龙山	永修县	位于柘林镇易家河村（西海温泉度假村内），以旱海遗迹为看点，结合民间传说，开发出西海龙宫后花园等一系列景观，是集登山、观湖、望海、荡秋千、攀岩、CS野战等拓展运动于一体的生态休闲基地。
易家河村	永修县	位于柘林镇，为江西省AAAA乡村旅游示范点，是明朝重臣，曾任刑部、礼部和兵部尚书的魏源的家乡。是有名的长寿村，健在的村民中，80岁以上的长寿老人占70岁以上老人总数的56%。又是全国著名的柑桔之乡。原党和国家领导人温家宝、吴官正、曾庆红、回良玉、迟浩田等曾来此视察。
石钟山	湖口县	石钟山，国家AAAA级景区，全国重点文物保护单位，中国千古奇音第一山，位于中国第一大江长江与中国第一大淡水湖鄱阳湖的交汇处；南望匡庐，北镇长江，江湖水分两色。山上古建筑与碑、石刻相得益彰，互相辉映，集楼、台、亭、阁等于一体，是一座典型的江南园林。这里石块具有天然形成的皱、透、瘦、漏、丑等特点，千姿百态。而且石叩之有声，观之出奇。登临其上，看长江滔滔，观鄱湖浩淼，令人心旷神怡，流连忘返。正是由于这里奇峭的自然景观和悠久的人文景观，吸引了历代众多文人学者前来探奇揽胜，著文赋诗；其中最为著名的是宋代苏东坡的《石钟山记》。

15-24 续表3

名　称	地址	简　　况
鞋山	湖口县	鞋山，天下无双第一鞋，享有世界文化景观之美誉，位于江西湖口县城南九公里处，我国最大的淡水湖——鄱阳湖中，海拔90.7米，面积11万平方米，四面碧波，孤峰独峙，雄踞中流：威震鄱湖，以神奇峻拔，物华灵秀著称于此，是鄱阳湖中的一大绝景，也是我国重点的候鸟保护区。
烟水亭	浔阳区	烟水亭相传为“周瑜点将台”之故址，汉建安（公元208年），孙权戍守溢口（今市区），大都督周瑜在此湖上操练水军，故在湖中筑台点将。唐元和十至十三年间（公元815--818年），白居易被贬为江洲司马时，建亭于此土墩上，后人以其诗<琵琶行>有＂别时茫茫江浸月＂之句，名为＂浸月亭＂。“烟水亭”原在湖堤上，系宋理学家周墩颐所建，后两亭俱毁。明万历间，（公元1753--1620年）督关主事黄腾春建亭于此处，取“山头水色薄笼烟”之意境，而名“烟水亭”。后人又相继修建，逐成一集殿阁亭轩之建筑群。
步行街	浔阳区	步行街也叫大中路步行街，位于长江之滨的九江市，是一条有着数百年悠久历史的古街，也是九江最具代表性、最繁华热闹的商业步行观光街，有“赣北第一街”的美誉。现在的大中路形成大约在1924年。为延续历史文脉，重现百年老街的商业街区价值，把步行街打造成为集休闲、旅游、观光、购物为一体的商业街，2010年8月5日，浔阳区政府投资约9400万元对这条全长2.1公里的古街进行升级改造，这是大中路步行街有史以来最大的改造工程。改造后的步行街外墙修葺一新、街灯时尚大方，路面更加宽敞、干净、整洁。
浔阳楼	浔阳区	浔阳楼位于九江市区九华门外的长江之滨。浔阳楼之名最早见之于唐代江州刺史韦应物《登郡寄京师诸季及淮南子弟》一诗中的“始罢永阳守，复卧浔阳楼”的诗句。随后，江州司马白居易在《题浔阳楼》诗中又描写了它周围的景色，而真正使浔阳楼名噪天下则得力于施耐庵《水浒传》中的精彩描写。 　　1989年春，九江市人民政府根据旅游和文化事业发展地需要，在浔阳江畔重建了浔阳楼。重建后的浔阳楼占地1600平方米，楼高20米，外三层、内四层、青甍黛瓦，飞檐翘角，四面回廊，古朴庄重，具有明显的仿宋风格。
锁江楼	浔阳区	锁江楼位于长江之滨,九江市东北隅,傲然屹立,高耸蓝天,潇洒古朴,伟岸气昂,塔影锁江,风雅微妙,宛如撑天大柱突兀江畔。所谓锁江楼,顾名思义,是为锁住不驯服的江水。相传在古代九江常遭水患,为锁住兴水患的孽龙,永葆风调雨顺,于是祈求神灵,在离长江仅三米远的回龙矶上建锁江楼。″锁江楼″始建于明朝万历十三年(1558年),由″锁江楼″和″锁江塔″共同组成。
西海湾	武宁县	西海湾景区为国家AAAA级旅游景区，位于武宁县城，景区总面积124平方公里，其中水域面积54平方公里。景区经营河湖观光、垂钓、龙舟竞渡，沙滩浴场、水上高尔夫、水上摩托艇冲浪、柳山观光探险、沙洲露营，沿途可以欣赏到秀美的河湖风和地方特色文化表演等众多项目。
西海明珠	武宁县	西海明珠地处武宁县沙田新区，位居西海湖畔，是一幢乳白色贝壳式建筑，其独特的造型设计将建筑的宏伟气势和西海柔情完美融合，使之成为武宁的新地标。西海明珠以水为立意，巧妙地把武宁城市规划展览馆、博物馆和现代化的大剧院纳入“贝壳”之中，馆内布展之丰富、做工之精细、设计之巧妙、科技之先进，令人赞叹、让人震撼。
文峰塔	武宁县	文峰塔，位于武宁大桥北端，始建于清嘉庆元年（公元1792年），时为六方七级，砖木结构。嘉庆九年维修，由七级更为九级通梯，为全县造型最大的古塔。
柳山	武宁县	柳山位于武宁县城西南，距县城12公里，海拔约580米， 四周无它山相连，孤峰耸翠，卓立如笔,，风景秀丽，并有着许多丰富的民间传说。

15-24 续表4

名　称	地址	简　况
阳光照耀29度假区	武宁县	景区位于神秘的北纬29°，地处庐山西海腹地，占地8000余亩，拥有大小岛屿上百座，共分四个游览区域即：水韵花魂观赏区、养生休闲度假区、动感芳甸体验区和田园野趣怡乐区。
神雾山	武宁县	神雾山风景区，位于武宁县九岭山国家森林公园的杨洲乡境内，景区年平均温度为16℃—17℃，长年雾气飘渺，神秘绝伦，素有“小庐山”之称。
九岭·桃源谷国际生态度假村	武宁县	九岭·桃源谷国际生态度假村位于九岭山国家级森林公园的腹地，建筑面积约2万平方米，是一集休闲、会务、娱乐、健身、疗养等为一体的休闲山庄。
弥陀寺	武宁县	弥陀寺位于武宁县杨洲乡南瓜源境内凤凰山上，它前有奇观吴王峰（相传三国吴王孙权的曾祖母葬此山顶）为屏，后有异境武陵岩作靠，左倚西源，右偎东源，更有武宁湖（庐山西海）相陪衬，四周重峦叠嶂，山清水秀，景色迷人，是虔心修行的世外桃源。
武陵岩峡谷	武宁县	武陵岩峡谷漂流起点位于九岭山森林公园牌坊下，顺流而下，直至庐山西海。漂流线路长12公里，分两段，途中水急、石怪、洞幽、林奇。
长墅源漂流	武宁县	位于长墅源峡谷漂流一漂流程约4公里，分别以有着神奇传说的“天鹅坟”和“观音泉”为起终点。二漂流程约3公里，以银河山庄为起点，终点濒临万岛湖。河流曲折蜿蜒，多有激流险滩；河水清澈透亮，倒映两岸峰峦。河岸两侧古木参天，浓荫蔽日，山花烂漫，峭壁狰狞。
中普陀观音岛	武宁县	观音岛位于武宁大桥东侧，占地31公顷，因岛上的观音雕像而得名，亦称“中普陀”。观音岛主要以林木景观、湖岛风光和宗教文化为特色。岛上建有1尊亚洲最高石雕大观音像。观音石像高38米，重达700余吨，另有34尊3米高的观音应化身法像分布岛上。
观湖岛	武宁县	地处武宁县官莲乡境内，矗立于庐山西海湖区中心。因地理关系，这里是眺望庐山西海湖光山色的最佳位置，故称观湖岛。登至塔顶放眼远眺，庐山西海水碧如玉，烟波浩渺；四周岛屿密布，如莲花朵朵，让人真正领略到碧波万顷、千岛落珠的壮观景象。
鲁溪洞	武宁县	坐落在耸峦叠翠的幕阜山脉中段（武宁县鲁溪镇）。海拔230米。该洞为典型的发育中溶洞，洞内高度变化大，地下暗河贯行全洞，与陆地交错分布，被誉为“江南地下水晶宫”、“亚洲水路之著的天然溶洞”。
中信庐山西海	武宁县	中信庐山西海项目位于庐山西海国家风景名胜区，地处武宁县巾口乡境内，项目以“生态、养生、运动”三大体系为核心驱动要素，致力于打造“世界一流，中国首席”的生态度假目的地。
太平山	武宁县	太平山原名丝罗山，坐落在江西省九江市武宁县境内的澧溪、甫田、大洞三乡交汇处，北与湖北省通山县接壤，距武宁县城55公里，是一处集山岳风光与道教文化于一体的风景区。
九宫南山	武宁县	座落在幕阜山脉中段、横亘于鄂赣两省边界的九宫山 ，以其秀美的自然风景和极赋历史价值的明闯王李自成陵寝而闻名于世，被命名为国家风景名胜区。
新光山庄	武宁县	位于武宁县城湖滨北岸，现已形成休闲旅游、养生度假、生态观光农业、会务培训、生态食品、野味餐饮于一体的大型生态农庄。
平尧生态农庄	武宁县	平尧政鸿生态农庄位于武宁县甫田乡茶棋村，坐落庐山西海湖畔畔，包括生态漂流、游船观光、水上垂钓、赛艇游乐、船楼茶舍、湖岛野餐、定点狩猎等多个项目，让游人体验“吃农家饭、住农家屋、做农家活、看农家景”以及“回归田野、回归自然”的情趣。

15-24 续表5

名称	地址	简况
长水村	武宁县	生态环境极佳，因温家宝总理亲临视察被誉为“中国林改第一村”，现大力发展农家乐旅游，兴建有农家特色餐饮店、垂钓场、登山游步道、抓鱼池等多处旅游接待设施，“吃农家饭、游农家园、赏神奇山水、领略民俗风味”的农家乐旅游特色正在逐步显现。
“乐居家园”养生村庄	武宁县	“乐居家园”养生村庄是武宁依托良好的山水资源优势，倾心打造的城乡互动互补的养老服务体系新模式，生态养生村庄的建设，是在新农村建设的基础上，通过环境整治，利用群众闲置房屋，按市场化操作的方式进行。目前已建成有申家坪、七里坑、张家湾和仓下四个养生村庄。
三叠泉景区	濂溪区	三叠泉位于五老峰下部，飞瀑流经的峭壁有三级，溪水分三叠泉飞泻而下，落差共155米，极为壮观，撼人魂魄。 三叠泉每叠各具特色。一叠直垂，水从20多米的巅其背上一倾而下；二叠弯曲，直入潭中。“上级如飘雪拖练，中级如碎玉摧冰，下级如玉龙走潭。” 站在第三叠抬头仰望，三叠泉抛珠溅玉，宛如白鹭千片，上下争飞；又如百副冰绡，抖腾长空，万斛明珠，九天飞洒。如果是暮春初夏多雨季节，飞瀑如发怒的玉龙，冲破青天，凌空飞下，雷声轰鸣，令人叹为观止。
碧龙潭景区	濂溪区	位于江西九江市庐山小天池东北面，九江市南郊。 该景区全长2000余米的山谷，有自然景点30多处，风景奇特，原始，幽静，群峰峥嵘，峭壁悬崖，云雾飘渺，水清甜爽，山绿诱人，石怪有形，双瀑似蛟龙出岫，潭中二龙戏珠。 20世纪30年代以前的碧龙潭鲜为人知，1930年近代著名大诗人陈三立在遭到晚清政府革职后，诗人广游庐山，借自然山水遁世遣闷，就在诗人垂暮之年发现了这个尚未被人开发的佳景，陈三立遍游庐山诸胜之后，在此立碑刻《听瀑亭记》赞叹：“疑山南三叠泉，青玉峡诸胜，莫能轩轾也。”
南山景区	濂溪区	以东晋诗人陶渊明的诗句“采菊东篱下，悠然见南山”命名的南山公园，建设面积1433亩，其中山体公园716亩，广场、会展中心及道路等公共设施717亩。公园设计紧扣山水田园特色，坚持人与自然和谐的理念，将园林文化、历史文化和现代文明相融合，重点打造文化休闲广场、市民服务中心、山体公园等精品项目，是集行政、休闲、文化、生态于一体的大型综合性主题公园。
富华山	共青城市	国家AAAA级旅游景区，位于共青城市东南方位，东临鄱阳湖，南、西、北与庐山国际高尔夫球会毗邻。景区内有全国唯一一座总书记墓——胡耀邦陵园。胡耀邦夫人李昭亲自题名富华山，寓意为富我中华。景区集红色旅游、绿色生态游为一体，是全国青少年教育基地、中国（江西）十大红色旅游圣地、共青城市的森林公园、天然氧吧。
义门陈文化产业园	德安县	义门陈文化产业园地处幕阜山余脉，属赣北山区，峰峦叠翠，涧溪纵横。“义门陈”十五代同堂、历时三百三十二年聚族而居，3700余口同炊共饮、击鼓传餐。义门陈不仅构建了“大道之行，天下为公”的古代和谐社会，创造了我国历史上规模最大的家族大迁徙，还创办了我国历史上最早的私立大学——东佳书院，成为中国封建社会中人口最多、文化最盛、和谐团结最紧密的大家庭。
万家岭大捷纪念园	德安县	国家AAA级旅游景区，位于德安县河东乡上畈村，距县城1公里。园区西有薛岳、吴奇伟、吴逸志等三位将军骑马的铜像，东有敌酋被我炮火击伤、我无袖战士英勇冲杀的画面，还有英烈墙、社论池、回望门等，景致栩栩如生，足以把人们带回那烽火硝烟的悲壮岁月。
庐山博阳河生态休闲风景区	德安县	庐山博阳河生态休闲风景区地处昌九高速中段德安县聂桥镇，是庐山周边最具特色大型综合性休闲景区。竹筏观景游、冲锋舟冲浪独具特色； CS镭战战场、军事拓展培训基地精彩刺激；千亩葵花园、森林自助烧烤、露天野营轻松快乐。是您及家人朋友周末休闲、放松和聚会不二之选。
南崖-马家洲景区	修水县	南崖-马家洲景区是国家4A级旅游景区，由南崖（含黄庭坚纪念馆、南崖碑刻等）、文峰塔、云岩禅寺、修河峡谷栈道、老城修河段域、马家洲公园等景点构成，面积1100余亩，1995年被评为省级重点风景名胜区，2014年被评为国家4A级旅游景区。该景区经修河栈道和修河游步道连为一体，形成集山水、湖泊、人文一体的景区。

15-24 续表6

名　称	地址	简　况
黄庭坚纪念馆	修水县	黄庭坚纪念馆为江西省十大名人纪念馆之一，江西省重点文物保护单位。1985年11月建成开馆，正式对外开放。馆址南山崖为省级风景名胜区，紧临修河，危崖兀立河畔，山巅登高望远，平地视野开阔，古树参天，四季葱翠，景色宜人，鸟语花香，为黄庭坚少时读书游憩之地。素有“七百里修江第一山”之美誉。
秋收起义修水景区	修水县	秋收起义修水景区，国家3A级景区，全国爱国主义教育示范基地、国家文物保护单位、全国红色旅游经典景区、井岗山干部学院现场教学基地，景区包括：秋收起义修水纪念馆、工农革命军第一军第一师师部旧址及第一团团部旧址和革命烈士纪念馆。
百茶园景区	修水县	国家AAA级景区，也叫修水县茶叶生态科技园，是九江市修水茶叶科学研究所于2004年立项建设的集茶叶科学研究、茶叶生产加工、茶文史料博览、茶艺茶道演示、茶叶产品展示、会议培训接待及商贸观光休闲为一体的现代化综合园区。
大洋洲湿地公园景区	修水县	大洋洲湿地公园景区位于修河和其支流山口水交汇处，总面积1500亩，2014年评为国家3A级旅游景区。该公园以“一带一河一洲”为景观结构，即湖滨路景观工程、内河、湿地公园三部分组成，为天然候鸟栖息地、青少年骑行、摄影基地，是自驾游和自行车宿营地的绝佳去处。
东浒寨风景区	修水县	东浒寨又叫“钟鼓寨”，据说，是以附近有两座如钟似鼓的石山得名，位于何市镇西北部与征村乡接壤处，境内方圆3公里内山势雄伟，古木参天，悬崖峭壁，清泉暗河，扑朔迷离，现在按照国家4A级景区标准进行开发建设。
程坊风景区	修水县	程坊湖水面3万亩，蓄水8亿立方米，湖水澄碧晶莹，水质甚佳，曲折幽邃。透明度达7米以上，开阔处达5千米，狭处只有几米。到处峰峦叠嶂，林木繁茂，古树参天，鸟鸣山幽，自然风光美不胜收，有“小桂林山水”之称。
五梅山	修水县	五梅山系九岭山脉主峰，海拔1715米，是九江市和九岭山脉最高峰，被称为赣北第一峰,所在地毛竹山林场是江西省八大林场之一，至今仍有万余亩原始次生林，被称为赣西北最后一块原始森林。
杨家坪	修水县	杨家坪国有林场位于修水县东南部，九岭山脉西麓，系我省八大林场之一。总面积11.5万亩，保留有原始森林和原始次生林近万亩，最高峰1473.5米。林场进口处有宋末元初所建的仙姑塔遗址、神童太子坟、清帝乾隆天子地碑石、山顶十里野生黄花带、客家田围里、老革命根据地矮子坑“修铜宜奉边临时县苏维埃政府旧址”、棉花坳军工厂等。
坂尖风景区	修水县	坂尖位于何市东北部，与黄港、黄沙两镇交界，山势雄伟，景色秀丽。集儒家文化，道教思想，佛门经典三教于一体，是修水仍至整个九岭山脉地区最为引人瞩目的圣地之一。
宁州古城	修水县	宁州古城至今已有1200余年的历史，历经了唐、宋、元、明、清及民国等朝代。宁州古城依山傍水，富有特色，保有“九井十八巷”之格局。历史上是修水县重要的茶叶、木材等商贸集散地，目前城内主要古街及各类古祠堂、古书院、古桥保存较为完好，如鹦鹉街、鳌峰书院和王亚桥等。
黄龙山	修水县	黄龙山位于幕阜山脉中部、修水县西部，为湘、鄂、赣三省的天然屏障。自然风景秀丽，系幕阜山脉的主峰，以山雄、景奇、木丰、水美的自然景观而著称，被誉为“江西的香格里拉”，同时其历史底蕴厚重，影响深远。黄龙寺位于其间，南宋慧南大师开创黄龙一宗，使黄龙寺成为宋代江西四大丛林之一，中国佛教五家七宗之一禅宗黄龙宗的发源地，举世闻名。

15-24 续表7

名　称	地址	简　　况
双井村	修水县	双井村是宋代诗人、书法家黄庭坚故里，仅宋代一朝出48位进士。有黄庭坚故居、墓葬、黄氏宗祠、高峰书院、明月湾、黄庭坚手书摩崖石刻等景观。已经被评为AAAA级乡村旅游点。
山口老街	修水县	山口老街是修水县境内规模最大、保存最完好的老街，早在民国元年称武德镇，公元1927年改建为山口镇，属修水八乡的武乡境内，老街呈南北走向，全长将近三华里，明清时，老街分为八个部分，由北向南称为八甲，现在，老街的居民还沿用这个名称。
兜率寺	修水县	兜率寺位于修水县渣津镇，寺庙规模宏大，气势雄伟 。寺内有乾隆皇帝歇憩适的大雄宝殿，有一字厢房 、着衣亭 、三眼桥 、百箩丘 、试心梯 、试剑石 、万功池 、鼎复山庄等景观和建筑 。
湘鄂赣省委省苏旧址群	修水县	湘鄂赣省委省苏旧址位于上衫村宫选大屋，始建于清咸丰年间，占地3252平方米，三重二厅双井、左右侧房、上下两层砖木结构，共有房屋50余间，现存有办公、会议场所多处，彭德怀住房及木床一张，二重门正顶立有刻着“湘鄂赣省苏维埃人民政府”牌匾。境内主要有：湘鄂赣省苏维埃人民政府旧址，湘鄂赣省石印局、无线电台旧址等。
东林石岭	修水县	该区石林高低错落，有如石之森林，再有千亩桃、梨辉映其间，春来桃花梨花竞相开放，一幅世外桃源景象。岭侧有天然溶洞数个，洞内景观千姿百态，有如鬼斧神工，令人叹为观止。
山背遗址	修水县	山背文化遗址为我国长江中下游地区人类聚焦之地，距今约五千年，是初中历史教科书中提到的“山背文化”的活学样本。山背址文化遗群目前已探明有 4 6 个文物遗址，其中 8 处为省级文物保护单位，均匀地分布在山背村周围山丘西南坡上。
陈家大屋	修水县	陈家大屋建于清朝乾隆六年（即公元1744年），坐落在山口镇桃坪村。共分四间分祠，即退隐分祠、文榷分祠，载阳分祠，建阳分祠。其占地千亩，祠旁住宅相连，鳞次栉比，建筑宏伟，上中下三重砖木结构，雕梁画栋，气派轩昂。
陈门五杰故居	修水县	陈家大屋是陈门五杰（陈宝箴、陈三立、陈衡恪、陈寅恪、陈封怀）故居，位于宁州镇高段村，距县城20公里。这里三清水秀，云雾缭绕，秀丽风景和人文传说引人入胜。古建筑保存完好，院内有陈宝箴中举、陈三立中进士时树旗的旗杆石，青砖绿瓦，雕梁画栋，尽显客家文化和豪门气概。
马祖湖	修水县	马祖湖自然环境优美、青山翠竹、鸟语花香、气温宜人。该湖系修河与其分支北岸水交汇点，系郭家滩库区，四面环山，仅一峡谷出口，乃世外桃源。
布甲溶洞	修水县	布甲溶洞位于修水县布甲乡，洞深400余米，分四关三厅，洞内两侧溶岩画廊，钟石满目、姿态各异、美不胜收，特别是后厅三柱笋石如三尊菩萨端坐其中，一尊酷似观音坐莲，满面慈容，迎接游客朝拜。
太阳升古樟群	修水县	古樟群位于修水县太阳升镇，置身古樟群中，那数十棵古樟高及十丈，棵棵皆须数人合抱，但见干如巨柱，枝若虬龙，叶似浓云，遮天盖地。举头仰望少见天日，夏日炎炎倍觉清凉；白鹭搭窝枝上，众鸟鸣唱其间。
渣津古镇	修水县	渣津古镇群山环抱，依水而建，环境优美，古风犹存 。是一座集名胜古迹 、纪念圣地与自然景观为一体的千年古镇 。商周时期开始建城，古称艾侯国，距今有二千多年的历史。境内的龙峰山巍峨雄伟，千年古刹兜率寺坐居其间，美丽的修河穿境而过，古樟、古杉、石松、奇棕等珍贵树种随处可见。主要景观有：古艾遗址 、千年古寺—兜率寺 、烈士陵园等 。
秦山风景名胜区	瑞昌市	瑞昌市秦山风景名胜区于1993年由江西省人民政府批准为省级森林公园。相传秦始皇并六国、一统天下，游历华夏名山大川，慕名登斯山之巅，眺长江、瞰江南、龙心大悦，封之名“秦山”。秦山最高峰海拔921千米，幅员50多平方公里，年平均气温15.5摄氏度左右，适合建设避暑疗养区和生态旅游区。

15-24 续表8

名　称	地址	简　　况
九江中部红木博览城	瑞昌市	瑞昌市国家AAAA级景区九江中部红木博览城陈列面积近3000平方米，集红木文化推广、产业介绍和精品展示三大功能于一身，是中部地区规模较大、藏品类别较全、红木文化较为系统深入的一家综合红木博物馆。分为红木历史馆、传承馆、工艺馆、精品馆四部分，以红木的史、形、材、艺、韵等要素为主线，娓娓道出红木家具的渊源、流派、典故、工艺等内涵。
瑞昌市铜岭国家双遗址公园	瑞昌市	瑞昌市铜岭国家双遗址公园项目是经国家文物局、国土资源部批准建设的重大文物保护项目，项目一期总投资为1.7亿元人民币，选址在我市夏畈镇禁地村，总用地为800余亩。目前遗址博物馆主体工程已完工，公园围墙正在建设中。建成后的铜岭国家双遗址公园将成为展示中国千年青铜文明的重要窗口、国内外游客寻根探胜的文化圣地。
八里湖景区	八里湖新区	国家AAAA级旅游景区，南连庐山，北濒长江，扼守新时期九省通衢的西大门，区内19平方公里大湖波光潋滟，200万平方米公园移步换景，沙滩、展馆、诗廊、水上乐园、购物广场、星级酒店一应俱全，特色明显。是山（庐山）城（浔阳城）联动、通江（长江）达（鄱阳湖）的旅游大本营。
庐山西海司马景区	庐山西海	西海湖区水域面积308平方公里，平均水深45米，最深处70米，能见度9-11米，负氧离子含量每立方厘米15万个，属国家一级水质、一级空气，被誉为天然氧吧，是桃花水母的全国最大繁衍地。湖中最大岛屿面积2000余亩，最小的岛屿只有一棵树，被称为“沧海一树”。湖内有3亩以上岛屿1667个，5亩以上的岛屿997个。湖岛风光秀丽，景色迷人，被誉为“中国最美的湖光山色”。
庐山西海云居山景区	庐山西海	云居山海拔969.4米，山顶莲花城中真如禅寺是中国佛教曹洞宗的发祥地，被誉为“中国佛教领袖的摇篮”。新中国佛教协会首任名誉会长虚云老和尚、第三任会长赵朴初、第四任会长一诚大师，现任会长传印大师都曾担任该寺主持或在此修行多年。真如禅寺农禅并重，禅风严谨，1988年就被列为全国三大样板丛林之首，是中外广大佛教弟子敬奉的世界坐禅中心。山上人文景观荟萃，古寺牌楼、僧侣塔林、摩崖石刻等古迹随处可见。苏轼、佛印、黄庭坚、魏源等众多历史名人都在此留下了深刻足迹与传世佳作。
西海国际温泉度假村	庐山西海	庐山西海国际温泉度假村坐落在西海南岸的易家河村，是2005年由江西省地矿局与香港港恒旅游发展有限公司联合开发的新景区，占地面积约400亩。度假村属国家4A级旅游景区，是江西省规模最大、档次最高、项目最多、最富有情调的温泉度假村。它集温泉养生、娱乐休闲、酒店服务及园林景观为一体。原生态温泉水富含氡、硫、氟、偏硅酸，同时富含多种对人体有益的微量元素，对多种疾病和不孕不育症具有重要的医疗养生价值。
桃花溪漂流景区	庐山西海	桃花溪漂流景区位于西海湖区南岸、海拔1100米的桃花尖山峰峡谷间。因溪水常年不断地从桃花洞蜿蜒而下，时而在巨石中穿行，千姿百态，落英缤纷。加之桃花仙子骑石龟顺溪而下的传说，因而得名桃花溪。桃花溪漂流景区主要由森林峡谷漂流、溯溪探险、瀑布观光休闲度假三大部分组成。景区内动植物繁多，野猪、麂子等野兽经常出没山涧峡谷之中，红豆杉、桂花树、白果树等珍贵树种许多有近千年历史。除此之外，茶叶、猕猴桃、杨梅、尖板栗、罗汉菜等野生果菜多有分布。景区气候宜人，水源充足，负氧离子含量高，是天然的氧吧。
阳光照耀29度假区	庐山西海	景区地处神秘的北纬29°，秀山碧水环绕、阳光花木辉映，是养生度假的好地方，故称“阳光照耀29度假区”。景区地处庐山西海腹地，占地2000余亩，大小岛屿数百座，共分四个游览区域，即：水韵花魂观赏区、养生休闲度假区、动感芳甸体验区和田园野趣怡乐区。在这里，你可以品茶论道，在自然中感悟人生真谛；可以踏雪寻梅，感受柳暗花明的惊喜与满足；也可以泛舟湖上，聆听琵琶女的传统仙乐；还可以日出而作、日落而息，享受渔樵耕读的悠然与自得。

15-24 续表9

名 称	地址	简 况
中信庐山西海旅游度假区	庐山西海	中信庐山西海旅游度假区西部组团规划总投资额60亿元，区域总占地面积约7平方公里，占据了最美湖岸线景观，坐拥“7湾、8岛、1湖、1山”的罕世资源。依托风景优美的湖光山色，以运动文化养生度假为主题，开发旅游、休闲、度假、会议、运动、展示、培训等多元综合产品，重点打造2个公园（滨水生态公园、坡地公园）、3个基地（运动基地、养生基地、生态基地）、5个主题酒店（仙岚骊渡精品酒店、田园度假酒店、高峰会议酒店、高端疗养度假酒店、SPA精品酒店），分为养生度假、生态乐活、会务康体以及运动休闲四大主题区域。
鄱湖国际珠贝城	都昌县	鄱湖国际珠贝城位于都昌县鄱阳湖大道1号，总建筑面积8万多平米，是鄱阳湖上第一个珠贝珠宝首饰交易集散中心，由珍珠馆、贝壳馆和饰品馆三大主馆，精品品牌展示区、珠贝饰品交易区、珠贝原料交易区、宝玉石交易区、首饰加工设备交易区等五大功能区块组成。为整合都昌鄱阳湖地区生态文化旅游资源起到重要的作用。
鄱阳湖南山风景区	都昌县	都昌南山，雄立于鄱阳湖北岸，处鄱阳湖腹地。山体面积1.3万平方米，海拔184米，因位居都昌县城南面而得名。"鄱湖之美在都昌，都昌之美在南山"。南山，以其"山悠水长，能阴善晴"而秀甲鄱湖。满山翠竹苍松，葱绿烟笼，让不少古今名士豪杰流连忘返，留下了不少佳篇绝唱。
老爷庙风景区	都昌县	老爷庙风景区坐落于都昌县多宝乡，鄱阳湖入江洪道右岸，其中老爷庙位于龙头山首，与庐山遥遥相对，开都昌之门户，扼鼇水之咽喉。老爷庙风景区集神圣的老爷庙、神秘的东方百慕大、神奇的沙山“三神”为一体，是一个集亲水探秘、观光游览、疗养度假、寻古访幽、科普考察、探险娱乐于一体的大型生态旅游景区。
鹤舍历史文化名村	都昌县	鹤舍历史文化名村座落在都昌县苏山村委会，紧邻道家第五十一福地元辰山。该古建筑群始建于清代乾隆年间，环村西北两面共18栋古建，成厂形排列，整个古建风格外观整齐划一，山头凤尾叠起，栋栋墙体相连，户户串门相通，下雨可不走湿路。全村围绕农耕、书香、瓷业和军政四大主题来描述鹤舍古村的人文历史。
张岭水库国际级水利风景区	都昌县	张岭水库国际级水利风景区位于都昌县蔡岭镇、大港镇境内，东依武山山脉，南临鄱阳湖，依托张岭水库而建，是第九批国家水利风景区。景区群山环抱，层峦叠嶂，山水相映，依托山水资源，将库区自然风景、红色景区、三尖源森林公园、古村落景区四个板块联合开发，欲打造成一个以旅游观光、休闲度假为一体的水利风景区。
台山景区	湖口县	江西省九江市湖口县台山公园，于2012年5月1日正式向市民开放。公园由北京大学土人景观与建设规划设计院设计，总占地面积约360亩，绿化覆盖率87%，公园总要突出八大景观，即:霜草寒林、临亭怀苏、徒阶忆古、台山耸翠、芦塘落雁、响石析泉、台田花海、樟樯荡舟。公园入口紧邻台山大道，附近设置停车场。公园的建成，又为湖口县广大市民提供了一座登山健身、休闲娱乐、亲近大自然的好去处。
龙源峡景区	永修县	龙源峡，位于江西省九江市永修县国家风景名胜区云居山的深处，距南昌市和九江市车程都约为一个半小时，是近年开发出来的绝美的景点。到过龙源峡的游人，无不为其美丽的景色所倾倒，誉其为东方"亚马逊"、南国"九寨沟"。 龙源峡虽然不是世界上最美的地方，但是像龙源峡这样美丽的地方在世界上也不多见。在离景区二十多公里的地方，就见群山郁郁葱葱、田野青翠欲滴，村庄美丽有致，民风淳朴，俨然是一处世外桃园。

主要统计指标解释

批发和零售贸易业 根据国家1994年新制定的行业分类标准《国民经济行业分类与代码》（GB/T4754-94）将原国内商业、对外贸易业、物资供销业，统一调整为批发和零售贸易业。包括流通环节批发贸易和零售商业。

社会消费品零售总额 指各种经济类型的批发零售贸易业、餐饮业、制造业和其他行业对城乡居民和社会集团的消费品零售额和农民对非农业居民零售额的总和。

商品购进总额 指从本企业以外的单位和个人购进（包括从国外直接进口）作为转卖或加工后转卖的商品金额。包括从工农业生产者购进额，进口额和其他购进组成。这个指标反映批发零售贸易企业从国内外市场上购进商品的总量。

商品销售总额 指对本企业以外的单位和个人出售（包括对国(境)外直接出口）的商品（包括售给本单位消费用的商品）金额。本指标由对生产经营单位批发额、对批发零售贸易业批发额、出口额、对居民和社会集团商品零售额项目组成。这个指标反映批发零售贸易企业在国内市场上销售商品以及出口商品总量。

商品销售收入（营业收入） 指批发零售贸易企业商品销售收入、接受其他单位委托代销商品的收入和餐饮企业的营业收入。1994 年实行增值税为价外税，因此商品销售收入不含增值税。与 1994 年前数字不可比。

商品销售收入净额 指批发零售贸易企业商品销售收入，减去商品销售折扣与折让后的净额。

商品销售税金及附加 实行新税制后，商业批发零售改征增值税。是价外税不含在销售收入中。因此，商品销售税金及附加中，包括城市维护建设税和教育费附加。与 1994 年年前对比口径不同。

旅游人数

（1）入境旅游人数：指报告期内来我国观光、度假、探亲访友、就医疗养、购物、参加会议或从事经济、文化、体育、宗教活动的外国人、港澳台同胞等入境游客。统计时，外国人、港澳台同胞每入境一次统计 1 人次。

（2）国内旅游人数：指在报告期内在中国（大陆）观光游览、度假、探亲访友、就医疗养、购物、参加会议或从事经济、文化、体育、宗教活动的中国（大陆）居民人数，其出游的目的不是通过所从事活动谋取报酬。统计时，国内游客按每出游一次统计 1 人次。

国际旅游（外汇）收入 指入境游客在中国（大陆）境内旅行、游览过程中用于交通、参观游览、住宿、餐饮、购物、娱乐等全部花费。

国内旅游收入 指国内游客在国内旅行、游览过程中用于交通、参观旅览、住宿、餐饮、购物、娱乐等全部花费。

星级饭店 指设备、设施、服务符合《旅游饭店星级的划分与评定》（GB/T14308-2003)，通过相关旅游管理部门评定，并取得星级饭店称号的饭店（含预备星级饭店）。

金融、保险 16

- 2016年末，全市金融机构人民币各项存款余额2593.81亿元，比年初增加420.46亿元；各项贷款余额1754.58亿元，比年初增加302.69亿元。

- 2016年，全市财产保险机构保费收入17.62亿元，比上年增长14.6%；全市人寿保险机构保费收入37.76亿元，比上年增长13.7%。

16-1 金融机构信贷收支

（年末数、人民币）　　单位：亿元

指　　标	2015年	2016年	2016年比年初增减
各项存款合计	**2173.34**	**2593.81**	**420.47**
境内存款	**2172.22**	**2592.61**	**420.39**
住户存款	1193.18	1324.39	131.21
活期存款	494.30	566.47	71.84
定期及其他存款	698.88	757.91	59.37
非金融企业存款	542.85	767.25	224.40
活期存款	267.50	452.04	184.55
定期及其他存款	275.40	315.21	39.85
广义政府存款	428.21	495.42	67.21
财政性存款	57.22	100.52	43.30
机关团体存款	370.99	394.90	23.91
非银行业金融机构存款	7.99	5.55	-2.44
境外存款	1.12	1.20	0.08
各项贷款合计	**1451.90**	**1754.58**	**302.69**
境内贷款	1451.86	1754.58	302.71
住户贷款	627.66	745.34	117.68
短期贷款	199.03	205.40	6.37
# 消费贷款	40.16	49.97	9.81
# 经营贷款	158.87	155.43	-3.44
中长期贷款	428.63	539.94	111.31
# 消费贷款	359.13	451.90	29.43
# 经营贷款	69.50	88.05	18.55
非金融企业及机关团体贷款	824.19	1009.22	185.03
短期贷款	309.99	308.84	-1.53
中长期贷款	434.25	606.91	173.04
票据融资	77.30	91.19	13.89
各项垫款	2.64	2.27	-0.36
非银行业金融机构贷款	0.02	0.02	
境外贷款	0.03		-0.03

16-2 各县(市、区)人民币存款余额

单位：万元

地　　区	2015年末	2016年末	2016年 比年初增减
全市合计	**21733427**	**25938113**	**4204685**
市辖区	9521835	11340328	1818493
九江县	937263	1150950	213687
武宁县	1103066	1331517	228451
修水县	1463884	1829356	365472
永修县	1255146	1572064	316918
德安县	389005	500063	111057
都昌县	1685553	1876166	190614
湖口县	1137495	1352099	214604
彭泽县	1023912	1264375	240463
瑞昌市	1448456	1618574	170118
庐山管理局	174576	162701	-11875
共青城市	826336	1135885	309550
庐山市	766900	804035	37135

16-3 各县(市、区)人民币贷款余额

单位：万元

地　　区	2015年末	2016年末	2016年 比年初增减
全市合计	**14518954**	**17545824**	**3026870**
市辖区	7167347	8672899	1505552
九江县	700877	833106	132229
武宁县	683954	860756	176802
修水县	919603	1171258	251655
永修县	825823	878409	52586
德安县	306287	457806	151519
都昌县	564205	657831	93626
湖口县	787984	940561	152577
彭泽县	486268	643162	156895
瑞昌市	961524	1115258	153735
庐山管理局	14438	15764	1326
共青城市	607886	721544	113659
庐山市	492758	577469	84711

16-4 财产保险机构主要险种保费收入和支出情况

（2016年） 单位：万元

指标	金额	指标	金额
保费收入合计	176214	**赔款支出合计**	**88176**
企业财产保险	3157	企业财产保险	1900
机动车辆保险	144812	机动车辆保险	69021
货物运输保险	404	货物运输保险	173
责任保险	5693	责任保险	1711
信用保证保险	42	农业保险	4406
农业保险	4717	其它财产保险	10966
其它财产保险	17390	**未决赔款金额**	49942

16-5 人寿保险机构主要险种保费收入和支出情况

（2016年） 单位：万元

指标	金额	指标	金额
保费收入合计	377647	**赔款支出合计**	76722
团体保险	28305	团体业务	12618
# 人寿保险	11953		
意外伤害保险	2112	死伤医疗给付	12618
健康保险	14241	个人业务	64104
个人保险	349342		
# 人寿保险	321383	# 年金给付	7769
意外伤害保险	4082	满期给付	52689
健康保险	23877	死伤医疗给付	3646

主要统计指标解释

存款 指企业、机关、团体或居民根据资金必须收回的原则，把货币资金存入银行或其他信用机构保管并取得一定利息的一种信用活动形式。根据存款对象的不同可划分为企业存款、财政性存款、城乡储蓄存款、农村存款、信托及其他存款等，它是银行信贷资金的主要来源。

贷款 指银行或其他信用机构根据资金必须归还的原则，按一定利率，为企业、个人等提供资金的一种信用活动形式。我国银行贷款分为工业贷款、农业贷款、商业贷款、建筑业贷款、私营和个体贷款、乡镇企业贷款、中长期贷款、信托及其他贷款等。

城乡居民储蓄存款 指某一时点城乡居民存入银行及农村信用社的储蓄金额，包括城镇居民储蓄存款和农民个人储蓄存款，不包括居民的手存现金和工矿企业、部队、机关、团体等单位存款。

保险金额 指保险人承担赔偿或者给付保险金责任的最高限额。

保费 指投保人为取得保险人在约定范围内所承担赔偿责任而支付给保险人的费用。

赔款 指保险人根据保险合同的规定，向被保险人支付的赔偿保险责任损失的金额。

给付 包括死伤医疗给付和满期给付。死伤医疗给付是指保险人根据人寿保险及长期健康保险合同的规定，因被保险人在保险期内发生保险责任范围内的保险事故支付给被保险人(或受益人)的金额。满期给付是指被保险人生存期满，保险人按人寿保险合同规定支付给被保险人的满期保险金额。

房地产开发 17

● 2016年，全市房地产开发施工房屋面积1495.92万平方米，竣工房屋面积222.97万平方米，销售房屋面积491.92万平方米。

17-1 房地产开发投资主要指标

指标	单位	2015年	2016年	2016年比2015年增长%
完成投资合计	**万元**	**1329104**	**1238501**	**-6.8**
按工程用途分				
#住 宅	万元	951650	808071	-15.1
办公楼	万元	14722	31737	115.6
商业营业用房	万元	250173	298732	19.4
其他	万元	112559	99961	-11.2
新增固定资产	万元	457087	677661	48.3
资金来源合计	万元	2383924	2464609	3.4
房屋施工面积	万平方米	1326.70	1495.92	12.8
房屋竣工面积	万平方米	160.40	222.97	39.0
商品房屋销售面积	万平方米	354.85	491.92	38.6
#住 宅	万平方米	327.23	440.60	34.6
办公楼	万平方米	0.50	2.72	444.0
商业营业用房	万平方米	22.91	41.93	83.0
其他	万平方米	4.21	6.68	58.7
商品房销售额	万元	1507982	2324346	54.1
#住宅	万元	1322713	1890598	42.9
办公楼	万元	1997	16028	702.6
商业营业用房	万元	171096	379808	122.0
其他	万元	12176	37912	211.4

17-2 各县(市、区)房地产开发投资主要指标

（2016年）

指标	单位	全市合计	市区	九江县	武宁县	修水县	永修县
完成投资	万元	1238501	612104	62078	104681	78438	27051
建筑工程	万元	1005487	527819	44440	88825	55099	18188
安装工程	万元	140533	61618	14206	9501	9090	4488
设备工器具购置	万元	13641	7272	1843	3400	849	0
其他费用	万元	78840	15395	1589	2955	13400	4375
新增固定资产	万元	677661	334924	63471	36852	48837	55060
本年资金来源合计	万元	2464609	1340194	121215	301055	94699	27051
房屋施工面积	平方米	14959157	3113001	841812	2557951	859792	482278
房屋竣工面积	平方米	2229749	863497	200876	175355	171807	237274
商品房销售面积	平方米	4919248	1641795	342393	571182	285389	186251
商品房销售额	万元	2324346	968440	117392	248896	114181	78778
资产总计	万元	6879468	3615745	340785	616124	509002	281235
负债总计	万元	5874519	3144232	305430	583904	473603	228045
所有者权益合计	万元	1004949	471514	35355	32221	35399	53191
主营业务收入	万元	1400988	541638	114714	64670	109768	44484
主营业务利润	万元	-70732	44262	6929	-6312	-118757	15372
利润总额	万元	-66106	39703	6894	-5947	-118963	15368

17-2 续表

指　　标	单　位	德安县	都昌县	湖口县	彭泽县	瑞昌市	共青城市	庐山市
完成投资	万元	33800	29808	34823	20539	146827	15232	73120
建筑工程	万元	20200	17245	21431	18744	108170	13206	72120
安装工程	万元	1020	2033	2860	1596	32383	1738	
设备工器具购置	万元	220	14	43				
其他费用	万元	12360	10516	10489	199	6274	288	1000
新增固定资产	万元	14948	59392	30974	13475	6490	13238	
本年资金来源合计	万元	51911	35885	53196	89632	232369	42822	74580
房屋施工面积	平方米	380615	263650	757308	535943	1615639	338218	461245
房屋竣工面积	平方米	93011	109902	164008	103741	16954	93324	
商品房销售面积	平方米	172451	151666	149836	245256	665123	227896	280010
商品房销售额	万元	70817	66240	62993	83573	288705	74332	149999
资产总计	万元	184120	249904	205747	216901	388414	194743	45076
负债总计	万元	143409	169806	165716	175053	292503	151113	11080
所有者权益合计	万元	40711	80098	40032	41848	95911	43630	33996
主营业务收入	万元	24882	24650	87769	77770	235845	49088	25710
主营业务利润	万元	-1535	-4701	-15951	23617	20435	7331	5134
利润总额	万元	-1550	-4199	-15922	23510	20386	7278	5134

17-3 按登记注册类型分的房地产开发投资

（2016年） 单位：万元

指标	合计	内资	#国有	股份有限公司	私营及个体投资	港澳台商投资	外商投资
投资总额	1238501	514135	580	7844	505711	8782	
按构成分							
建筑工程	1005487	464012	300	6611	457101	7873	
安装工程	140533	28874		630	28244	334	
设备工器具购置	13641	1928		14	1914	278	
其他费用	78840	19321	280	589	18452	297	
按工程用途分							
住宅	808071	304674	403	6644	297627	4648	
办公楼	31737	500			500	150	
商业营业用房	298732	156204	7	1140	155057	3884	
其他	99961	52757	170	60	52527	100	

主要统计指标解释

房地产开发投资 指房地产开发公司、商品房建设公司及其他房地产开发单位进行土地开发工程、商品房屋建设工程所完成的投资额。是以货币表现的房地产开发工作量。

商品房屋 指有资格的商品房屋开发公司为了出售而统一开发的全部商品房屋，包括商品住宅和其他商品房屋。但不包括开发区内的非商品房屋项目，也不包括开发公司自建自用的房屋和承建的统建住宅。①商品住宅的建设投资包括： a.开发区内的征地、拆迁等实际费用；b.商品住宅建筑安装工程费用；c.开发区红线内的市政配套；d.为开发区内商品住宅配套的服务网点。②其他商品房屋的建设投资包括：由开发公司统一开发建设的厂房、仓库等其他商品房屋的建筑安装工程费用，以及由此而发生征地、拆迁费用和配套设施建设。

房屋施工面积 指报告期内施工的全部房屋建筑面积。包括本期新开工的面积和上年开工跨入本期继续施工的房屋面积，以及上期已停建在本期恢复施工的房屋面积。本期竣工和本期施工后又停建缓建的房屋面积仍包括在施工面积中，多层建筑应填各层建筑面积之和。

房屋竣工面积 指报告期内房屋建筑按照设计要求已全部完工，达到住人和使用条件，经验收鉴定合格或达到竣工验收标准，可正式移交使用的各栋房屋建筑面积的总和。

商品房销售面积 指报告期内出售商品房屋的合同总面积（即双方签署的正式买卖合同中所确定的建筑面积）。由现房销售建筑面积和期房销售建筑面积两部分组成。

商品房销售额 指报告期内出售商品房屋的合同总价款（即双方签署的正式买卖合同中所确定的合同总价）。该指标与商品房销售面积同口径，由现房销售额和期房销售额两部分组成。

本年完成开发土地面积 指报告期内对土地进行开发并已完成七通一平等前期开发工程，具备进行房屋建筑物施工或出让条件的土地面积。

本年购置土地面积 指在本年内通过各种方式获得土地使用权的土地面积。

科技、教育、文化 18

- 2016年，全市拥有独立科研机构 15 个，其中部属 1所，省属 2所。
- 2016年，全市拥有普通高校 7所，在校学生9.24万人；职业高中20 所，在校学生 1.19万人；普通中学282 所，在校学生27.03 万人；小学 743所，在校学生39.51万人。
- 2016年，小学适龄儿童入学率 100%，小学毕业生升学率95.41 %。
- 2016年，全市文化事业机构 81个，人员1270人，图书馆藏书 224.2万册，文物馆藏文物 4.36万件。

18-1 独立科研机构基本情况表

（2016年）

单位名称	隶属关系	年末从业人员(人)	#科技活动人员(人)	#具有中级职称以上人员(人)	固定资产合计(万元)	经费支出(万元)
中国船舶工业总公司6354研究所	部属	510	349	122	16619	7797
江西省棉花科学研究所	省属	284	100	31	499	2277
江西省庐山植物园	省属	86	66	36	2042	2312
九江市水产科学研究所	市属	25	18	12	1263	310
九江农业科学研究所	市属	66	39	18	783	1303
九江市水利科学研究所	市属	13	13	8	751	123
九江林业科学研究所	市属	88	27	15	150	843
九江市机电产品研究所	市属	11	11	9	46	118
九江市纺织产品研究所	市属	3	3	2	35	58
九江市修水茶叶科学研究所	市属	315	19	11	4600	514
九江市科学技术情报研究所	市属	22	18	9	50	280
瑞昌市农业科学研究所	县属	412	34	5	613	186
瑞昌市林业科学研究所	县属	56	12	1	78	228
湖口县农业科学研究所	县属	3	3	3	99	2
彭泽棉科所	县属	14	9	4	24	39

18-2 规模以上工业企业R&D基本情况

（2016年）

	单位数(个)	有R&D活动单位数（个）	R&D人员合计(人)	其中：研究人员(人)	R&D人员折合全时当量合计(人年)
总　　计	1480	252	4811	1418	3290
一、按企业规模分组					
大型	23	12	904	275	662
中型	275	75	1682	473	1157
小型	1127	164	2210	666	1457
微型	55	1	15	4	14
二、按隶属关系分组					
中央	16	5	254	82	199
省(自治区、直辖市)	8	1	52	4	24
地(区、市、州、盟)	20	4	190	26	94
县(区、市、旗)	180	25	336	111	232
其他	1256	217	3979	1195	2740
三、按登记注册类型分组					
内资企业	1374	228	4128	1282	2902
国有企业	6	1	8	1	8
有限责任公司	667	97	1703	531	1122
国有独资公司	9	3	82	38	65
其他有限责任公司	658	94	1621	493	1057
股份有限公司	37	16	559	174	402
私营企业	659	114	1858	576	1369
私营独资企业	12	1	4	2	2
私营有限责任公司	591	104	1781	549	1323
私营股份有限公司	49	9	73	25	43
港、澳、台商投资企业	66	13	504	88	270
合资经营企业(港或澳、台资)	17	4	319	53	221
港、澳、台商独资经营企业	46	9	185	35	49
外商投资企业	40	11	179	48	118
中外合资经营企业	17	6	84	30	48
外资企业	20	3	54	14	37
外商投资股份有限公司	3	2	41	4	34
四、按国民经济行业大类分组					
采矿业	64	4	21	4	9
有色金属矿采选业	17	2	12	2	5
非金属矿采选业	43	2	9	2	4
制造业	1390	246	4781	1409	3279
农副食品加工业	50	8	111	24	70
食品制造业	15	4	77	23	62
酒、饮料和精制茶制造业	12	3	44	14	33

18-2 续表

	单位数（个）	有R&D活动单位数（个）	R&D人员合计（人）	其中：研究人员（人）	R&D人员折合全时当量合计（人年）
纺织业	164	13	303	45	142
纺织服装、服饰业	243	7	91	36	55
皮革、毛皮、羽毛及其制品和制鞋业	30	2	12	3	9
木材加工和木、竹、藤、棕、草制品业	26	1	6	2	5
家具制造业	11	1	6	1	4
造纸和纸制品业	20	3	93	19	69
印刷和记录媒介复制业	23	5	57	21	42
文教、工美、体育和娱乐用品制造业	44	9	104	37	51
石油加工、炼焦和核燃料加工业	7	1	10	3	10
化学原料和化学制品制造业	117	43	889	308	667
医药制造业	32	14	254	51	156
化学纤维制造业	5	1	6	3	1
橡胶和塑料制品业	32	6	104	29	60
非金属矿物制品业	174	27	520	156	279
黑色金属冶炼和压延加工业	13	3	207	65	174
有色金属冶炼和压延加工业	29	7	172	44	96
金属制品业	55	10	152	48	114
通用设备制造业	43	11	191	53	141
专用设备制造业	26	7	121	42	82
汽车制造业	31	6	85	32	53
铁路、船舶、航空航天和其他运输设备制造业	23	5	104	44	59
电气机械和器材制造业	85	28	680	188	597
计算机、通信和其他电子设备制造业	46	10	216	48	144
仪器仪表制造业	18	8	139	64	87
其他制造业	11	3	27	6	16
电力、热力、燃气及水生产和供应业	26	2	9	5	2
燃气生产和供应业	6	1	4	2	1
水的生产和供应业	9	1	5	3	1
五、按经济成分分组					
公有经济	62	15	502	163	370
非公有经济	1418	237	4309	1255	2920
六、按企业控股情况分组					
国有控股	53	13	449	142	343
集体控股	9	2	53	21	27
私人控股	1284	208	3296	1014	2262
港澳台商控股	63	13	488	89	246
外商控股	34	7	112	25	80
其他	37	9	413	127	331

注：18-2至18-5表中包含保密单位数据。

18-3 规模以上工业企业R&D经费情况

（2016年）　　单位：万元

指　　标	R&D经费内部支出合计	#企业资金	R&D经费外部支出
总　　计	115569	113410	2237
一、按企业规模分组			
大型	28541	28461	353
中型	33672	32828	1030
小型	53156	51939	853
微型	200	182	
二、按隶属关系分组			
中央	4084	3956	353
省(自治区、直辖市)	244	244	
地(区、市、州、盟)	1766	1761	17
县(区、市、旗)	7575	7559	620
其他	101899	99890	1247
三、按登记注册类型分组			
内资企业	99199	97165	2157
国有企业	260	260	
有限责任公司	34915	34100	1399
国有独资公司	568	467	
其他有限责任公司	34347	33633	1399
股份有限公司	17531	17520	67
私营企业	46493	45286	691
私营独资企业	50	50	
私营有限责任公司	44452	43245	683
私营股份有限公司	1991	1991	9
港、澳、台商投资企业	10509	10418	
合资经营企业(港或澳、台资)	6997	6976	
港、澳、台商独资经营企业	3512	3442	
外商投资企业	5861	5827	80
中外合资经营企业	2674	2640	
外资企业	2426	2426	80
外商投资股份有限公司	760	760	
四、按国民经济行业大类分组			
采矿业	521	521	70
有色金属矿采选业	422	422	70
非金属矿采选业	99	99	
制造业	114770	112647	2167
农副食品加工业	1796	1796	14
食品制造业	1064	1040	5
酒、饮料和精制茶制造业	736	735	6
纺织业	5243	5243	60

18-3 续表

指　　标	R&D经费内部支出合计	#企业资金	R&D经费外部支出
纺织服装、服饰业	3645	3610	
皮革、毛皮、羽毛及其制品和制鞋业	472	472	
木材加工和木、竹、藤、棕、草制品业	58	58	
家具制造业	125	125	
造纸和纸制品业	1791	1791	
印刷和记录媒介复制业	972	972	
文教、工美、体育和娱乐用品制造业	2612	2427	180
石油加工、炼焦和核燃料加工业	211	211	
化学原料和化学制品制造业	28408	28187	730
医药制造业	3008	2968	28
化学纤维制造业	75	75	2
橡胶和塑料制品业	1487	1485	
非金属矿物制品业	9818	9275	53
黑色金属冶炼和压延加工业	10686	10686	
有色金属冶炼和压延加工业	1470	1470	24
金属制品业	2838	2838	636
通用设备制造业	4001	4001	
专用设备制造业	3367	3294	
汽车制造业	1335	1059	17
铁路、船舶、航空航天和其他运输设备制造业	1476	1376	
电气机械和器材制造业	20164	19829	80
计算机、通信和其他电子设备制造业	4941	4906	331
仪器仪表制造业	1992	1773	
其他制造业	980	945	
电力、热力、燃气及水生产和供应业	278	243	
燃气生产和供应业	90	55	
水的生产和供应业	188	188	
五、按经济成分分组			
公有经济	7613	7413	370
非公有经济	107956	105998	1867
六、按企业控股情况分组			
国有控股	6831	6691	370
集体控股	782	722	
私人控股	78428	76596	1787
港澳台商控股	9532	9423	
外商控股	4082	4082	80
其他	15913	15897	

18-4 规模以上工业企业R&D经费使用情况

（2016年） 单位：万元

指标	R&D经费内部支出合计	按支出用途分组				
		1.经常费支出	#人员劳务费	2.资产性支出	#土建工程	仪器设备
总计	**115569**	**99310**	**27623**	**16258**	**159**	**16100**
一、按企业规模分组						
大型	28541	26130	8417	2411	56	2355
中型	33672	28777	7264	4895	25	4870
小型	53156	44244	11911	8912	78	8835
微型	200	160	30	40		40
二、按隶属关系分组						
中央	4084	3307	913	778	45	733
省(自治区、直辖市)	244	184	39	60		60
地(区、市、州、盟)	1766	1739	745	26		26
县(区、市、旗)	7575	6499	1081	1076	11	1065
其他	101899	87581	24845	14319	103	14216
三、按登记注册类型分组						
内资企业	99199	84944	24237	14254	151	14104
国有企业	260	160	57	100		100
有限责任公司	34915	29908	8354	5007	67	4940
国有独资公司	568	508	202	60		60
其他有限责任公司	34347	29400	8153	4947	67	4880
股份有限公司	17531	15622	4757	1909	8	1901
私营企业	46493	39254	11069	7239	76	7163
私营独资企业	50	40	15	10		10
私营有限责任公司	44452	37751	10708	6701	72	6628
私营股份有限公司	1991	1463	345	528	4	525
港、澳、台商投资企业	10509	9724	2212	786	6	779
合资经营企业(港或澳、台资)	6997	6792	1647	205	4	202
港、澳、台商独资经营企业	3512	2932	565	580	3	578
外商投资企业	5861	4643	1175	1218	2	1217
中外合资经营企业	2674	1625	524	1049	1	1049
外资企业	2426	2257	426	169	1	168
外商投资股份有限公司	760	760	226			
四、按国民经济行业大类分组						
采矿业	521	336	97	185	0	185
有色金属矿采选业	422	286	89	136		136
非金属矿采选业	99	50	8	49	0	49
制造业	114770	98785	27449	15985	158	15827
农副食品加工业	1796	1451	568	346	6	339
食品制造业	1064	997	201	67		67
酒、饮料和精制茶制造业	736	693	159	44	44	

18-4 续表

指　　标	R&D经费内部支出合计	按支出用途分组				
		1.经常费支出	#人员劳务费	2.资产性支出	#土建工程	仪器设备
纺织业	5243	4302	1115	941	4	936
纺织服装、服饰业	3645	3289	884	356	11	345
皮革、毛皮、羽毛及其制品和制鞋业	472	454	160	18	0	18
木材加工和木、竹、藤、棕、草制品业	58	37	21	21		21
家具制造业	125	111	39	14	1	14
造纸和纸制品业	1791	1601	217	190		190
印刷和记录媒介复制业	972	852	292	120		120
文教、工美、体育和娱乐用品制造业	2612	2059	660	553	7	546
石油加工、炼焦和核燃料加工业	211	150	20	61		61
化学原料和化学制品制造业	28408	21883	5452	6526	59	6466
医药制造业	3008	2633	685	375	0	375
化学纤维制造业	75	70	30	5		5
橡胶和塑料制品业	1487	1255	295	232		232
非金属矿物制品业	9818	8308	2806	1511	8	1503
黑色金属冶炼和压延加工业	10686	9552	3014	1134		1134
有色金属冶炼和压延加工业	1470	1396	379	75	0	74
金属制品业	2838	2262	866	576	1	575
通用设备制造业	4001	3750	992	251	2	249
专用设备制造业	3367	3320	1218	48	1	47
汽车制造业	1335	1083	424	252	4	248
铁路、船舶、航空航天和其他运输设备制造业	1476	1067	527	409	2	407
电气机械和器材制造业	20164	18902	4780	1261	6	1255
计算机、通信和其他电子设备制造业	4941	4776	694	166	1	164
仪器仪表制造业	1992	1760	751	232	1	230
其他制造业	980	774	200	206	1	205
电力、热力、燃气及水生产和供应业	278	190	77	88	0	88
燃气生产和供应业	90	90	67			
水的生产和供应业	188	100	10	88	0	88
五、按经济成分分组						
公有经济	7613	6296	2125	1317	46	1272
非公有经济	107956	93014	25498	14941	113	14828
六、按企业控股情况分组						
国有控股	6831	5561	1707	1270	45	1225
集体控股	782	735	418	47	1	47
私人控股	78428	66480	17663	11948	106	11843
港澳台商控股	9532	8497	2340	1035	6	1029
外商控股	4082	3529	814	554	2	552
其他	15913	14509	4682	1404		1404

18-5 规模以上工业企业新产品产出和专利情况

（2016年）

指　　标	新产品产值（万元）	新产品销售收入（万元）	#出口	专利申请数（件）	#发明专利	期末有效发明专利数（件）
总　　计	2438744	2483195	246189	993	224	610
一、按企业规模分组						
大型	1453885	1433962	121235	114	32	133
中型	623317	636502	27659	466	65	262
小型	361542	412732	97295	413	127	215
二、按隶属关系分组						
中央	639982	618331		46	24	73
省(自治区、直辖市)	14097	11748		6	2	9
地(区、市、州、盟)	83087	74440	804	13	3	50
县(区、市、旗)	22021	57301	10813	76	18	9
其他	1679557	1721375	234572	852	177	469
三、按登记注册类型分组						
内资企业	2213323	2215702	216645	911	205	567
国有企业	3000	3000				
集体企业	123	123				
股份合作企业		451				
有限责任公司	528172	557830	66782	382	94	240
国有独资公司	18018	17580		22	7	9
其他有限责任公司	510154	540250	66782	360	87	231
股份有限公司	983421	891503	830	83	15	70
私营企业	698607	762795	149034	446	96	257
私营独资企业	2005	2005				
私营合伙企业	120	120				
私营有限责任公司	678940	741946	149034	393	91	200
私营股份有限公司	17542	18724		53	5	57
港、澳、台商投资企业	187804	229522	11105	62	10	28
合资经营企业(港或澳、台资)	168817	210507		23	1	27
港、澳、台商独资经营企业	18987	19015	11105	39	9	1
外商投资企业	37617	37970	18439	20	9	15
中外合资经营企业	10509	11328	1130	5	3	9
外资企业	7315	6997		7	6	6
外商投资股份有限公司	19794	19646	17309	8		
四、按国民经济行业大类分组						
采矿业	4170	3081		6	2	1
有色金属矿采选业	3689	1457		5	1	1
非金属矿采选业	481	1625		1	1	
制造业	2434573	2480114	246189	987	222	609

18-5 续表

指标	新产品产值（万元）	新产品销售收入（万元）	#出口	专利申请数（件）	#发明专利	期末有效发明专利数（件）
农副食品加工业	2069	2646	251	88	7	9
食品制造业	20357	19479		13	4	8
酒、饮料和精制茶制造业	1292	1386		8	4	
纺织业	126847	154593	22626	15	2	1
纺织服装、服饰业	414140	355103		2	2	16
皮革、毛皮、羽毛及其制品和制鞋业	2239	2180		4	2	1
木材加工和木、竹、藤、棕、草制品业	11752	12095	50	5	4	4
家具制造业	12540	11388		78	5	
造纸和纸制品业	78090	78894	473	3	1	1
印刷和记录媒介复制业	8607	9528		37	2	1
文教、工美、体育和娱乐用品制造业	4228	4282	1734	13	11	7
石油加工、炼焦和核燃料加工业	512433	492479		8	5	21
化学原料和化学制品制造业	308871	309351	29683	137	35	84
医药制造业	32460	35173	4104	37	14	29
化学纤维制造业	25918	18028				
橡胶和塑料制品业	33853	14845	2713	11	10	5
非金属矿物制品业	141172	139405	32817	72	13	53
黑色金属冶炼和压延加工业	4829	5532		12		2
有色金属冶炼和压延加工业	13111	12996		21	2	58
金属制品业	23876	52916	21615	28		53
通用设备制造业	15296	17242	115	19	4	
专用设备制造业	3385	4263	1130	31	6	13
汽车制造业	28086	29211	828	28	4	38
铁路、船舶、航空航天和其他运输设备制造业	1937	2074		23	7	11
电气机械和器材制造业	542912	578960	97490	137	37	81
计算机、通信和其他电子设备制造业	41885	47757		118	32	69
仪器仪表制造业	20907	66823	30559	36	9	21
其他制造业	1482	1485		3		23
五、按经济成分分组						
公有经济	698291	671158	804	88	40	168
非公有经济	1740453	1812037	245385	905	184	442
六、按企业控股情况分组						
国有控股	695847	668471	804	85	37	166
集体控股	2444	2687		3	3	2
私人控股	1381056	1411683	215815	774	151	394
港澳台商控股	194306	235645	11105	64	11	33
外商控股	27108	27873	18439	16	7	6
其他	137983	136837	26	51	15	9

18-6 各级各类学校基本情况

（2016年）

单位：人

指 标	学校数（所）	毕业生数	招生数	在校学生数	教职工数	#专任教师
一、普通高等学校	7	25617	30182	92430	6431	4887
二、成人高等学校	1	8504	3602	16805	61	34
三、中等技术学校	5	5153	5042	14148	438	346
四、普通中学	282	84100	96621	270274	20250	17255
高中	11	32708	34868	102041		5847
初中	154	51392	61753	168233		11408
完全中学	33					
九年一贯制学校	80					
十二年一贯制学校	4					
五、职业高中	20	8495	9888	11873	1591	1303
六、小学	743	56282	60453	395088	19039	21278
七、幼儿园	1285	52596	55816	156933	12560	6974
八、特殊教育	11	370	758	3375	219	203

注：18-66表至18—17表中全市数据均不含共青城市；一贯制学校中职工数统计在普通中学内；专任教师中学、小学分别统计。

18-7 主要年份各类全日制学校在校学生数

指　标	单位	1990年	1995年	2000年	2005年	2010年	2013年	2014年	2015年	2016年
一、普通高等学校	人	3363	5378	17075	78476	82034	79596	83172	88784	92430
二、中等技术学校	人	7933	9600	8303	4539	18777	18739	21699	20074	14148
三、普通中学	万人	20.61	22.70	31.75	33.85	29.59	26.20	26.29	26.15	27.03
高　中	万人	3.36	3.20	4.96	11.37	9.14	10.05	10.18	10.06	10.2
初　中	万人	17.25	19.50	26.79	22.48	20.45	16.15	16.11	6.09	16.82
四、职业高中	万人	1.71	1.27	1.43	2.79	3.63	1.70	1.33	1.24	1.19
五、小　学	万人	53.12	49.90	45.89	38.91	43.70	39.35	39.55	39.90	39.51

18-8 主要年份各类全日制学校毕业生数

指　标	单位	1990年	1995年	2000年	2005年	2010年	2013年	2014年	2015年	2016年
一、普通高等学校	人	1108	1397	2716	16231	20366	24132	24331	22802	25617
二、中等技术学校	人	2998	3429	3630	1209	6824	5673	6480	7617	5153
三、普通中学	万人	5.50	6.43	8.44	11.44	9.12	9.13	8.41	8.29	8.41
高　中	万人	1.07	0.95	1.15	4.01	3.84	2.83	3.29	3.26	3.27
初　中	万人	4.43	5.48	7.29	7.53	5.28	6.30	5.12	5.02	5.14
四、职业高中	万人	0.41	0.43	0.38	0.65	0.85	0.79	0.53	0.50	0.85
五、小　学	万人	8.81	8.11	10.18	7.73	6.58	5.96	5.35	5.40	5.63

18-9 高等学校基本情况

(2016年) 单位:人

指标	毕业生数	招生数	在校学生数	教职工数	#专任教师
总计	**34121**	**33784**	**109235**	**6477**	**4921**
一、普通高等学校合计	**25617**	**30182**	**92430**	**6416**	**4887**
九江学院	10514	10077	34162	2535	2019
九江职业大学	3554	4791	12888	953	837
江西财经职业学院	4824	5500	15839	927	760
九江职业技术学院	4156	5815	17073	797	632
南昌大学共青学院	1382	984	4043	454	251
共青科技职业学院	1013	2076	6341	577	282
江西枫林涉外经贸职业学院	174	939	2084	173	106
二、成人高等学校合计	**8504**	**3602**	**16805**	**61**	**34**
#九江学院	8490	681	3273		
九江广播电视大学（网络）		2921	13460	61	34
江西财经职业学院	4		4		
九江职业大学			68		
九江职业技术学院	10				

18-10 中等专业学校基本情况

(2016年) 单位:人

指标	毕业生数	招生数	在校学生数
总计	**5153**	**5042**	**14148**
九江职业技术学院（附设中职班）	513	253	1151
江西省财经职业学院（江西省财务会计学校）	169	64	254
九江职业大学（附设中职班）	2273	1151	4084
九江市科技中等专业学校	954	1732	3638
九江市卫生学校	490	861	2391
江西省通用技术工程学校	754	981	2630

18-11 各县（市、区）普通中学基本情况

(2016年)　　单位:人

地　区	学校数(所)	毕业生数		招生数		在校学生数		教职工数		
		初中	高中	初中	高中	初中	高中	合计	#专任教师	
									初中	高中
全市合计	**282**	**51392**	**32708**	**61753**	**34868**	**168233**	**102041**	**20250**	**11408**	**5847**
市直属	12	5769	5782	6253	6155	17546	18310	2251	1057	1085
庐山区	16	1614	929	2021	964	6021	2970	1011	583	252
浔阳区	1	33		36		122		31	17	
九江开发区	4	651		741		2030		338	136	
庐山管理局	1	97	11	53		173		70	62	
九江县	20	3146	2537	3559	2580	9784	7301	1216	694	359
武宁县	22	3015	1233	3589	1334	9676	3894	1352	824	298
修水县	42	8886	3921	12119	4799	32028	13543	2574	1662	629
永修县	25	3755	2130	4555	2322	12270	7061	1542	852	362
德安县	14	1548	902	2186	1306	5717	3365	706	374	153
星子县	15	2826	1240	3138	1376	8643	4044	954	624	221
都昌县	38	9136	6563	9344	6133	26911	18726	3021	1913	1024
湖口县	18	3083	2529	3295	2306	9038	7073	1349	706	388
彭泽县	28	3541	2033	4473	2441	11995	6977	1650	940	462
瑞昌市	26	4292	2898	6391	3152	16279	8777	2185	964	614
共青城市	3	1169	530	1308	563	3613	1656	267	221	36

18-12 各县（市、区）职业中学基本情况

(2016年)　　单位：人

地　区	学校数(所)	毕业生数	招生数	在校学生数	教职工数	#专任教师
全市合计	**20**	**3342**	**4579**	**11873**	**796**	**610**
市直属	6	874	214	1710	253	129
庐山管理局	1	6	4	10	20	20
九江县	2	35	27	147	38	37
武宁县	2	754	981	2631	101	72
修水县			1252	2263		
永修县	1	221	211	413	70	67
德安县	1	15	17	65	10	8
星子县	1	99	93	130	24	23
都昌县	2	537	650	1547	87	76
湖口县	1	38	54	131	18	4
彭泽县	2	361	571	1532	77	77
瑞昌市	1	402	505	1294	98	97
共青城市	1	99		25	4	2

18-13 各县（市、区）小学基本情况

(2016年) 单位:人

地区	学校数（所）	毕业生数	招生数	在校学生数	教职工数	#专任教师
全市合计	**743**	**56282**	**60453**	**395088**	**19039**	**21278**
市直属	4	1232	2110	10457	592	578
庐山区	29	2881	2735	16631	808	934
浔阳区	13	2370	2165	13721	811	822
九江开发区	16	1687	1991	11439	362	562
庐山管理局	4	154	101	669	103	102
九江县	38	3353	3641	22222	1248	1330
武宁县	46	3624	4476	29250	1424	1617
修水县	171	10285	9834	75679	3038	3212
永修县	59	3961	4145	28934	1547	1850
德安县	8	2160	2855	16307	635	800
星子县	63	3268	3909	24180	1204	1222
都昌县	203	7042	9500	58387	3125	3104
湖口县	27	3532	3170	20336	1120	1364
彭泽县	34	4401	3546	27459	1471	1641
瑞昌市	28	6332	6275	39417	1551	2140
共青城市	9	1357	1731	10097	437	412

18-14 各县（市、区）初中、小学辍学率及适龄人口入学率

(2016年) 单位:%

地区	初中		小学	
	辍学率	适龄人口入学率	辍学率	适龄人口入学率
全市合计	**1.89**	**99.94**	**2.04**	**100.00**
市直属	2.13	100.00		100.00
庐山区	1.16	99.98		100.00
浔阳区	1.65	100.00		100.00
九江开发区	0.72	100.00		100.00
庐山管理局	3.13	100.00	2.30	100.00
九江县	2.32	100.00	2.29	100.00
武宁县	1.44	100.00	2.05	100.00
修水县	1.63	99.80	1.30	100.00
永修县	1.53	99.73	2.18	100.00
德安县	0.82	100.00	0.53	100.00
星子县	3.53	100.00	1.26	100.00
都昌县	2.38	99.98	8.52	100.00
湖口县	0.89	100.00	1.46	100.00
彭泽县	6.67	100.00	2.15	100.00
瑞昌市	1.70	100.00		100.00
共青城市	0.77	100.00		100.00

18-15 各县（市、区）中、小学升学情况

（2016年）

地区	初中				小学		
	初中毕业生（人）	普高招生（人）	职高招生（人）	升入普高比例（%）	毕业生数（人）	初中招生（人）	升入普通初中比例（%）
全市合计	**51392**	**34868**	**9888**	**67.85**	**64725**	**61753**	**95.41**
市直属	5802	6155	4523	106.08	1315	6253	475.51
庐山区	1614	964		59.73	3002	2021	67.32
浔阳区					2376	36	1.52
九江开发区	651				1805	741	41.05
庐山管理局	97		5		114	53	46.49
九江县	3146	2580	27	82.01	3793	3559	93.83
武宁县	3015	1334	999	44.25	3853	3589	93.15
修水县	8886	4799	1252	54.01	12294	12119	98.58
永修县	3755	2322	1192	61.84	4956	4555	91.91
德安县	1548	1306	17	84.37	2303	2186	94.92
星子县	2826	1376	93	48.69	3386	3138	92.68
都昌县	9136	6133	650	67.13	10211	9344	91.51
湖口县	3083	2306	54	74.80	3500	3295	94.14
彭泽县	3541	2441	571	68.94	4970	4473	90.00
瑞昌市	4292	3152	505	73.44	6847	6391	93.34
共青城市	1169	563	25	48.16	1357	1308	96.38

18-16 平均每万人口在校学生

（2016年）

单位:人

地 区	普通高中	普通初中	职业高中	小 学	幼儿园
全市合计	**211.45**	**348.61**	**53.92**	**818.70**	**325.20**
庐山区	111.40	225.84		623.82	394.64
浔阳区	578.88	558.58	418.21	764.40	270.38
九江开发区		142.86		805.00	387.68
庐山管理局		85.22	4.93	329.56	71.92
九江县	243.69	326.57	4.91	741.72	360.65
武宁县	106.02	263.44	71.63	796.35	328.64
修水县	179.71	425.00	30.03	1004.23	339.61
永修县	191.77	333.24	82.65	785.82	283.70
德安县	213.11	362.06	4.12	1032.74	492.72
星子县	161.37	344.89	5.19	964.88	470.55
都昌县	256.66	368.85	21.20	800.26	294.63
湖口县	251.08	320.84	4.65	721.90	315.90
彭泽县	193.81	333.19	42.56	762.75	184.86
瑞昌市	205.60	381.33	30.31	923.33	390.44
共青城市	194.59	424.56	3.06	1186.49	488.95

18-17 幼儿教育基本情况

（2016年）

单位:人

指 标	入园人数	在园幼儿数	教职工数	# 专任教师
幼儿园	**55816**	**156933**	**12560**	**6974**
# 教育部门	16743	34513	1859	1242
其他部门	220	1204	97	62
地方企业	92	373	32	23
民 办	38761	120843	10572	5647
# 城 区	10776	28868	3021	1677
镇 区	29365	89171	995	4013
乡 村	15675	38894	2533	1284

18-18 文化机构、人员情况

（2016年）

指　　标	机构数（个）	人员数（个）	指　　标	机构数（个）	人员数（个）
总　　计	**81**	**1270**	公共图书馆	15	161
一、艺术事业	**21**	**144**	**三、群众文化事业**	15	344
艺术表演团体	3	68	文化馆	15	344
艺术表演场所	5	32	**四、文物事业**	**30**	**621**
艺术研究机构	2	4	博物馆	18	565
画院（美术馆）	11	40	文物管理单位	11	56
二、图书馆事业	15	161	文物商店	1	0

18-19 文　化　事　业

指　　标	单位数（个）		人员数（人）	
	2015年	2016年	2015年	2016年
艺术表演团体	3	3	68	68
#歌　　剧		0		0
采　茶　剧	2	2	33	33
黄　梅　剧	1	1	35	35
剧　　场	5	5	32	32
文　化　馆	15	15	352	344
文　化　站	243	244	545	570
公共图书馆	15	15	166	161
博　物　馆	17	18	505	565
文物管理所	11	11	84	56

18-20 各县（市、区）图书、文物馆藏情况

（2016年）

地　　区	藏　书 (万册)	文　物 (件)	#一级品
全市合计	**224.2**	**43600**	**341**
市　　区	134.9	17766	228
九 江 县	5.4	7440	1
武 宁 县	14.6	466	0
修 水 县	14.6	5470	10
永 修 县	9.5	277	1
德 安 县	10.4	6006	62
星 子 县	1.3	548	14
都 昌 县	9.8	1387	5
湖 口 县	4.3	1850	0
彭 泽 县	4.7	867	2
瑞 昌 市	14.7	1523	18

18-21 广播电视事业

（2016年）

指　　标	单位	实　际
地市广播电视台	座	1
中短波转播发射台	座	1
县(市、区)广播电视台	座	12
调频转播发射台	座	7
电视发射机	部	19
有线广播电视传输网络干线总长	公里	1039.29
广播综合人口覆盖率	%	97.42
电视综合人口覆盖率	%	98.68

18-22 重点文物保护单位

序号	文物名称	地 点	时 代	简 介
1	大胜塔	庾亮南路168号能仁寺内	宋辽金	大胜塔的公布所在地为江西省，公布类型为古建筑，公布批号为7-1106-3-404，公布地址为江西省九江市浔阳区。 大胜塔位于九江市浔阳区庾亮南路168号，佛舍利塔，始建于南朝梁大同元年（535年），宋重建，明洪武十二年（1379年）重修，后历代均有维修。 塔平面六边形，座东向西，通高42.38米，七级楼阁式砖塔。塔体厚实，砖砌叠涩平座，石构腰檐斗栱，砖砌六角转圆攒尖顶，金属塔刹，铸造精美，塔正门向西偏南。底层供奉释迦佛像。二层以上采用错层辟门，克服了塔因垂直辟门而造成门上部应力过于集中，而导致塔体纵向裂缝的弊端。每层六面均有门，三实三虚，塔内有砖砌台阶，可盘旋而上。塔门左侧有清同治十一年（1872年）九江关督白景福撰写的《重修大胜宝塔碑记》一方。
2	同文书院	南湖路34号九江二中院内	清朝（1885年）	同文书院的公布所在地为江西省，公布类型为近现代，公布批号为7-1757-5-150，公布地址为江西省九江市浔阳区。 同文书院位于九江市浔阳区庾亮南路47号，包括同文书院旧址、儒励女中办公楼旧址、儒励女中教课楼旧址。 同文书院旧址于1901年开始筹建，1906年落成并迁入使用。该建筑原高四层，“文革”时拆除一层，现为三层。坐东向西，面阔38米，进深19.1米，建筑面积2220平方米。砖木结构，青砖墙面，红机瓦，四坡顶。建筑入口由左右各四根立柱组成门廊，内部空间空旷，线角简略。
3	锁江楼塔	滨江路925号	明	锁江楼塔的公布所在地为江西省，公布类型为古建筑，公布批号为7-1111-3-409，公布地址为江西省九江市浔阳区 。 锁江楼塔又名廻龙塔，位于九江市浔阳区东北长江之滨的廻龙矶上，始建于明万历十四年（1586年），由知府吴秀募资筹建。 该塔为楼阁式砖石空筒仿木结构，七级六面，高25.26米，由塔座、塔身、塔顶组成。塔建于方锥形的台基上，四周栏杆环绕，东南西三面皆设踏步。塔的平面为六边形，每边长约2.9米，塔门朝西，中空，内设楼梯可盘旋而上。塔身自下而上，均匀递减，逐层收敛，呈锥体状。底层表石砌筑，石拼腰檐，石凿斗栱，砖叠涩平座，翼角微翘。翼角除第六层东南角外，皆凿一孔，以系铃铎。顶为攒尖顶，塔刹记有建锁江楼铭文。
4	美孚洋行	滨江路77号	清宣统2年	美孚洋行旧址的公布所在地为江西省，公布类型为近现代，公布批号为6-0970-5-097，公布地址为江西省九江市浔阳区。 美孚洋行旧址位于九江市浔阳区滨江路53号、77号，包括美孚洋行旧址、美孚油库旧址、美孚别墅旧址及美孚油库办公楼旧址。 美孚洋行旧址位于九江市浔阳区滨江路53号，建于1910年，主楼为钢筋混泥土结构，面阔22.5米，进深22米，高三层（原为二层），东南角建有附属楼，面阔13米，进深5米，建筑面积1508平方米。采用了八根硕大的爱奥尼亚柱，造型雄伟壮观。
5	工农红军革命军第一军第一师师部旧址	修水县义宁镇凤凰山路136号	1927年	工农红军革命军第一军第一师师部旧址，第六批公布的全国重点文物保护单位，归并入第一批全国重点文物保护单位秋收起义文家市会师旧址。 工农红军革命军第一军第一师师部旧址的公布所在地为江西省，公布类型为与现有国保单位合并，公布批号为6-0000-5-094，公布地址为江西省九江市修水。 工农革命军第一军第一师师部旧址坐落在九江市修水县义宁镇凤凰山路60号，坐北朝南，一进二重，砖木结构，小青瓦屋面，四水归内，麻石门框，建筑面积350平方米，占地面积1200平方米。

18-22 续表

序号	文物名称	地　点	时　代	简　　介
6	陈宝箴、陈三立故居	江西省九江市修水县宁州镇竹塅村	清	陈宝箴、陈三立故居的公布所在地为江西省，公布类型为近现代，公布批号为7-1758-5-151，公布地址为江西省九江市修水县 。 陈宝箴、陈三立故居位于修水县义宁镇桃里片竹塅村，为两栋相连的砖木结构建筑，西侧建筑建于清乾隆五十七年（1792年），东侧建筑建于清光绪年间，占地1000多平方米。陈宝箴、陈三立分别于1831年和1853年出生于此。
7	白鹿洞书院	海会镇环山路27号	宋代	白鹿书院的公布所在地为江西省，公布类型为古建筑，公布批号为3-0074-3-022，公布地址为江西省九江市庐山区。 白鹿书院又称白鹿洞，位于九江市庐山五老峰下山谷中。唐代江州刺史李渤曾隐居读书于此。南唐升元年间（937—942年）建“庐山国学”，宋初扩为书院，即“白鹿书院”，与睢阳、石鼓、岳麓书院齐名。后遭兵火。南宋淳熙六年（1179年），朱熹为南康（今星子县）军守，重建书院，在此讲学。此院几经兴废，现存圣殿、御书阁、彝化堂，为清道光年间所建。白鹿洞四山回合，一水中流，古木参天，环境优美。院内有历代碑刻百余方。
8	庐山别墅群旧址	河东路175号	近代	庐山会议旧址及庐山别墅建筑群的公布所在地为江西省，公布类型为近现代，公布批号为4-0219-5-021，公布地址为江西省九江市庐山区。 庐山会议旧址及庐山别墅建筑群包括牯岭军官训练团旧址、庐山美庐别墅、359号别墅、124号别墅、176号别墅、442号别墅。牯岭军官训练团旧址分传习学舍（今庐山大厦）、大礼堂（中共八届八中全会会址）两栋建筑。传习学舍，建于1936年，混凝土结构，六层欧式建筑，平面呈长方形；大礼堂建于1937年，混凝土结构。美庐别墅位于庐山河东路中段，又称180号房，因房前有蒋介石题“美庐”石刻而得名。建于 1922年，西式风格，砖木石结构，铁皮屋顶，两层，有大小十三间房。359号别墅，建于1902年，两层，西式建筑。124 号别墅，建于1919年，俄罗斯风格，两层，石木结构，庭院宽敞，环境良好。176号别墅，建于1896年，石质结构，地上、地下各一层。442号别墅，建于1919年，石木结构，地上、地下各一层。
9	御碑亭	仙人洞景区	明代	庐山御碑亭的公布所在地为江西省，公布类型为古建筑，公布批号为7-1120-3-418，公布地址为江西省九江市庐山区。 庐山御碑亭位于庐山风景名胜区仙人洞景区入口处白鹿升仙台上，建于明洪武二十六年（1393年），是明太祖朱元璋为纪念周颠而赐建的碑亭。该亭历史上曾多次毁建和维修，1937年增建月台及四周护栏。 庐山御碑亭为石构歇山顶方亭，坐北朝南，边长5.88米，亭通高6米。碑亭座于月台之上，亭东南西三面开门，四角立方石柱，正脊两头饰鳌鱼张口吞脊中缀宝瓶，四角戗脊倒鱼起翘，铺作以浅阳刻三才升示之，卷云插拱出檐，南面中间刻有两边相向张口双龙的御制匾额，屋面石板上刻瓦楞及瓦当滴水。亭中方形石藻井，中间刻成圆形双龙戏珠浮雕。亭中立御制《周颠仙人传》碑，正面刻有朱元璋亲自撰写的《周颠仙人传》，是其与陈友谅争战鄱阳湖后夺取天下的纪功表文。

18-22 续表1

序号	文物名称	地点	时代	简介
10	赐经亭	黄龙寺北	明代	庐山赐经亭的公布所在地为江西省，公布类型为古建筑，公布批号为7-1112-3-410，公布地址为江西省九江市庐山区。 庐山赐经亭位于庐山风景名胜区三宝树景区黄龙寺后约200米的小山顶上，建于明万历十五年（1587年），是明神宗为纪念其母肃皇太后命工部刊印《续藏经四十一函并旧刻藏经文六百三十七函》恩赐庐山黄龙寺而建，又称黄龙寺御碑亭。 庐山赐经亭为石构四柱亭，坐东朝西，边长4.9米，高5.9米。方柱为花岗石抹角边长0.35米，柱础为鼓状八棱瓜形。屋顶为平顶上加硬山屋顶，无戗脊，类似歇山顶，正脊两头下吻剑龙张口吞脊，中缀宝瓶。铺作象昂外出三跳，无栱，栌斗以刻有卷草图案的石板相连。西面素平额枋垫板中刻御制匾额。石平顶天花中央浮刻龙云戏珠，石板屋面檐口刻瓦当滴水，亭中立明神宗颁布《护藏敕》和《圣母印施佛藏经赞》大理石碑文。
11	观音桥	庐山市白鹿镇玉京村观音桥景区	宋	观音桥的公布所在地为江西省，公布类型为古建筑，公布批号为3-0067-3-015，公布地址为江西省九江市星子县。 观音桥原名栖贤桥，又名三峡桥，位于庐山含鄱口下栖贤谷。建于宋大中祥符七年（1014年），桥单孔石构，由五道并列券组成，拱石为带子母榫的花岗岩，上有建桥年代及工匠的题刻多处。两头桥基立于巨石之上，桥身保存完好。
12	秀峰摩崖	庐山市白鹿镇秀峰村秀峰景区内	唐至现代	秀峰摩崖的公布所在地为江西省，公布类型为石窟寺及石刻，公布批号为6-0829-4-019，公布地址为江西省九江市星子县。 秀峰摩崖位于星子县城西南康镇下蔡家湾。这里原为秀峰寺，是庐山南麓“四大丛林”之一，1938年被日军炸毁，现仅存遗址。秀峰摩崖正北面为著名的庐山山南风景区。在秀峰文物风景区1.7平方千米的保护范围内，分布着自唐至近代石刻182通。可分为龙潭、读书台和聪明泉石刻三部分。其中龙潭石刻最多，达133通；读书台28通；聪明泉21通。主要有唐代颜真卿、宋代米芾、黄庭坚、贾似道，明代王守仁、李梦阳，清代康熙帝、太子胤礽、宋荦，近代韩国学者李宁斋等人的真迹。这些石刻，大者4米见方，小者手掌大。正、草、隶、篆皆有，是研究书法艺术的珍贵资料
13	紫阳堤	庐山市南康镇坡头社区南门湖畔	宋	紫阳堤的公布所在地为江西省，公布类型为古建筑，公布批号为7-1108-3-406，公布地址为江西省九江市星子县。 紫阳堤位于星子县城南康镇冰玉涧社区南1000米的鄱阳湖滨，自西向东，由紫阳堤、紫阳桥和田公堤连为一整体，为星子县湖港完整的防风浪船坞古建筑，俗称为南门栈，堤与坞全部建筑占地面积约28000平方米。 紫阳堤、紫阳桥、田公堤总长约500余米，由西向东向南方呈一弯弓状，堤身结构由长条形花岗石叠砌，共20层，堤高约3米，宽8.7米。紫阳堤长280.8米，始修于崇宁四年（1105年），南宋淳熙年间朱熹知南康军时重修。田公堤长约200米，明万历年间知府田琯在紫阳桥东接造。紫阳桥为两堤中间连岸之通道，长34米，宽4.75米，高3.4米，桥拱自北向南递次减低，卷拱花岗石结构，造型独特。紫阳堤与田公堤共围成西、东两个泊船澳，紫阳堤西端开有20米宽的行船澳口，船舶只能从西澳进入，小船则通过桥孔进入东澳。两澳北面，为花岗石砌阶梯码头。

18-22 续表2

序号	文物名称	地　点	时　代	简　　介
14	铜岭铜矿遗址	瑞昌市夏畈镇	商代	铜岭铜矿遗址的公布所在地为江西省，公布类型为古遗址，公布批号为5-0056-1-056，公布地址为江西省九江市瑞昌市。 铜岭铜矿遗址位于江西省瑞昌市夏畈镇铜岭村。分采矿区、冶炼区两部分。古采矿区集中分布范围约7万平方米；冶炼区分布于矿山周围山脚下，古炼渣堆积面积18万平方米，堆积厚度0.7～1.57米，初步估算炼渣约有50～60万吨。在采矿区内清理发掘出古竖井103口，巷道19条，露采坑7处，工棚5处，选矿场1处等遗迹。出土有石、木、铜、陶、原始瓷等生产工具和生活用具约500件。在冶炼区揭露春秋时代炼炉2座。遗址最早开采年代为商代中期，距今约3300余年，是中国发现年代最早的一处采铜冶铜遗址。至今保存有坑采区和露采区。地下坑采区井巷密布，木支护保存完好。西周时期选矿场采用流水分节冲洗选矿的木溜槽为世界仅见之物。出土的提升工具木滑车分别有商、西周、春秋各代之物，表明早在数千年前我国已将木制机械用于矿山开采。这批提升工具也是世界上发现的古机械物最多、最早的一批。铜岭铜矿遗址是继湖北大冶铜绿山矿冶遗址后的又一重大发现。它以极为丰富的科学资料证明了我国大规模开采铜矿的历史至少已有三千余年，是我国迄今发现的矿冶遗址中年代最早、保存最完整、内涵最丰富的一处大型铜矿遗存，是中国青铜文明的象征之一。该遗址的发现，对探寻中国高度发达的青铜铸造业原料来源的问题，对于研究中国冶金史及文明史都具有极其重要的价值。
15	[枭阝左右结构]阳城遗址	都昌县周溪镇泗山村委会大屋场自然村	汉	鄡阳城遗址的公布所在地为江西省，公布类型为古遗址，公布批号为7-0210-1-210，公布地址为江西省九江市都昌县。 枭阝阳城遗址位于都昌县周溪镇泗山村委会大屋场邵家以南1000米的湖洲上，地处鄱阳湖水域之中，西距都昌县城约30千米。 1982年当地文物工作者开始对遗址进行调查。遗址面积约10万平方米。城址呈长方形，分布面积约10万平方米，南北长500米，东西宽200米，城墙土筑。城址最南端的城头山留存有，长20、高2、宽4米的土城墙。城内文化堆积分布深浅不一，有的达一、二米。地表采集有陶罐、炊具、钵等陶器及陶片。城头山前有横港河（古河道）。涨水季节，遗址全部淹没在翻阳湖水中。 汉高祖六年（前201年），建枭阝阳县，南朝宋永初二年因地壳下沉而废，使用历史长达623年。该城址对研究西汉时期的江西历史与鄱阳湖地理的变迁有着重要的价值。
16	真如寺塔林	永修县云居山	唐至元	真如寺塔林的公布所在地为江西省，公布类型为古建筑，公布批号为6-0601-3-304，公布地址为江西省九江市永修县。 真如寺塔林位于永修县西南隅的云居山，是唐至近现代的近百座历代高僧墓塔，现存主要建筑有道容塔(唐)、道膺塔(唐)、心印塔(宋)、心空塔(宋)、喇嘛塔(元)。僧塔建筑均为石构，构造巧妙、雕刻华美。其建筑布局大都为院墙式，小院内中央矗立僧塔，僧塔均由塔基、塔身、宝盖顶三部分组成，大多为实心结构。石碑立于塔后，嵌于后院墙。僧塔前有条形供台。塔院敞开部分有石级，院内条石铺地，院前的塔坪多为半圆或方形。
17	石钟山古建筑及石刻	湖口县双钟镇大中社区	唐至民国	石钟山古建筑及石刻的公布所在地为江西省，公布类型为古建筑，公布批号为7-1101-3-399，公布地址为江西省九江市湖口县。 石钟山有上下之分，位于长江与鄱阳湖交汇处南岸，相距不足一千米，是进出鄱阳湖往来长江上下游的江湖锁钥，为历代兵家必争之地。因其山势奇特、风景秀丽、历史悠久，成为历代名人学者访胜之地，保存了丰富的诗文石刻和古建筑，人文遗迹与自然环境相互衬托、交相辉映。

18-23 省级文物保护单位

序号	文物名称	地　点	时　代	简　　介
1	生命活水医院住院部旧址	塔岭南路48号九江市第一人民医院内	民国（1915年）	位于市塔岭南路48号，即九江市第一人民医院内，保存较好。创立于1915年，为美国基督教美以美会创办的一所私立教会医院。1927年，医院在塔岭南路（即现址）购得一块土地，并于1928年开工兴建新医院，1932年落成使用。解放后，医院由人民政府接管。旧址平面呈“Π”形，坐南朝北，砖混结构，面阔35.05米，进深53.1米，高三层。底层为半地下室，青砖红瓦铁皮，坡顶。屋面陡峻，设有屋顶窗与壁炉烟囱。墙体厚实，室内平面为单廊式布局。空间宽敞，光线充足，门窗用料硕大，外貌气势壮观，较明显体现西方近代建筑风格。西南角嵌有石刻一块，西面墙基上刻有“荣耀归于上帝”，南面刻“生命活水医院 民国十七年”铭文。2006年公布为江西省文物保护单位。
2	国民革命军第24军叶挺指挥部	东门口路18号171医院内	中华民国	位于九江市浔阳区东门口路18号，原为美国基督教圣公会办的圣约翰中学校长高达德公寓，保存较好。 1927年7月中旬，叶挺率国民革命军第二十四师驻扎九江时，设指挥部于此。南昌起义前夕，中共中央领导人云集九江。7月19日，受中央军事部长周恩来之命，中央军委聂荣臻、贺昌、颜昌颐组织前敌军委（由聂荣臻任书记）来九江协同叶挺等同志“负责主持我们的军队及党的指挥”工作，居住于此。7月20日前后，李立三、邓中夏，谭平山、叶挺、聂荣臻等同志在叶挺指挥部召开会议，首次提出“南昌暴动”，并即刻报告中央。7月24日召开第二次九江会议，研究南昌起义时间、部署及各种具体问题，把南昌起义推进到实施阶段。7月下旬，叶挺率第二十四师离开九江，开赴南昌参加起义。
3	烟水亭	孤溪梗社区甘棠湖中	清代	位于九江市浔阳区甘棠湖中，四面环水，民间传说为三国东吴周瑜点将台遗址，保存较好。始建于宋，明清时均有毁建。地基原为一土墩，其状如月，宋理学家周敦颐称之为“浸月”，后人在岛上建浸月亭。北宋熙宁年间（1063—1078年），周敦颐之子周寿见甘棠湖一带“山头水色薄笼烟”，遂在湖堤建亭，名曰烟水亭。明嘉靖年间，两亭俱废。明万历21年（1593年），九江关督黄腾春于浸月亭古址重建烟水亭，并建浸月亭于其右侧，使两亭融为一体，后相继修葺扩建，形成完整建筑群。清咸丰3年（1853年）毁于兵火，现存建筑为清同治至光绪年间重建。平面呈椭圆形，占地面积约1400平方米，建筑面积567.08平方米。座北朝南，砖木营造，抬梁结构，除五贤阁、亦亭分别为歇山顶和攒尖顶外，其余建筑均为硬山顶。整个布局分为东、中、西三个院落。中院布局严谨，前有烟水亭、纯阳殿；殿后有纪念陶渊明、白居易、李渤、周敦颐及王阳明而修的五贤阁；阁后又构观音阁。东西两院布局较为灵活，东为翠照轩、听雨轩、亦亭；西为浸月亭与船厅等。建国后烟水亭逐年均有维修，1972年建九曲桥通向湖岸，1987年于亭南筑周瑜点将台。整个建筑鳞次节比，错落有致，范围不大，集中展示了晚清时期江南园林建筑的风貌。烟水亭留有丰富的文化遗迹，如纪念性建筑，近现代名人刘廷琛、蔡公时的手书楹联和许德衍的诗刻以及“寿”字碑刻、藏剑匣石刻等。2000年公布为江西省文物保护单位。
4	日本领事馆	湓浦路12号	民国（1912年）	位于九江市浔阳区盆浦路12号。1912年，日本政府为收集我国政治、经济、军事、文化情报，扩大侵华势力，保护其侨民利益而特设。 1925年6月13日，为打击帝国主义势力，声援“五卅”运动，九江人民在日本领事馆前聚众演讲，并愤怒冲击该领事馆，为九江反帝斗争写下光辉一页。该领事馆座北朝南，砖木结构，俄式二层红色楼房，建筑面积425平方米。墙基均为麻石砌筑，门前筑一米高台阶，红色耐火砖墙面，顶原为四坡顶，并设屋顶窗及壁炉烟囱。1980年使用单位维修时，顶被拆除并增建一层，另在领事馆前加盖一栋值班用房。2001年全面维修。1987年公布为江西省文物保护单位。

18-23 续表

序号	文物名称	地　点	时　代	简　　介
5	日本台湾银行	滨江大道西段85号	清代（1911年）	位于九江市区滨江路85号。第二次鸦片战争以后，九江成为外国侵略者在中国腹地进行经济、政治、军事、文化和金融侵略重要据点。为抢占中国市场，打破英帝国主义垄断九江金融市场局面，1911年11月，日本帝国主义开办台湾银行九江分行，开始对九江实行盘剥式金融活动。旧址系砖混结构二层建筑，座南朝北，面阔24米，进深12米，建筑面积576平方米，主楼为四坡顶，造型及细部受二十世纪初西方建筑复古主义思潮影响。入口处设两根科林斯柱，柱头比例尺寸适宜，做法讲究，门头上以牛腿悬挑小阳台，二楼标高和屋面檐口做枭混与椽头线角，工艺精细，线条流畅。2006年公布为江西省文物保护单位。
6	西林寺塔	江西省九江市濂溪区赛阳镇东林村1组西林寺内	明	位于庐山西北麓的北香炉峰下之西林寺内，塔内原有众多佛像，又名千佛塔。始建于唐开元年间，现存佛塔为北宋庆历年间（1041-1048年）重建，此后屡有维修。据《德化县志》记载：规模较大的维修有“明崇祯四年，由太史王鸣玉，大师照真重修。”和“清道光年间塔顶裂为二。咸丰年间一夕自合成，称之为神异。”平面呈六边形，底层边长5.7米，高46米，底层南北辟门，正门向南，檐下为三朵斗拱，二层以上每面皆为二朵斗拱，其斗拱均为异形砖烧制，砖叠涩出檐，磨砖斗拱技术精湛。每层均有佛龛和题额，塔南每层门上均有横额，底层为“千佛塔”，二层为“羽宝才”，三层为“金刚”，四层为“灵就来”，五层为“天上清”，六层为“聪雨花”，七层为“元明藏”，为明七层六面楼阁式砖塔。塔体内有两种纪年铭文砖，一为“塔主宣州助教管仲文康定二年”，一为“塔主宗大师道贞甲申庆历四年”。
7	九江海关姑塘分关旧址	江西省九江市濂溪区姑塘镇姑塘村	清-民国	位于九江市庐山区周岭乡姑塘村，旧称“常关”或“洋关”，旧时为江西水路交通要道、商业贸易集镇。清雍正年间（1723-1735年），在鄱阳湖内距湖口40里处设立此关。1900年，八国联军侵略中国，向清政府勒索巨额赔款，清政府无力承担，1901年，只得将中国的关税和22个通商口岸的常关税收作抵押。1907年9月，姑塘分关税收权开始被洋人霸占。1929年，税收权收回。
8	东林寺	江西省九江市濂溪区赛阳镇东林村1组	唐、明、清	位于九江市庐山区赛阳镇庐山西北麓香炉峰下。周围群山环抱，环境宜人，门前有虎溪汩汩而流，西面有西林寺，寺内外古木参天，幽静恬雅，是我国佛教净土宗（莲宗）的发源地。 东晋太元9年（384年），东晋名僧慧远受师命，南下宣扬佛法，结庵于西林寺东，始名“龙泉精舍”。后江州刺史桓伊为请立寺，遂改称东林寺，沿用至今。慧远在此收徒接众，共修僧业，并创设白莲社，倡导“弥陀净土法门”，后来推尊他为净土宗始祖。唐代高僧鉴真东渡日本前来寺，后与该寺智恩和尚同渡日本传经讲学，东林寺的教义也随之传入日本。至今，日本东林教仍以庐山东林寺慧远为始祖。慧远主持东林寺三十余年，宏宗演教，主持正法，集结白莲社，创立“净土宗”，使佛教中国化，并使之成为我国佛教重要宗派。
9	周敦颐墓	江西省九江市濂溪区莲花镇谭畈村周家湾自然村栗树岭上	宋熙宁六年（1073年）	位于九江市庐山区莲花镇周家湾栗树岭，亦称濂溪墓。 周敦颐（1017—1073年），字茂叔，号濂溪，湖南道县人，系宋明理学开山鼻祖。宋熙宁六年（1073年）11月病逝，与其母郑太夫人及其妻陆氏、蒲氏合葬于此。 经宋、元、明、清历代修葺，墓规模较为恢宏，为古浔阳八景之一，1959年曾被列为省级文物保护单位。文革期间，濂溪墓地面建筑遭到严重破坏，但地下墓葬仍保存较好。九江市政府和香港周氏宗亲总会分别于1999年和2005年分2期修复濂溪墓文物古迹，并于2007年6月19日（农历五月初五）周敦颐诞辰990周年纪念日对外开放。2006年公布为江西省文物保护单位。

18-23 续表1

序号	文物名称	地点	时代	简介
10	中共湘鄂赣省委、省苏维埃政府旧址	修水上衫乡上衫村	1931年	位于修水县上衫乡上衫村。旧址始建于清乾隆年间，主人是当地富户朱宫选，故又名宫选屋。座西北朝东南，占地面积近10亩，宽56米，深61米，当地称九井（天井）十八巷（巷道），房间122间，砖木结构，小青瓦屋面，麻石门框，呈围屋式样。因年久失修，房屋逐渐坍塌，现存旧址为一进，一天井，占地面积约2000平方米，建筑面积1000余平方米。
11	山背遗址	江西省九江市修水县上奉镇山背村	新石器时代晚期	位于修水县上奉镇山背村，是长江中下游新石器时代晚期遗址，面积3.4平方米，文化层厚1米左右，经碳14测定，其年代为公元前2500—3000年。 1961年经考古调查和发掘，遗址分别坐落在山背村南的跑马岭和杨家坪一带，相距约500米。在遗址中发现圆角长方形地面房屋基址一座，墙基内摆放柱础，用红沙土掺入稻秆和谷壳，并经烧烤，屋内遗存的大批生产工具和日用器皿完整或可辨者达183件，还发现已碳化的4颗花生种子和一颗山核桃果核。石器以锛最多，石镞次之，普遍为长条形有段石锛和菱形有铤或无铤石镞，还有穿孔半月形石刀、梳形穿孔石刀、双肩石斧、穿孔石铲等。陶器主要是夹沙红陶，代表性器形为罐形鼎、细颈瘦袋足鬶、球腹圆底罐、圈足壶、子母豆等。纹饰有曲折纹、旋涡纹、方格纹、圆圈纹。
12	黄庭坚墓	江西省九江市修水县杭口镇双井村	北宋	位于修水县杭口镇双井村。黄庭坚（1045-1105年），字鲁直，号谙翕，别号山谷道人，宋仁宗庆历5年（1045年）6月12日出生于修水县杭口双井。治平4年（1067年）进士，历任泰和县令、《神宗实录》检讨官和著作佐郎等职。北宋著名书法家、诗人，早年以文章诗词受知于苏轼，与张来、晃补之、秦观并称“苏门四学士”。其诗以杜甫为宗，讲究修辞造句，风格奇崛，为江西诗派始祖。其书法与苏东坡、米芾、蔡襄齐名，号称“宋四家”。著有《山谷集》、《山谷琴趣外篇》，墨迹、石刻传世更多。宋徽宗崇宁4年（1105年）病逝于贬所广西宜州，大观3年（1109年）安葬。据《宋史、黄庭坚本传》载：“大观三年（1109年），苏伯固、蒋维护柩归葬双井祖茔之西”。
13	南山崖石刻	江西省九江市修水县义宁镇	宋	位于修水县城南山岩黄庭坚纪念馆内。南山岩有藏龙洞、薛力岩等，存有唐宋名家碑刻28种86通。1959年公布为江西省文物保护单位。宋代著名诗人、书法家黄庭坚曾多次在此栖游。南山崖临河绝壁间有黄庭坚手书碑刻100余块，黄庭坚石刻像一尊。岩上“钓矶”、“五留石”、“积雪石”、“赤壁怀古”石刻俱为黄庭坚题书。特别是黄庭坚书的巨大“佛”字镌刻在崖壁上，更是惹人注目，“佛”字高3米，宽2.5米，右侧有咒语，左边落款“黄庭坚敬书”。 黄庭坚书法刚劲有力，浑厚超逸，堪称书法艺术精品。
14	香火桥	江西省九江市修水县渣津镇兜率寺	宋	位于修水县渣津镇兜率寺西侧。建于北宋元祐4年（1089年），东西走向，跨龙安山溪水，为麻石一孔拱桥，长4米，宽2.8米，高3米。该桥为当时兜率寺出入要道，保存完好。2006年公布为江西省文物保护单位。
15	湾里桥	江西省九江市修水县黄港镇南坪	宋	位于修水县黄港镇南坪村五组。建于南宋淳祐元年（1241年），为麻石一孔拱桥，跨坪港水，长16米，宽5.9米，高6米。建桥已760余年，保存完好。该桥曾一度作为修水通往南昌的公路桥梁，2006年公布为江西省文物保护单位。

18-23 续表2

序号	文物名称	地 点	时 代	简 介
16	灵源摩崖石刻	江西省九江市修水县黄龙乡	宋	位于修水县黄龙乡黄龙寺附近。白桥黄龙山下于唐代建“黄龙崇思禅院”为江南名刹。宋时黄庭坚经常游憩参禅于此，故留有黄庭坚手书石刻“灵源”、“法窟”、“黄龙山”、“三关”4处。“灵源”二字行书阴刻，自右至左横排，“灵”字大40×30公分，“源”字26×26公分。书法潇洒，苍劲有力，距北100米处，有“黄龙山”三字，正书阴刻，自右至左横排，大85×85公分。此外，还有张颜儿、黄叔敖等手书摩崖石刻，“法窟”在原寺前三塔嘴左侧山崖上，“三关”在原寺右路壁上，书写庄重苍劲有力，因岩石坚固，不易风化，且字体较大，镌刻较深，虽经千年风雨侵蚀，依然清晰。1987年公布为江西省文物保护单位。
17	浔阳城址	九江县赛城湖赛湖村	晋至隋	位于九江市开发区七里湖街道赛湖村，面积约3平方公里。据史书记载，浔阳城始建于晋惠帝永兴元年（304年），属江州。《晋书》载：“永兴元年分庐江之寻阳、武昌之柴桑二县合置寻阳郡”。隋开皇九年（589年），因水患移入湓城。曾是县、郡、州治所，襟江带湖，扼荆扬二州要冲，战略地位十分重要，为兵家必争之地，曾发生许多重大政治军事事件。遗址地势低洼，处在海拔16米上下，洪水季节常浸入水中，冬季水涸可观全貌。表土厚0.3—1.5米，文化堆积0.3—0.5米，由于湖水冲刷，裸露遗存物非常丰富，已发现房址、窑址、作坊址、水井、冶铁遗址和太湖石等遗迹，采集到铜、铁、石、陶、瓷器遗物200余件。房址呈长方形，座北朝南，有边长10米方形柱础坑11个，边长4米方形柱础坑4个，边长3.7米方形柱础坑4个，木柱全腐，仅现出黑色淤泥础边。作坊遗址在一处长约90米、宽约40米呈舌尖形湖滩上，面积约360平方米，包括房址一座，窑址一座，竖砖砌水井4个，沉淀陶泥圆坑十余个。采集到的遗物有石斧、石纺轮、石臼、石磨、陶纺轮、陶网坠、瓷擂钵等生产工具；陶瓷质罐、钵、缸、坛、翁、壶、鸡首壶、碗、盘、盅、碟、托器、杯、砚台等生活用具；板瓦、筒瓦、瓦当、花纹砖等建筑材料及“大兴四年”、“咸和元年”、“普通六年”、“普通七年”纪年砖和“周”、“杨”字铭文砖；鼻蚁钱、铁五铢、铜五铢等钱币。1996年发现一处古钱窖藏，总重量180公斤，它包揽了两汉、新莽、三国、两晋、南北朝各个时期官铸民造流通钱币数十种，时间跨度约750年，是研究地方经济货币史重要实物资料。城址西部小丘陵发现三十多座六朝砖室墓群，其中有“晋梁州刺史梁使君”残墓和东晋“大兴四年”、“永昌二年”、“咸和元年”等纪年铭文墓砖。1987年公布为江西省文物保护单位。
18	陶靖节祠	九江县沙河街镇东方红村	明	位于九江县沙河街东北隅1公里。简称陶祠，又名渊明祠。原在面阳山渊明墓左前麓，始建年代无考，元末兵乱毁圮，嘉靖12年至17年（1533——1538年）重建，清乾隆元年（1736年）和民国10年（1921年）进行过较大规模修葺。1982年迁至今址。祠为明清江南民居风格，座北向南，砖木结构，抬梁式列架，骆驼式山墙，前后两进，中有天井，两侧配耳室和厢房，面积250平方米。置有渊明塑像、楹联、匾额和碑刻。左前侧附建有陶渊明纪念馆。1987年公布为江西省文物保护单位。
19	岳飞母亲姚太夫人墓	九江县沙河经济开发区天坡村	宋	位于九江县城西南2.5公里株岭东北端沙河乡陈家垅。岳飞，河南汤阴人，南宋抗金名将。母姚氏，原困居河南汤阴家乡沦陷区，绍兴2年（1132年）迎居江州（今九江）随军奉养，绍兴6年春病逝鄂州，高宗赐葬于此，土名“卧虎舔尾”。墓保存较好，面朝西北，茔地纵9.1米，封土高1.7米，圆形拱顶，石灰石构造，墓碑中刻“宋岳忠武王母姚太夫人之墓”，前有拜台和石祭器，两侧刻“重修岳母墓碑记”。下有麻石台阶40级。墓前原有明正德12年（1517年）九江知府汪颖所建岳母祠，墓山原有岳飞亲建叠翠亭后毁于兵乱，现均已修复。1959年公布为江西省文物保护单位。

18-23 续表3

序号	文物名称	地　点	时　代	简　　介
20	岳飞妻李氏夫人墓	九江县狮子镇三桥村	宋	李氏名娃，江苏宜兴人，南宋建炎年间与岳飞婚于宜兴，后随军侍母徙居江州、鄂州，岳母故世曾居丧株岭，飞遇难被流放岭南，隆兴初昭雪还居江州，逝于淳熙2年（1175年），孝宗赐葬于此，土名“飞燕投河”。墓座北朝南，直径3.75米，封土高1.7米，圆形拱顶，石灰石构造，墓碑中刻“宋岳忠武王夫人李氏之墓”，两侧原立“声叙”、“封禁”二碑，日军侵华时被毁。墓前原有拜台，旁有岳母祠，俱早废。拜台及“声叙”、“封禁”二碑均已重修。墓周筑有护墙。1959年公布为江西省文物保护单位。
21	神墩遗址	九江县新合镇爱国村	新石器时代至周	位于九江县新合乡郧家塅东北200米。东西长192米，南北宽147米，面积28400余平方米，保存完好。平顶为土墩型，一条溪流经东侧自南向北环流而过。1984年和1985年配合铁路建设工程对遗址进行了两次发掘，共揭露面积900平方米，文化堆积层厚2—4米，分为4层，发现有新石器晚期墓葬和人骨架，商代和西周水井，生产工具有石锛、斧、钺、钻等石器和纺轮、网坠等，生活用具有夹砂质和泥质红、灰、黑陶鼎、罐、豆、盆、壶、钵、鬶、觚、缸等器或残片，釉陶和原始青瓷器。陶器多为素面，也有绳纹、方格纹、云雷纹、叶脉纹等20多种纹饰。其中完整和可复原的器物达400余件。该遗址为包含西周、商和新石器晚期等三个时期文化堆积的村落遗址。1987年公布为江西省文物保护单位。
22	陶渊明墓	九江县马回岭镇马头村	明	陶渊明（365年——427年），字元亮，或名潜字渊明，寻阳柴桑（今江西九江县）人，东晋伟大诗人和杰出散文家。私谥“靖节徵士”，或称“靖节先生”。 东晋义熙元年（405年）知彭泽县令，在官80余日时，督邮至县，吏请束带出迎，叹曰：“岂能为五斗米折腰向乡里小儿”，赋《归去来辞》以明志，解绶去职，隐于柴桑，到刘宋代晋后，与周续之、刘遗民诗酒往还。他文辞诗赋善写田园景物，著有《陶渊明集》。其作品影响深远，为隐逸派田园诗人所宗。墓为椭圆拱顶，砖石结构，面朝南，茔地纵7.9米，直径4.1米，封土高1.62米，保存完好。碑三门牌坊式，额横刻“清风高节”，中碑直刻“晋徵士陶公靖节先生之墓”，左刻墓志和“五柳先生传”，右刻“归去来兮辞”和重勒碑人、年月。墓前有拜台式平台和凹形石栏。由山脚至墓有63级砖阶回环而上。墓左前麓70米处原有靖节祠，1983年按原貌迁至县城沙河街东北隅。1959年公布为江西省文物保护单位。
23	国民革命军第二十五师参加南昌起义出发地--马回岭（老）火车站	九江县马回岭镇集镇	中华民国	位于九江县马廻岭乡政府左前方100米，为国民革命军二十五师参加南昌起义出发地。 1927年7月下旬，前敌军委书记聂荣臻奉前委书记周恩来之命来到九江，会同周士第策动国民革命军李汉魂二十五师参加南昌起义。8月1日，在此阻击张发奎所率卫队，挫败其阻止起义行动阴谋，旋即所属3个团的重辎部队从这里乘车出发，进入南昌，与起义部队会师。 火车站建于1922年，欧洲近代小型建筑风格，砖石混凝土结构，座东向西，主体建筑南北面宽15.95米，东西进深9.2米，面积约150平方米。站房为两层，上层低矮，底层平面呈曲尺状，拱券式门窗。场地总面积为2200150平方米。保存较好。1987年公布为江西省文物保护单位。
24	恭乾禅师塔	庐山金竹坪	明代	位于庐山金竹坪千佛寺遗址后。明朝万历7年（1579年），恭乾禅师来庐山金竹坪建千佛寺，被尊为该寺的开山祖师，后于南昌讲经时坐化，归葬庐山金竹坪。明万历16年（1588年），恭乾禅师弟子绩芳等修塔院，后世曾经多次维修。1986年庐山文物管理所重新修复，后因山洪冲毁。1995年申报世界遗产时再修，保存至今。塔院内有碑亭两座，五级六边形石塔一座，墓门四柱三开间，上覆覆莲盖项。院东20米处另有船塔一座，卧碑一块。清末，尉自明在原千佛寺遗址改建玄妙观，民国时废，现仅留残墙乱石。

18-23 续表4

序号	文物名称	地　点	时　代	简　　介
25	仙人洞摩崖石刻	庐山仙人洞	宋、明、近	分布在庐山牯岭仙人洞至锦绣谷2公里长的游步道两旁石壁上，风景优美，是庐山主要景区之一。 仙人洞原名“佛手岩”，因岩石参差如手指故名。佛手岩洞早为僧人所居，清光绪31年（1905年）改建为道观，名道教第八洞天，传吕祖在此修行得道，更名为仙人洞。
26	天池寺摩崖石刻	庐山天池寺附近	宋、明、近	分布于庐山牯岭大天池、石门涧及电站大坝等地岩石上。这里风景优美，地势险峻，是观佛灯绝佳去处。石门涧山道是古代登天池寺主要道路。天池寺最初由东晋高僧慧远弟慧持始建，香火不断。明洪武年间，朱元璋赐封天池护国禅寺。天池寺是庐山顶上最早立的寺院，是庐山主要风景点，为历代游人必到之处，今寺已不存。天池寺石刻包括自南宋至民国时期石刻18条，其中南宋石刻3条，明代石刻5条，清代石刻2条，民国石刻6条，待考石刻2条，另有建筑附属石刻3条，全部为阴刻，其中以南宋赵崇宪祭祖文最早， 以明刘世扬题刻 “照江崖”三字书法最佳，以明王守仁（即王阳明）诗刻最为有名。王守仁诗刻在大天池照江崖亭内山石上，文为：“昨夜月明峰顶宿，隐隐雷声在山麓。晓来却问山下人，风雨三更卷茅屋。”落款为“阳明山人王守仁伯安书”，分五行直书，楷体阴刻，14公分见方，字体苍劲有力。1959年公布为江西省文物保护单位。
27	九十九盘摩崖石刻	九十九盘古道沿途	宋、明、清	分布在庐山仙人洞停车场南来垅埂至九十九盘古道旁的石壁上。九十九盘是明太祖朱元璋为祭祀周颠仙人，在庐山仙人洞入口处白鹿升仙台上建御碑亭时，为运御碑上山，由内务府专门开辟，也是明代步行登山重要官道。沿道原建有“半山”、“甘露”等五座石亭，现亭已毁，只存石刻。
28	黄龙寺摩崖石刻	庐山黄龙寺附近	明、近	分布在庐山牯岭西南3.5公里处的黄龙寺至电站大坝、乌龙潭小道两旁岩石上。黄龙寺是庐山山上著名寺院，明代万历年间（1573—1620年）肃皇太后赐经书给黄龙寺，并建碑亭纪念，是历史名人游士必到之处。
29	松门别墅	庐山河南路602号	近代	地处庐山牯岭月照松林。西邻河南路，东靠松树路，绿树环抱，松风送涛，环境优美。建于二十世纪二十年代，最初为瑞典人所有，1929年售予陈彦和，陈三立及其子陈隆恪在此居住，陈三立取名“松门别墅”，并题刻“虎守松门”四字，陈三立在此居住前后达5年之久，期间写下了大量有关庐山题材的诗词、游记。1933年陈三立迁居北平，隆恪一家居此。解放后陈封怀一家居此。1959年陈小从将别墅售予江西文艺工会。别墅依山就势而建，平面曲尺形，“L”形平面布局，二层石木结构，建筑面积400平方米，铁皮瓦屋面。座东正门设在“L”形短边中间，门前外挑披檐。入门为厅，厅后壁设宝树壁，经宝树壁侧门入为登楼木梯。西侧二楼原为晒台，后被封为房间。2000年公布为江西省文物保护单位。
30	邓小平旧居	庐山中四路286号	近代	地处庐山牯岭中四路与中路交汇处西南侧，座西向东，东对美国升天教堂，北为中四路，南邻中五路，西为长冲谷。周围古木参天，环境优美。1902年，由美国传教士科伯南购地建造，1936年国民党教育部驻庐山办事处购得。1961年中共庐山工作会议时，邓小平居此。1970年中共九届二中全会期间，董必武下榻于此。别墅为典型英式，一层石木结构，有宽阔的庭院，平面呈不规则布局，体量不大，建筑风格简约。四坡铁皮瓦组合屋面，卵石烟囱冲出屋面。入口处设封闭式门廊，厅内原靠窗下有类似美靠的边体椅柜，现保存有少量庐山会议时使用过的家具，壁炉、壁灯仍然保存完好。室内局部曾改造，外观基本保持原样。2000年公布为江西省文物保护单位。

18-23 续表5

序号	文物名称	地 点	时 代	简 介
31	海会寺摩崖石刻	庐山龙门村龙门沟左侧的大壑深山中	唐	位于九江市庐山区莲花镇龙门沟左侧大壑深山中。计有七处石刻，主要分布在一块三角形巨石上，分别镌有“海会寺”、“时唐证圣元年乙末岁”、“嗣祖比丘”、“本宗开山”、“刘本瑞公喜施十石”等，巨石背面有乾隆戊午年（1738年）松畔子撰、余氏书刻“盘旋石上绿接天，枝枝垂荫半边山,我来独坐清心火,名利两忙是不然”诗。从现存石刻纪年推断，其年代当在唐至清，其中“时唐证圣元年乙末岁”是庐山目前最早确切纪年摩崖石刻。石刻字迹基本清晰,除题字、题记外，尚有诗刻，均保存较好。2006年公布为江西省文物保护单位。
32	波黎公寓	庐山垦殖场浔庐村，警察学校老校舍内	近代	位于九江市庐山区莲花镇莲花洞景区内，保存完好。公寓依山而建，四周绿树成荫，环境幽雅。为法国人波某所建。波氏热爱中国文化，钟情于庐山，并娶九江彭泽女黎氏为妻，当地人称其住宅为波黎公寓，该公寓是中法人民友好关系历史见证。砖木结构，双层四坡顶，立柱式回廊，建筑面阔17.3米，进深15.5米，东、西、北三面上下均有内廊，券拱式廊柱及整个建筑造型具有法国建筑风格。民国期间曾为李烈钧将军居所。2006年公布为江西省文物保护单位。 海会寺摩崖石刻
33	庐山三叠泉摩崖石刻	九江市庐山区三叠泉景区九叠谷内	南宋绍熙二年	散落在九江市庐山区兰叠泉景区九叠谷内。三叠泉是庐山奇观之一，其三叠瀑布飞流直下的雄伟壮观让人留恋忘返，难以忘怀。其自南宋绍熙二年（1191年）由樵者发现后，历代文人骚客接踵而来，在九叠谷内留下许多文人遗墨。保存较好的有宋《留无刚题记》、元《大德九年庐山寻真观题记》、明《刘世杨题记》、清“双溪草堂”等摩崖石刻十余处。三叠泉摩崖石刻无论是书法还是镌刻都有较高的艺术价值，进一步丰富了庐山石刻文化，对于研究历代名人在庐山活动提供了资料。2006年公布为江西省文物保护单位。
34	醉石石刻群	庐山市温泉镇温泉村醉石唐西北800米	晋宋元	位于星子县温泉镇虎爪崖下，醉石为一不规则四方巨石，长宽3.3米余，高约2.4米。石面平滑如席榻。《南史载》：渊明嗜酒，“醉辄卧石上”、“其石至今耳迹及吐酒痕在焉”。南宋朱熹访得此处，建“归去来馆于其侧”。今馆已毁，“归去来馆”四篆字仍存，为朱熹手迹，每字高70、宽120厘米。 此外， 还有宋代陈舜俞的醉石诗及欧阳华、周行先题刻，明代郭波登醉石诗刻等石刻共9条，
35	玉涧桥	庐山市白鹿镇五里村胡家垅水库南300米	宋	位于星子县白鹿镇五里村西北方向1500米处，北与胡家垅水库相对向；东北1000米处有罗汉寺遗址；西南半里许有公路南北通过，桥横跨在一东西流向的玉涧溪上，故名。原在罗汉寺前，又称罗汉寺桥。
36	南康府谯楼	庐山市南康镇坡头社区紫阳南路	明	位于星子县城中部，又称鼓楼。楼座南向，为台门式建筑，下为墩台，花岗石砌垒，内筑五花土，基宽27.9米，纵深15米，高5.46米，中有拱门通道，深16米，宽3.3米，高5.6米（俗称鼓楼洞）。沿傍有清人刘方溥所书对联，上联“曾有名贤过化，前茂叔，后考亭，我亦百姓长官，且试问摧科抚字”。下联“纵使绝险称雄，背匡庐，面彭蠡，谁作一方保障，敢徒凭形势山川”，落款“乾隆癸未仲春下浣山右刘方溥撰书”。对联书法古朴厚茂，遒劲有力。刘方溥，山西洪洞人，贡生出身，乾隆27年知南康府事。墩台上建有谯楼，台东侧沿石阶而上。
37	一见心寒纪念墓	庐山市温泉镇东山村西边山脚自然村南100米	1938	位于星子县温泉镇归宗医院以北1500米处。墓座西朝东，后枕庐山。墓分为三个墓塚，三个墓碑，每墓葬死者若干，载死者姓名，墓碑高1米，宽4米，封土堆高1米，直径2.5米。

18-23 续表6

序号	文物名称	地　点	时　代	简　　介
38	千眼桥	都昌县多宝乡鄱阳湖老爷庙水域	明	位于都昌县多宝乡鄱阳湖老爷庙水域，保存完整。又名钱公桥，建于明崇祯五年，由署县本府推官钱启忠捐资所建。有当朝少司马余应桂作钱公桥碑记。全长2673米，宽1.2米。在水底泥中用松树打桩，用麻石相接连成，因有千块花岗岩石条相连，故称千眼桥。为鄱湖水域中建桥时间最早、跨距最长、保存最为完整的水中古桥。2006年公布为江西省文物保护单位。
39	马垱炮台	江西省九江市彭泽县马当镇江湾村马当山	近代	位于彭泽县马当镇江湾村后马垱山上，面积约6万平方米。该山险峻，形如奔马。炮台所处的马垱矶，横枕江中，“马垱”因此得名。这里江面狭窄，水势湍急，自古为用兵要地。此山人文底蕴丰厚，文学家李白、王勃、王昌龄、陆龟蒙等曾到此作赋写诗。 炮台始建于1840年鸦片战争时期，清太平天国和甲午战争期间多次加固维修。1912年10月29日，孙中山视察并题字“中流砥柱”。抗日战争中，国民党当局将马垱炮台列为长江沿岸三大军事要塞之一，并修筑了马垱要塞江防工程，成为中日军队攻守争夺焦点。
40	茅湾碾米作坊遗址	江西省九江市彭泽县马当镇茅湾村柯屋	清代	位于彭泽县马当镇茅湾村柯家村道旁，占地面积约30平方米。建于清代道光8年（1878年），使用至20世纪60年代末。现存一套完整石制碾米工具，有碾槽、碾轮和碾柱。碾槽直径5.2米，碾轮直径1.18米，碾柱直径0.22米，碾柱上端刻有铭文“道光八年，诈、超二公共置，公议同异姓外员亲用，有借槽碾米者，每槽务要八升，倘有本家子孙私自徇情者，查出罚钱四百文”。作坊为研究清中晚期农村生产生活石农具提供了难得实物资料。2006年公布为江西省文物保护单位。
41	大圣塔	江西省九江市彭泽县黄岭乡黄岭村管家自然村南面	明代	位于彭泽县黄岭乡管家村前。 原名旧县塔， 因高七层又称 “七级浮屠”，为砖石结构，南北设门，高17.7米，底边长3.73米，占地面积640平方米。始建于唐，明代陶子仙重修，并冠名“大圣塔”。唐朝至德5年,狄仁杰曾任令于此,现塔旁存有“狄公祠”、“纵囚墩”、“仙人桥”等。2006年公布为江西省文物保护单位。
42	高善继墓	江西省九江市彭泽县黄花镇新民村坞里高	清代	位于彭泽县黄花乡新民村。占地面积约60平方米,高1.5米,直径2.8米。墓碑正文为颂表高善继英勇事迹的《史馆本传》，碑帽上书“谕赐祭葬”，两旁碑夹刻有清光绪年庆亲王手书悼联“旗常特表牙山色，冠服长留幽冢香”。高善继，字焕周，号次甫，1854年11月27日出生，彭泽县黄花乡新民村人，清光绪举人，任弋阳县训导及天津县教谕。清光绪20（1894年）年，投笔从戎，参加中日甲午海战，抗日援朝，6月23日，在丰岛牙山海战中壮烈牺牲。2006年公布为江西省文物保护单位。
43	云居山真如寺及历代僧塔	永修县云居山	唐至近现代	云居山真如禅寺（江西省文物保护单位）：位于云居山莲花城，真如禅寺为佛教曹洞宗的重要发祥地之一，自唐元和初年(公元806—810年)，道容禅师肇基以来，法灯长燃，时逾千载。唐中和三年(公元883年)曹洞宗二世祖道膺禅师于此弘法传宗，树百丈农禅之家风，标新丰顿悟之法门。由此，“云居禅院”声名远扬，门徒云集，成为四方朝圣之地。唐僖宗赐额为“龙昌禅院”。

18-23 续表7

序号	文物名称	地 点	时 代	简 介
44	吉安会馆	永修县吴城镇	清代	位于永修县吴城镇。始建于清代初年，嘉庆23年（1818年）、道光7年（1827年）进行过较大规模维修。占地1000平方米，砖木结构，平面呈长方形，内结构分两层，下为客堂、上为观戏台。一层客堂为吉安籍客商宴宾之所，有三扇大门进出；二层观戏台台面为地板，四周由四根石柱支撑，石柱上部为木柱，正中悬挂“吉安会馆”馆匾，观戏台木构件都雕刻有神态各异戏剧人物、瑞草飞鸟、垂吊花篮等故事图案。顶部中央藻井装饰华丽。2006年公布为江西省文物保护单位。
45	李烈钧墓	武宁县豫宁公园西北侧	近代	座落在武宁县城东街口，革命烈士陵园北侧山腰。墓朝西，墓基为长9米、宽7米水泥平台，前部有高近1米“一”形六柱围栏，墓室后部两旁各有台阶6级供行人上下。墓室为长方形，钢筋水泥结构，上部出檐平顶，顶下四柱之间，除前部镶水泥档板、板中嵌墓碑外，余三方均围镂花半身栏杆，四围底部还有台阶两级，并建有墓亭，高2.7米，长4米，宽3米，庄严肃穆。2000年公布为江西省文物保护单位。
46	石灰山遗址	德安县聂桥镇聂桥村	商	位于德安县聂桥镇蒋家垄口祝家东南150米处，面积约5万平方米，遗址高出敷阳河面10-20米。1982年4月调查发现，1982年和1998年进行过两次发掘，发掘面积405平方米,文化堆积厚30—180厘米,有灰坑、水井、房基等遗迹,最早年代为商代中期,为山坡型遗址。出土陶器有鬲、豆、缸、罐等,陶色为夹砂红陶和泥质红陶;石器有斧、锛、镰、凿、砺石和石范等；青铜器有斧等，纹饰有绳纹、叶脉纹、S形纹、席纹、菱形纹、方格纹、篦纹、剔刺纹、刻划纹等。根据试掘情况初步判断，该遗址属吴城文化，其发现对于吴城文化属中原文化的一支的论断找到了佐证，并为探索商文化过长江的途径，提供了重要的线索和实物依据。1987年公布为江西省文物保护单位。
47	万家岭战役遗迹	德安县磨溪乡磨溪村	近现代	938年6月，日本军国主义为早日结束对华战争，发动空前规模的“攻占武汉作战”，企图占据武汉，控制中原,逼迫国民党南京政府投降。日本大本营从8月开始调动优势兵力向武汉发动总攻，日军第11军司令长官冈村宁茨于7月27日命第106师团、101师团共六个联队沿南浔铁路攻击，向德安进犯，窜入德安县磨溪乡万家岭。中国军队在第一兵团司令官薛岳、南浔前线总指挥第九集团军司令员吴奇伟指挥下英勇抗击，展开了为期三个月的德安战役，这是抗战初期继平型关战役和台儿庄战役之后中国军队一次重大军事胜利，共歼敌20000余人，是侵华日军入侵以来的一次大惨败。万家岭大捷后，全国各大城市都召开祝捷大会，有力地振奋了全民族抗战精神，现残留抗战指挥部旧址“金山寺”及大金山周围的战争工事等遗迹。
48	罗汉桥	德安县蒲亭镇朝阳村	宋	位于德安县蒲亭镇东风路。宋神宗熙宁元年（1068年）修建，宋徽宗大观元年（1107年）重修，东西向跨桂林河。长13米，宽4.2米，单孔石拱桥,花岗石榫卯构造，铁构件链接，拱券上方有铭文，记载修建罗汉桥执事姓名等纪年情况。2006年公布为江西省文物保护单位。

主要统计指标解释

科技活动 指在自然科学、农业科学、医药科学、工程与技术科学、人文与社会科学领域(简称科学技术领域)中与科技知识的产生、发展、传播和应用密切相关的有组织的活动。为核算科技投入的需要，科技活动可分为科学研究与试验发展(R&D)、科学研究与试验发展成果应用及相关的科技服务三类活动。

研究与试验发展 指在科学技术领域，为增加知识总量、以及运用这些知识去创造新的应用进行的系统的创造性的活动，包括基础研究、应用研究、试验发展三类活动。在工业企业开展的科学研究与试验发展(R&D)活动中，较为普遍的和大量的活动属于试验发展活动。

基础研究 指为了获得关于现象和可观察事实的基本原理的新知识(揭示客观事物的本质、运动规律，获得新发现、新学说)而进行的实验性或理论性研究，它不以任何专门或特定的应用或使用为目的。其成果以科学论文和科学著作为主要形式。

应用研究 指为获得新知识而进行的创造性研究，主要针对某一特定的目的或目标。应用研究是为了确定基础研究成果可能的用途，或是为达到预定的目标探索应采取的新方法(原理性)或新途径。其成果形式以科学论文、专著、原理性模型或发明专利为主。

试验发展 指利用从基础研究、应用研究和实际经验所获得的现有知识，为产生新的产品、材料和装置，建立新的工艺、系统和服务，以及对已生产和建立的上述各项作实质性的改进而进行的系统性工作。其成果形式主要是专利、专有技术、新产品原型或样机样件等。

研究与试验发展成果应用 指为使试验发展阶段产生的新产品、材料和装置，建立的新工艺、系统和服务以及作实质性改进后的上述各项能够投入生产或实际应用，解决所存在的技术问题而进行的系统性的工作。这类活动的成果形式大多是可供生产和实际操作的带有技术和工艺参数的图纸、技术标准和操作规范。

科技服务 与科学研究与试验发展有关并有助于科学技术知识的产生、传播和应用的活动，包括为扩大科技成果的使用范围而进行的示范性推广工作；为用户提供科技信息和文献服务的系统性工作；为用户提供可行性报告、技术方案、建议及进行技术论证等技术咨询工作；自然、生物现象的日常观测、监测，资源的考察和勘探；有关社会、人文、经济现象的通用资料的收集，如统计、市场调查等，以及这些资料的常规分析与整理；为社会和公众提供的测试、标准化、计量、计算、质量控制和专利服务，不包括工商企业为进行正常生产而开展的上述活动。

电视人口覆盖率 指用普通的电视接收机，室外天线在离地面 4 米高处能在晚上正常收看电视节目的人数与全市总人口数之比。

广播人口覆盖率 指用普通的收音机在中午能正常收听广播节目的人数与全市总人口数之比。

文化事业机构 指从事专业文化工作和为专业化工作服务的单独核算、独立建制的单位不包括文化主管部门直属单位举办的其他行业各部门的业余文化组织。

艺术表演团体 指从事戏曲、音乐、舞蹈、杂技等专业艺术表演有独立帐户、实行单独核算的团体。

卫生、体育及其他 19

- 2016年，全市拥有卫生机构833个，卫生机构床位24169张，卫生技术人员26303人。
- 2016年，全市举办运动竞赛会106次，参赛市级及以上运动会的运动员4840人。
- 2016年，全市有律师事务所40个，律师工作者386人；公证处14个，公证人员81人。
- 2016年，全市有基层团支部3713个，专职团干75人；工会基层组织5963个，专职工会工作人员1868人。

19-1 主要年份卫生机构、床位及人员数

年份	机构数(个)	#医院	床位数(个)	#医院	卫生技术人员(人)	#医生	护师、护士
1980	675	295	10418	8617	9435	3936	1596
1985	682	311	12000	9592	11372	4891	2233
1990	706	325	13224	10354	13227	6215	3392
1991	700	326	13079	10347	13557	6387	3494
1992	686	326	13523	10652	13551	6353	3569
1993	676	321	14149	10802	13070	5951	3519
1994	672	321	13911	10568	13086	5944	3662
1995	669	325	12985	10600	13656	6549	3772
1996	415	310	12152	10272	12267	5445	3978
1997	416	310	12756	10725	12314	5434	4008
1998	415	95	13645	8452	12324	5530	3949
1999	414	94	12043	7430	12380	5503	3983
2000	409	93	12235	7554	12108	5366	3906
2001	405	92	12676	8237	12407	5446	3928
2002	359	96	12882	9530	11733	5074	3667
2003	340	79	11257	6751	11197	4787	3474
2004	341	82	10499	6699	10941	4679	3558
2005	342	76	10454	6659	11079	4769	3591
2006	357	80	10994	7171	11047	4767	3433
2007	350	70	10456	6496	13236	5774	4203
2008	348	55	11032	6738	13278	5427	4552
2009	420	66	15065	8068	15939	5497	5712
2010	791	62	16366	8556	17241	6054	6302
2011	787	60	16526	9663	18804	6238	7263
2012	773	64	18966	11870	20027	7405	8200
2013	815	63	20841	13413	22139	8370	9054
2014	814	62	22001	14376	22895	8145	7169
2015	833	63	23759	15961	24046	8486	10539
2016	833	63	24169	16108	26303	9857	11065

注：表中数据不含村卫生室。

19-2 各类医院机构、床位及人员数

(2016年)

指标	机构数（个）	床位数（个）	人员数（人）	#卫生技术人员
总计	**2720**	**24179**	**35995**	**26303**
一、医院	63	16108	18131	15649
综合医院	44	11090	13449	11647
中医医院	12	3857	4015	3524
专科医院	7	1161	667	478
二、疗养院	1	1000	155	39
三、社区卫生服务中心(站)	80	1021	1448	1236
四、卫生院	196	4172	5013	4314
街道卫生院	2	30	46	40
乡镇卫生院	194	4142	4967	4274
五、门诊部	5	2	31	27
六、急救中心（站）	1		26	17
七、采供血机构	1	1393	32	16
八、妇幼保健院（所、站）	14	483	2614	2714
九、专科疾病防治院（所、站）	19		601	453
十、疾病预防控制中心（防疫站）	17		632	485
十一、卫生监督所	14		271	199
十二、健康教育所（站、中心）	1		5	4
十三、诊所、卫生院、医务室	388		645	637

19-3 体育事业

指标	单位	2015年	2016年
一、各级体委举办运动会竞赛会	**次**	**128**	**106**
#市级	次	29	29
县区级	次	99	88
参加市级及以上运动会的运动员人数	人	6268	4840
二、等级裁判员发展人数	**人**	**120**	**150**
三、等级运动员发展人数	**人**	**80**	**78**
四、体育场地数	**个**	**446**	**446**
体育场	个	25	25
体育馆	座	13	13
室外游泳池	个	29	29
各种训练房	个	379	379
五、获省级运动竞赛奖牌	**枚**	**186**	**155**
金牌	枚	64	56
银牌	枚	61	50
铜牌	枚	61	49

19-4 行政区划及婚姻登记情况

指　　标	单　位	2016年
一、行政区划		
镇　　数	个	102
乡　　数	个	80
街道办事处	个	14
二、基层群众组织		
居民委员会	个	422
村民委员会	个	1747
三、国内婚姻登记		
结　　婚	对	38076
申请离婚	对	12345

19-5 各县(市、区)婚姻登记情况

(2016年)

地　　区	申请结婚（对）	申请离婚（对）
全市合计	**38076**	**12345**
浔 阳 区	2116	1111
庐 山 区	1758	591
九江开发区	1098	388
庐山管理局	110	35
九 江 县	3150	862
武 宁 县	2999	1163
修 水 县	6056	2053
永 修 县	2962	1131
德 安 县	1514	547
星 子 县	2262	469
都 昌 县	5354	974
湖 口 县	2159	598
彭 泽 县	2549	785
瑞 昌 市	3401	1369
共 青 城 市	588	269

19-6 主要年份律师、公证及调解工作情况

指　　标	单位	2000年	2005年	2010年	2011年	2012年	2013年	2014年	2015年	2016年
一、律师工作										
律师事务所	个	26	25	27	29	32	33	33	36	40
律师	人	207	174	238	261	288	282	328	359	386
# 专职律师	人	129	167	216	240	264	264	306	335	359
兼职律师	人	78	7	20	21	24	18	22	24	27
聘请担任常年法律顾问的单位	处	827	895	607	852	820	807	1026	1529	1603
民事代理	件	2749	2513	2510	2480	2934	2831	3410	3872	2454
刑事辩护	件	730	930	705	612	973	803	1036	1008	763
非诉讼事务	件	1756	1985	761	2698	2813	3014	1465	1560	1524
二、公证工作										
公 证 处	个	14	14	14	14	14	14	14	14	14
公证人员	人	72	69	77	72	73	75	82	73	81
#公 证 员	人	44	36	39	41	44	45	44	46	39
办理公证文书	件	43090	3126	21283	18976	14875	18967	19575	17944	18847
#国内公证	件				18876	17140	15437	15317	13713	14631
涉外公证	件				2776	2906	2984	3663	3676	3709
涉港公证	件				427	462	546	595	555	507
三、人民调解工作	件									
专职司法助理员	人	200	49	111	213	315	315	274	262	270
人民调解委员会	个	2953	2518	2321	2321	2755	2760	2655	2669	2662
调解人员	人	9706	8919	13989	14037	13615	13620	8908	8873	8964
调解民间纠纷	件	16101	9346	15449	12150	10521	10620	9047	9319	8752
调解成功所占比重	%	96.0	96.8	97.0	98.5	95.2	96.0	97.1	99	88

19-7 主要年份共青团组织情况

年份	基层团支部（个）	共青团员（万人）	#女团员	专职团干部（人）
1985	7368	14.48	5.13	725
1990	7539	16.56	5.72	782
1995	7943	21.03	6.74	740
2000	6234	19.62	8.40	620
2005	5945	22.47	8.91	771
2006	5948	23.00	8.92	771
2007	5974	22.56	8.74	771
2008	4742	22.50	7.80	774
2009	3896	20.41	7.74	792
2010	4489	22.10	9.90	687
2011	6493	32.02		65
2012	7935	32.03		94
2013	8410	24.51	11.96	82
2014	3852	26.56		79
2015	3780	26.28		78
2016	3713	25.44		75

注：2014年全市基层团支部进行了整合，统计口径调整。

19-8 主要年份工会组织情况

年份	工会基层组织数（个）	全市已建工会组织的基层单位的职工和会员人数（人）				工会专职工作人员人数（人）
		职工人数	#女职工	会员人数	#女会员	
1985	2113	286088	109366	250103	93234	1100
1990	2563	324292	129235	286339	119462	1811
1995	2676	372976	149167	326193	129752	1708
2000	2180	269465	102774	245056	94874	1101
2005	4868	409289	135979	406513	134910	1442
2010	5866	622900	286903	501600	275969	2073
2012	5909	624000	287000	501880	277090	2079
2013	5910	624700	287200	502000	277190	2085
2014	5916	625000	287380	502080	277200	2090
2015	5925	625200	287400	502100	277290	2085
2016	5963	626500	287900	503200	277770	1868

注：工会改革专职工会干部减少

19-9 妇女儿童基本情况

指标名称	单位	2015年	2016年
一、经济与人口			
人均地区生产总值	元	39505	43338
城镇居民人均可支配收入	元	27635	30011
农村居民家庭人均纯收入	元	11143	12157
国家财政性教育经费	万元	823120	849746
医疗卫生经费	万元	438745	457080
妇幼保健经费	万元	6152	7296
疾病预防控制经费	万元	11924	13167
人口与计划生育事务	万元	2684.37	2968.08
人口总数	万人	482.58	484.76
# 女性	万人	237.2	238.1
0-4岁人口	万人	31.61	31.62
# 女性	万人	14.65	14.69
0-17岁人口	万人	118.7	118.21
# 女性	万人	53.4	53.0
育龄妇女人口(15-49岁)	万人	146.8	143.1
人口自然增长率	‰	6.93	7.11
出生人口性别比(以女孩为100)		114.86	114.14
二、卫生保健			
婴儿死亡率	‰	3.16	3.03
# 城市	‰	2.43	3.14
农村	‰	3.35	3
5岁以下儿童死亡率	‰	4.9	4.85
# 城市	‰	3.15	4.06
农村	‰	5.35	5.07
孕产妇死亡率	1/10万	4.96	13.38
# 城市	1/10万	0	7.65
农村	1/10万	6.24	14.98
国家扩大免疫规划的疫苗接种率	%	99.75	99.74
卡介苗接种率	%	99.73	99.48
脊髓灰质炎疫苗接种率	%	99.79	98.41
百白破疫苗接种率	%	99.77	99.48
麻疹疫苗接种率	%	99.73	99.48
乙肝疫苗接种率	%	99.84	99.6
流脑疫苗	%	99.75	99.45
乙脑疫苗	%	99.69	99.31
甲肝疫苗	%	99.67	99.33
5岁以下儿童中、重度营养不良患病率	%	2.7	2.58
7岁以下儿童保健管理率	%	85.12	85.16

19-9 续表1

指标名称	单位	2015年	2016年
住院分娩率	%	99.99	100
农村孕产妇住院分娩率	%	99.98	100
农村高危孕产妇住院分娩率	%	99.99	100
非住院分娩中新法接生率	%	100	100
产前检查率	%	94.92	95.46
孕产妇系统管理率	%	85.51	86.25
# 城市	%	90.24	89.92
农村	%	84.29	85.23
婚前医学检查率	%	12.68	34.17
# 城市	%	35.75	38.48
农村	%	5.6	32.72
当年报告艾滋病病毒感染例数	例	161	80
# 女性	例	28	11
已婚育龄妇女综合避孕率	%	82.9	81.39
妇幼保健人员数	人	2806	2875
剖宫产率	%	31.8	30.98
三、教育			
在园幼儿数	千人	186.8	183.027
# 女童	千人	88.67	87.855
学前教育毛入园率	%	84.18	84.89
小学学龄儿童净入学率	%	100	100
# 男生	%	100	100
女生	%	100	100
小学五年巩固率	%	99.5	99.61
# 男生	%	100	100
女生	%	97.91	98.06
初中阶段毛入学率	%	99.94	99.94
# 男生	%	99.93	99.91
女生	%	99.95	99.97
初中三年巩固率	%	97.8	97.85
# 男生	%	97.72	98.4
女生	%	97.89	97.3
九年义务教育巩固率	%	97.03	97.28
# 男生	%	96.49	97.8
女生	%	97.58	96.7
特殊教育在校学生数	人	2711	3375
# 女生	人	953	1306
高中阶段毛入学率	%	92.5	93.1
# 男生	%	92.49	93.09

19-9 续表2

指标名称	单位	2015年	2016年
女生	%	92.51	93.1
平均受教育年限	年	9.26	9.31
# 男性	年	9.49	9.51
女性	年	8.96	9.14
成人识字率	%	96.75	96.79
# 男性	%	98.73	98.75
女性	%	94.65	94.87
青壮年识字率(15-50岁)	%	99.59	99.61
# 男性	%	99.75	99.76
女性	%	99.25	99.28
四、就业与社会保障			
就业人员	千人	3108.2	3109.6
# 女性	千人	1455.3	1461.9
城镇单位就业人员	千人	468.93	435.24
# 女性	千人	178.22	172.44
城镇登记失业人员	千人	17.737	17.79
# 女性	千人	8.045	8.005
高级专业技术人员	人	20914	21499
其中：女性	人	6155	6639
城镇职工基本养老保险参保人数	千人	663.95	741
其中：女性	千人	254.13	276.77
城乡居民社会养老保险参保人数	千人	1884	1921
其中：女性	千人	951.4	922
城镇职工基本医疗保险参保人数	千人	638	661.6
其中：女性	千人	227.8	233.5
城镇居民基本医疗保险参保人数	千人	844.1	795
其中：女性	千人	277.7	261.5
参加失业保险人数	千人	342	351
# 女性	千人	140	140
参加工伤保险人数	千人	561.2	574
# 女性	千人	330.1	332.9
生育保险人数	千人	231.2	245.4
# 女性	千人	103.5	109.8
生育保险覆盖率	%	65.4	90
五、社会服务			
城镇居民最低生活保障人数	千人	77.935	75.88
农村居民最低生活保障人数	千人	170.176	174.845

19-9 续表3

指标名称	单位	2015年	2016年
村民委员会成员中女性比重	%	23.75	23.75
# 村委会主任中女性比重	%	4.63	4.63
居民委员会成员中女性比重	%	60.14	60.14
城镇社区服务设施数	个	1967	1980
城镇便民、利民服务网点数	个	2173	2173
六、妇女参政议政			
市人大代表数	人	423	433
# 女性	人	86	96
市政协委员数	人	500	429
# 女性	人	100	109
地级党委领导班子中女干部配备率	%	0	100
地级政府领导班子中女干部配备率	%	100	100
市级政府工作部门领导班子女干部配备率	%	53.12	51.61
县级党委领导班子中女干部配备率	%	76.92	100
县级政府领导班子中女干部配备率	%	76.92	100
县级政府工作部门领导班子女干部配备率	%	54.21	47.61
县级政府领导班子中担任正职的女干部占同级正职干部的比例	%	15.4	15.38
市级政府工作部门领导班子中担任正职的女干部占同级正职干部的比例	%	18.3	12.9
公务员中女性比重	%	19.42	19.94
七、法律保护			
破获强奸案件数	起	61	49
破获拐卖妇女案件数	起	0	0
破获拐卖儿童案件数	起	1	1
破获组织、强迫、引诱、容留、介绍妇女卖淫案件数	起	43	30
家暴妇女儿童救助（庇护）机构数	个	1	1
受救助（庇护）的妇女儿童人次数	人次	356	322
刑事犯罪被害人中女性比重	%	30.92	32.46
未成年人作案成员占全部作案人员的比重	%	5.95	5.48
得到法律援助机构援助的总人数	人	3350	2999
# 妇女儿童	人	1499	1418
八、社会、生活环境			
农村改水受益率	%	99.95	99.96
农村自来水普及率	%	81	82
农村卫生厕所普及率	%	87.23	85.74
城市建成区绿化覆盖率	%	50.14	50.15
城市污水处理率	%	99.47	99.47
城市生活垃圾无害化处理率	%	100	100

主要统计指标解释

医院、卫生院 指设有固定床位能收容病人住院并能为病人提供医疗、护理服务的医疗机构。包括县及县以上医院、农村乡卫生院、其他医院三部份。按所属性质分为卫生部门、工业及其他部门、集体所有制三类。其中县及县以上医院按业务性质分为综合医院和专科医院。

卫生技术人员 指卫生事业机构支付工资的全部固定职工和合同制职工中现任职务为卫生技术工作人员。包括中医师、西医师、中西医结合高级医师、护师、中药师、西药师、检验师、其他技师、中医士、西医士、护士、助产士、中药剂士、西药剂士、检验士、其他技士、其他中医、护理员、中药剂员、西药剂员、检验员、其他初级卫生技术人员。

医生 指经卫生部门审查合格，从事医疗工作的专业人员。分为中医医生和西医医生，包括卫生技术人员中的中医师、西医师、中西医结合高级医师、中医士、西医士和其他中医。

等级运动员人数 指经考核正式批准授予等级运动员称号的人数。运动员等级分为国际级运动健将、运动健将、一级运动员、二级运动员、三级运动员、少年级运动员。

等级裁判员人数 指经考核正式批准授予等级裁判员称号的人数。裁判员等级分为国际裁判、国家级裁判、一级裁判、二级裁判、三级裁判。

运动场 指有200米跑道（中心含足球场）和固定道牙，跑道6条以上，没有固定看台的室外田径场地。

体育场 指有400米跑道（中心含足球场）和固定道牙，跑道6条以上，并有固定看台的室外田径场地。以看台容纳观众人数分：甲级25000人以上，乙级15000—25000人，丙级5000—15000人，丁级5000人以下，共四级。

律师 指受聘参加法律顾问处工作，担任法律顾问、刑（民）事代理人、刑事辩护人、办理非诉讼事件、解答法律询问、代写法律事务文书等主要律师业务的专职律师和兼职律师。

公证人员 指在国家公证机关依法办理公证事务的司法人员。包括公证员、助理公证员和在公证处工作的其他人员。

办理公证 指公证处年内办结的公证文书件数。公证文书系按司法部规定或批准的格式制作。包括国内公证和涉外公证两部分。其中国内公证分为经济合同公证和民事法律关系公证两大类。

调解人员 在人民调解委员会担负调解民间一般民事纠纷和轻微违法行为所引起的纠纷的工作人员，包括调解委员会的委员和调解小组的调解员。

调解民间纠纷 指调解委员会依照法律规定，根据自愿原则，用说服教育的方法调解民间发生的有关民事权利和义务的争执，促成当事双方达到协议和谅解，解决纠纷。包括婚姻家庭纠纷，财产权益纠纷等。包括法院管理调解的民事案件数。

社会福利事业单位 指集中收养社会孤、老、残、幼的机构。包括由民政部门管理的社会福利院、儿童福利院、精神病人福利院和城镇集体办的福利院，以及农村集体举办的敬老院。

社会福利事业单位收养人数 包括民政部门管理和城镇及农村集体举办的社会福利事业单位中收养的老人、少年儿童、缺乏生活自理能力的残疾人员和精神病人。

全省各设区市及其它部分城市主要经济指标 20

20-1 全省各设区市主要经济指标

(2016年)

指标	单位	南昌市	景德镇市	萍乡市	九江市	新余市
年末常住人口	万人	537.14	165.49	191.42	484.76	117.37
土地面积	平方公里	7194	5261	3830	19078	3161
生产总值(GDP、现价)	亿元	4354.99	840.15	998.28	2104.05	1028.17
# 第一产业	亿元	181.77	61.94	68.66	173.35	58.95
第二产业	亿元	2307.24	466.51	549.04	1045.08	564.7
第三产业	亿元	1865.98	311.7	380.58	885.62	404.52
财政总收入	亿元	684.68	115.82	135.64	415.23	137.19
# 地方财政一般预算收入	亿元	402.18	88.72	105.49	260.52	95.74
财政支出	亿元	587.69	173.8	200.02	465.46	152.95
粮食总产量	万吨	238.49	64.73		172.59	61.35
油料总产量	万吨	12.06	3.74		21.71	1.93
肉类总产量	万吨	37.95	6.19	14.31	20.52	8.91
水产品产量	万吨	42.51	3.45	4.25	46.37	5.51
规模以上工业增加值	亿元	1611.5	276.38	436.27	1115.73	322.73
规模以上工业主营业务收入	亿元	6110.8	1150.5	1740	5487.5	1648.1
固定资产投资	亿元	4540.26	783.64	1162.86	2428.58	921.32
社会消费品零售总额	亿元	1868	300.61	338.08	656.78	239.95
外贸进出口总额	亿元	619.7	43.96	92.92	347.82	123.63
# 出口总额	亿元	379.75	42.59	91.82	284.31	84.34
实际利用外资	亿美元	28.9	1.88	3.37	18.03	3.99
金融机构存款余额	亿元	9503	940.47	941.58	2593.81	959.21
# 住户存款	亿元	2770.05	572.02	513.5	1324.39	447.54
金融机构贷款余额	亿元	8604.57	574.32	617.93	1754.58	714.37
城镇居民人均可支配收入	元	34619	31418	30630	30011	32163
农村居民人均可支配收入	元	14952	13878	15274	12157	15203
居民消费价格总指数	%	102.1	101.8	102.1	102.1	101.5
在岗职工平均工资	元	65812	49909	52389	56331	54602

注：本章节中数据来源于各城市统计公报。

20-1 续表

指　　标	单位	鹰潭市	赣州市	吉安市	宜春市	抚州市	上饶市
年末常住人口	万人	115.93	858.87	491.79	553.25	400.18	675.16
土地面积	平方公里	3560	39363	25283	18668	18799	22736
生产总值(GDP、现价)	亿元	695.35	2194.34	1461.37	1770.38	1210.91	1811.05
# 第一产业	亿元	52.8	320.12	233.21	248.31	197	235.38
第二产业	亿元	404.55	936.87	708.96	901.01	519.34	863.97
第三产业	亿元	237.99	937.35	519.2	621.05	422.57	711.7
财政总收入	亿元	116.82	366.32	229.08	320.92	171.62	302.4
# 地方财政一般预算收入	亿元	81.62	243.18	157.02	220.05	122.8	227.54
财政支出	亿元	128.03	676.83	382.84	434.85	312.34	495.53
粮食总产量	万吨	73.72	287.5	423.76	428.97	296.64	351.3
油料总产量	万吨	2.87	10.2	18.89	22.19	6.01	18.7
肉类总产量	万吨	12.42	71.14		62	34.84	31.05
水产品产量	万吨	5.22	31.27	23.2	37.74	19.65	53.7
规模以上工业增加值	亿元	330.87	847.9	760.8	956.2	394	751.2
规模以上工业主营业务收入	亿元	3633.1	3577.3	3278.8	4016.7	1648.6	3300.2
固定资产投资	亿元	604.16	2205.51	1710.16	1821.43	1251.3	1790.29
社会消费品零售总额	亿元	194.66	790.24	448.66	596.25	480.27	721.12
外贸进出口总额	亿元	233.55	271.04	332.8	173	121.53	283.95
# 出口总额	亿元	53.42	223.54	280.34	155.06	118.85	252.89
实际利用外资	亿美元	2.65	15.15	9.75	7.08	3.24	10.39
金融机构存款余额	亿元	681.24	4141.84	2292.16	2430.56	1640.78	2716.34
# 住户存款	亿元	363.13	2342.27	1448.76	1520.03	1056.6	1657.7
金融机构贷款余额	亿元	531.74	2842.18	1273.2	1566.17	1131.16	1742.12
城镇居民人均可支配收入	元	29116	27086	29307	27452	27195	29153
农村居民人均可支配收入	元	13534	8729	11380	12643	12447	11103
居民消费价格总指数	%	102	102	101.3	102.5	101.5	101.7
在岗职工平均工资	元	59595	55253	52402	49614	54607	54322

20-2 长江经济带部分城市主要经济指标

(2016年)

指　标	单位	贵州贵阳	贵州遵义	贵州毕节	云南昆明	云南曲靖	云南玉溪
年末常住人口	万人	469.68	622.84	664.18	672.8	608.4	237.5
土地面积	平方公里	8034	30762	26853	21473	33821	15285
生产总值(GDP、现价)	亿元	3157.7	2403.94	1625.8	4300.43	1775.11	1311.9
# 第一产业	亿元	137.14	370.48	344.4	200.51	335.56	135
第二产业	亿元	1218.79	1063	617.3	1660.46	681.91	685.3
第三产业	亿元	1801.77	970.46	664.1	2439.46	757.63	491.5
财政总收入	亿元	717.7	480.11			312.77	462
# 地方财政一般预算收入	亿元	366.32	187.49	112.63	530	126.31	131.1
粮食总产量	万吨	44.19	304.42	262.9	124.84	340.6	62.4
油料总产量	万吨	6.59	27.58		1.46	21.8	3.9
肉类总产量	万吨	15.19	48.67	37.6	52.13	178.69	37
水产品产量	万吨	0.96	6.66			12.63	1.68
规模以上工业增加值	亿元	780.82	1062.91	401.3		495.04	597.3
规模以上工业主营业务收入	亿元	2733.52		1147.07	3242.56	1486.09	1210.6
规模以上工业利税总额	亿元	410.19				76.79	
旅游总收入	亿元	1389.51	792.73	444.46	1073.53	153.04	162.9
固定资产投资	亿元	3380.73	2068.88	1601.8	3920.07	1794	893.7
社会消费品零售总额	亿元	1195.34	723.44	340.1	2310.09	564.97	326.8
外贸进出口总额	亿元	260.8	79.8	6.2	443.8	41.85	134.1
# 出口总额	亿元	218.4	64.3	6.1	274.5	41.65	132.3
实际利用外资	亿美元	11.2	3.66	2.19	7.4		0.012
金融机构存款余额	亿元	9928.3	4305.82	1667.3	12655.68	2008.21	1515.7
# 住户存款	亿元	2486.07	1698.05	804.8	4124.21	1046.82	752.3
金融机构贷款余额	亿元	9153.2	2264.92	1148.3	13520.32	1299.48	903.5
城镇居民人均可支配收入	元	29502	27097	25041	36739	29485	32177
农村居民人均可支配收入	元	12967	10109	7668	12555	10380	11968
居民消费价格总指数	%	101.1	101.2	102	101.7	101.6	101.3

20-2 续表1

指　　标	单位	四川成都	四川绵阳	四川德阳	湖南长沙	湖南岳阳	湖南常德
年末常住人口	万人	1591.8	481.09	352	764.52	568.11	584.4
土地面积	平方公里	12390	20281	5911	11820	15019	18190
生产总值(GDP、现价)	亿元	12170.2	1830.42	1752.5	9323.7	3100.87	2955.5
# 第一产业	亿元	474.9	280.29	219.5	370.95	354.84	383.2
第二产业	亿元	5232	896.04	976.4	4513.23	1469.1	1264.5
第三产业	亿元	6463.3	654.09	556.5	4439.52	1285.94	1307.8
财政总收入	亿元				1231.02	330.75	226.6
# 地方财政一般预算收入	亿元	1175.4	107.62	100.1	743.7	152.04	157.3
粮食总产量	万吨	290.4	223.75	194.3	247.42	317.69	382
油料总产量	万吨	33.5	36.39	20.1	9.51	22.09	57
肉类总产量	万吨	78.4	41.02	37.1	65.89	52.14	49.1
水产品产量	万吨	14.6				53.78	50.1
规模以上工业增加值	亿元				3253.03	1106	
规模以上工业主营业务收入	亿元	10976	2540.73	3254.6	10610.79	4982.4	
规模以上工业利税总额	亿元	1369.1		348.5	1548.49		617.3
旅游总收入	亿元		421.95	190.1	1534.83	508	318.7
固定资产投资	亿元	8370.5	1269.97	1125.1	6693.32	2317.4	2011.8
社会消费品零售总额	亿元	5647.4	988.48	698.8	4117.4	1142.88	1058
外贸进出口总额	亿元	2713.4	117.4	116.9	726.71	98.8	48.5
# 出口总额	亿元	1457	68.7	89	485.74	75.5	33.9
实际利用外资	亿美元	86.2		1.2	48.14	4.15	8.9
金融机构存款余额	亿元	31434	3181.69	2327.7	15488.77	2178.35	2714
# 住户存款	亿元	10808	1838.25	1432.7	4872.73	1264.47	1633
金融机构贷款余额	亿元	25009	1667.43	1198.7	13866.96	1024.01	1283
城镇居民人均可支配收入	元	35902	29407	29159	43294	27546	26532
农村居民人均可支配收入	元	18605	13504	13951	25448	13119	12758
居民消费价格总指数	%	102.2	101.6	101.8	101.9	101.9	102.1

20-2 续表2

指　　标	单位	湖北武汉	湖北宜昌	湖北襄阳	江西南昌	江西赣州	江西九江
年末常住人口	万人	1076.62	413	563.9	537.14	858.87	484.76
土地面积	平方公里	8494	21227	19774	7194	39363	19078
生产总值(GDP、现价)	亿元	11912.61	3709.36	3694.5	4354.99	2194.34	2104.05
# 第一产业	亿元	390.62	398.89	430.9	181.77	320.12	173.35
第二产业	亿元	5227.05	2122.74	2046.8	2307.24	936.87	1045.08
第三产业	亿元	6294.94	1187.73	1216.8	1865.98	937.35	885.62
财政总收入	亿元	2423.2	386.15	457.3	684.68	366.32	415.23
# 地方财政一般预算收入	亿元	1322.1	300.04	320.7	402.18	243.18	260.52
粮食总产量	万吨	110.01	152.93	500.1	238.49	287.5	172.59
油料总产量	万吨	18.14	23.99	26.1	12.06	10.2	21.71
肉类总产量	万吨		58.51		37.95	71.14	20.52
水产品产量	万吨	50.92	20.26	21.6	42.51	31.27	46.37
规模以上工业增加值	亿元				1611.5	847.9	1115.73
规模以上工业主营业务收入	亿元	11952	5718	5738.5	6110.8	3577.3	5487.5
规模以上工业利税总额	亿元	1622.5	580.31	433			666.4
旅游总收入	亿元	2498	602.05	297.2	816.8	588.88	1129.85
固定资产投资	亿元	7093.17	3191.15	3188.6	4540.26	2205.51	2428.58
社会消费品零售总额	亿元	5610.59	1240.33	1325.3	1868	790.24	656.78
外贸进出口总额	亿元	1570.1	177.6	128.6	619.7	271.04	347.82
# 出口总额	亿元	905.8	154.8	110.7	379.75	223.54	284.31
实际利用外资	亿美元	85.23	3.91	8.6	28.9	15.15	18.03
金融机构存款余额	亿元	22196.21	3130.03	3073.1	9503	4141.84	2593.81
# 住户存款	亿元	6606.01	1704.4	1967.7	2770.05		1324.39
金融机构贷款余额	亿元	20754.87	2353.41	1809.3	8604.57	2842.18	1754.58
城镇居民人均可支配收入	元	39737	29735	28794	34619	27086	30011
农村居民人均可支配收入	元	19152	14057	14762	14952	8729	12157
居民消费价格总指数	%	102.4	102.3	102.2	102.1	102	102.1

20-2 续表3

指　　标	单位	安徽合肥	安徽芜湖	安徽安庆	浙江杭州	浙江宁波	浙江温州
年末常住人口	万人	786.9	367	461.2	918.8	787.5	917.5
土地面积	平方公里	11408	6026	15398	16596	9816	12061
生产总值(GDP、现价)	亿元	6274.3	2699.44	1531.2	11050.49	8541.1	5045.4
# 第一产业	亿元	270.2	126.9	192	304.84	304.6	138.8
第二产业	亿元	3189.3	1511.72	727.2	3977.39	4239.6	2112.7
第三产业	亿元	2814.8	1060.82	612	6768.26	3996.9	2793.9
财政总收入	亿元	1114.11	512.3	267.6	2558.41	2145.8	724
# 地方财政一般预算收入	亿元	614.85	298.72	128	1402.38	1114.5	439.9
粮食总产量	万吨	310.38	137.26	208.5	63.6	80.5	75.9
油料总产量	万吨	29.62	12	24.6			
肉类总产量	万吨	47.62	16.65	30.7	26.27	13.2	12
水产品产量	万吨	24.04	17.32	31.1	19.48	106.1	64.4
规模以上工业增加值	亿元	2269.13	1478.59	670.79	2983.91	2799.1	1149.8
规模以上工业主营业务收入	亿元	9428.65	5773.98	2818.12			
规模以上工业利税总额	亿元	812.67	502.34	335.92	1610.31	1746.9	
旅游总收入	亿元	1179.4	471.67	492.23	2571.84	1446.4	959.9
固定资产投资	亿元	6501.17	3006.9	1521.9	5842.42	4961.4	3905.7
社会消费品零售总额	亿元	2445.7	828.17	681.7	5176.2	3667.6	3006.9
外贸进出口总额	亿元	1241.3	379.2	116.6	4485.97	6262.1	1192.8
# 出口总额	亿元	839.3	270.1	96	3313.8	4359.4	1060.4
实际利用外资	亿美元	28.08	25.11	1.81	72.09	45.1	2.4
金融机构存款余额	亿元	13479.68	2915.78	2650.4	33386.04	16989.3	10213
# 住户存款	亿元	3332.02		1598.8	8493.27		5136
金融机构贷款余额	亿元	12064.18	2852.59	1484.2	26169	16622.9	8011
城镇居民人均可支配收入	元	34852	32315	26502	52185	51560	47785
农村居民人均可支配收入	元	17059	17308	10814	27908	28572	22985
居民消费价格总指数	%	102.6	102	101.8	102.6	102.1	101.4

20-2 续表4

指　　标	单位	江苏苏州	江苏南京	江苏无锡	江苏扬州	重庆市	上海市
年末常住人口	万人	1062.57	827	652.9	449.14	3048.43	2419.7
土地面积	平方公里	8488	6597	4628	6591	82402	6340
生产总值(GDP、现价)	亿元	15475.09	10503.02	9210.02	4449.38	17558.76	27466.15
# 第一产业	亿元	221.81	252.51	135.19	251.49	1303.24	109.47
第二产业	亿元	7277.46	4117.2	4346.78	2197.63	7755.16	7994.34
第三产业	亿元	7975.82	6133.31	4728.05	2000.26	8500.36	19362.34
财政总收入	亿元						
# 地方财政一般预算收入	亿元	1730.04	1142.6	875	345.3	2227.9	6406.13
粮食总产量	万吨	97.68	108.04	59.16	300.3	1166	99.55
油料总产量	万吨		7.43	0.81		62.72	
肉类总产量	万吨	9.83	9.83		18		
水产品产量	万吨	25.29	22.31	12.67	40	50.84	26.05
规模以上工业增加值	亿元	6363		3075.49	2298.05		
规模以上工业主营业务收入	亿元	30223	12421.68	14643.13	9603.1	23213.08	
规模以上工业利税总额	亿元						
旅游总收入	亿元	2078	1909.26	1555.62	691.39		3878
固定资产投资	亿元	5648.49	5533.56	4795.25	3288.68	17361.12	6755.88
社会消费品零售总额	亿元	4936.79	5088.2	3119.56	1358.8	7271.35	10946.57
外贸进出口总额	亿元	18081	3315.19	4610	639.3	4140.39	28664.37
# 出口总额	亿元	10817	1952.15	2832.26	482.2	2677.96	12105.45
实际利用外资	亿美元	60.03	34.79	34.13	12.04	113.42	185.14
金融机构存款余额	亿元	25864.26	28355.89	14612	5361.55	32160.09	110510.96
# 住户存款	亿元	7913.85	6095.08	4957.02	2560.98	13399.44	25112.99
金融机构贷款余额	亿元	21924.44	22268.94	10517.75	3508.13	25524.17	59982.25
城镇居民人均可支配收入	元	54400	49997	48628	35659	29610	57692
农村居民人均可支配收入	元	27750	21156	26158	18057	11549	25520
居民消费价格总指数	%	102.7	102.7	102.3	102.4	101.8	103.2

2016年九江统计工作大事记

1月12日，市委考核组对我局领导班子和领导干部进行年度考核，市第三纪工委副书记兼市委第三巡视组副组长杨斌同志出席并作重要讲话，市统计局党组书记、局长胡升平作工作汇报。

1月15日，市统计局召开党组扩大会议，传达学习十八届中央纪委第六次全会精神，研究贯彻落实的具体措施。

1月15日，中国信息报社记者部魏琳副主任来九江调研采访小康监测工作，省统计局巡视员彭道宾、省统计局记者站站长史家美一同调研，市统计局局长胡升平陪同调研。

1月26日，九江市统计局局长胡升平一行赴安庆市、景德镇市进行关于开展第三次全国农业普查前期准备工作的学习考察。

2月3日，在春节来临之际，九江市统计局局长胡升平及班子成员分别走访慰问局机关离退休老干部，为他们送去了组织的关怀与温暖，并致以节日的问候。

2月23日，九江市统计局召开全局干部职工大会，传达学习我市"新工业十年行动"精神，部署贯彻举措。

3月11日，九江市召开全市建设领域投资统计工作会议。

3月23日，省统计局局长曾文明、副局长曹青云率领省统计局调研组来九江市考察调研一季度经济形势。九江市委书记杨伟东、市长林彬杨会见了曾文明局长一行，市委常委、常务副市长熊永强，市委常委、军分区政治委员汪开华陪同会见，市统计局局长胡升平陪同调研。

3月25日，九江市召开全市核算工作会议。

3月25日，九江市统计局召开全局机关干部职工大会，学习、传达省统计局局长曾文明在浔考察调研时的重要讲话精神，并部署贯彻落实工作。

3月30日，局党组书记、局长胡升平带领局班子成员和驻村扶贫工作队到扶贫点村——都昌县中馆镇刘山村调研，进一步明确三年扶贫工作规划、落实2016年扶贫工作任务。

3月31日，九江市统计局召开党组扩大会议，传达学习国务院第四次廉政工作会议、省政府第四次廉政工作会议和市政府第五次廉政工作会议精神。

4月22日，黄梅县统计局局长潘群安、国家统计局黄梅县调查队队长宛南一行来九江市统计局就农业普查及日常统计工作等方面进行学习交流。

4月29日，九江市统计局召开全市物流业统计研讨座谈会议。市发改委、工信委、商管办、交通运输局等有关部门负责同志参加了研讨座谈。

5月4日，市统计局召开全市统计工作会议暨第三次农业普查工作部署会议，胡升平局长出席会议并作重要讲话。

5月16日，九江市妇儿工委办公室与市统计局联合召开妇女儿童两纲监测统计培训工作会议。同日，九江市农普办一行深入九江县调研指导第三次全国农业普查市级综合试点选点工作。

5月18日，省统计局服务业处周红处长一行，赴共青城市调研指导服务业统计工作。

5月24日，九江市统计局局长胡升平、副局长周腊秀、总统计师董晓玲、调研员王弟权以及综合、农业普查办公室负责人一行，走进九江市人民广播电台"党风政风热线"节目，与广大听众朋友亲切互动、友好交流。

5月24日，九江市召开全市"三新"工业专项统计工作会议。

6月14日，省统计局彭勇平副局长率调研组一行来九江调研上半年经济形势。市委常委、副市长才宏远看望调研组一行并主持召开部门座谈会，市统计局局长胡升平陪同调研。

6月24日，省统计局人口就业处朱小清处长一行赴九江县和九江经济技术开发区调研房地产企业劳动工资统计工作。

6月22日，省统计局农业处杨建萍副处长一行考察修水县和永修县农业示范园区建设情况，为建立现代农业示范园区报表制度做好准备工作。

6月29日，九江市统计局局长胡升平主持召开了濂溪区、庐山市、共青城市三地数据审核评估协调会。

7月5日，九江市农普办召开了全市农村统计工作会议。

7月15日，九江市农普办召开了第二次全体成员工作会议。

7月19日，省纪委驻省统计局纪检组组长徐鸿一行三人来九江市统计局调研，并为全体干部职工讲授了《认真学习准则和条例，做一名合格的共产党员》专题党课。

7月26日，九江市政府新闻办、九江市统计局就上半年九江经济形势召开新闻发布会，市统计局副局长周腊秀出席发布会。

7月29日，九江市统计局召开全市综合和网络信息统计工作会。

8月1日，九江市委常委、副市长才宏远一行到市统计局对统计基础工作、工业统计和GDP核算方法进行调研，市统计局局长胡升平、副局长周腊秀及总统计师董晓玲陪同。

8月17日，九江市政府下发了《九江市人民政府关于认真做好第三次全国农业普查工作的通知》（九府字〔2016〕23号），要求全市各级政府和各部门认真做好第三次全国农业普查工作。

8月21日，九江市三农普综合试点现场登记工作在九江县完美收官。省农普办常务副主任、省统计局农业处处长吴九华一行在九江市统计局局长胡升平的陪同下，亲赴九江县城门乡白合村进行现场指导。

8月29日至9月1日，市农普办主任吴耀华一行于深入九江市5个遥感测量实地调查同步开展粮食作物对地调查县指导工作。

9月6日，以省统计局副局长曹青云同志为组长的第二督导组莅临九江市开展服务业发展工作专项督导。市委常委、市政府副市长赵兵代表市政府作专题汇报，市发改委主任喻子水、市统计局局长胡升平陪同调研。

9月5日，省人口处处长朱小清一行来九江开展劳动工资统计数据质量核查工作。

9月14日，市发改委、市统计局联合召开会议，全面协调部署下半年项目入库工作。市发改委副主任彭松华、市统计局副局长周腊秀出席会议并讲话，各县（市、区）发改委、统计局，市直单位项目负责人共30余人参加会议。

9月21日，省统计局在井冈山统计干部培训基地举行的优秀统计从业人员师资选拔大赛，九江市统计局左琴同志夺得冠军。

9月22日，江西省统计局普查中心宋世平调研员一行三人到九江市和湖口县开展基本单位名录库调研和核查工作。

9月27日，省统计局张家玉副巡视员率调研组一行来九江调研三季度经济形势。九江市委常委、市政府党组副书记董金寿，九江市委常委、副市长赵兵分别陪同；九江市政府副秘书长娄琦，市统计局胡升平局长、周腊秀副局长全程陪同。

9月29日，全省“五证合一、一照一码”启动仪式在共青城市举行。省政府副省长谢茹出席活动，向五位企业代表颁发“五证合一、一照一码”营业执照。省统计局张家玉副巡视员出席启动仪式，九江市统计局胡升平局长应邀出席活动。

10月19日，九江市统计局党组书记、局长胡升平同志率队深入局扶贫点—都昌县中馆镇刘山村调研指导精准扶贫工作。

10月19日，九江市统计局党组书记、局长胡升平同志率队到九江县专题调研农普工作。

10月21日，九江市统计局组织全局干部职工收看纪念中国工农红军长征胜利80周年大会。

10月24日，九江市统计局召开全市家政服务业统计工作布置会。

10月27日，九江市统计局党组书记、局长胡升平主持召开局务会，听取各巡查小组开展全市统计巡查工作的情况汇报，并对巡查的后续工作进行了部署。

10月28日，九江市统计局召开全市2016年调查单位年度审核确认统计工作会议。

11月7日，九江市统计局召开全体干部职工大会，传达学习贯彻党的十八届六中全会精神。

11月9日，九江市召开第三次全国农业普查领导小组办公室主任会议，市统计局局长胡升平出席会议并作重要讲话。

11月10日，九江市召开第三次全国农业普查领导小组扩大会暨农业普查动员部署会议。市委常委、市政府常务副市长、市第三次全国农业普查领导小组组长董金寿同志出席会议并作重要讲话，市政府副市长、市第三次全国农业普查领导小组副组长赵伟主持会议，市第三次全国农业普查领导小组副组长、市统计局局长胡升平通报了全市农业普查前期工作情况，并对下一步农业普查工作进行了部署。

11月18日，市政府组织召开了九江市第三次全国农业普查工作协调会议，市第三次全国农业普查领导小组副组长、市政府副秘书长时小林主持会议并作重要讲话。

11月19日，九江市统计局工会组织40多名干部职工，前往永修县易家河，开展为期一日的秋游活动。

11月23日，九江市统计局、九江市住房保障和房产管理局联合召开加强房地产入库统计协调会议。

11月28日—12月13日，市统计局各位局领导分别带领科室负责同志和农普办工作人员，对各县（市、区）的第三次全国农业普查工作进行分片包干督促检查。

11月29日，全省贸易统计报表制度布置工作会在九江市召开。各设区市统计局分管领导和业务负责人以及省管县的代表等50余名同志参加了会议，省统计局副局长彭勇平出席会议，九江市委常委、常务副市长董金寿致辞。

11月29-30日，国家统计局贸经司首席统计师严先溥来九江调研农村消费品市场发展情况。省统计局副局长彭勇平、贸易外经处处长张捷、副处长王惠媗陪同调研，市统计局局长胡升平全程陪同。

12月1日，全国和江西省第三次全国农业普查电视电话会议召开，市政府副市长赵伟、副秘书长时小林在九江分会场出席会议。市第三次全国农业普查领导小组全体成员和市农普办全体成员共计50余人参加会议。

12月4日，九江市统计局组队参加“12.4”国家宪法日集中活动，发放《统计法律法规知识》、《农业普查条例》、《农业普查知识简介》、《致农业普查对象的一封信》和农业普查宣传画。

12月5—6日，以省统计局彭勇平副局长为组长的统计巡查组来九江开展统计工作巡查。

12月20日，九江市召开全市劳资、企业创新调查和科技研发统计年报工作会议。

12月22—23日，省农普办宣传组组长、省统计局网管办主任黄正坤，省农普办宣传组副组长、省统计局农业处副处长郑永明一行到九江市督促检查第三次全国农业普查工作。

12月29日，九江市召开全市建设领域统计年报会议。

12月30日，九江市统计局、九江市科技局联合召开全市2016年度企业研发工作培训会。

12月31日，市委常委、常务副市长、市第三次全国农业普查领导小组组长董金寿在九江电视台发表电视讲话，并连续三天滚动播出，同时还在九江新闻广播电台和交通广播电台滚动播出。